学校执行政府会计制度
实务操作指南

政府会计制度编审委员会　编著

人 民 邮 电 出 版 社
北京

图书在版编目（CIP）数据

学校执行政府会计制度实务操作指南 / 政府会计制度编审委员会编著. -- 北京 : 人民邮电出版社, 2022.12
ISBN 978-7-115-59974-2

Ⅰ. ①学… Ⅱ. ①政… Ⅲ. ①学校－单位预算会计－会计制度－中国－指南 Ⅳ. ①F812.2-62

中国版本图书馆CIP数据核字(2022)第163659号

内 容 提 要

《政府会计制度——行政事业单位会计科目和报表》规定，自2019年1月1日起，行政事业单位应当严格按照政府会计准则和政府会计制度的规定进行会计核算、编制财务报表和预算会计报表。学校属于事业单位，需要依据《政府会计制度——行政事业单位会计科目和报表》进行会计核算，同时在进行具体的明细会计科目设置和账务处理时又具有自身的特点。

本书以政府会计改革为背景，以政府会计准则为指南，以财务会计五大要素和预算会计三大要素为主线，按照会计要素分类，结合实际业务和案例分析逐步讲解每个会计科目的确认、计量和报告的过程。本书还详细介绍了学校财务报告和决算报告的编制，从理论基础和实务操作两个角度深入浅出地进行讲解，内容翔实，满足读者对学校执行政府会计制度实务中合并难点的学习需求。

本书体系完整，贴近实务，是一本帮助学校财务人员掌握新要求，提高业务水平的工具书。

◆ 编　　著　政府会计制度编审委员会
责任编辑　李士振
责任印制　周昇亮

◆ 人民邮电出版社出版发行　　北京市丰台区成寿寺路 11 号
邮编　100164　　电子邮件　315@ptpress.com.cn
网址　https://www.ptpress.com.cn
北京七彩京通数码快印有限公司印刷

◆ 开本：700×1000　1/16
印张：32.5　　2022 年 12 月第 1 版
字数：588 千字　　2025 年 9 月北京第 5 次印刷

定价：148.00 元

读者服务热线：(010)81055296　印装质量热线：(010)81055316
反盗版热线：(010)81055315

前言
PREFACE

为了帮助各类学校会计人员学好、用好政府会计制度，编者在充分了解和解读制度的基础上，结合实际工作，总结并编著了本书。

本书主要内容可以分为两部分。

第一部分介绍了政府会计的基础理论知识，主要包括新的政府会计准则和政府会计制度等内容，并在此基础上对学校会计的目标、假设、核算基础、主客体、确认与计量、信息质量要求、要素、科目以及报告等内容进行梳理介绍，旨在使读者对学校会计理论与实务知识有一定的了解。

第二部分以政府会计准则为指南，以财务会计五大要素和预算会计三大要素为主线，按照会计要素和会计科目编排教学单元，由浅入深、循序渐进，系统论述了学校会计的主要内容与核算方法等，并结合实际业务与案例分析讲授学校会计核算的重点、要点、难点，从而增强实用性、可操作性。

本书的优势主要体现在以下几个方面。

（1）内容新颖。本书以 2019 年 1 月 1 日起实施的《政府会计制度——行政事业单位会计科目和报表》及新修订的政府会计准则为依据，注重将新理论成果与实务进行有机结合。

（2）体系完整。本书遵循会计要素的确认—计量—记录—报告的逻辑框架，按顺序阐述了财务会计要素和预算会计要素（资产、负债、净资产、收入、费用和预算收入、预算支出、预算结余）的核算及财务报告和决算报告的编制，知识体系完整，便于理解。

（3）强化应用。本书除第 1 章外，其他各章均引入相关案例，立足于会计职业的能力本位，兼顾学校会计的理论讲解、技能训练和能力培养，增强了实用性和可操作性。本书案例针对性强，能够帮助读者提升分析问题、解决问题的能力。

（4）通俗易懂。本书表达简洁易懂，内容循序渐进，讲解深入浅出、由易到难，内容安排和举例切合实际。

在编写本书的过程中，我们参考了相关的教材和资料，以及相关专家的观点，在此谨向相关作者及专家致以诚挚的谢意！

由于编者水平有限，书中难免存在疏漏之处，恳切希望广大读者对本书提出宝贵的意见和建议。

编者

2022年9月

目录
CONTENTS

第 4 章 净资产

第 5 章 收入与预算收入

第 6 章 费用与预算支出

第7章 预算结余

第 1 章
政府会计总论

新颁布的《政府会计制度——行政事业单位会计科目和报表》（以下简称《政府会计制度》）规定，自 2019 年 1 月 1 日起，行政事业单位应当严格按照政府会计准则和政府会计制度的规定进行会计核算、编制财务报表和预算会计报表。学校属于事业单位，需要依据《政府会计制度》进行会计核算，同时在进行具体的明细会计科目设置和账务处理时又具有自身的特点。本章将介绍政府会计制度的基本理论，并针对各类学校的会计科目与账户设置及决算报告和财务报告等内容做出说明。

1.1 政府会计概述

1.1.1 政府会计的概念与特征

（1）政府会计的概念。

根据国际会计准则委员会的规定，政府会计是指用于确认、计量、记录和报告政府及事业单位财务收支活动及其受托责任履行情况的会计体系。由于各个国家的政治经济体制和管理体制不同，政府会计的内涵也有一定差别。本书将政府会计界定为确认、计量、记录政府受人民委托管理国家公共事务和国家资源、国有资产的情况，报告政府公共财务资源管理的业绩及履行受托责任情况的专门会计。

（2）政府会计的特征。

政府会计主要有以下 3 个特征。

一是政府单位执行统一规范的政府会计准则和会计制度。这就是说，政府的行政部门、非行政部门或其构成实体等，执行的准则和制度是统一的，不是分类的。另外，所有政府单位使用的政府性资金和管理的政府性资产，以及所有的政府活动形成的财政资源和财政责任，都要纳入财政资源的核算和管理范围。

二是实行政府财务报告制度。政府财务报告制度全面、系统地反映财政预算执行和政府单位的财务活动及财务状况，综合披露政府及政府单位的资产、负债和净资产的真实信息。

三是提供科学有效的政府会计信息。政府会计全面、系统、准确地反映政府资产负债状况、政府预算执行情况及政府的各种经济活动状况，这些科学有效的信息有利于立法机关对政府进行监督，有利于强化政府的会计责任，有利于政府实施科学民主的政策，有利于推进宏观经济管理。

1.1.2　政府会计的标准体系

政府会计包括 3 部分，概括起来可称为“两个体系，一项制度”，即政府会计准则体系、政府会计制度体系和政府财务报告制度。

（1）政府会计准则体系。

政府会计准则体系主要包括政府会计基本准则、具体准则以及应用指南。2015 年 10 月，中华人民共和国财政部（以下简称“财政部”）制定发布了《政府会计准则——基本准则》（以下简称《基本准则》）。《基本准则》用于规范政府会计目标、政府会计主体、政府会计信息质量要求、政府会计核算基础，以及政府会计要素定义、确认和计量原则、列报要求等原则事项。《基本准则》指导具体准则和制度的制定，并为政府会计实务问题提供处理原则。2016 年以来，财政部相继出台了存货、投资、固定资产、无形资产、公共基础设施、政府储备物资、会计调整、负债、财务报表编制和列报、政府和社会资本合作项目合同等政府会计具体准则和相关应用指南。政府会计具体准则依据《基本准则》制定，用于规范政府发生的经济业务或事项的会计处理原则，详细规定经济业务或事项引起的会计要素变动的确认、计量和报告。应用指南是对具体准则的实际应用做出的操作性规定。

（2）政府会计制度体系。

2017 年财政部依据《基本准则》制定并发布了《政府会计制度》，该制度主要规定政府会计科目及账务处理、报表格式及编制说明等。按照政府会计主体不同，政府会计制度主要由政府财政会计制度和政府单位会计制度组成。2018 年财政部又印发了 11 项新旧制度衔接规定和 7 项特殊行业单位执行《政府会计制度》的补充规定，新旧制度衔接规定和补充规定也是政府会计制度的组成部分。

此外，为了及时回应和解决政府会计制度执行中的问题，财政部于 2019 年印发了《政府会计准则制度解释第 1 号》和《政府会计准则制度解释第 2 号》，于 2020 年印发了《政府会计准则制度解释第 3 号》，于 2021 年印发了《政府会计准则制度解释第 4 号》，进一步补充和完善了政府会计标准体系。

政府会计主体应当根据政府会计准则（包括基本准则和具体准则）规定的原则和政府会计制度及解释的要求，对其发生的各项经济业务或事项进行会计核算。

（3）政府财务报告制度。

政府财务报告是以财务报表为主要形式，全面系统地反映政府财务状况、运行成果和受托责任履行情况的综合性报告。政府综合财务报告通常包括政府资产负债表、收入费用表、现金流量表等。建立政府财务报告制度，提高政府财政透明度，有利于社会公众更好地了解政府资产、负债、收入、费用情况，进一步加强和规范政府资产、债务和预算管理，同时有利于政府合理配置资源，科学安排财政收支，实现经济社会的可持续发展。

1.1.3　政府会计准则的结构和内容

政府会计准则主要包括《基本准则》、具体准则与应用指南等内容。

《基本准则》由正文和附则组成，其中，正文包括 5 部分内容。

第一部分为总则，规定了立法目的和制定依据、适用范围、政府会计体系与核算基础、基本准则定位、报告目标和使用者、会计基本假设和记账方法（借贷记账法）等内容。

第二部分为政府会计信息质量要求，主要明确了政府会计信息应当满足的 7 个方面的质量要求，即可靠性、全面性、相关性、及时性、可比性、可理解性和实质重于形式。

第三部分为政府预算会计要素，规定了预算收入、预算支出和预算结余 3 个预算会计要素的定义、确认和计量标准，以及列示要求。

第四部分是政府财务会计要素，规定了资产、负债、净资产、收入和费用 5 个财务会计要素的定义、确认标准、计量属性和列示要求。

第五部分为政府决算报告和财务报告，主要规定了决算报告、财务报告和财务报表的定义、主要内容。

附则规定了会计核算、预算会计、财务会计、收付实现制、权责发生制等相关基本概念的定义，明确了准则的实施日期。

具体准则包括《政府会计准则第 1 号——存货》《政府会计准则第 2 号——投资》《政府会计准则第 3 号——固定资产》《政府会计准则第 4 号——无形资产》《政府会计准则第 5 号——公共基础设施》《政府会计准则第 6 号——政府储备物资》《政府会计准则第 7 号——会计调整》《政府会计准则第 8 号——负债》《政府会计准则第 9 号——财务报表编制与列报》《政府会计准则第 10 号——政府和社会资本合作项目合同》等准则，分别对这 10 类业务的财务处理规则做出了解释。应用指南是指《〈政府会计准则第 3 号——固定资产〉应用指南》、《〈政府会计准则第 10 号——政府和社会资本合作项目合同〉应用指南》等。

1.1.4 政府会计制度的结构与内容

《政府会计制度》由正文和附录组成，其中，正文包括 5 部分内容。

第一部分为总说明，主要规范《政府会计制度》的制定依据、适用范围、会计核算模式和会计要素、会计科目设置要求、报表编制要求、会计信息化工作要求和施行日期等内容。

第二部分为会计科目名称和编号，主要列出了财务会计和预算会计两类科目表，共计 103 个一级科目，其中包括：财务会计下的资产、负债、净资产、收入和费用 5 个要素，共 77 个一级科目；预算会计下的预算收入、预算支出、预算结余 3 个要素，共 26 个一级科目。

第三部分为会计科目使用说明，主要对 103 个一级会计科目的核算内容、明细核算要求、主要账务处理等进行详细规定。这是《政府会计制度》的核心内容。

第四部分是报表格式，主要规定财务报表和预算会计报表的格式，其中，财务报表包括资产负债表、收入费用表、净资产变动表、现金流量表及报表附注，预算会计报表包括预算收入支出表、预算结转结余变动表和财政拨款预算收入支出表。

第五部分为报表编制说明，主要包括第四部分列出的 7 张报表的编制说明，以及报表附注应披露的内容。

附录为主要业务和事项账务处理举例。本部分采用列表形式，以《政府会计制度》第三部分规定的会计科目使用说明为依据，按照会计科目顺序对单位通用业务或共性业务和事项的账务处理进行举例说明。

1.1.5　政府会计核算新模式

在政府会计模式中，预算会计和财务会计是两个既相互联系又相互区别的子体系，有各自的核算要素与报表体系，应当“适度分离”，从而适度分离政府预算会计和财务会计功能、决算报告和财务报告功能；同时，“平行记账”的相互衔接与互相关联，使决算报告和财务报告相互补充，共同反映政府会计主体的预算执行信息和财务信息。这种“双轨制”的核算模式是我国政府会计改革的主要特色、重大变化和创新发展所在。

1．适度分离的典型表现

（1）建立核算“双体系”。

政府会计由预算会计和财务会计构成。预算会计为政府预算管理服务，财务会计为政府财务管理服务，在完善预算会计功能的基础上，强化财务会计功能，完整地反映政府会计信息。

（2）确定核算“双基础”。

财务会计实行权责发生制，预算会计实行收付实现制。以权责发生制作为政府财务会计的核算基础，重新解释收入、费用等会计要素的定义、确认和计量标准，对于规范政府财务报告的内容、口径和信息质量等起到重要的导向作用，为最终建立权责发生制的政府综合财务报告制度奠定可靠基础。考虑到目前预算管理的实际需要，在预算会计中仍然采用收付实现制，这有利于准确核算预算收支信息、加强预算管理和监督。

（3）核算结果“双报告”。

单位至少应当按照年度同时编制决算报告和财务报告。决算报告以收付实现制为基础，以单位预算会计核算生成的数据为准，侧重于预算资金层面，以政府当年预算资金的实际收支情况与当年预算数据的比较为报告重点。财务报告以权责发生制为基础，以单位财务会计核算生成的数据为准，以全部资金状况为报告内容，范围更广泛：不仅包括政府预算资金收支，而且包括非预算资金收支；不仅反映当年的资金运动，而且反映以往年度经济业务对当年资金运动的影响，甚至反映当前经济业务对未来资金运动的影响等。

（4）会计作用“双功能”。

核算资产、负债、净资产、收入、费用五个要素，是财务管理的基础，具备财务会计功能；核算预算收入、预算支出和预算结余三个要素，是预算管理的基础，具备预算会计功能；实现财务会计与预算会计既适度分离又相互衔接，从而全面、清晰地反映单位财务信息和预算执行信息。

2．平行记账的核算特征

为了在一个会计信息系统中同时满足以权责发生制和收付实现制为基础的核算需要，单位应当实行“平行记账”，即单位对于纳入部门预算管理的现金收支业务，在采用财务会计核算的同时进行预算会计核算。

将平行记账处理经济业务的两种核算方法嵌入信息系统后，可以同时生成财务会计和预算会计两类信息。这种既适度分离又相互衔接的政府会计模式有助于公共资金管理中预算管理、财务管理和绩效管理的相互联结、融合，并在融合业务、财务、信息的过程中体现“算为管用、算管结合”的管理会计思想。

综上所述，我国政府会计核算新模式的框架结构与主要特点如图 1-1 所示。“双轨制”政府会计改革引发了政府预算管理与财务管理理论和实践的重构，提高了“业财融合”中政府会计信息的透明度。

图 1-1 政府会计核算新模式

1.2 学校会计的基本理论

学校会计由预算会计和财务会计组成。

根据《基本准则》的第五十八条，预算会计，是指以收付实现制为基础对政府会计主体预算执行过程中发生的全部收入和全部支出进行会计核算，主要反映和监督预算收支执行情况的会计。

根据第五十九条，财务会计，是指以权责发生制为基础对政府会计主体发生的各项经济业务或者事项进行会计核算，主要反映和监督政府会计主体财务状况、运行情况和现金流量等的会计。

1.2.1　学校会计核算的目标

政府会计目标是设计政府会计概念框架的核心，是建立政府会计规范体系的基点，是推行政府会计改革的出发点和归宿点。“受托责任观”和“决策有用观”是政府会计目标研究的两大观点，其内涵主要包括：一是向谁提供信息，二是提供什么样的信息，三是提供这些信息要达到什么目的。

从以上 3 个角度出发，学校会计核算目标主要可以概括为以下几个方面。

一是，向会计信息使用者提供反映学校资产的规模、构成、流动性，负债的规模、构成、偿还能力，净资产的规模、构成及其变动情况方面的信息，以评价其财务状况。

二是，向会计信息使用者提供学校收入和支出及收支差额的形成信息，以评价其收支情况及业务活动的效率与效果。

三是，向会计信息使用者提供学校现金流入、流出及其增减变动净额方面的信息，以利于他们预计学校的现金流量前景和持续运作能力。

四是，向出资人和捐资人提供净资产及其变动情况等方面的信息，并提供出资和捐资使用情况的专门信息，以助于他们做出是否继续出资或捐资的决策和评价净资产的保全情况、持续服务的能力以及经管责任的履行情况。

五是，提供学校预算与计划、业务活动种类、规模以及发展情况方面的信息，以利于会计信息使用者评价业务活动的成绩和进行社会、经济的决策分析。

六是，向会计信息使用者提示可能影响学校未来前景的重大事项及其制定的对策措施。

需要说明的是，会计目标不是不变的，而是随着会计环境的变化不断发展变化的。对会计目标的制定既要从实际出发，也要考虑前瞻性，即需要尽可能顾及各方面信息使用者的需求，尤其是潜在的会计信息使用者的需求。只有这样，会计目标才能更具有生命力。

1.2.2 学校会计假设

会计假设也称会计核算前提，是组织会计核算工作所必须具备的前提条件。学校会计核算的基本假设包括会计主体、持续经营、会计分期和货币计量，四者之间的关系是：会计主体确立了会计核算的空间范围，持续经营与会计分期确立了会计核算的时间长度，货币计量为会计核算提供了必要的手段。任何单位的会计核算首先要确立与划分会计主体，然后在考虑持续经营和进行会计分期的前提下，采用货币计量进行会计核算与监督。

（1）会计主体假设。

会计主体是指会计工作服务的特定单位，是会计确认、计量、记录和报告的空间范围。学校首先必须按照会计主体假设进行会计核算。会计主体一般是独立的经济实体，是独立于财产所有者的会计核算单位。学校会计核算应当全面记录和反映学校发生的各项业务活动，不能遗漏、不能重复。

会计主体假设为会计人员在日常的会计核算中对各项交易或事项做出正确判断、对会计处理方法和会计处理程序做出正确选择提供了依据。

（2）持续经营假设。

持续经营是指在可以预见的将来，学校将会按当前的规模和状态继续经营下去，不会停业，也不会大规模削减业务。

政府会计核算以政府会计主体持续经营为前提，会计确认、计量、记录和报告也应当以持续正常经营的业务活动为前提，除非有充分的相反证明。

（3）会计分期假设。

会计分期是指将一个单位持续经营的业务活动划分为一个个连续的、长短相同的期间，据以结算盈亏或结余并按期编报会计报表，从而提供有关财务状况、业务成果和现金流量等的信息。

政府会计核算应当划分会计期间，分期结算账目，按规定编制决算报告和财务报告。会计期间至少分为年度和月度。会计年度、月度等会计期间的起讫日期采用公历日期。

（4）货币计量假设。

货币计量是指会计主体在会计核算过程中以货币作为计量单位，用以计量、记录和报告会计主体的业务活动。

政府会计核算应当以人民币作为记账本位币。发生外币业务时，应当将外币金额折算为人民币金额计量，同时登记外币金额。

记账本位币是指业务活动所处的主要经济环境中的货币。在会计核算过程中，选择货币作为计量单位，是由货币的属性决定的。货币是商品的一般等价物，是衡量一般商品价值的共同尺度，具有价值尺度、流通手段、贮藏手段和支付手段等职能。其他计量单位，如重量、长度、容积、台、件等，只能从一个侧面反映企业的生产经营情况，无法在量上进行汇总和比较，不便于实物管理和会计计量。所以，为全面反映企业业务收支等情况，会计核算选择了货币作为计量单位。

1.2.3　学校会计核算基础

学校会计核算基础是指学校会计主体在确认和处理一定会计期间的收入和费用时，选择的处理原则和标准，目的是对收入和费用进行合理配比，进而确认当期损益。学校会计核算基础有两种，即权责发生制和收付实现制。

我国实行适度分离的双体系学校会计，即财务会计采用权责发生制，预算会计采用收付实现制。

权责发生制是指以取得收取款项的权利或支付款项的义务作为标志来确定本期收入和费用的会计核算基础。凡是当期已经实现的收入和已经发生的或应当负担的费用，不论款项是否支付，都应当作为当期的收入和费用；凡是不属于当期的收入和费用，即使款项已在当期支付，也不应当作为当期的收入和费用。

收付实现制是指以现金的实际收付为标志来确定本期收入和支出的会计核算基础。凡在当期实际收到的现金收入和支出，均作为当期的收入和支出；凡是不属于当期的现金收入和支出，均不应当作为当期的收入和支出。

根据收付实现制，货币资金的收支在其发生的期间全部计作收入和费用，而不考虑与现金收支相关联的经济业务活动是否发生。

1.2.4　学校会计主体和会计客体

会计主体是指会计工作为其服务的特定单位或组织，是会计人员进行会计核算时在空间范围上的界定。学校会计主体是学校会计核算和监督的特定单位或组织，是学校会计确认、计量和报告的空间范围的划分。明确界定会计主体是开展会计计量、核算和报告工作的重要前提，其目的是在空间上对进入一个会计系统的各种经济业务和事项做出界定。根据会计主体这项基本前提，会计只为这一主体服务，只进行核算和监督该会计主体的各项经济业务和活动事项。换句话说，会计主体应至少具备两个特征：一是经济上的独立性，即会计主体必须与其他主体或个人的经济关系区分开来，以核算和报告会计主体自身的经济活动；二是组织上的统一性，即会计主体必须具有统一的组织、目标和权责，以系统地核算和报告主体的业务活动。

本书中的各类学校主体涵盖的范围是公办幼儿园、中小学校和高等学校，具体包括：各级人民政府和接受国家经常性资助的社会力量创办的幼儿园、普通中小学校、中等职业学校、特殊教育学校、工读教育学校、成人中学和成人初等学校，各级人民政府创办的全日制普通高等学校、成人高等学校和其他社会力量创办的上述学校等。上述学校均属于事业单位。

会计客体是会计核算和监督的内容。学校会计客体是指学校会计主体实际发生的经济业务或事项。学校会计核算和监督的是预算资金的流动，包括资金的取得、使用和结算。学校会计应当以实际发生的经济业务或者事项为依据进行会计核算，如实反映各项会计要素的情况和结果，保证会计信息的真实性和可靠性。

1.2.5 会计确认与计量

会计确认是指会计数据进入会计系统时确定如何进行记录的过程，即将某一会计事项作为资产、负债、净资产、收入、费用、预算收入、预算支出、预算结余等会计要素，正式加以记录和列入报表的过程。会计确认是要明确某一经济业务涉及哪个会计要素的问题。某一会计事项一旦被确认，就要同时以文字和数据加以记录，其金额包括在报表总计中。

会计计量是指在会计确认的基础上，根据一定的计量方法和计量单位，记录并在会计报告中对确认的会计要素确定其金额的过程，即对确认的会计要素量化。

会计计量涉及计量单位和计量属性两个方面。计量单位是会计进行计量时所采用的尺度。相关准则规定学校会计应当以人民币作为记账本位币。计量属性是指被计量的对象所具有的某方面的特征或外在表现形式。一项经济业务或事项可以从多个方面用货币计量，因而具有不同的计量属性。计量属性主要有以下几种。

（1）历史成本。

在历史成本计量下，资产按购置时支付的现金或现金等价物的金额，或者资产按照购置时所付出的对价的公允价值计量，负债按照因承担现时义务而实际收到的款项或者资产的金额，或者按照承担现时义务的合同金额，或者按照日常活动中为偿还负债预期需要支付的现金或者现金等价物的金额计量。

历史成本是目前我国会计计量的基本计量属性，它贯穿财务会计的始终。

（2）重置成本。

在重置成本计量下，资产按照现在购买相同或者相似资产所需支付的现金或现金等价物的金额计量，负债按照现在偿还该项债务所需支付的现金或者现金等价物的金额计量。

重置成本一般在盘盈固定资产时使用。

（3）现值。

在现值计量下，资产按照预计从其持续使用和最终处置中所产生的未来现金净流入量折现的金额计量，负债按照预计期限内需要偿还的未来净现金流出量折现的金额计量。

（4）公允价值。

在公允价值计量下，市场参与者在计量日发生的有序交易中，按出售一项资产所能收到的金额或者转移一项负债所需支付的价格进行相关计量。

（5）名义金额。

名义金额是指 1 元人民币。在与资产有关的政府补助中，在实际取得资产并办妥相关手续时，公允价值不能可靠计量的，按照名义金额（即 1 元人民币）计量。

1.3　学校会计信息质量要求

在学校会计实务中，会计信息质量要求是对学校会计核算所提供信息的基本要求，是处理具体会计业务的基本依据，是衡量会计信息质量的重要标准。《基本准则》规定，会计信息质量标准要求包括可靠性、及时性、相关性、全面性、可比性、可理解性、实质重于形式。

1.3.1 可靠性

在学校会计实务中，可靠性是指学校会计主体应当以实际发生的经济业务或者事项为依据进行会计核算，如实反映各项会计要素的情况和结果，保证会计信息真实、可靠。

学校会计不能扭曲经济业务的内容，对相应的经济业务做出不真实、不客观的记录和反映；也不能以尚未发生或可能发生的经济业务为依据，根据人为的估计进行会计核算；更不能故意编造经济业务的内容，并以此为依据进行会计记录和反映。会计信息必须以可靠性为基础，才能帮助信息使用者做出正确的评价和决策。不以可靠性为基础的会计信息不仅不能帮助信息使用者做出正确的评价和决策，还会导致信息使用者做出错误的评价和决策，从而影响社会公众的利益，甚至造成损失。对此，《中华人民共和国会计法》做出了禁止性规定："任何单位不得以虚假的经济业务事项或者资料进行会计核算。"以虚假的经济业务事项或资料为依据进行会计核算是严重的违法行为，将受到法律的严厉制裁。

1.3.2 及时性

及时性是指学校会计主体对已经发生的经济业务或者事项，应当及时进行会计核算，不得提前或者延后。

会计信息的价值在于帮助使用者做出决策，具有非常强的时效性。会计信息如果不能及时提供给信息的使用者，就失去了失效性，对使用者的作用就会大大降低，甚至失去实际意义。

在学校会计确认、计量和报告过程中贯彻及时性：一是要求及时收集会计信息，即在经济交易或者事项发生后，及时收集整理各种原始单据或者凭证；二是要求及时处理会计信息，即按照会计准则的规定，及时对经济交易或者事项进行确认或者计量，并编制财务报告和决算报告；三是要求及时传递会计信息，即按照国家规定的有关时限，及时地将编制的财务报告和决算报告传递给使用者，便于其及时使用和决策。

1.3.3 相关性

相关性是指学校会计主体提供的会计信息，应当与反映学校会计主体公共受托责任履行情况以及报告使用者决策或者监督、管理的需要相关，有助于报告使用者对学校会计主体过去、现在或者未来的情况做出评价或者预测。

会计信息是否有用、是否具有价值，关键是看其与使用者的决策需要是否相关，是否有助于决策。会计信息应当有助于使用者评价学校过去的决策，证实或者修正过去的有关决策，因而具有反馈价值。会计信息还应当有预测价值，有助于使用者预测学校未来的情况。

1.3.4　全面性

全面性是指学校会计主体应当将发生的各项经济业务或事项统一纳入会计核算，确保会计信息能够全面反映学校会计主体的预算执行情况和财务状况、运行情况、现金流量等。

学校会计信息的完整性可以分为横向和纵向两个方面的内容。从横向方面看，全面性体现为会计信息的宽度和广度，即学校会计主体公开的会计信息应该涵盖学校全部的经济业务或事项；从纵向方面看，完整性体现为信息的深度（即详细程度），粗略、笼统的会计信息会影响信息使用者对学校财务情况的全面了解。因此，保证会计信息的宽度、广度和深度，是满足社会公众对学校履行社会责任要求的重要内容。

1.3.5　可比性

学校会计主体提供的会计信息应当具有可比性，可比性是指会计核算应当按照规定的会计处理方法进行，会计指标应当口径一致、相互可比。

同一学校不同时期发生的相同或者相似的经济业务或者事项，应当采用一致的会计政策，不得随意变更；确需变更的，应当将变更的内容、理由及其影响在附注中予以说明。这是纵向可比的基本要求。

不同学校发生的相同或者相似的经济业务或者事项，应当采用一致的会计政策，确保会计信息口径一致、相互可比。这是横向可比的基本要求。

如果对相同或者相似的交易或者事项，不同学校或者同一学校在不同的会计期间采用不同的会计政策，将不利于财务报告使用者对会计信息的理解，不利于会计信息发挥作用。具有可比性的会计信息将大大提高信息使用者评价和决策的效果和效率。

1.3.6 可理解性

可理解性是指学校会计主体提供的会计信息应当清晰明了，便于会计信息使用者理解和使用。

可理解性要求学校会计记录应当准确、清晰，填制会计凭证、登记会计账簿必须做到依据合法、账户对应关系清楚、文字摘要完整；在编制财务报告时，必须要做到项目勾稽关系清楚、项目完整、数据准确等。

如果会计核算的结果或编制的财务报告模糊不清或模棱两可，不便于理解和使用，就不符合会计信息质量的要求，难以满足会计信息使用者的需求。

1.3.7 实质重于形式

实质重于形式是指学校会计主体应当按照经济业务或者事项的经济实质进行会计核算，不限于以经济业务或者事项的法律形式为依据。

实质重于形式中的“实质”强调的是经济业务的经济实质，而“形式”强调的是经济业务的法律形式。一般情况下，经济实质与法律形式是一致的。但在实际工作中，交易或事项的外在法律形式或人为形式并不总能完全反映其实质内容。所以，会计信息要想反映其所拟反映的交易或事项，就必须根据交易或事项的实质和经济现实，而不能仅仅根据它们的法律形式。

实质重于形式的作用在于防止在对经济业务或事项进行会计确认时只停留在事物表面而不深入事物内部，即防止会计信息只反映经济业务或事项的现象，而不反映经济活动的本质，防止会计确认行为的非理性。因为会计确认如果仅按照交易或事项的法律形式或人为形式进行，一旦法律形式或人为形式没有反映其经济实质，则会计确认的结果将不仅不能帮助会计信息使用者做出最佳决策，甚至会误导其利用相关会计信息做出错误的决策。

实质重于形式是对权责发生制基础和可靠性要求的补充。权责发生制是会计核算的基础，但由于各会计主体处在纷繁复杂的经济环境中，如何确切地落实权责与判断经济业务是否发生或完成需要以实质为依据进行可靠性的考量。

实质重于形式也是对一贯性的补充。一贯性要求采用的会计政策在前后各期保持一致，不得随意变更。但当某种会计政策更能反映经济实质，更能恰当地反映财务状况和业务成果时，可以恰当地变更，这正是实质重于形式的体现。例如，原先对固定资产不计提折旧，随着政府会计改革以后允许采用直线法计提折旧，又随着科学技术的进步，也许采用加速折旧法更能反映业务成果等，这时就不必拘泥于一贯性的形式，而应看其经济实质等。

归根结底，实施实质重于形式的初衷是为了防止会计人员在进行会计核算时，忽视某些实质很重要而形式并未显示其重要性或重视某些形式虽然很复杂而实质不重要的经济活动可能造成的会计信息失真。它是对会计人员会计确认行为的引导与约束，强调了一种选择，是在形式与实质不统一时，偏重于实质进行修正的规范要求，其指导会计人员进行会计信息处理时应确认“实质”，而不是确认“形式”，或者说指导会计人员在进行会计信息处理时对相应经济活动如何确认、何时确认、何时不应该确认等。不仅如此，实质重于形式的本质在于保证会计信息能够如实反映经济活动或事项的本质，促使会计信息真实可靠。所以，实质重于形式应贯穿会计核算的全过程。

1.4 学校会计要素及其确认和计量原则

学校会计由财务会计和预算会计构成。学校会计应当具备财务会计与预算会计的双重功能，财务会计与预算会计适度分离又相互衔接，以便全面、清晰地反映学校的财务信息和预算执行信息。

《基本准则》规定：“政府会计由预算会计和财务会计组成。政府预算会计要素包括预算收入、预算支出和预算结余；政府财务会计要素包括资产、负债、净资产、收入和费用。”

学校会计适用上述规定。

1.4.1 财务会计要素及其确认和计量原则

在学校会计实务中，财务会计是指以权责发生制为基础，对学校会计主体发生的各项经济业务或事项进行会计核算，主要反映和监督学校会计主体财务状况、运行情况和现金流量等的会计范畴。

在学校会计实务中，财务会计主要是对学校会计主体的经济活动进行全面、系统、连续的反映和监督，向财务报告使用者提供学校会计主体的财务状况、运行状况、现金流量等有关信息，反映学校会计主体公共受托责任履行情况，有助于财务报告使用者做出决策或者进行监督和管理。财务会计要素包括资产、负债、净资产、收入和费用。

（1）资产。

在学校会计实务中，资产是指学校会计主体过去的经济业务或者事项形成的，由学校会计主体控制的，预期能够产生服务潜力或者带来经济利益流入的经济资源。服务潜力是指学校会计主体利用资产提供公共产品和服务以履行学校职能的潜在能力。经济利益流入表现为现金及现金等价物的流入，或者现金及现金等价物流出的减少。

（2）负债。

负债是指学校会计主体过去的经济业务或者事项形成的，预期会导致经济资源流出学校会计主体的现时义务。现时义务是指学校会计主体在现行条件下已承担的义务。未来发生的经济业务或者事项形成的义务不属于现时义务，不应确认为负债。

（3）净资产。

在学校会计实务中，净资产是指学校会计主体的资产在扣除负债后的净额。

净资产的确认取决于资产和负债的计量。学校会计主体净资产增加时，其表现形式为资产增加或者负债减少；学校会计主体净资产减少时，其表现形式为资产减少或者负债增加。

（4）收入。

在学校会计实务中，收入是指报告期内导致学校会计主体净资产增加的、含有服务潜力或者经济利益的经济资源的流入。

在学校会计实务中，收入的确认应当同时满足以下三个条件：一是与收入有关的含有服务潜力或者经济利益的经济资源很可能流入学校会计主体；二是含有服务潜力或者经济利益的经济资源流入会导致学校会计主体的资产增加或者负债减少；三是流入金额能够可靠计量。

（5）费用。

在学校会计实务中，费用是指报告期内导致学校会计主体净资产减少的、含有服务潜力或者经济利益的经济资源的流出。

在学校会计实务中，费用的确认应当同时满足以下三个条件：一是与费用有关的含有服务潜力或者经济利益的经济资源很可能流出学校会计主体；二是含有服务潜力或者经济利益的经济资源流出会导致学校会计主体的资产减少或者负债增加；三是流出金额能够可靠计量。

后续章节将对上述要素进行详细介绍。

1.4.2　预算会计要素及其确认和计量原则

预算会计是指以收付实现制为基础，对学校会计主体预算执行过程中发生的全部收入和全部支出进行会计核算，主要反映和监督预算收支执行情况的会计范畴。

在学校会计实务中，预算会计提供学校会计主体预算执行情况的有关信息。预算会计要素包括预算收入、预算支出和预算结余。

（1）预算收入是指学校会计主体在预算年度内依法取得的并纳入预算管理的现金流入。

预算收入一般在实际收到时予以确认，以实际收到的金额计量。

（2）预算支出是指学校会计主体在预算年度内依法发生并纳入预算管理的现金流出。

预算支出一般在实际支付时予以确认，以实际支付的金额计量。

（3）预算结余是指学校会计主体预算年度内预算收入扣除预算支出后的资金余额，以及历年滚存的资金余额。

预算结余包括结转资金和结余资金。

结转资金是指预算安排项目的支出年终尚未执行完毕或者因故未执行，且下年需要按原用途继续使用的资金。

结余资金是指年度预算执行终了，预算收入实际完成数扣除预算支出和结转资金后剩余的资金。

1.5　学校会计科目的设置与记账规则

学校会计科目的设置与记账规则适用《政府会计制度》。

1.5.1　学校会计科目的设置原则

学校会计科目是对会计对象按其经济内容或者用途所做的科学分类，是会计要素的具体内容和项目。会计科目是复式记账、填制记账凭证、编制会计报表的基础。设置学校会计科目，有助于将学校会计核算过程中的大量内容相同的业务归为一类，组织会计核算，取得相应的会计信息。

设置学校会计科目时，应遵循以下原则。

（1）统一性原则。

为满足学校财政管理和会计核算的需要，学校会计的会计科目及其核算内容必须由财政部统一规定，各类学校都要遵照执行，从而保证上级主管部门和各级财政部门对会计核算资料的汇总和分析利用。

（2）与政府收支分类科目衔接一致的原则。

政府收支分类科目，也称预算科目，是政府预算收支分类构成的基本分类，用于反映预算计划、预算执行和收支平衡的情况。学校会计科目和政府收支分类科目衔接一致，比如“一般公共预算收入”“社会保险基金预算收入”“一般公共预算支出”“社会保险基金预算支出”“政府预算支出经济分类”等会计科目，都要根据政府收支分类科目设置明细账。

（3）全面、简明、实用原则。

学校会计科目的设置既要做到全面、系统地核算、反映和监督财政性资金活动的全过程，又要尽量简化核算事项，力求含义确切、通俗易懂、实用。

除上述原则要求以外，各类学校应当按照《政府会计制度》的规定设置和使用会计科目。在不影响会计处理和编制报表的前提下，学校可以根据实际情况自行增设或者减少某些会计科目。

学校应当执行《政府会计制度》统一规定的会计科目编号，以便填制会计凭证、登记会计账簿、查阅账目，实行会计信息化管理。

同时，学校在填制会计凭证、登记会计账簿时，应当填列会计科目的名称，或者同时填列会计科目的名称和编号，不得只填列会计科目编号、不填列会计科目名称。

学校设置明细科目或进行明细核算，除遵循《政府会计制度》规定外，还应当满足权责发生制下学校财政部门财务报告和学校综合财务报告编制的相关要求。

1.5.2 学校会计科目的分类

学校会计科目按照不同的标准分为不同的种类。

（1）按经济内容，学校财务会计的会计科目分为资产类科目、负债类科目、净资产类科目、收入类科目、费用类科目；学校预算会计的会计科目分为预算收入类科目、预算支出类科目、预算结余类科目。为了统一口径，提高核算质量，资产类科目、负债类科目、净资产类科目、收入类科目、费用类科目、预算收入类科目、预算支出类科目和预算结余类科目均参照财政部统一制定的会计科目表。

（2）按核算层次，学校会计科目可分为总账科目和明细账科目两类。总账科目是对会计对象具体内容进行总括分类的科目。在财政总预算会计、政府单位会计的会计科目表中的会计科目基本上都是总账科目（一级科目），是在会计要素下直接开设的，反映相应会计要素中有关的总括信息。明细账科目是对总账科目核算的具体内容进行详细分类的会计科目，在总账科目下开设，反映总账科目的明细信息，对总账科目起到补充和分析作用。

1.5.3　设置具体科目及科目编号

各类学校在进行会计处理时，应当对财务会计与预算会计进行分别处理，所以需要设置财务会计科目和预算会计科目，每个会计科目都有对应的科目编号。同时，因为学校具有较多的部门，为了便于对各个部门分别进行账务处理，还应当设置部门代码。

部门代码可以分为业务部门代码、管理部门代码、后勤部门代码、离退休部门代码等。设置部门代码，有助于核算与区分各个部门发生的业务事项，可以直接从会计凭证上看出经济活动或事项发生的部门。部门代码一般由学校校长办公会议决定，一般三年内不变。

学校财务会计科目编号即《政府会计制度》中的财务会计科目编号。对财务会计科目编号，可以更加方便地填制会计凭证、登记会计账簿、核算和查阅账目，实行财务会计信息化管理。

学校财务会计科目编号的具体编号规则：资产类会计科目编号以“1”开头，负债类会计科目编号以“2”开头，净资产类会计科目编号以“3”开头，收入类会计科目编号以“4”开头，费用类会计科目编号以“5”开头。

学校财务会计科目名称及编号如表 1-1 所示。

表 1-1　学校财务会计科目名称及编号

序号	科目编号	科目名称
一、资产类		
1	1001	库存现金
2	1002	银行存款

续表

序号	科目编号	科目名称
3	1011	零余额账户用款额度
4	1021	其他货币资金
5	1101	短期投资
6	1201	财政应返还额度
7	1211	应收票据
8	1212	应收账款
9	1214	预付账款
10	1215	应收股利
11	1216	应收利息
12	1218	其他应收款
13	1219	坏账准备
14	1301	在途物品
15	1302	库存物品
16	1303	加工物品
17	1401	待摊费用
18	1501	长期股权投资
19	1502	长期债券投资
20	1601	固定资产
21	1602	固定资产累计折旧
22	1611	工程物资
23	1613	在建工程
24	1701	无形资产
25	1702	无形资产累计摊销
26	1703	研发支出
27	1801	公共基础设施
28	1802	公共基础设施累计折旧（摊销）
29	1811	政府储备物资

续表

序号	科目编号	科目名称
30	1821	文物文化资产
31	1831	保障性住房
32	1832	保障性住房累计折旧
33	1891	受托代理资产
34	1901	长期待摊费用
35	1902	待处理财产损溢
二、负债类		
36	2001	短期借款
37	2101	应交增值税
38	2102	其他应交税费
39	2103	应缴财政款
40	2201	应付职工薪酬
41	2301	应付票据
42	2302	应付账款
43	2303	应付政府补贴款
44	2304	应付利息
45	2305	预收账款
46	2307	其他应付款
47	2401	预提费用
48	2501	长期借款
49	2502	长期应付款
50	2601	预计负债
51	2901	受托代理负债
三、净资产类		
52	3001	累计盈余
53	3101	专用基金
54	3201	权益法调整

续表

序号	科目编号	科目名称
55	3301	本期盈余
56	3302	本年盈余分配
57	3401	无偿调拨净资产
58	3501	以前年度盈余调整
四、收入类		
59	4001	财政拨款收入
60	4101	事业收入
61	4201	上级补助收入
62	4301	附属单位上缴收入
63	4401	经营收入
64	4601	非同级财政拨款收入
65	4602	投资收益
66	4603	捐赠收入
67	4604	利息收入
68	4605	租金收入
69	4609	其他收入
五、费用类		
70	5001	业务活动费用
71	5101	单位管理费用
72	5201	经营费用
73	5301	资产处置费用
74	5401	上缴上级费用
75	5501	对附属单位补助费用
76	5801	所得税费用
77	5901	其他费用

学校预算会计科目编号即《政府会计制度》中的预算会计科目编号。对预算会计科目编号，可以更加方便地填制会计凭证、登记会计账簿、核算和查阅

账目，实行财务会计信息化管理。

学校预算会计科目编号的具体编制规则为：预算收入类会计科目编号以“6”开头，预算支出类会计科目编号以“7”开头，预算结余类会计科目编号以“8”开头。

学校预算会计科目名称及编号如表 1-2 所示。

表 1-2　　　　　　学校预算会计科目名称及编号

序号	科目编号	科目名称
一、预算收入类		
1	6001	财政拨款预算收入
2	6101	事业预算收入
3	6201	上级补助预算收入
4	6301	附属单位上缴预算收入
5	6401	经营预算收入
6	6501	债务预算收入
7	6601	非同级财政拨款预算收入
8	6602	投资预算收益
9	6609	其他预算收入
二、预算支出类		
10	7101	行政支出
11	7201	事业支出
12	7301	经营支出
13	7401	上缴上级支出
14	7501	对附属单位补助支出
15	7601	投资支出
16	7701	债务还本支出
17	7901	其他支出
三、预算结余类		
18	8001	资金结存
19	8101	财政拨款结转

续表

序号	科目编号	科目名称
20	8102	财政拨款结余
21	8201	非财政拨款结转
22	8202	非财政拨款结余
23	8301	专用结余
24	8401	经营结余
25	8501	其他结余
26	8701	非财政拨款结余分配

1.5.4 记账方法和记账凭证

《基本准则》第十条规定：“政府会计核算应当采用借贷记账法记账。”

借贷记账法指的是以会计等式作为记账原理，以“借”“贷”作为记账符号，来反映经济业务的一种复式记账的方法。

原来仅限于记录债权、债务的“借”“贷”二字已不能概括经济活动的全部内容。它们表示的内容应该包括全部经济活动资金变化的来龙去脉。随着时代的进步，它们逐渐失去了原来字面上的含义而转为一种单纯的记账符号，只表明记账的方向，成了一种专用的会计术语。

在借贷记账法下，所有账户的结构都是左方为借方，右方为贷方，但借贷双方反映会计要素数量变化的增减性质是不固定的。不同性质的账户，借贷双方所登记的内容不同。

学校的记账凭证反映了学校进行教育教学及辅助相关活动等的业务事项内容，其记账凭证应当做到以下三点。

（1）同时体现财务会计和预算会计的功能，实现财务会计与预算会计适度分离并相互衔接，全面、清晰地反映学校的财务信息和预算信息。

（2）能够恰当反映每项业务活动或事项，有助于学校进行部门管理和预算管理。

（3）符合财政部制定的相关会计信息化工作规范和标准，确保利用现代信息技术手段开展会计核算，生成的会计信息符合《政府会计制度》的规定。

因此，在旧记账凭证的基础上，新记账凭证应当设财务会计和预算会计两个栏目，同时增设部门代码、财务会计科目编号和预算会计科目编号。

学校新记账凭证格式如表 1-3 所示。

表 1-3　　记账凭证格式

记账凭证　　字　第　号

年　月　日　　附单据　张

摘要	部门代码	财务会计				预算会计			
		科目编号	科目名称	借方金额	贷方金额	科目编号	科目名称	借方金额	贷方金额
合计									

财务主管：　　记账：　　出纳：　　审核：　　制单：

1.6　学校决算报告和财务报告

《基本准则》第五条规定："政府会计主体应当编制决算报告和财务报告。"决算报告和财务报告相互补充，共同反映学校会计主体的预算执行信息和财务信息。

1.6.1　学校决算报告

学校决算报告，是综合反映学校会计主体年度预算收支执行结果的文件，应当包括决算报表和其他应当在决算报告中反映的相关信息和资料。学校决算报告的编制主要以收付实现制为基础，以预算会计核算生成的数据为准。

学校决算报表主要包括预算收入支出表、预算结转结余变动表和财政拨款预算收入支出表。

学校决算报告的目标是向决算报告使用者提供与学校预算执行情况有关的信息，综合反映学校会计主体预算收支的年度执行结果，有助于决算报告使用者对学校进行监督和管理，并为编制后续年度预算提供参考和依据。学校决算报告使用者有各级人民代表大会及其常务委员会、各级政府及其有关部门、学校会计主体本身、社会公众及其他利益相关者。学校决算报告的目标以对决策有用为主。

1.6.2 学校财务报告

学校财务报告，是反映学校会计主体某一特定日期的财务状况和某一会计期间的运行情况及现金流量等信息的文件。学校财务报告的编制主要以权责发生制为基础，以财务会计核算生成的数据为准。

学校财务报告包括学校综合财务报告和学校部门财务报告。

学校综合财务报告是指由学校财政部门编制的，反映各类学校整体财务状况、运行情况和财政中长期可持续的报告。

学校部门财务报告是指学校各部门、各单位按规定编制的财务报表。

学校财务报告的目标是向财务报告使用者提供与学校的财务状况、运行情况（含运行成本）和现金流量等有关的信息，反映学校会计主体公共受托责任履行情况，有助于财务报告使用者做出决策或者对学校进行监督和管理。学校财务报告使用者有各级人民代表大会及其常务委员会、债权人、各级政府及其有关部门、学校会计主体本身、社会公众及其他利益相关者。学校财务报告的目标兼顾反映受托责任履行情况和对决策有用。

第 2 章
资产

2.1 资产概述

2.1.1 资产的定义

在学校会计实务中，资产是指各类学校过去的经济业务或者事项形成的，由各类学校控制的，预期能够产生服务潜力或者带来经济利益流入的经济资源。服务潜力是指各类学校利用资产提供公共产品和服务以履行学校职能的潜在能力。经济利益流入表现为现金及现金等价物的流入，或者现金及现金等价物流出的减少。

根据《政府会计准则》的第二十七条对资产的定义，经济资源在同时满足以下条件时，可确认为资产。

（1）与该经济资源相关的服务潜力很可能实现或者经济利益很可能流入学校。

（2）该经济资源的成本或者价值能够可靠地计量。

2.1.2 资产的分类

各类学校的资产按照流动性，分为流动资产和非流动资产。流动资产是指各类学校预计在 1 年内（含 1 年）耗用或者可以变现的资产，包括货币资金、短期投资、应收及预付款项、存货等。非流动资产是指流动资产以外的资产，包括固定资产、在建工程、无形资产、长期投资、公共基础设施、政府储备资产、文物文化资产、保障性住房和自然资源资产等。

2.1.3 资产的计量

资产的计量属性主要包括历史成本、重置成本、现值、公允价值和名义金额。

在历史成本计量下，资产按照取得时支付的现金金额或者支付对价的公允价值计量。

在重置成本计量下，资产按照现在购买相同或者相似资产所需支付的现金金额计量。

在现值计量下，资产按照预计从其持续使用和最终处置中所产生的未来净现金流入量的折现金额计量。

在公允价值计量下，资产按照市场参与者在计量日发生的有序交易中，出售资产所能收到的价格计量。

无法采用上述计量属性的，采用名义金额（即人民币 1 元）计量。

2.2 库存现金

2.2.1 科目简介

在学校会计实务中，库存现金是存放在学校财会部门的现金，主要用于学校的日常零星开支。

各类学校应当严格按照国家有关现金管理的规定收支现金，并按照《政府会计制度》的规定核算现金的各项收支业务。

根据中华人民共和国国务院（以下简称“国务院”）颁发的《中华人民共和国现金管理暂行条例》规定，各类学校可以在下列范围内使用现金：职工工资、津贴；个人劳务报酬；根据国家规定颁发给个人的科学技术、文化艺术、体育等各种奖金；各种劳保、福利费用以及国家规定的对个人的其他支出；向个人收购农副产品和其他物资的价款；出差人员必须随身携带的差旅费；结算起点（1 000 元人民币）以下的零星支出；中国人民银行确定需要支付现金的其他支出。

1. 现金收付

各类学校办理任何现金收支，都必须以合法的原始凭证为依据。对于收付现金的各种原始单据，各学校应根据具体情况，指定专门人员进行审核，出纳人员按月连续编号，作为现金出纳账的顺序号。出纳人员付出现金后，应当在原始单据上加盖“现金付讫”戳记，并在当天入账，不得以借据抵现金入账。出纳人员收到现金后，对属于各项收入的现金，应当给对方开收款收据。属于暂付款结算后交回的多余现金，适用借款三联单的，由会计人员退还原借据副联，出纳人员不给对方另开收据；不适用借款三联单的，由出纳人员给其另开收据。一切现金收入必须当天入账，尽可能在当天存入银行，不能当天存入银行的，应于次日上午送存银行。

2. 现金的限额

为了保证各类学校使用现金的需要，同时防止积压现金和保障现金的安全，银行对各类学校核定了库存现金限额。各类学校的库存现金必须经开户银行核定，除核定的库存现金以外，其余现金必须存入开户银行，不得自行保留。库存现金限额由学校提出计划，经开户银行审查同意，一般不超过 3 天零星支付所需现金。边远地区和交通不便地区的学校，库存现金限额可以多于 5 天的日常零星开支，但不得超过 15 天的日常零星开支。各类学校应将超过库存现金核准限额的现金及时送存银行；需要调整库存现金限额时，应再向开户行申请报批。

3. 不得坐支现金

以本学校收入的现金直接支付自己的支出，称为坐支。按有关规定，各类学校每天收入的现金，必须当天送存银行，不能直接支用，不许任意支用，因特殊情况需要坐支现金的，应事先报开户行审查批准，由开户行核定坐支范围和限额，坐支学校应定期向开户行报送坐支金额和使用情况。

4. 现金库存情况

收付现金要及时入账，每天业务终了要结出余额，做到日清月结、账款相符，不得以借据或白条抵库。出纳人员在将账面库存与实际库存核对时，如发现长款或者短款，则应及时查明原因，做出处理。

5. 职务分离

为了保证现金安全，防止各类错误、欺诈发生，现金的收付、结算、审核、登记等工作不得由一人兼管。现金收付业务量较大、条件较好的学校，应当单独设置现金出纳人员，专门负责现金的收付工作，并登记现金出纳账；现金收付业务量不大、不具备条件的学校，应确定专人兼管现金出纳工作。现金出纳人员不得兼管收入费用、债权债务的登记工作，不得兼任稽核和档案保管工作。

会计、出纳分开，实行会计管账不管钱，出纳管钱不管账，是各学校加强内部控制的重要制度。

6. 外币管理

各类学校有外币现金的，应当分别按照人民币、各种外币设置现金日记账进行明细核算。有关外币现金业务的账务处理参见“银行存款”科目的相关规定。

2.2.2 账务处理

（1）各类学校从银行等金融机构提取现金时：按照实际提取的金额，在财务会计中，借记本科目，贷记“银行存款”科目；无预算会计账务处理。将现金存入银行等金融机构时：按照实际存入金额，在财务会计中，借记“银行存款”科目，贷记本科目；无预算会计账务处理。根据规定，在从单位零余额账户提取现金时：按照实际提取的金额，在财务会计中，借记本科目，贷记“零余额账户用款额度”科目；无预算会计账务处理。将现金退回单位零余额账户时：按照实际退回的金额，在财务会计中，借记“零余额账户用款额度”科目，贷记本科目；无预算会计账务处理。

（2）各类学校因内部职工出差等借出现金时：按照实际借出的现金金额，在财务会计中，借记“其他应收款”科目，贷记本科目；无预算会计账务处理。出差人员报销差旅费时，按照实际报销的金额：在财务会计中，借记“业务活动费用”“单位管理费用”等科目，同时，按照实际借出的现金金额贷记“其他应收款”科目，再按照其差额借记或贷记本科目；在预算会计中，借记“事业支出”等科目，贷记“资金结存——货币资金”科目。

（3）各类学校因提供服务、物品或者其他事项收到现金时，按照实际收到的金额，在财务会计中，借记本科目，贷记“事业收入”“应收账款”等相关科目。涉及增值税业务的，相关账务处理参见“应交增值税”科目。因购买服务、商品或者其他事项而支出现金时，按照实际支付的金额：在财务会计中，借记“业务活动费用”“单位管理费用”“库存物品”等相关科目，贷记本科目（涉及增值税业务的，相关账务处理参见“应交增值税”科目）；在预算会计中，借记“事业支出”“其他支出”等科目，贷记“资金结存——货币资金”科目。以库存现金对外捐赠时，按照实际捐出的金额：在财务会计中，借记“其他费用”科目，贷记本科目；在预算会计中，借记“其他支出”科目，贷记“资金结存——货币资金”科目。

（4）在财务会计中：收到受托代理、代管的现金时，按照实际收到的金额，借记本科目（受托代理资产），贷记“受托代理负债”科目；支付受托代理、代管的现金时，按照实际支付的金额，借记“受托代理负债”科目，贷记本科目（受托代理资产）。无预算会计账务处理。

学校库存现金的账务处理可参照表 2-1。

表 2-1　　学校库存现金的账务处理

<table>
<tr><th>序号</th><th colspan="2">业务</th><th>财务会计处理</th><th>预算会计处理</th></tr>
<tr><td rowspan="2">（1）</td><td colspan="2">提现</td><td>借：库存现金
　　贷：银行存款等</td><td>—</td></tr>
<tr><td colspan="2">存现</td><td>借：银行存款等
　　贷：库存现金</td><td>—</td></tr>
<tr><td rowspan="2">（2）</td><td rowspan="2">差旅费</td><td>职工出差等借出现金</td><td>借：其他应收款
　　贷：库存现金</td><td>—</td></tr>
<tr><td>出差人员报销差旅费</td><td>借：业务活动费用 / 单位管理费用等［实际报销金额］
　　库存现金［实际报销金额小于借款金额的差额］
　　贷：其他应收款
或：
借：业务活动费用 / 单位管理费用等［实际报销金额］
　　贷：其他应收款
　　　　库存现金［实际报销金额大于借款金额的差额］</td><td>借：事业支出等［实际报销金额］
　　贷：资金结存——货币资金</td></tr>
<tr><td rowspan="3">（3）</td><td rowspan="3">其他涉及现金的业务</td><td>因开展业务等其他事项收到现金</td><td>借：库存现金
　　贷：事业收入 / 应收账款等</td><td>借：资金结存——货币资金
　　贷：事业预算收入等</td></tr>
<tr><td>因购买服务、商品或其他事项支出现金</td><td>借：业务活动费用 / 单位管理费用 / 库存物品等
　　贷：库存现金</td><td>借：事业支出 / 其他支出等
　　贷：资金结存——货币资金</td></tr>
<tr><td>对外捐赠现金资产</td><td>借：其他费用
　　贷：库存现金</td><td>借：其他支出
　　贷：资金结存——货币资金</td></tr>
</table>

续表

序号	业务		财务会计处理	预算会计处理
（4）		收到受托代理、代管的现金	借：受托代理资产 贷：受托代理负债	—
		支付受托代理、代管的现金	借：受托代理负债 贷：受托代理资产	—
（5）	现金溢余	按照溢余金额转入待处理财产损溢	借：库存现金 贷：待处理财产损溢	借：资金结存——货币资金 贷：其他预算收入
		属于应支付给有关人员或单位的部分	借：待处理财产损溢 贷：其他应付款 借：其他应付款 贷：库存现金	借：其他预算收入 贷：资金结存——货币资金
		属于无法查明原因的部分，报经批准后	借：待处理财产损溢 贷：其他收入	—
（6）	现金短缺	按照短缺金额转入待处理财产损溢	借：待处理财产损溢 贷：库存现金	借：其他支出 贷：资金结存——货币资金
		属于应由责任人赔偿的部分	借：其他应收款 贷：待处理财产损溢 借：库存现金 贷：其他应收款	借：资金结存——货币资金 贷：其他支出
		属于无法查明原因的部分，报经批准后	借：资产处置费用 贷：待处理财产损溢	—

2.2.3 案例分析

【例 2-1】某学校于 2×19 年 12 月 20 日从甲银行账户提取现金 700 元作为备用金使用，账务处理如下。

财务会计：

借：库存现金　　700

　　贷：银行存款　　700

本例题无预算会计处理。

【例 2-2】2×19 年 6 月 20 日，某学校向学生收取代购作业本费 6 400 元，随即送存银行，账务处理如下。

财务会计：

借：库存现金　　6 400

　　贷：其他应付款　　6 400

借：银行存款　　6 400

　　贷：库存现金　　6 400

本例题无预算会计处理。

【例 2-3】某学校出纳人员在当日结账时发现现金溢余 1 200 元，经调查发现其中 1 000 元应支付给学校辅导员李四（已支付），剩余金额无法查明原因，报经批准后计入其他收入。其应做如下会计处理。

（1）发现现金溢余时。

财务会计：

借：库存现金　　1 200

　　贷：待处理财产损溢　　1 200

预算会计：

借：资金结存——货币资金　　1 200

　　贷：其他预算收入　　1 200

（2）报经批准后。

财务会计：

借：待处理财产损溢　　1 200

　　贷：其他应付款——李四　　1 000

　　　　其他收入　　200

借：其他应付款——李四　　1 000

　　贷：库存现金　　1 000

预算会计：

借：其他预算收入　　1 000

　　贷：资金结存——货币资金　　1 000

2.3 银行存款

2.3.1 科目简介

在学校会计实务中，银行存款是指各类学校存入银行或其他金融机构账户的货币，包括人民币存款和外币存款。各类学校的货币资金，除不超过库存现金限额的少量现金外，其余都必须存入银行。货币资金的收付，除国家规定可以用现金办理的结算外，其余都必须通过银行办理转账结算。银行转账结算就是由银行将结算款项从付款单位的存款账户划拨到收款单位的存款账户。因此，各类学校应按规定在银行开立存款账户。

《支付结算办法》规定，各类学校应在银行开立账户，以办理存款、取款和转账等结算。各类学校在办理银行存款开户时，应按银行规定填写“开户申请表”，经上级主管部门或同级财政机关审核同意后，连同盖有单位公章和有权支配款项的个人名章的印鉴卡片一并送开户行，再经银行审查同意后方可开户。各类学校在银行开户后，即可通过银行与其他单位办理结算。

2.3.2 银行存款的管理原则

各类学校应加强对银行存款户的管理，通过银行存款户办理资金收付时，必须切实遵守下述管理原则。

（1）认真贯彻执行国家的政策、法令，严格遵守国家银行的各项结算制度和现金管理制度，接受银行监督。

（2）银行存款户只供本单位使用，不准出租、出借、套用或转让给其他单位或者个人使用。

（3）银行存款户必须有足够的资金保证支付，加强支票管理，不准签发空头支票和其他远期支付的凭证。

（4）各种收支款项的凭证，必须如实填明款项的来源或用途，不得巧立名目、弄虚作假、套取现金、套购物资，严禁利用账户开展非法活动。

（5）重视与银行对账的工作，认真及时地核对银行寄送的对账单，保证账账相符、账证相符。如果银行存款日记账余额与银行对账单的余额不符，要及时与银行核对清楚，查明原因。

（6）中国人民银行总行发布的《支付结算办法》规定，现行结算方式包括：

支票、银行汇票、银行本票、商业汇票、汇兑、委托收款、托收承付。各类学校发生的大量资金收付业务，可根据《支付结算办法》的规定，通过上述 7 种结算方式进行结算。

2.3.3　账务处理

（1）各类学校将款项存入银行或者其他金融机构时，按照实际存入的金额：在财务会计中，借记本科目，贷记“库存现金”“应收账款”“事业收入”“经营收入”“其他收入”等相关科目；在预算会计中，借记“资金结存——货币资金”科目，贷记“事业预算收入”“其他预算收入”等科目；涉及增值税业务的，相关账务处理参见“应交增值税”科目。收到银行存款利息时，按照实际收到的金额：在财务会计中，借记本科目，贷记“利息收入”科目；在预算会计中，借记“资金结存——货币资金”科目，贷记“其他预算收入”科目。

（2）各类学校从银行等金融机构提取现金时，按照实际提取的金额：在财务会计中，借记“库存现金”科目，贷记本科目；无预算会计账务处理。

（3）各类学校以银行存款支付相关费用时，按照实际支付的金额：在财务会计中，借记“业务活动费用”“单位管理费用”“其他费用”等相关科目，贷记本科目；在预算会计中，借记“事业支出”等科目，贷记“资金结存——货币资金”科目；涉及增值税业务的，相关账务处理参见“应交增值税”科目。

（4）各类学校以银行存款对外捐赠时，按照实际捐出的金额：在财务会计中，借记“其他费用”科目，贷记本科目；在预算会计中，借记“其他支出”科目，贷记“资金结存——货币资金”科目。

（5）在财务会计中，各类学校收到受托代理、代管的银行存款时，按照实际收到的金额，借记本科目（受托代理资产），贷记“受托代理负债”科目；支付受托代理、代管的银行存款时，按照实际支付的金额，借记“受托代理负债”科目，贷记本科目（受托代理资产）。无预算会计账务处理。

（6）各类学校发生外币业务的，应当按照业务发生当日的即期汇率，将外币金额折算为人民币金额记账，并登记外币金额和汇率。期末，各种外币账户的期末余额，应当按照期末的即期汇率折算成人民币，作为外币账户期末人民币余额。调整后的各种外币账户人民币余额和原账面余额的差额，作为汇兑损益计入当期费用。

①以外币购买物资、设备等时，按照购入当日的即期汇率将支付的外币或

应支付的外币折算为人民币金额：在财务会计中，借记“库存物品”等科目，贷记本科目、“应付账款”等科目的外币账户；在预算会计中，借记“事业支出”等科目，贷记“资金结存——货币资金”科目。涉及增值税业务的，相关账务处理参见“应交增值税”科目。

②销售物品、提供服务以外币收取相关款项等时，按照收入确认当日的即期汇率将收取的外币或应收取的外币折算为人民币金额：在财务会计中，借记本科目、“应付账款”等科目的外币账户，贷记“事业收入”等相关科目；在预算会计中，借记“资金结存——货币资金”科目，贷记“事业预算收入”等科目。

③期末，根据各外币银行存款账户按照期末汇率调整后的人民币余额与原账面人民币余额的差额，作为汇兑损益：在财务会计中，借记或者贷记本科目、“应付账款”等科目，贷记或借记“业务活动经费”“单位管理费用”等科目；在预算会计中，借记或者贷记“资金结存——货币资金”科目，贷记或借记“事业支出”等科目。

学校银行存款的账务处理可参照表 2-2。

表 2-2　　　　学校银行存款的账务处理

序号	业务		财务会计处理	预算会计处理
（1）	将款项存入银行或其他金融机构		借：银行存款 贷：库存现金 / 事业收入 / 其他收入等	借：资金结存——货币资金 贷：事业预算收入 / 其他预算收入等
（2）	提现		借：库存现金 贷：银行存款	—
（3）	支付款项		借：业务活动费用 / 单位管理费用 / 其他费用等 贷：银行存款	借：事业支出 / 其他支出等 贷：资金结存——货币资金
（4）	银行存款账户	收到银行存款利息	借：银行存款 贷：利息收入	借：资金结存——货币资金 贷：其他预算收入
		支付银行手续费等	借：业务活动费用 / 单位管理费用等 贷：银行存款	借：事业支出等 贷：资金结存——货币资金

续表

序号	业务		财务会计处理	预算会计处理
（5）	受托代理、代管银行存款	收到	借：银行存款——受托代理资产 　贷：受托代理负债	—
		支付	借：受托代理负债 　贷：银行存款——受托代理资产	—
（6）	外币业务	以外币购买物资、劳务等	借：在途物品 / 库存物品等 　贷：银行存款［外币账户］/ 应付账款等［外币账户］	借：事业支出等 　贷：资金结存——货币资金
		以外币收取相关款项等	借：银行存款［外币账户］/ 应收账款等［外币账户］ 　贷：事业收入等	借：资金结存——货币资金 　贷：事业预算收入等
		期末，根据各外币账户按照期末的即期汇率调整后的人民币余额与原账面人民币余额的差额，作为汇兑损益	借：银行存款 / 应收账款 / 应付账款等 　贷：业务活动费用 / 单位管理费用等［汇兑收益］ 借：业务活动费用 / 单位管理费用等［汇兑损失］ 　贷：银行存款 / 应收账款 / 应付账款等	借：资金结存——货币资金 　贷：事业支出等［汇兑收益］ 借：事业支出等［汇兑损失］ 　贷：资金结存——货币资金

2.3.4　案例分析

【例 2-4】某学校于 2×19 年 12 月 1 日出租一幢闲置教学楼给校办企业，收到租金 100 000 元，存入甲银行账户，账务处理如下。

财务会计：

借：银行存款　　100 000

　贷：其他收入——租金收入　　100 000

预算会计：

借：资金结存——货币资金　　100 000

　贷：其他预算收入　　100 000

【例 2-5】某学校以银行转账方式购置文件柜、纸、笔、书桌等办公用品，共计 30 000 元，应做如下账务处理。

财务会计：

借：单位管理费用　　30 000

　　贷：银行存款　　30 000

预算会计：

借：事业支出　　30 000

　　贷：资金结存——货币资金　　30 000

【例 2-6】某学校受托代理海外校友基金会货币捐赠的 1 000 000 元，准备用于建立一专项科研资助基金。该组织根据有关凭证，收到受托代理资产时，编制如下会计分录。

借：银行存款——受托代理资产　　1 000 000

　　贷：受托代理负债　　1 000 000

转出受托代理资产时，编制如下会计分录。

借：受托代理负债　　1 000 000

　　贷：银行存款——受托代理资产　　1 000 000

【例 2-7】2×19 年 11 月 1 日，某学校的美元银行存款账户的余额为 500 000 美元，共折合人民币 3 300 000 元；11 月 6 日，该学校以 200 000 美元的价格从国外购进一批科学仪器用于教学，当日的汇率为 1 美元 =6.53 元人民币，11 月 30 日的汇率为 1 美元 =6.50 元人民币。其应做如下账务处理。

（1）购进科学仪器时。

财务会计：

借：固定资产　　1 306 000

　　贷：银行存款——美元户　　1 306 000

预算会计：

借：事业支出　　1 306 000

　　贷：资金结存——货币资金　　1 306 000

（2）月底计算汇兑损益时。

计算汇兑损益前“银行存款——美元户”的余额 =3 300 000 － 1 306 000= 1 994 000（元）

月末美元账户余额折合人民币金额 =（500 000 － 200 000）×6.50 = 1 950 000（元）

11 月汇兑损失 =1 994 000 － 1 950 000 =44 000（元）

财务会计：

借：业务活动费用——汇兑损失　　44 000

　　贷：银行存款　　44 000

预算会计：

借：事业支出——汇兑损失　　44 000

　　贷：资金结存——货币资金　　44 000

2.4　零余额账户用款额度

2.4.1　科目简介

在学校会计实务中，零余额账户是指财政部门为各类学校在商业银行开设的账户，用于财政直接支付和财政授权支付及清算。

预算单位零余额账户用于财政授权支付。该账户每日发生的支付，于当日营业终了前由代理银行在财政部批准的用款额度内与国库单一账户清算；营业中单笔支付额为 5 000 万（含 5 000 万）元人民币以上的，应及时与国库单一账户清算。财政授权的转账业务一律通过预算单位零余额账户办理。预算单位零余额账户在学校会计中使用。

2.4.2　账务处理

（1）学校收到财政授权支付到账通知书时，根据通知书所列金额：在财务会计中，借记本科目，贷记“财政拨款收入”科目；在预算会计中，借记“资金结存——零余额账户用款额度”科目，贷记“财政拨款预算收入”科目。

（2）支用额度。

①支付日常活动费用时，按照支付的金额：在财务会计中，借记“业务活动费用”“单位管理费用”等科目，贷记本科目；在预算会计中，借记“事业支出”等科目，贷记“资金结存——零余额账户用款额度”科目。

②购买库存物品或购建固定资产时，按照实际发生的成本：在财务会计中，借记“库存物品”“固定资产”“在建工程”等科目，同时，按照实际支付或应付的金额，贷记本科目、“应付账款”等科目；在预算会计中，借记“事业

支出”等科目，贷记“资金结存——零余额账户用款额度”科目。涉及增值税业务的，相关账务处理参见“应交增值税”科目。

③从零余额账户提取现金时，按照实际提取的金额：在财务会计中，借记“库存现金”科目，贷记本科目；在预算会计中，借记“资金结存——货币资金”科目，贷记“资金结存——零余额账户用款额度”科目。将现金退回零余额账户时，按实际退回的金额：在财务会中，借记本科目，贷记“库存现金”；在预算会计中，借记“资金结存——零余额账户用款额度”科目，贷记“资金结存——货币资金”科目。

（3）因购货退回等发生财政授权支付额度退回的，按照退回的金额：在财务会计中，借记本科目，贷记“库存物品”等科目；在预算会计中，借记“资金结存——零余额账户用款额度”科目，贷记“事业支出”等科目。涉及以前年度授权支付的款项，在财务会计中，借记本科目，贷记“库存物品/以前年度盈余调整”等科目。在预算会计中，借记“资金结存——零余额账户用款制度”科目，贷记“财政拨款结转/结余——年初余额调整”科目。

（4）年末，根据代理银行提供的对账单进行注销额度的相关账务处理：在财务会计中，借记“财政应返还额度——财政授权支付”科目，贷记本科目；在预算会计中，借记“资金结存——财政应返还额度”科目，贷记“资金结存——零余额账户用款额度”科目。年末，学校本年度财政授权支付预算指标数大于零余额账户用款额度下达数的，根据未下达的用款额度：在财务会计中，借记“财政应返还额度——财政授权支付”科目，贷记“财政拨款收入”科目；在预算会计中，借记“资金结存——财政应返还额度”科目，贷记“财政拨款预算收入”科目。下年年初，各类学校根据代理银行提供的上年度注销额度恢复到账通知书进行恢复额度的相关账务处理：在财务会计中，借记本科目，贷记“财政应返还额度——财政授权支付”科目；在预算会计中，借记“资金结存——零余额账户用款额度”科目，贷记“资金结存——财政应返还额度”科目。学校收到财政部门批复的上年年末未下达零余额账户用款额度时：在财务会计中，借记本科目，贷记“财政应返还额度——财政授权支付”科目；在预算会计中，借记“资金结存——零余额账户用款额度”科目，贷记“资金结存——财政应返还额度”科目。

学校零余额账户用款额度的账务处理可参照表2-3。

表 2–3　　学校零余额账户用款额度的账务处理

序号	业务		财务会计处理	预算会计处理
（1）	收到额度	收到财政授权支付到账通知书	借：零余额账户用款额度 贷：财政拨款收入	借：资金结存——零余额账户用款额度 贷：财政拨款预算收入
（2）	按照规定支用额度	支付日常活动费用	借：业务活动费用 / 单位管理费用等 贷：零余额账户用款额度	借：事业支出等 贷：资金结存——零余额账户用款额度
		购买库存物品或购建固定资产等	借：库存物品 / 固定资产 / 在建工程等 贷：零余额账户用款额度 / 应付账款等	
（3）	提现	从零余额账户提取现金	借：库存现金 贷：零余额账户用款额度	借：资金结存——货币资金 贷：资金结存——零余额账户用款额度
		将现金退回单位零余额账户	借：零余额账户用款额度 贷：库存现金	借：资金结存——零余额账户用款额度 贷：资金结存——货币资金
（4）	因购货退回等发生国库授权支付额度退回	本年度授权支付的款项	借：零余额账户用款额度 贷：库存物品等	借：资金结存——零余额账户用款额度 贷：事业支出等
		以前年度授权支付的款项	借：零余额账户用款额度 贷：库存物品 / 以前年度盈余调整等	借：资金结存——零余额账户用款额度 贷：财政拨款结转——年初余额调整 / 财政拨款结余——年初余额调整
（5）	年末，注销额度	根据代理银行提供的对账单注销财政授权支付额度	借：财政应返还额度——财政授权支付 贷：零余额账户用款额度	借：资金结存——财政应返还额度 贷：资金结存——零余额账户用款额度
		本年度财政授权支付预算指标数大于零余额账户额度下达数的，根据未下达的用款额度	借：财政应返还额度——财政授权支付 贷：财政拨款收入	借：资金结存——财政应返还额度 贷：财政拨款预算收入

续表

<table>
<tr><th>序号</th><th colspan="2">业务</th><th>财务会计处理</th><th>预算会计处理</th></tr>
<tr><td rowspan="2">（6）</td><td rowspan="2">下年年初，恢复额度</td><td>根据代理银行提供的额度恢复到账通知书恢复财政授权支付额度</td><td>借：零余额账户用款额度
贷：财政应返还额度——财政授权支付</td><td>借：资金结存——零余额账户用款额度
贷：资金结存——财政应返还额度</td></tr>
<tr><td>收到财政部门批复的上年年末未下达零余额账户用款额度</td><td>借：零余额账户用款额度
贷：财政应返还额度——财政授权支付</td><td>借：资金结存——零余额账户用款额度
贷：资金结存——财政应返还额度</td></tr>
</table>

2.4.3 案例分析

【例 2–8】某学校使用零余额账户用款额度 50 000 元购进一批实验材料，应编制如下会计分录。

财务会计：

借：库存物品　50 000

　　贷：零余额账户用款额度　50 000

预算会计：

借：事业支出　50 000

　　贷：资金结存——零余额账户用款额度　50 000

【例 2–9】某学校于 2×19 年 11 月 30 日因购货退回而发生 2 500 元的财政授权支付额度退回，退回的货物于 2×19 年 6 月 30 日用本年授权支付的款项购买，应编制如下会计分录。

财务会计：

借：零余额账户用款额度　2 500

　　贷：库存物品　2 500

预算会计：

借：资金结存——零余额账户用款额度　2 500

　　贷：事业支出　2 500

若该批退回的货物是用以前年度授权支付的款项购买，则应编制如下会计分录。

财务会计：

借：零余额账户用款额度　　2 500

　　贷：以前年度盈余调整　　2 500

预算会计：

借：资金结存——零余额账户用款额度　　2 500

　　贷：财政拨款结余——年初余额调整　　2 500

【例 2-10】沿用【例 2-9】。下年年初，该学校收到代理银行提供的额度恢复到账通知书，被告知恢复额度为 300 000 元，应做如下会计处理。

财务会计：

借：零余额账户用款额度　　300 000

　　贷：财政应返还额度——财政授权支付　　300 000

预算会计：

借：资金结存——零余额账户用款额度　　300 000

　　贷：资金结存——财政应返还额度　　300 000

2.5　其他货币资金

2.5.1　科目简介

在学校会计实务中，本科目用于核算各类学校的外埠存款、银行本票存款、银行汇票存款、信用卡存款等各种其他货币资金。

2.5.2　账务处理

（1）各类学校在异地开立银行账户，将款项委托本地银行汇往异地开立账户时：在财务会计中，借记本科目，贷记“银行存款”科目；无预算会计账务处理。在收到采购员交来的供应单位的发票账单等报销凭证时：在财务会计中，借记“库存物品”等科目，贷记本科目；无预算会计账务处理。将多余的外埠存款转回本地银行时：根据银行的收账通知，在财务会计中，借记“银行存款”科目，贷记本科目；无预算会计账务处理。

（2）各类学校将款项交存银行并取得银行本票、银行汇票时：按照取得的银行本票、银行汇票金额，在财务会计中，借记本科目，贷记“银行存款”科目；无预算会计账务处理。使用银行本票、银行汇票购买库存物品等资产时，按照实际支付金额：在财务会计中，借记“库存物品”等科目，贷记本科目；在预算会计中，借记“事业支出”等科目，贷记“资金结存——货币资金”科目。如有余款或因本票、汇票超过付款期等而退回款项，则应按照退款金额：在财务会计中，借记“银行存款”科目，贷记本科目；无预算会计账务处理。

（3）在财务会计中，各类学校在将款项交存银行并取得信用卡时，按照交存金额，借记本科目，贷记“银行存款”科目。用信用卡购物或支付有关费用时，按照实际支付金额，借记“在途物品”“库存物品”等科目，贷记本科目。单位信用卡在使用过程中，需向其账户续存资金的，按照续存金额，借记本科目，贷记“银行存款”科目。

（4）在财务会计中，银行本票、银行汇票、信用卡的余款退回时，借记“银行存款”科目，贷记本科目。

学校其他货币资金的账务处理可参照表 2-4。

表 2-4　　学校其他货币资金的账务处理

序号	业务		财务会计处理	预算会计处理
（1）	异地开立银行账户	将款项汇往异地银行账户	借：其他货币资金——外埠存款 贷：银行存款	—
		收到发票账单等报销凭证	借：库存物品 贷：其他货币资金——外埠存款	—
		将多余外埠存款转回本地银行	借：银行存款 贷：其他货币资金——外埠存款	—
（2）	形成其他货币资金	取得银行本票、银行汇票、信用卡以及向账户续存资金时	借：其他货币资金——银行本票存款 ——银行汇票存款 ——信用卡存款 贷：银行存款	—

续表

序号	业务		财务会计处理	预算会计处理
（3）	发生支付	用银行本票、银行汇票、信用卡支付时	借：在途物品 / 库存物品等 贷：其他货币资金——银行本票存款 ——银行汇票存款 ——信用卡存款	借：事业支出等［实际支付金额］ 贷：资金结存——货币资金
（4）	余款退回时	银行本票、银行汇票、信用卡的余款退回时	借：银行存款 贷：其他货币资金——银行本票存款 ——银行汇票存款 ——信用卡存款	—

2.5.3　案例分析

【例 2-11】某学校用银行汇票购买一批价值为 15 000 元的办公用品，账务处理如下。

财务会计：

借：库存物品　　15 000

　　贷：其他货币资金——银行汇票存款　　15 000

预算会计：

借：事业支出　　15 000

　　贷：资金结存——货币资金　　15 000

2.6　短期投资

2.6.1　科目简介

在学校会计实务中，短期投资是指学校购入的各种能随时变现的、持有时间不超过一年的有价证券，以及不超过一年的其他投资。

出于各种各样的原因，各类学校往往有闲置的货币资金。为了获得比银行存款利息更高的收益，学校可购买公开市场上可随时抛售的有价证券。不超过一年的其他投资是指以货币资金、材料、固定资产等形式向其他单位的投资。

这种投资在一年内可以收回。在学校会计实务中，短期投资主要是国库券投资。“短期投资”科目一般按照国库券投资的种类进行明细核算。

2.6.2 短期投资的特征

短期投资相对于长期债券投资和长期股权投资，通常具有以下两个特征。

（1）投资目的很明确，即提高闲置资金的使用效率和效益，也包括赚取差价。

（2）投资时间短。各类学校为了实现及时变现的目的，通常将闲置资金投资于二级市场上公开交易的股票、债券、基金等。这些资产既可能是债权性的，也可能是股权性的，且在市场上极易变现。

各类学校应当严格遵守国家法律、行政法规以及财政部门、主管部门关于对外投资的有关规定，对短期投资按照国债投资的种类等进行明细核算。

2.6.3 账务处理

（1）取得短期投资时，按照确定的投资成本：在财务会计中，借记本科目，贷记“银行存款”等科目；在预算会计中，借记“投资支出”科目，贷记“资金结存——货币资金”科目。收到取得投资时，实际支付价款中包含已到付息期但尚未领取的利息的，按照实际收到的金额：在财务会计中，借记“银行存款”科目，贷记本科目；在预算会计中，借记“资金结存——货币资金”科目，贷记“投资支出”科目。

（2）收到短期投资持有期间的利息时，按照实际收到的金额：在财务会计中，借记“银行存款”科目，贷记“投资收益”科目；在预算会计中，借记“资金结存——货币资金”科目，贷记“投资预算收益”科目。

（3）出售短期投资或到期收回短期投资本息时，按照实际收到的金额：在财务会计中，借记“银行存款”科目，同时，按照出售或收回短期投资的账面余额，贷记本科目，按照其差额，借记或贷记“投资收益”科目；在预算会计中，借记“资金结存——货币资金”科目，贷记“投资支出”或“其他结余”科目，同时，按照其差额，借记或贷记“投资预算收益”科目。涉及增值税业务的，相关账务处理参见“应交增值税”科目。

学校短期投资的账务处理可参照表 2-5。

表 2-5　　学校短期投资的账务处理

序号	业务		财务会计处理	预算会计处理
（1）	按照规定支付额度	取得短期投资时	借：短期投资 贷：银行存款等	借：投资支出 贷：资金结存——货币资金
		收到购买时已到付息期但尚未领取的利息时	借：银行存款 贷：短期投资	借：资金结存——货币资金 贷：投资支出
（2）	短期投资持有期间收到利息		借：银行存款 贷：投资收益	借：资金结存——货币资金 贷：投资预算收益
（3）	出售短期投资或到期收回短期投资（国债）本息		借：银行存款［实际收到的金额］ 投资收益［借差］ 贷：短期投资［账面余额］ 投资收益［贷差］	借：资金结存——货币资金［实收款］ 投资预算收益［实收款小于投资成本的差额］ 贷：投资支出［出售或收回当年投资的］/其他结余［出售或收回以前年度投资的］ 投资预算收益［实收款大于投资成本的差额］

2.6.4　案例分析

【例 2-12】3 月 1 日，某学校以银行存款购买价值 51 000 元的有价债券，其中包含已到付息期但尚未领取的利息 1 000 元。该学校准备 9 个月之内出售该有价债券，账务处理如下。

财务会计：

借：短期投资　　51 000

　　贷：银行存款　　51 000

借：银行存款　　1 000

　　贷：短期投资　　1 000

预算会计：

借：投资支出　　51 000

　　贷：资金结存——货币资金　　51 000

借：资金结存——货币资金　　1 000

贷：投资支出　　　　　　　　　　　　　　　　　　　　　1 000

【例 2-13】接【例 2-12】。6 月 1 日，该学校收到所持有的该债券的利息 500 元，账务处理如下。

财务会计：

借：银行存款　　　　　　　　　　　　　　　　　500

　　贷：投资收益　　　　　　　　　　　　　　　　　　500

预算会计：

借：资金结存——货币资金　　　　　　　　　　　500

　　贷：投资预算收益　　　　　　　　　　　　　　　　500

【例 2-14】接【例 2-13】。12 月 1 日，该学校出售该债券，收到 50 500 元，并收到持有期间的其他利息 1 500 元。账务处理如下。

财务会计：

借：银行存款　　　　　　　　　　　　　　　　　52 000

　　贷：短期投资　　　　　　　　　　　　　　　　　　50 000

　　　　投资收益　　　　　　　　　　　　　　　　　　2 000

预算会计：

借：资金结存——货币资金　　　　　　　　　　　52 000

　　贷：投资预算收益　　　　　　　　　　　　　　　　2 000

　　　　投资支出　　　　　　　　　　　　　　　　　　50 000

2.7 财政应返还额度

2.7.1 科目简介

"财政应返还额度"科目用来核算实行国库集中支付的各类学校应收财政返还的资金额度。各类学校应为该科目设置"财政直接支付""财政授权支付"两个明细科目，以进行明细核算。

2.7.2 账务处理

1. 财政直接支付

年末，学校根据本年度财政直接支付预算指标数大于当年财政直接支付实际发生数的差额：在财务会计中，借记本科目（财政直接支付），贷记“财政拨款收入”科目；在预算会计中，借记“资金结存——财政应返还额度”科目，贷记“财政拨款预算收入”科目。学校使用以前年度财政直接支付额度支付款项时：在财务会计中，借记“业务活动费用”“单位管理费用”等科目，贷记本科目（财政直接支付）；在预算会计中，借记“事业支出”等科目，贷记“资金结存——财政应返还额度”科目。

2. 财政授权支付

年末，各类学校根据代理银行提供的对账单进行注销额度的相关账务处理：在财务会计中，借记本科目（财政授权支付），贷记“零余额账户用款额度”科目；在预算会计中，借记“资金结存——财政应返还额度”科目，贷记“资金结存——零余额账户用款额度”科目。年末，学校本年度财政授权支付预算指标数大于零余额账户用款额度下达数的，根据未下达的用款额度：在财务会计中，借记本科目（财政授权支付），贷记“财政拨款收入”科目；在预算会计中，借记“资金结存——财政应返还额度”科目，贷记“财政拨款预算收入”科目。下年年初，各类学校根据代理银行提供的上年度注销额度恢复到账通知书进行恢复额度的相关账务处理：在财务会计中，借记“零余额账户用款额度”科目，贷记本科目（财政授权支付）；在预算会计中，借记“资金结存——零余额账户用款额度”科目，贷记“资金结存——财政应返还额度”科目。各类学校在收到财政部门批复的上年末未下达零余额账户用款额度时：在财务会计中，借记“零余额账户用款额度”科目，贷记本科目（财政授权支付）；在预算会计中，借记“资金结存——零余额账户用款额度”科目，贷记“资金结存——财政应返还额度”科目。

学校财政应返还额度的账务处理可参照表 2-6。

表 2-6　　　　学校财政应返还额度的账务处理

序号	业务		财务会计处理	预算会计处理
（1）	财政直接支付方式下，确认财政应返还额度	年末，本年度预算指标数与当年实际支付数的差额	借：财政应返还额度——财政直接支付 贷：财政拨款收入	借：资金结存——财政应返还额度 贷：财政拨款预算收入
		下年度使用以前年度财政直接支付额度支付款项时	借：业务活动费用 / 单位管理费用 / 库存物品等 贷：财政应返还额度——财政直接支付	借：事业支出等 贷：资金结存——财政应返还额度
（2）	财政授权支付方式下，确认财政应返还额度	年末，本年度预算指标数大于额度下达数的，根据未下达的用款额度	借：财政应返还额度——财政授权支付 贷：财政拨款收入	借：资金结存——财政应返还额度 贷：财政拨款预算收入
		年末，根据代理银行提供的对账单做注销额度处理	借：财政应返还额度——财政授权支付 贷：零余额账户用款额度	借：资金结存——财政应返还额度 贷：资金结存——零余额账户用款额度
		下年年初，额度恢复和下年年初收到财政部门批复的上年年末未下达零余额账户用款额	借：零余额账户用款额度 贷：财政应返还额度——财政授权支付	借：资金结存——零余额账户用款额度 贷：资金结存——财政应返还额度

2.7.3　案例分析

【例 2-15】某学校发生如下业务。

（1）至 2×19 年 12 月 31 日，本年度财政直接支付预算指标数为 200 000 元，当年财政直接支付实际支出数为 180 000 元。账务处理如下。

财务会计：

借：财政应返还额度——财政直接支付　　　　20 000

　　贷：财政拨款收入　　　　　　　　　　　　20 000

预算会计：

借：资金结存——财政应返还额度　　20 000

　　贷：财政拨款预算收入　　20 000

（2）2×20 年 3 月，以财政直接支付方式发生实际支出 10 000 元。账务处理如下。

财务会计：

借：业务活动费用　　10 000

　　贷：财政应返还额度——财政直接支付　　10 000

预算会计：

借：事业支出　　10 000

　　贷：资金结存——财政应返还额度　　10 000

2.8　应收票据

2.8.1　科目简介

在学校会计实务中，应收票据是指学校因开展经营活动、提供有偿服务等而收到的商业汇票。商业汇票是由出票人签发的、指定付款人在一定日期支付一定金额给收款人或持票人的票据，通常涉及出票人、付款人、收款人三方。

2.8.2　应收票据的分类

商业汇票按其承兑人的不同，分为商业承兑汇票和银行承兑汇票两种。商业承兑汇票是由付款人承兑的汇票，它可以由收款人签发，也可以由付款人签发，但必须由付款人承兑；银行承兑汇票是由收款人或承兑申请人签发，并由承兑申请人向银行申请，并经银行审查同意承兑的票据。

应收票据按是否计息，可分为带息票据和不带息票据两种。带息票据是指注明利率及付息日期的票据，带息票据可在票据到期时一次付息；不带息票据是指到期只按面额支付，无须支付利息的票据。带息票据到期利息的计算公式如下：

$$\text{应收票据利息} = \text{应收票据面额} \times \text{利率} \times \text{时间}$$

上式中，利率一般以年利率表示，时间则以日或者月表示。因此，应把年利率调整为日利率或者月利率，一年以360天计算。

不论票据是否带息，应收票据都应于收到或开出并承兑时，以其票面金额入账。

2.8.3 账务处理

（1）学校因提供服务等收到商业汇票时，按照商业汇票的票面金额：在财务会计中，借记本科目，按照确认的收入金额，贷记“经营收入”等科目；无预算会计账务处理。涉及增值税业务的，相关账务处理参见“应交增值税”科目。

（2）持未到期的商业汇票向银行贴现时，按照实际收到的金额（即扣除贴现息后的净额）：在财务会计中，借记“银行存款”科目，同时，按照贴现息金额借记“经营费用”等科目，按照商业汇票的票面金额贷记本科目（无追索权）或“短期借款”科目（有追索权）；在预算会计中，借记“资金结存——货币资金”科目，贷记“经营预算收入”等科目。附追索权的商业汇票到期未发生追索事项的，按照商业汇票的票面金额：在财务会计中，借记“短期借款”科目，贷记本科目；无预算会计账务处理。

（3）将持有的商业汇票背书转让以取得所需物资时，按照取得物资的成本：在财务会计中，借记“库存物品”等科目，按照商业汇票的票面金额，贷记本科目，如有差额，借记或贷记“银行存款”等科目；在预算会计中，借记“经营支出”等科目，贷记“资金结存——货币资金”科目。涉及增值税业务的，相关账务处理参见“应交增值税”科目。

（4）商业汇票到期时，应当分别针对以下情况进行处理。

①收回票款时，按照实际收到的商业汇票票面金额：在财务会计中，借记“银行存款”科目，贷记本科目；在预算会计中，借记“资金结存——货币资金”科目，贷记“经营预算收入”等科目。

②因付款人无力支付票款，收到银行退回的商业承兑汇票、委托收款凭证、未付票款通知书或拒付款证明等时，按照商业汇票的票面金额：在财务会计中，借记“应收账款”科目，贷记本科目；无预算会计账务处理。

学校应收票据的账务处理可参照表2-7。

表 2-7　　学校应收票据的账务处理

<table>
<tr><th>序号</th><th colspan="2">业务</th><th>财务会计处理</th><th>预算会计处理</th></tr>
<tr><td>（1）</td><td>收到商业汇票</td><td>提供服务等收到商业汇票时</td><td>借：应收票据
　贷：经营收入等</td><td>—</td></tr>
<tr><td rowspan="2">（2）</td><td rowspan="2">商业汇票向银行贴现</td><td>持未到期的商业汇票向银行贴现</td><td>借：银行存款［贴现净额］
　经营费用等［贴现利息］
　贷：应收票据［不附追索权］/短期借款［附追索权］</td><td>借：资金结存——货币资金
　贷：经营预算收入等［贴现净额］</td></tr>
<tr><td>附追索权的商业汇票到期未发生追索事项</td><td>借：短期借款
　贷：应收票据</td><td>—</td></tr>
<tr><td>（3）</td><td>商业汇票背书转让</td><td>将持有的商业汇票背书转让以取得所需物资</td><td>借：库存物品等
　贷：应收票据
　　银行存款［差额］</td><td>借：经营支出等［支付的金额］
　贷：资金结存——货币资金</td></tr>
<tr><td rowspan="2">（4）</td><td rowspan="2">商业汇票到期</td><td>商业汇票到期，收回应收票据</td><td>借：银行存款
　贷：应收票据</td><td>借：资金结存——货币资金
　贷：经营预算收入等</td></tr>
<tr><td>商业汇票到期，付款人无力支付票款时</td><td>借：应收账款
　贷：应收票据</td><td>—</td></tr>
</table>

2.8.4　案例分析

【例 2-16】某学校开展与教育教学直接相关的对外服务。按合同约定，被服务方甲公司应于两个月后付款 12 000 元。甲公司用 1 张两个月到期的商业承兑汇票进行支付。该学校编制的会计分录如下。

借：应收票据　　12 000

　贷：经营收入　　12 000

【例 2-17】2×19 年 3 月 5 日，某学校持未到期的面值为 10 000 元的商业汇票向银行贴现，到期日为 2×19 年 5 月 4 日，不附追索权，按 7.2% 的贴现率贴现。与该业务相关的账务处理如下。

贴现利息 =10 000×60（贴现天数）×7.2%÷360=120（元）

实收贴现金额 =10 000-120=9 880（元）

财务会计：

借：银行存款　　9 880

　　经营费用　　120

　　贷：应收票据　　10 000

预算会计：

借：资金结存——货币资金　　9 880

　　贷：经营预算收入　　9 880

若上述票据附追索权，则账务处理如下。

财务会计：

借：银行存款　　9 880

　　经营费用　　120

　　贷：短期借款　　10 000

预算会计：

借：资金结存——货币资金　　9 880

　　贷：经营预算收入　　9 880

【例 2-18】某学校将一张面值为 5 000 元的商业汇票背书转让给甲出版社，并用银行存款支付 1 000 元差额，用于取得一批价值 6 000 元的图书。该学校的账务处理如下。

财务会计：

借：库存物品　　6 000

　　贷：应收票据　　5 000

　　　　银行存款　　1 000

预算会计：

借：经营支出　　1 000

　　贷：资金结存——货币资金　　1 000

【例 2-19】某学校收到付款人承兑到期的商业汇票，票面金额为 10 000 元。与该业务相关的账务处理如下。

财务会计：

借：银行存款　　10 000

　　贷：应收票据　　10 000

预算会计：

借：资金结存——货币资金　　　　　　　　10 000

　　贷：经营预算收入　　　　　　　　　　　10 000

若付款人无力支付票款，则账务处理如下。

借：应收账款　　　　　　　　　　　　　10 000

　　贷：应收票据　　　　　　　　　　　　　10 000

2.9　应收账款

2.9.1　科目简介

应收账款是指各类学校因开展业务活动、对外提供服务等而应收取的款项。

2.9.2　应收账款的计量

一般而言，各类学校提供服务等，应按买卖成交时的实际金额入账。但是在具体计算应收账款的入账金额时，应考虑折扣因素。

1. 商业折扣

所谓商业折扣，是指单位可以从价目单上规定的价格中扣减一定百分比数额的折扣方式。如以 10%、15%、20% 等折扣出售商品，扣减后的净额才是实际销售价格。例如，某科研单位某项科研产品的报价为 1 000 元，按 10% 的商业折扣出售，则应收账款的记账金额为 900 元。显然商业折扣不会引起特殊的会计问题，会计上只需按已扣除商业折扣的实际发票价格确认应收账款。

2. 现金折扣

所谓现金折扣，是指单位为了鼓励客户在一定时期内早日付款而给予客户的一种折扣优待。这种折扣的条件，通常写成：2/10，1/20，*n*/30（即 10 天内付款折扣 2%，20 天内付款折扣 1%，30 天内全价付款）。在现金折扣下，应收账款入账金额的确认有三种处理方法：总价法、净价法和备抵法。我国会计实务中，要求采用总价法。所谓总价法，是将未减现金折扣前的金额作为实际售价、应收账款的入账金额。这种方法把现金折扣理解为客户提早付款而获得的经济利益。销售方给予客户的现金折扣，从融资的角度来看，属于一种理财费用，应列为营业支出或管理费用。总价法可以较好地反映销售的总过程，但在客户大量享受现金折扣的情况下，会高估应收账款和销售收入。

2.9.3 账务处理

（1）各类学校应收账款收回后不需上缴财政，应做如下账务处理。发生应收账款时，按照应收未收金额：在财务会计中，借记本科目，贷记“事业收入”“经营收入”“租金收入”“其他收入”等科目；无预算会计账务处理。涉及增值税业务的，相关账务处理参见“应交增值税”科目。收回应收账款时，按照实际收到的金额，在财务会计中，借记“银行存款”等科目，贷记本科目；在预算会计中，借记“资金结存——货币资金”等科目；贷记“事业预算收入”“经营预算收入”“其他预算收入”等科目。

（2）各类学校应收账款收回后需上缴财政的资金，应分情况做以下账务处理。

①各类学校因出租资产而发生应收未收租金款项时，按照应收未收金额：在财务会计中，借记本科目，贷记“应缴财政款”科目；无预算会计账务处理。收回应收账款时，按照实际收到的金额，在财务会计中，借记“银行存款”等科目，贷记本科目；无预算会计账务处理。

②各类学校因出售物资而发生应收未收款项时，按照应收未收金额：在财务会计中，借记本科目，贷记“应缴财政款”科目；无预算会计账务处理。收回应收账款时，按照实际收到的金额，在财务会计中，借记“银行存款”等科目，贷记本科目；无预算会计账务处理。涉及增值税业务的，相关账务处理参见“应交增值税”科目。

③各类学校应当于每年年末，对收回后不需上缴财政的应收账款进行全面检查，如发生不能收回的迹象，应当计提坏账准备。对于账龄超过规定年限、确认无法收回的应收账款，按照规定报经批准后予以核销，按照核销金额：在财务会计中，借记“坏账准备”科目，贷记本科目；无预算会计账务处理。核销的应收账款应在备查簿中保留登记。已核销的应收账款在以后期间又收回的，按照实际收回金额：在财务会计中，借记本科目，贷记“坏账准备”科目，同时，借记“银行存款”等科目，贷记本科目；在预算会计中，借记“资金结存——货币资金”科目，贷记“非财政拨款结余”等科目。

④各类学校应当于每年年末，对收回后应当上缴财政的应收账款进行全面检查。对于账龄超过规定年限、确认无法收回的应收账款，学校按照规定报经批准后予以核销，按照核销金额：在财务会计中，借记“应缴财政款”科目，贷记本科目；无预算会计账务处理。核销的应收账款应当在备查簿中保留登记。

已核销的应收账款在以后期间又收回的，按照实际收回金额，在财务会计中，借记“银行存款”等科目，贷记“应缴财政款”科目；无预算会计账务处理。

学校应收账款的账务处理可参照表 2-8。

表 2-8 学校应收账款的账务处理

序号	业务		财务会计处理	预算会计处理
（1）	发生应收账款时	应收账款收回后不需上缴财政	借：应收账款 贷：事业收入 / 经营收入 / 其他收入等	—
		应收账款收回后需上缴财政	借：应收账款 贷：应缴财政款	—
（2）	收回应收账款时	应收账款收回后不需上缴财政	借：银行存款等 贷：应收账款	借：资金结存——货币资金等 贷：事业预算收入 / 经营预算收入 / 其他预算收入等
		应收账款收回后需上缴财政	借：银行存款等 贷：应收账款	—
（3）	逾期无法收回的应收账款	报批后予以核销	借：坏账准备 / 应缴财政款 贷：应收账款	—
		事业单位已核销不需上缴财政的应收账款在以后期间收回	借：应收账款 贷：坏账准备 借：银行存款等 贷：应收账款	借：资金结存——货币资金 贷：非财政拨款结余等
		单位已核销需上缴财政的应收账款在以后期间收回	借：银行存款等 贷：应缴财政款	—

2.9.4 案例分析

【例 2-20】2×19 年，某学校有关应收账款的业务如下。

（1）6 月 5 日，该学校向甲公司提供培训服务，应向甲公司收取培训费用 50 000 元，会计分录如下。

借：应收账款　　　　　　　　　　　　　　　　　　　　50 000
　　贷：经营收入　　　　　　　　　　　　　　　　　　　　50 000

（2）6 月 25 日，收到款项时的会计分录如下。

财务会计：

借：银行存款　　　　　　　　　　　　　　　　　　　　50 000
　　贷：应收账款　　　　　　　　　　　　　　　　　　　　50 000

预算会计：

借：资金结存——货币资金　　　　　　　　　　　　　　50 000
　　贷：经营预算收入　　　　　　　　　　　　　　　　　　50 000

【例 2-21】沿用【例 2-20】。6 月 25 日，该学校发现无法完全收回应由甲公司支付的款项，按规定报经批准后予以核销 10 000 元。7 月 26 日，该学校收回 50 000 元的应收账款。账务处理如下。

（1）6 月 25 日的会计分录如下。

借：坏账准备　　　　　　　　　　　　　　　　　　　　10 000
　　贷：应收账款　　　　　　　　　　　　　　　　　　　　10 000

（2）7 月 26 日，收到款项时的会计分录如下。

财务会计：

借：银行存款　　　　　　　　　　　　　　　　　　　　50 000
　　贷：坏账准备　　　　　　　　　　　　　　　　　　　　10 000
　　　　应收账款　　　　　　　　　　　　　　　　　　　　40 000

预算会计：

借：资金结存——货币资金　　　　　　　　　　　　　　50 000
　　贷：非财政拨款结余　　　　　　　　　　　　　　　　　50 000

2.10 预付账款

2.10.1 科目简介

在学校会计实务中，预付账款是学校按照购货、劳务合同的规定预付给供应单位的款项。预付账款按实际发生的金额入账。会计期末，预付账款按历史成本报告。

在学校会计实务中，预付账款与应收账款虽然都是学校的流动资产，且都属于应收及预付款项，但两者性质不同：应收账款是学校应收客户的账款，预付账款是各类学校预付给商品供应单位的账款。所以，应分别设置账户进行核算。

本科目应当按照供应单位（或个人）进行明细核算。各类学校应当通过明细核算或辅助登记方式，登记预付账款的资金性质（区分财政补助资金、非财政专项资金和其他资金）。

2.10.2　账务处理

（1）根据购货、服务合同或协议规定预付款项时，按照预付金额：在财务会计中，借记本科目，贷记“财政拨款收入”“零余额账户用款额度”“银行存款”等科目；在预算会计中，借记“事业支出”等科目，贷记“财政拨款预算收入”“资金结存”科目。

（2）收到所购资产或服务时，按照购入资产或服务的成本：在财务会计中，借记“库存物品”“固定资产”“无形资产”“业务活动费用”等相关科目，同时，按照相关预付账款的账面余额贷记本科目，按照实际补付的金额贷记“财政拨款收入”“零余额账户用款额度”“银行存款”等科目；在预算会计中，借记“事业支出”等科目，贷记“财政拨款预算收入”“资金结存”科目。涉及增值税业务的，相关账务处理参见“应交增值税”科目。

（3）根据工程进度结算工程价款及备料款时，按照结算金额：在财务会计中，借记“在建工程”科目，同时，按照相关预付账款的账面余额贷记本科目，按照实际补付的金额贷记“财政拨款收入”“零余额账户用款额度”“银行存款”等科目；在预算会计中，借记“事业支出”科目，贷记“财政拨款预算收入”“资金结存”科目。

（4）发生预付账款退回的，按照实际退回金额：在财务会计中，借记“财政拨款收入”［本年直接支付］、“财政应返还额度”［以前年度直接支付］、“零余额账户用款额度”“银行存款”等科目，贷记本科目；在预算会计中，当年预付账款退回借记“财政拨款预算收入”“资金结存”科目；贷记“事业支出”等科目。以前年度预付账款退回，借记“资金结存”，贷记“财政拨款结余”“财政拨款结转”等科目。

（5）各类学校应于每年年末对预付账款进行全面检查。如果有确凿证据表明预付账款不再符合预付款项性质，或者因供应单位破产、撤销等可能无法收到所购货物、服务，则应当先将其转入其他应收款，再按照规定进行处理。将预付账款账面余额转入其他应收款时：在财务会计中，借记“其他应收款”科目，贷记“预付账款”科目；无预算会计账务处理。

学校预付账款的账务处理可参照表 2-9。

表 2-9　　学校预付账款的账务处理

<table>
<tr><th>序号</th><th colspan="2">业务</th><th>财务会计处理</th><th>预算会计处理</th></tr>
<tr><td>（1）</td><td colspan="2">发生预付账款时</td><td>借：预付账款
贷：财政拨款收入 / 零余额账户用款额度 / 银行存款等</td><td>借：事业支出等
贷：财政拨款预算收入 / 资金结存</td></tr>
<tr><td>（2）</td><td colspan="2">收到所购物资或服务，以及根据工程进度结算工程价款等时</td><td>借：业务活动费用 / 库存物品 / 固定资产 / 无形资产 / 在建工程等
贷：预付账款
零余额账户用款额度 / 财政拨款收入 / 银行存款等［补付款项］</td><td>借：事业支出等［补付款项］
贷：财政拨款预算收入 / 资金结存</td></tr>
<tr><td rowspan="2">（3）</td><td rowspan="2">预付账款退回</td><td>当年预付账款退回</td><td>借：财政拨款收入 / 零余额账户用款额度 / 银行存款等
贷：预付账款</td><td>借：财政拨款预算收入 / 资金结存
贷：事业支出等</td></tr>
<tr><td>以前年度预付账款退回</td><td>借：财政应返还额度 / 零余额账户用款额度 / 银行存款等
贷：预付账款</td><td>借：资金结存
贷：财政拨款结余——年初余额调整 / 财政拨款结转——年初余额调整等</td></tr>
<tr><td>（4）</td><td colspan="2">逾期无法收回的预付账款转为其他应收款</td><td>借：其他应收款
贷：预付账款</td><td>—</td></tr>
</table>

2.10.3　案例分析

【例 2-22】 2×19 年 1 月 10 日，某学校与 A 公司签订购买合同，约定购买 3 台教学设备，价款共 500 000 元。若该学校预付 30% 的款项，则应做如下会计处理。

财务会计：

借：预付账款——A 公司　　150 000

　　贷：银行存款　　150 000

预算会计：

借：事业支出　　150 000

　　贷：资金结存——货币资金　　150 000

【例 2-23】沿用【例 2-22】。2×19 年 1 月 12 日，A 公司收到预付款后发货。1 月 15 日，该学校验货后支付剩余 70% 的价款，应做如下会计处理。

财务会计：

借：固定资产　　500 000

　　贷：预付账款——A 公司　　150 000

　　　　银行存款　　350 000

预算会计：

借：事业支出　　350 000

　　贷：资金结存——货币资金　　350 000

【例 2-24】沿用【例 2-22】。2×19 年 1 月 12 日，A 公司受到预付款后发货。1 月 15 日，该学校发现教学设备质量不符合要求，将教学设备退回，并解除购货合同。1 月 20 日，A 公司将预付款退回。相关会计分录如下。

财务会计：

借：银行存款　　150 000

　　贷：预付账款——A 公司　　150 000

预算会计：

借：资金结存——货币资金　　150 000

　　贷：事业支出　　150 000

2.11　应收股利

2.11.1　科目简介

在学校会计实务中，本科目用于核算各类学校因长期持有长期股权投资而应当收取的现金股利或应当分得的利润。

2.11.2 账务处理

（1）取得长期股权投资时：在财务会计中，按照支付的价款中所包含的已宣告但尚未发放的现金股利或利润，借记本科目，按照确定的长期股权投资成本借记“长期股权投资”科目，按照实际支付的金额，贷记“银行存款”等科目；在预算会计中，借记“投资支出”［取得投资支付的全部价款］科目，贷记“资金结存——货币资金”科目。

（2）对于收到取得投资时实际支付价款中所包含的已宣告但尚未发放的现金股利或利润：在财务会计中，按照收到的金额，借记“银行存款”科目，贷记本科目；在预算会计中，借记“资金结存——货币资金”科目，贷记“投资支出”等科目。

（3）长期股权投资持有期间，被投资单位宣告发放现金股利或利润的：在财务会计中，按照应享有的份额，借记本科目，贷记“投资收益”（成本法下）或“长期股权投资”（权益法下）科目；无预算会计账务处理。

（4）实际收到现金股利或利润时，按照收到的金额：在财务会计中，借记“银行存款”等科目，贷记本科目；在预算会计中，借记“资金结存——货币资金”科目，贷记“投资预算收益”科目。

学校应收股利的账务处理可参照表 2-10。

表 2-10　　学校应收股利的账务处理

序号	业务		财务会计处理	预算会计处理
（1）	取得的长期股权投资	取得长期股权投资	借：长期股权投资 应收股利［取得投资支付价款中包含的已宣告但尚未发放的现金股利或利润］ 贷：银行存款［取得投资支付的全部价款］	借：投资支出［取得投资支付的全部价款］ 贷：资金结存——货币资金
		收到取得投资所支付价款中包含的已宣告但尚未发放的股利或利润时	借：银行存款 贷：应收股利	借：资金结存——货币资金 贷：投资支出等

续表

序号	业务		财务会计处理	预算会计处理
（2）	持有投资期间	被投资单位宣告发放现金股利或利润	借：应收股利 　贷：投资收益 / 长期股权投资	—
		收到现金股利或利润时	借：银行存款 　贷：应收股利	借：资金结存——货币资金 　贷：投资预算收益

2.11.3　案例分析

【例 2-25】2×19 年 6 月 20 日，某学校以 1 500 万元购入乙公司 10% 的股权，其中包含已宣告但未发放的股利 20 万元。2×19 年 9 月 20 日，该学校收到股利 20 万元。该业务的账务处理如下。

（1）2×19 年 6 月 20 日。

财务会计：

借：长期股权投资　　14 800 000

　　应收股利　　200 000

　　贷：银行存款　　15 000 000

预算会计：

借：投资支出　　15 000 000

　　贷：资金结存——货币资金　　15 000 000

（2）2×19 年 9 月 20 日。

财务会计：

借：银行存款　　200 000

　　贷：应收股利　　200 000

预算会计：

借：资金结存——货币资金　　200 000

　　贷：投资支出　　200 000

2.12 应收利息

2.12.1 科目简介

在学校会计实务中，本科目用于核算各类学校长期债券投资应当收取的利息。各类学校因持有到期一次还本付息的长期债券而获得的利息，应当通过“长期债券投资——应计利息”科目核算，不通过本科目核算。

2.12.2 账务处理

（1）取得长期债券投资时：在财务会计中，按照确定的投资成本借记“长期债券投资”科目，按照支付的价款中包含的已到付息期但尚未领取的利息，借记本科目，按照实际支付的金额贷记“银行存款”等科目；在预算会计中，借记“投资支出”［取得投资支付的全部价款］科目，贷记“资金结存——货币资金”科目。

（2）收到取得投资时实际支付价款中包含的已到付息期但尚未领取的利息时：在财务会计中，按照收到的金额，借记“银行存款”等科目，贷记本科目；在预算会计中，借记“资金结存——货币资金”科目，贷记“投资支出”等科目。

（3）按期计算确认长期债券投资利息收入时，对于分期付息、一次还本的长期债券投资，按照以票面金额和票面利率计算确定的应收未收利息金额：在财务会计中，借记本科目，贷记“投资收益”科目；无预算会计账务处理。

（4）实际收到应收利息时，按照收到的金额：在财务会计中，借记“银行存款”等科目，贷记本科目；在预算会计中，借记“资金结存——货币资金”科目，贷记“投资预算收益”科目。

学校应收利息的账务处理可参照表 2-11。

表 2-11　　学校应收利息的账务处理

序号	业务		财务会计处理	预算会计处理
（1）	取得的债券投资	取得长期债券投资	借：长期债券投资 应收利息［取得投资支付价款中包含的已到付息期但尚未领取的利息］ 贷：银行存款［取得投资支付的全部价款］	借：投资支出［取得投资支付的全部价款］ 贷：资金结存——货币资金

续表

序号	业务		财务会计处理	预算会计处理
(1)	取得的债券投资	收到取得投资时实际支付价款中包含的已到付息期但尚未领取的利息时	借：银行存款等 　　贷：应收利息	借：资金结存——货币资金 　　贷：投资支出等
(2)	持有投资期间	按期计提利息	借：应收利息［分期付息、一次还本债券计提的利息］ 　　贷：投资收益	—
		实际收到利息	借：银行存款等 　　贷：应收利息	借：资金结存——货币资金 　　贷：投资预算收益

2.12.3　案例分析

【例 2-26】 2×19 年 1 月 1 日，某学校从证券市场上购入 A 公司于 2×18 年 1 月 1 日发行的债券。该债券三年期、票面利率为 3%、年底计提利息，每年 1 月 10 日支付上年度的利息。该学校购入债券的面值为 100 万元，实际用银行存款支付了 103 万元。该业务的账务处理如下。

（1）2×19 年 1 月 1 日。

财务会计：

借：长期债券投资　　1 000 000

　　应收利息　　30 000

　　贷：银行存款　　1 030 000

预算会计：

借：投资支出　　1 030 000

　　贷：资金结存——货币资金　　1 030 000

（2）2×19 年 1 月 10 日。

财务会计：

借：银行存款　　30 000

　　贷：应收利息　　30 000

预算会计：

借：资金结存——货币资金　　30 000

　　贷：投资支出　　30 000

2.13 其他应收款

2.13.1 科目简介

在学校会计实务中，本科目用于核算各类学校除财政应返还额度、应收票据、应收账款、预付账款、应收股利、应收利息以外的其他各项应收及暂付款项，如职工预借的差旅费、拨给有关部门的备用金、应向职工收取的各种垫付款项等。其他应收款应按实际发生额入账，并按照其他应收款的类别以及债务单位（或个人）进行明细核算。

2.13.2 账务处理

（1）发生其他各种应收及暂付款项时：在财务会计中，按照实际发生金额，借记本科目，贷记“零余额账户用款额度”“银行存款”“库存现金”“上级补助收入”“附属单位上缴收入”等科目；无预算会计账务处理。涉及增值税业务的，相关账务处理参见“应交增值税”科目。

（2）收回其他各种应收款项及暂付款项时：在财务会计中，按照收回的金额，借记“库存现金”“银行存款”等科目，贷记本科目；在预算会计中，收到其他应收款项时，借记“资金结存”科目，贷记“上级补助预算收入”“附属单位上缴预算收入”“其他预算收入”等科目，而收回暂付款项时不做预算会计处理。

（3）内部实行备用金制度的，有关部门在使用备用金以后应当及时到财务部门报销并补足备用金。财务部门核定并发放备用金时：在财务会计中，按照实际发放金额，借记本科目，贷记“库存现金”等科目；无预算会计账务处理。根据报销金额，用现金补足备用金定额时：在财务会计中，借记“业务活动费用”“单位管理费用”等科目，贷记“库存现金”等科目；在预算会计中，借记“事业支出”等科目，贷记“资金结存——货币资金”科目。报销数和拨补数都不再通过本科目核算。

（4）偿还尚未报销的公务卡款项时：在财务会计中，按照偿还的款项，借记本科目，贷记“零余额账户用款额度”“银行存款”等科目；无预算会计账务处理。持卡人报销时，在财务会计中，按照报销金额，借记“业务活动费用”“单位管理费用”等科目，贷记本科目；在预算会计中，借记“事业支出”

科目，贷记“资金结存”科目。

（5）将预付账款账面余额转入其他应收款时：在财务会计中，借记本科目，贷记“预付账款”科目，具体说明参见下文“2.10 预付账款”科目；无预算会计账务处理。

（6）每年年末，对其他应收款进行全面检查，如发生不能收回的迹象，应当计提坏账准备。

①对于账龄超过规定年限、确认无法收回的其他应收款，按照规定报经批准后予以核销。在财务会计中，按照核销金额，借记“坏账准备”科目，贷记本科目；无预算会计账务处理。核销的其他应收款应当在备查簿中保留登记。

②已核销的其他应收款在以后期间收回的：在财务会计中，按照实际收回金额，借记本科目，贷记“坏账准备”科目，同时，借记“银行存款”等科目，贷记本科目；在预算会计中，借记“资金结存——货币资金”科目，贷记“其他预算收入”科目。

学校其他应收款的账务处理可参照表 2-12。

表 2-12　　　　学校其他应收款的账务处理

序号	业务		财务会计处理	预算会计处理
（1）	发生暂付款项（包括偿还未报销的公务卡款项）	暂付款项时	借：其他应收款 贷：银行存款 / 库存现金 / 零余额账户用款额度等	—
		报销时	借：业务活动费用 / 单位管理费用等［实际报销金额］ 贷：其他应收款	借：事业支出等［实际报销金额］ 贷：资金结存
		收回暂付款项时	借：库存现金 / 银行存款等 贷：其他应收款	—
（2）	发生其他各种应收款项	确认其他应收款时	借：其他应收款 贷：上级补助收入 / 附属单位上缴收入 / 其他收入等	—
		收到其他应收款项时	借：银行存款 / 库存现金等 贷：其他应收款	借：资金结存——货币资金 贷：上级补助预算收入 / 附属单位上缴预算收入 / 其他预算收入等

续表

序号	业务		财务会计处理	预算会计处理
（3）	拨付给内部有关部门的备用金	财务部门核定并发放备用金时	借：其他应收款 贷：库存现金	—
		根据报销金额，用现金补足备用金定额时	借：业务活动费用 / 单位管理费用等 贷：库存现金	借：事业支出等 贷：资金结存——货币资金
（4）	逾期无法收回的其他应收款	经批准核销时	借：坏账准备 贷：其他应收款	—
		已核销的其他应收款在以后期间收回	借：其他应收款 贷：坏账准备 借：银行存款等 贷：其他应收款	借：资金结存——货币资金 贷：其他预算收入

（7）关于附属单位工资返还。

根据《关于高等学校执行〈政府会计制度——行政事业单位会计科目和报表〉的补充规定》，高等学校附属单位职工薪酬按规定自行负担，但需由高等学校代为发放时：在财务会计中，高等学校按照实际垫付的金额，借记“其他应收款”科目，贷记“应付职工薪酬”科目；无预算会计账务处理。高等学校收到附属单位交来的返还款时：在财务会计中，借记“银行存款”科目，贷记“其他应收款”科目；在预算会计中，借记“资金结存”科目，贷记“附属单位上缴预算收入”科目。

具体账务处理可参照表 2-13。

表 2-13　　高等学校关于附属单位工资返还的账务处理

业务	财务会计处理	预算会计处理
高等学校代为发放附属单位职工薪酬时	借：其他应收款 贷：应付职工薪酬	—
高等学校收到附属单位交来的返还款时	借：银行存款 贷：其他应收款	借：资金结存 贷：附属单位上缴预算收入

2.13.3　案例分析

【例 2-27】2×19 年 8 月 31 日，某学校为职工代垫房租和水电费 20 000 元。9 月 30 日，该学校从应付职工薪酬中扣除代垫款项。其应做如下会计处理。

（1）8 月 31 日，代垫房租和水电费时。

借：其他应收款　　　　20 000

　　贷：银行存款　　　　20 000

（2）9 月 30 日，从应付职工薪酬中扣除代垫款项时。

财务会计：

借：应付职工薪酬　　　　20 000

　　贷：其他应收款　　　　20 000

预算会计：

借：事业支出　　　　20 000

　　贷：资金结存——货币资金　　　　20 000

【例 2-28】某学校估计 2 000 元的其他应付款中有 1 000 元无法收回，3 月 15 日经批准核销，其账务处理如下。

借：坏账准备　　　　1 000

　　贷：其他应收款　　　　1 000

若 4 月 15 日，该笔应收款全额收回，则其账务处理如下。

财务会计：

借：银行存款　　　　2 000

　　贷：坏账准备　　　　1 000

　　　　其他应收款　　　　1 000

预算会计：

借：资金结存——货币资金　　　　2 000

　　贷：其他预算收入　　　　2 000

【例 2-29】某学校于 2×19 年 7 月 13 日收到上级拨付补助收入 100 000 元，款项存入银行，其账务处理如下。

财务会计：

借：银行存款　　　　100 000

　　贷：其他应收款　　　　100 000

预算会计：

借：资金结存——货币资金　　100 000

　　贷：上级补助预算收入　　100 000

【例 2-30】C 大学为其附属幼儿园代为发放职工薪酬，2×19 年 8 月计提工资 30 万元，应做如下账务处理。

借：其他应收款　　300 000

　　贷：应付职工薪酬　　300 000

2×19 年 12 月 31 日，附属幼儿园偿还 2×19 年度 C 大学代为发放的职工薪酬 360 万元，应做如下账务处理。

财务会计：

借：银行存款　　3 600 000

　　贷：其他应收款　　3 600 000

预算会计：

借：资金结存　　3 600 000

　　贷：附属单位上缴预算收入　　3 600 000

2.14 坏账准备

2.14.1 科目简介

在学校会计实务中，本科目用于核算各类学校对收回后不需要上缴财政的应收账款和其他应收款提取的坏账准备。

2.14.2 坏账准备的计提

各类学校可以采用应收账款余额百分比法、账龄分析法、个别认定法等方法计提坏账准备。坏账准备计提方法一经确定，不得随意变更。如需变更，应当按照规定报经批准，并在财务报表附注中予以说明。

1. 应收账款余额百分比法

这是按照期末应收账款余额的一定百分比估计坏账损失的方法。坏账准备计提百分比由学校根据以往的资料或经验自行确定。在应收账款余额百分比法下，学校应在每个会计期末根据本期末应收账款的余额和相应的坏账准备计提百分比估计期末坏账准备账户应有的余额，它与调整前坏账准备账户已有的余额的差额，就是当期应计提的坏账准备金额。

采用应收账款余额百分比法计提坏账准备的计算公式如下。

（1）首次计提坏账准备的计算公式。

当期应计提的坏账准备 = 期末应收账款余额 × 坏账准备计提百分比

（2）以后计提坏账准备的计算公式。

当期应计提的坏账准备 = 当期按应收账款计算应计提的坏账准备金额 +（或 −）坏账准备账户借方余额（或贷方余额）

2. 账龄分析法

账龄分析法是根据应收账款账龄的长短来估计坏账损失的方法。通常而言，应收账款的账龄越长，发生坏账的可能性越大。为此，学校应将应收账款按账龄长短进行分组，分别确定不同的坏账准备计提百分比，使坏账损失的计算结果更符合客观情况。

采用账龄分析法计提坏账准备的计算公式如下。

（1）首次计提坏账准备的计算公式。

当期应计提的坏账准备 = ∑（期末各账龄组应收账款余额 × 各账龄组坏账准备计提百分比）

（2）以后计提坏账准备的计算公式。

当期应计提的坏账准备 = 当期按应收账款计算应计提的坏账准备金额 +（或 −）坏账准备账户借方余额（或贷方余额）

3. 个别认定法

个别认定法是指根据每笔应收账款的具体情况确定其坏账金额的一种方法。

该方法下，当期应当计提或冲减的坏账准备金额的计算公式如下。

当期应补提或冲减的坏账准备 = 按照期末应收账款和其他应收款计算应计提的坏账准备金额 − 坏账准备账户期末贷方余额（或 + 坏账准备账户期末借方余额）

2.14.3　账务处理

（1）提取坏账准备时：在财务会计中，借记“其他费用”科目，贷记本科目，无预算会计账务处理；冲减坏账准备时，在财务会计中，借记本科目，贷记“其他费用”科目，无预算会计账务处理。

（2）对于账龄超过规定年限并确认无法收回的应收账款、其他应收款，应当按照有关规定报经批准后核销，按照无法收回的金额：在财务会计中，借记本科目，贷记“应收账款”“其他应收款”科目；无预算会计账务处理。已核销的不需上缴财政的应收账款、其他应收款在以后期间收回的，按照实际收回金额：在财务会计中，借记“应收账款”“其他应收款”科目，贷记本科目；同时，借记“银行存款”等科目，贷记“应收账款”“其他应收款”科目；在预算会计中，借记“资金结存——货币资金”等科目，贷记“非财政拨款结余”等科目。

学校坏账准备的账务处理可参照表 2-14。

表 2-14　　学校坏账准备的账务处理

序号	业务		财务会计处理	预算会计处理
（1）	年末全面分析不需上缴财政的应收账款和其他应收款	计提坏账准备，确认坏账损失	借：其他费用 贷：坏账准备	—
		冲减坏账准备	借：坏账准备 贷：其他费用	—
（2）	逾期无法收回的应收账款和其他应收款	报批后予以核销	借：坏账准备 贷：应收账款 / 其他应收款	—
		已核销不需上缴财政的应收账款在以后期间收回	借：应收账款 / 其他应收款 贷：坏账准备 借：银行存款等 贷：应收账款 / 其他应收款	借：资金结存——货币资金等 贷：非财政拨款结余等

2.14.4　案例分析

【例 2-31】6 月 25 日，某学校发现无法完全收回应由甲公司支付的应收款项，按规定报经批准后予以核销应收账款 10 000 元。7 月 26 日，该学校从甲公司处收回 5 000 元应收账款。其账务处理如下。

（1）6 月 25 日的会计分录如下。

借：坏账准备　　10 000

　　贷：应收账款　　10 000

（2）7 月 26 日，收到款项时的会计分录如下。

财务会计：

借：应收账款　　5 000

　　贷：坏账准备　　5 000

借：银行存款　　5 000

　　贷：应收账款　　5 000

预算会计：

借：资金结存——货币资金　　5 000

　　贷：非财政拨款结余　　5 000

2.15 在途物品

2.15.1 科目简介

在学校会计实务中，本科目用于核算各类学校采购材料等物资时货款已付或已开出商业汇票但尚未验收入库的在途物品的采购成本。

2.15.2 账务处理

（1）各类学校购入材料等物品时，按照确定的物品采购成本的金额：在财务会计中，借记本科目，并按照实际支付的金额，贷记“财政拨款收入”“零余额账户用款额度”“银行存款”“应付票据”等科目；在预算会计中，借记“事业支出”或“经营支出”等科目，贷记“财政拨款预算收入”“资金结存”等科目。涉及增值税业务的，相关账务处理参见“应交增值税”科目。

（2）所购材料等物品到达验收入库，按照确定的库存物品成本金额：在财务会计中，借记“库存物品”科目，同时，按照物品采购成本金额贷记本科目，按照使得入库物品达到目前场所和状态所发生的其他支出贷记“银行存款”等科目；无预算会计账务处理。

学校在途物品的账务处理可参照表 2-15。

表 2-15　　学校在途物品的账务处理

序号	业务	财务会计处理	预算会计处理
（1）	购入材料等物资，结算凭证收到货未到，款已付或已开出商业汇票	借：在途物品 贷：财政拨款收入 / 零余额账户用款额度 / 银行存款 / 应付票据等	借：事业支出 / 经营支出等 贷：财政拨款预算收入 / 资金结存
（2）	所购材料等物品到达验收入库	借：库存物品 贷：在途物品 银行存款	—

2.15.3　案例分析

【例 2-32】某学校于 2×19 年 1 月 1 日购入一批办公用品，支付价款 30 000 元，结算凭证已收到，货仍在运输途中。账务处理如下。

财务会计：

借：在途物品　　30 000

　贷：银行存款　　30 000

预算会计：

借：事业支出　　30 000

　贷：资金结存——货币资金　　30 000

【例 2-33】接【例 2-32】。2×19 年 1 月 30 日，该学校所购办公用品到达验收入库。账务处理如下。

借：库存物品　　30 000

　贷：在途物品　　30 000

2.16　库存物品

2.16.1　科目简介

在学校会计实务中，本科目用于核算各类学校在开展业务活动及其他活动中为耗用或出售而储存的各种材料、产品、包装物、低值易耗品，以及达不到固定资产标准的用具、装具、动植物等的成本。

2.16.2　库存物品的特殊类型

（1）已完成的测绘、地质勘察、设计成果等的成本，也通过本科目核算。

（2）各类学校随买随用的零星办公用品，可以在购进时直接列作费用，不通过本科目核算。

（3）各类学校控制的政府储备物资，应当通过“政府储备物资”科目核算，不通过本科目核算。

（4）各类学校受托存储保管的物资和受托转赠的物资，应当通过“受托代理资产”科目核算，不通过本科目核算。

（5）各类学校为在建工程购买和使用的材料物资，应当通过“工程物资”科目核算，不通过本科目核算。

2.16.3　账务处理

1．各类学校取得的库存物品，应当按照其取得时的成本入账

（1）当外购的库存物品验收入库时，按照确定的成本：在财务会计中，借记本科目，贷记“财政拨款收入”“财政应返还额度”“零余额账户用款额度”“银行存款”“应付账款”等科目；在预算会计中，借记“事业支出”“经营支出”等科目，贷记“财政拨款预算收入”“资金结存”等科目。涉及增值税业务的，相关账务处理参见下文“3.3 应交增值税”科目。

（2）当自制的库存物品加工完成并验收入库时，按照确定的成本：在财务会计中，借记本科目，贷记“加工物品——自制物品”科目；无预算会计账务处理。

（3）当委托外单位加工收回的库存物品验收入库时，按照确定的成本：在财务会计中，借记本科目，贷记“加工物品——委托加工物品”科目；无预算会计账务处理。

（4）当接受捐赠的库存物品验收入库时，按照确定的成本：在财务会计中，借记本科目，同时，按照发生的相关税费、运输费等贷记“银行存款”等科目，按照其差额贷记“捐赠收入”科目；在预算会计中，借记“其他支出”科目，贷记“资金结存”科目。

接受捐赠的库存物品按照名义金额入账的，按照名义金额：在财务会计中，借记本科目，贷记“捐赠收入”“无偿调拨”“净资产”等科目，同时，按照发生的相关税费、运输费等，借记“其他费用”科目，贷记“银行存款”等科目；

在预算会计中，借记“其他支出”科目，贷记“资金结存”科目。

（5）当无偿调入的库存物品验收入库时：在财务会计中，按照确定的成本，借记本科目，同时，按照发生的相关税费、运输费等贷记“银行存款”等科目，按照借贷方差额贷记“无偿调拨净资产”科目；在预算会计中，借记“其他支出”科目，贷记“资金结存”科目。

（6）当置换换入的库存物品验收入库时：在财务会计中，按照确定的成本借记本科目，按照换出资产的账面余额贷记相关资产科目（换出资产为固定资产、无形资产的，还应当借记“固定资产累计折旧”“无形资产累计摊销”科目），按照置换过程中发生的其他相关支出贷记“银行存款”等科目，按照借贷方差额借记“资产处置费用”科目或贷记“其他收入”科目；在预算会计中，借记“其他支出”科目［实际支付的其他相关支出］，贷记“资金结存”科目。涉及补价的，分别以下情况处理。

①支付补价的：在财务会计中，按照确定的成本借记本科目，按照换出资产的账面余额贷记相关资产科目（换出资产为固定资产、无形资产的，还应当借记“固定资产累计折旧”“无形资产累计摊销”科目），按照支付的补价和置换过程中发生的其他相关支出贷记“银行存款”等科目，按照借贷方差额借记“资产处置费用”科目或贷记“其他收入”科目；在预算会计中，按照实际支付的补价和置换过程中发生的其他相关支出，借记“其他支出”科目，贷记“资金结存”科目。

②收到补价的：在财务会计中，按照确定的成本借记本科目，按照收到的补价借记“银行存款”等科目，按照换出资产的账面余额贷记相关资产科目（换出资产为固定资产、无形资产的，还应当借记“固定资产累计折旧”“无形资产累计摊销”科目），按照置换过程中发生的其他相关支出贷记“银行存款”等科目，按照补价扣减其他相关支出后的净收入贷记“应缴财政款”科目，按照借贷方差额借记“资产处置费用”科目或贷记“其他收入”科目；在预算会计中，按照置换过程中发生的其他相关支出大于收到补价的差额，借记“其他支出”科目，贷记“资金结存”科目。

2. 库存物品在发出时，应当按照以下情况分别进行处理

（1）当各类学校开展业务活动需领用、按照规定自主出售发出或加工发出库存物品时：在财务会计中，按照领用、出售等发出物品的实际成本，借记“业务活动费用”“单位管理费用”“经营费用”“加工物品”等科目，贷记本科目；无预算会计账务处理。

①采用一次转销法摊销低值易耗品、包装物的：在财务会计中，首次领用时将其账面余额一次性摊销计入有关成本费用，借记有关科目，贷记本科目；无预算会计账务处理。

②采用五五摊销法摊销低值易耗品、包装物的：首次领用时，在财务会计中，将其账面余额的 50% 摊销计入有关成本费用，借记有关科目，贷记本科目；使用完时，将剩余的账面余额转销计入有关成本费用，借记有关科目，贷记本科目。此时，无预算会计账务处理。

（2）经批准对外出售的库存物品（不含可自主出售的库存物品）发出时，财务会计进行如下账务处理：按照库存物品的账面余额，借记“资产处置费用”科目，贷记本科目；按照收到的价款，借记“银行存款”等科目；按照处置过程中发生的相关费用，贷记“银行存款”等科目；按照借贷方差额，贷记“应缴财政款”科目。此时，无预算会计账务处理。

（3）经批准对外捐赠的库存物品发出时：在财务会计中，按照库存物品的账面余额和对外捐赠过程中发生的归属于捐出方的相关费用合计数借记“资产处置费用”科目，按照库存物品账面余额贷记本科目，按照对外捐赠过程中发生的归属于捐出方的相关费用贷记“银行存款”等科目；在预算会计中，借记“其他支出”科目，贷记“资金结存”科目。

（4）经批准无偿调出的库存物品发出时：在财务会计中，按照库存物品的账面余额，借记“无偿调拨净资产”科目，贷记本科目，同时，按照无偿调出过程中发生的归属于调出方的相关费用，借记“资产处置费用”科目，贷记“银行存款”等科目；在预算会计中，借记“其他支出”科目，贷记“资金结存”科目。

（5）经批准置换换出库存物品时，参照本科目有关置换换入库存物品的规定进行账务处理。

3．各类学校应当定期对库存物品进行清查盘点，每年至少盘点一次

对于发生盘盈、盘亏或者报废、毁损的库存物品，应当先记入“待处理财产损溢”科目，按照规定报经批准后及时进行后续账务处理。

（1）盘盈的库存物品，其成本按照有关凭据注明的金额确定；没有相关凭据，但按照规定经过资产评估的，其成本按照评估价值确定；没有相关凭据，也未经过评估的，其成本按照重置成本确定。如无法采用上述方法确定盘盈的库存物品成本的，按照名义金额入账。盘盈的库存物品，在财务会计中，按照确定的入账成本，借记本科目，贷记“待处理财产损溢”科目。无预算会计账务处理。

（2）在盘亏或者毁损、报废库存物品时：在财务会计中，按照待处理库存物品的账面余额，借记“待处理财产损溢”科目，贷记本科目；无预算会计账务处理。属于增值税一般纳税人的单位，若非正常因素导致库存物品盘亏或毁损：在财务会计中，还应当将与该库存物品相关的增值税进项税额转出，并按照其增值税进项税额，借记“待处理财产损溢”科目，贷记“应交增值税——应交税金（进项税额转出）”科目；无预算会计账务处理。

学校对库存物品的账务处理可参照表 2-16。

表 2-16　　学校对库存物品的账务处理

序号	业务		财务会计处理	预算会计处理
（1）	取得库存物品	外购的库存物品验收入库	借：库存物品 贷：财政拨款收入 / 财政应返还额度 / 零余额账户用款额度 / 银行存款 / 应付账款等	借：事业支出 / 经营支出等 贷：财政拨款预算收入 / 资金结存
		自制的库存物品加工完成、验收入库	借：库存物品——相关明细科目 贷：加工物品——自制物品	—
		委托外单位加工收回的库存物品	借：库存物品——相关明细科目 贷：加工物品——委托加工物品	—
		置换换入的库存物品不涉及补价的	借：库存物品［换出资产评估价值 + 其他相关支出］ 固定资产累计折旧 / 无形资产累计摊销 资产处置费用［借差］ 贷：库存物品 / 固定资产 / 无形资产等［账面余额］ 银行存款等［其他相关支出］ 其他收入［贷差］	借：其他支出［实际支付的其他相关支出］ 贷：资金结存
		置换换入的库存物品涉及补价且支付补价的	借：库存物品［换出资产评估价值 + 其他相关支出 + 补价］ 固定资产累计折旧 / 无形资产累计摊销 资产处置费用［借差］ 贷：库存物品 / 固定资产 / 无形资产等［账面余额］ 银行存款等［其他相关支出 + 补价］ 其他收入［贷差］	借：其他支出［实际支付的补价和其他相关支出］ 贷：资金结存

续表

<table>
<tr><th>序号</th><th colspan="2">业务</th><th>财务会计处理</th><th>预算会计处理</th></tr>
<tr><td rowspan="5">（1）</td><td rowspan="5">取得库存物品</td><td>置换换入的库存物品涉及补价且收到补价的</td><td>借：库存物品［换出资产评估价值＋其他相关支出－补价］
银行存款等［补价］
固定资产累计折旧／无形资产累计摊销
资产处置费用［借差］
贷：库存物品／固定资产／无形资产等［账面余额］
银行存款等［其他相关支出］
应缴财政款［补价－其他相关支出］
其他收入［贷差］</td><td>借：其他支出［其他相关支出大于收到补价的差额］
贷：资金结存</td></tr>
<tr><td>接受捐赠的库存物品</td><td>借：库存物品［按照确定的成本］
贷：银行存款等［相关税费］
捐赠收入</td><td>借：其他支出［实际支付的相关税费］
贷：资金结存</td></tr>
<tr><td>无偿调入的库存物品</td><td>借：库存物品［按照确定的成本］
贷：银行存款等［相关税费］
无偿调拨净资产</td><td>借：其他支出［实际支付的相关税费］
贷：资金结存</td></tr>
<tr><td rowspan="2">按照名义金额入账的接收捐赠、无偿调入的库存物品及发生的相关税费、运输费等</td><td>借：库存物品［名义金额］
贷：捐赠收入［接受捐赠］／无偿调拨净资产［无偿调入］</td><td>—</td></tr>
<tr><td>借：其他费用
贷：银行存款等</td><td>借：其他支出
贷：资金结存</td></tr>
<tr><td rowspan="3">（2）</td><td rowspan="3">发出库存物品</td><td>开展业务活动、按照规定自主出售或加工物品等领用、发出库存物品时</td><td>借：业务活动费用／单位管理费用／经营费用／加工物品等
贷：库存物品［按照领用、发出成本］</td><td>—</td></tr>
<tr><td>经批准对外捐赠的库存物品发出时</td><td>借：资产处置费用
贷：库存物品［账面余额］
银行存款［归属于捐出方的相关费用］</td><td>借：其他支出［实际支付的相关费用］
贷：资金结存</td></tr>
<tr><td>经批准无偿调出的库存物品发出时</td><td>借：无偿调拨净资产
贷：库存物品［账面余额］
借：资产处置费用
贷：银行存款等［归属于调出方的相关费用］</td><td>借：其他支出［实际支付的相关费用］
贷：资金结存</td></tr>
</table>

续表

序号	业务		财务会计处理	预算会计处理
（2）	发出库存物品	经批准对外出售［自主出售除外］的库存物品发出时	借：资产处置费用 　贷：库存物品［账面余额］ 借：银行存款等［收到的价款］ 　贷：银行存款等［发生的相关费用］ 　　应缴财政款	—
		经批准置换换出库存物品时	参照置换换入库存物品的处理	
（3）	库存物品定期盘点及毁损、报废	盘盈的库存物品	借：库存物品 　贷：待处理财产损溢	—
		盘亏或者毁损、报废的库存物品转入待处理资产	借：待处理财产损溢 　贷：库存物品［账面余额］	—
		增值税一般纳税人购进的非自用材料发生盘亏或者毁损、报废的	借：待处理财产损溢 　贷：应交增值税——应交税金（进项税额转出）	—

2.16.4 案例分析

【例 2-34】某学校购入实验室所需实验材料，价值 80 000 元，当日收到材料并验收合格入库。若价款使用财政授权支付方式支付，则收到实验材料并验收入库时应做如下会计处理。

财务会计：

借：库存物品　80 000

　贷：零余额账户用款额度　80 000

预算会计：

借：事业支出　80 000

　贷：资金结存——零余额账户用款额度　80 000

【例 2-35】某高校向其附属中学无偿调出库存物品一批，发票上注明价值共计 100 000 元，并用银行存款支付相关费用 2 000 元，应做如下会计处理。

财务会计：

借：无偿调拨净资产　　100 000

　　贷：库存物品　　100 000

借：资产处置费用　　2 000

　　贷：银行存款　　2 000

预算会计：

借：其他支出　　2 000

　　贷：资金结存——货币资金　　2 000

【例 2-36】某学校经批准将一批教学材料出售（非自主出售）。教学材料成本为 50 000 元，售价 60 000 元，学校应做如下会计处理。

借：资产处置费用　　50 000

　　贷：库存物品　　50 000

借：银行存款　　60 000

　　贷：应缴财政款　　60 000

2.17　加工物品

2.17.1　科目简介

在学校会计实务中，本科目用于核算学校自制或委托外单位加工的各种物品的实际成本。未完成的测绘、地质勘探、设计成果的实际成本，也通过本科目核算。

2.17.2　账务处理

1. 自制物品

（1）为自制物品领用材料等时：按照材料成本，在财务会计中，借记本科目（自制物品——直接材料），贷记“库存物品”科目；无预算会计账务处理。

（2）对专门从事物品制造的人员发生直接人工费用时：在财务会计中，按照实际发生的金额，借记本科目（自制物品——直接人工），贷记“应付职工薪酬”科目；无预算会计账务处理。

（3）为自制物品发生其他直接费用时：在财务会计中，按照实际发生的金额，借记本科目（自制物品——其他直接费用），贷记“零余额账户用款额度”“银行存款”等科目；在预算会计中，借记“事业支出”“经营支出”等科目，贷记“财政拨款预算收入”“资金结存”科目。

（4）为自制物品发生间接费用时：在财务会计中，按照实际发生的金额，借记本科目（自制物品——间接费用），贷记“零余额账户用款额度”“银行存款”“应付职工薪酬”“固定资产累计折旧”“无形资产累计摊销”等科目；在预算会计中，借记“事业支出”“经营支出”等科目，贷记“财政拨款预算收入”“资金结存”科目。

间接费用一般按照生产人员工资、生产人员工时、机器工时、耗用材料的数量或成本、直接费用（直接材料和直接人工）或产品产量等进行分配。学校可根据具体情况自行选择间接费用的分配方法。分配方法一经确定，不得随意变更。

（5）已经制造完成并验收入库时：在财务会计中，按照所发生的实际成本（包括耗用的直接材料费用、直接人工费用、其他直接费用和分配的间接费用），借记“库存物品”科目，贷记本科目（自制物品）；无预算会计账务处理。

2. 委托加工物品

（1）发给外单位加工的材料等时：在财务会计中，按照其实际成本，借记本科目（委托加工物品），贷记“库存物品”科目；无预算会计账务处理。

（2）支付加工费、运输费等费用时：在财务会计中，按照实际支付的金额，借记本科目（委托加工物品），贷记“财政拨款收入”“零余额账户用款额度”“银行存款”等科目；在预算会计中，借记“事业支出”“经营支出”等科目，贷记“财政拨款预算收入”“资金结存”科目。涉及增值税业务的，相关账务处理参见“应交增值税”科目。

（3）委托加工完成的物品验收入库时：在财务会计中，按照加工前发出材料的成本和加工、运输成本等，借记“库存物品”等科目，贷记本科目（委托加工物品）；无预算会计账务处理。

学校对加工物品的账务处理可参照表 2-17。

表 2-17　　学校对加工物品的账务处理

序号	业务		财务会计处理	预算会计处理
（1）	自制物品	为自制物品领用材料时	借：加工物品——自制物品（直接材料） 贷：库存物品——相关明细科目	—
		专门从事物品制造的人员发生的直接人工费用	借：加工物品——自制物品（直接人工） 贷：应付职工薪酬	—
		为自制物品发生其他直接费用和间接费用	借：加工物品——自制物品（其他直接费用、间接费用） 贷：财政拨款收入 / 零余额账户用款额度 / 银行存款等	借：事业支出 / 经营支出等［实际支付金额］ 贷：财政拨款预算收入 / 资金结存
		自制加工完成、验收入库	借：库存物品——相关明细科目 贷：加工物品——自制物品（直接材料、直接人工、其他直接费用、间接费用）	—
（2）	委托加工物品	发给外单位加工的材料	借：加工物品——委托加工物品 贷：库存物品——相关明细科目	—
		支付加工费用等	借：加工物品——委托加工物品 贷：财政拨款收入 / 零余额账户用款额度 / 银行存款等	借：事业支出 / 经营支出等 贷：财政拨款预算收入 / 资金结存
		委托加工完成的物品验收入库	借：库存物品——相关明细科目 贷：加工物品——委托加工物品	—

2.17.3　案例分析

【例 2-37】2×19 年 6 月 1 日，某学校自行加工材料一批，领用价值 200 000 元的甲材料。7 月 1 日，发生直接人工费用共计 100 000 元，为自制物品发生其他费用 50 000 元。7 月 10 日，材料加工完毕为乙材料，并验收入库。其应做如下会计处理。

（1）2×19 年 6 月 1 日。

借：加工物品——自制物品　　　　200 000

　　贷：库存物品——甲材料　　200 000

（2）2×19 年 7 月 1 日。

财务会计：

借：加工物品——自制物品　　100 000

　　贷：应付职工薪酬　　100 000

借：加工物品——自制物品　　50 000

　　贷：银行存款　　50 000

预算会计：

借：经营支出　　50 000

　　贷：资金结存——货币资金　　50 000

（3）2×19 年 7 月 10 日。

借：库存物品——乙材料　　350 000

　　贷：加工物品——自制物品　　350 000

【例 2-38】2×19 年 1 月 5 日，某学校委托 C 公司加工材料一批，发出价值 200 000 元的甲材料。1 月 7 日，支付加工费用和相关运输费用共计 100 000 元。3 月 10 日，材料加工完毕为乙材料，并验收入库。其应做如下会计处理。

（1）1 月 5 日，发出材料时。

借：加工物品——委托加工物品　　200 000

　　贷：库存物品——甲材料　　200 000

（2）1 月 7 日，支付加工费用和相关运输费用时。

财务会计：

借：加工物品——委托加工物品　　100 000

　　贷：零余额账户用款额度　　100 000

预算会计：

借：经营支出　　100 000

　　贷：资金结存——零余额账户用款额度　　100 000

（3）3 月 10 日，材料加工完毕验收入库时。

借：库存物品——乙材料　　300 000

　　贷：加工物品——委托加工物品　　300 000

2.18　待摊费用

2.18.1　科目简介

在学校会计实务中，本科目用于核算学校已经支付，但应当由本期和以后各期分别负担、分摊期在 1 年以内（含 1 年）的各项费用，如预付航空保险费、预付租金、供暖费等。这些费用的特点是：虽然在某月支付或发生，但是受益期是以后的几个月甚至全年，为了正确计算各个会计期间的业务成果，必须严格划分费用的归属期，分月摊入各月成本费用。待摊费用应当在其受益期限内分期平均摊销，如预付航空保险费应在保险期的有效期内、预付租金应在租赁期内分期平均摊销，计入当期费用。

摊销期限在 1 年以上的租入固定资产改良支出和其他费用，应当通过“长期待摊费用”科目核算，不通过本科目核算。

实务中，有些费用受益期限虽然超过一个月，如果费用金额较小，为了简化核算工作，也可以不作为待摊费用处理，而直接计入当期费用。

2.18.2　账务处理

（1）发生待摊费用时：在财务会计中，按照实际预付的金额，借记本科目，贷记“财政拨款收入”“零余额账户用款额度”“银行存款”等科目；在预算会计中，按照实际预付的金额，借记“事业支出”等科目，贷记“财政拨款预算收入”或“资金结存”科目。

（2）按照受益期限分期平均摊销时，按照摊销金额，在财务会计中，借记“业务活动费用”“单位管理费用”“经营费用”等科目，贷记本科目。无预算会计账务处理。

（3）如果某项待摊费用已经不能使单位受益，则应当将其摊余金额一次全部转入当期费用：在财务会计中，按照摊销金额，借记“业务活动费用”“单位管理费用”“经营费用”等科目，贷记本科目。无预算会计账务处理。

学校对待摊费用的账务处理可参照表 2-18。

表 2-18　　学校对待摊费用的账务处理

序号	业务	财务会计处理	预算会计处理
（1）	发生待摊费用时	借：待摊费用 贷：财政拨款收入 / 零余额账户用款额度 / 银行存款等	借：事业支出等 贷：财政拨款预算收入 / 资金结存
（2）	按照受益期限分期平均摊销时	借：业务活动费用 / 单位管理费用 / 经营费用等 贷：待摊费用［每期摊销金额］	—
（3）	将摊余金额一次全部转入当期费用时	借：业务活动费用 / 单位管理费用 / 经营费用等 贷：待摊费用［全部未摊销金额］	—

2.18.3 案例分析

【例 2-39】某学校于 2×19 年 3 月 1 日向 A 公司租赁一间房屋作为仓库，当日支付了 1 年的房租 12 000 元。其账务处理如下。

财务会计：

借：待摊费用　　12 000

　　贷：银行存款　　12 000

预算会计：

借：事业支出　　12 000

　　贷：资金结存——货币资金　　12 000

【例 2-40】沿用【例 2-39】。若该学校以后每月按照收益期限分期平均摊销，则该学校应在 2×19 年 3 月 31 日做如下会计处理。

借：业务活动费用　　1 000

　　贷：待摊费用　　1 000

【例 2-41】沿用【例 2-40】。2×19 年 8 月 31 日，该学校因情况发生变化不再需要使用租赁的该房屋，应做如下会计处理。

借：业务活动费用　　6 000

　　贷：待摊费用　　6 000

2.19　长期股权投资

2.19.1　科目简介

在学校会计实务中，本科目用于核算学校按照规定取得的，持有时间超过 1 年（不含 1 年）的股权性质的投资。

2.19.2　长期股权投资的确认与计量

1．长期股权投资的确认

在学校会计实务中，长期股权投资是指各类学校取得的除短期投资以外的债权和股权性质的投资。

2．长期股权投资的初始计量

在取得长期股权投资时，学校应当按照实际成本将其作为初始投资成本。

（1）以支付现金取得的长期股权投资的实际成本为实际支付的全部价款（包括购买价款和相关税费）。

实际支付价款中包含的已宣告但尚未发放的现金股利，应当单独确认为应收股利，不计入长期股权投资初始投资成本。

（2）以现金以外的其他资产置换取得的长期股权投资，其成本按照换出资产的评估价值加上支付的补价或减去收到的补价，加上换入长期股权投资发生的其他相关支出确定。

（3）接受捐赠的长期股权投资，其成本有三种计量方式：

①按照有关凭据注明的金额加上相关税费确定；

②没有相关凭据可供取得，但按规定经过资产评估的，其成本按照评估价值加上相关税费确定；

③没有相关凭据可供取得，也未经资产评估的，其成本比照同类或类似资产的市场价格加上相关税费确定。

（4）无偿调入的长期股权投资，其成本按照该投资在调出方处的账面价值加上相关税费确定。

3．长期股权投资的后续计量

在持有长期股权投资期间，学校根据对被投资单位的影响程度对长期股权投资进行划分，应当分别采用成本法及权益法进行核算。

成本法，是指投资按照投资成本计量的方法。

权益法，是指投资最初以投资成本计量，持有期间，学校按应享有（分担）被投资单位所有者权益的变动份额对投资的账面余额进行调整的方法。

（1）在成本法下，长期股权投资的账面余额通常保持不变，但追加或收回投资时，应当相应调整其账面余额。学校在持有长期股权投资期间，对被投资单位宣告分派的现金股利或利润，应当按照宣告分派的现金股利或利润中属于其应享有的份额确认为投资收益。

（2）在权益法下，各类学校在取得长期股权投资后，对于被投资单位所有者权益的变动，应当按照下列规定进行处理。

①按照应享有或应分担的被投资单位实现的净损益的份额，确认为投资损益，同时调整长期股权投资的账面余额。

②按照被投资单位宣告分派的现金股利或利润计算应享有的份额，确认为应收股利，同时减少长期股权投资的账面余额。

③按照被投资单位除净损益和利润分配以外的所有者权益变动的份额，确认为净资产，同时调整长期股权投资的账面余额。

④各类学校确认被投资单位发生的净亏损，应当以长期股权投资的账面余额减记至零为限，各类学校负有承担额外损失义务的除外。被投资单位发生净亏，但以后年度又实现净利润的，各类学校应当在其收益分享额弥补未确认的亏损分担额等后，恢复确认投资收益。

（3）权益法改为成本法。各类学校因处置部分长期股权投资等而无权再决定被投资单位的财务和经营政策或者参与被投资单位的财务和经营政策决策的，应当对处置后的剩余股权投资改按成本法核算，并将该剩余股权投资在权益法下的账面余额作为按照成本法核算的初始投资成本。之后，当被投资单位宣告分派现金股利或利润时，属于已计入投资账面余额的部分作为成本法下长期股权投资成本的收回，冲减长期股权投资的账面余额。

（4）成本法改为权益法。各类学校因追加投资等对长期股权投资的核算从成本法改为权益法的，应当自有权决定被投资单位的财务和经营政策或者参与被投资单位的财务和经营政策决策时，按成本法下长期股权投资的账面余额加上追加投资的成本作为按照权益法核算的初始投资成本。

（5）处置长期股权投资。各类学校按规定报经批准处置长期股权投资，应当冲减长期股权投资的账面余额，并按规定将处置价款扣除相关税费后的余额做应缴款项处理，或者按规定将处置价款扣除相关税费后的余额与长期股权投资账面余额的差额计入当期投资损益。采用权益法核算的长期股权投资，因被投资单位除净损益和利润分配以外的所有者权益变动而将应享有的份额计入净资产的，处置该项投资时，还应当将原计入净资产的相应部分转入当期投资损益。

2.19.3　账务处理

1．长期股权投资在取得时，应当将其实际成本作为初始投资成本

（1）以现金取得长期股权投资时：在财务会计中，按照确定的投资成本，借记本科目或本科目（成本）；按照支付的价款中包含的已宣告但尚未发放的现金股利或利润，借记“应收股利”科目；按照实际支付的全部价款，贷记“银行存款”等科目。同时，在预算会计中，借记“投资支出”科目，贷记“资金结存——货币资金”科目。

实际收到取得投资时所支付的价款中包含的已宣告但尚未发放的现金股利或利润时：在财务会计中，借记“银行存款”科目，贷记“应收股利”科目；在预算会计中，借记“资金结存——货币资金”科目，贷记“投资支出”等科目。

（2）以现金以外的其他资产置换取长期股权投资时：参照“库存物品”科目中置换取得库存物品的相关规定进行账务处理。

（3）以未入账的无形资产取得长期股权投资时：在财务会计中，按照评估价值加相关税费作为投资成本，借记本科目；按照发生的相关税费，贷记“银行存款”“其他应交税费”等科目；按借贷方差额，贷记“其他收入”科目。在预算会计中，借记“其他支出”科目，贷记“资金结存”科目。

（4）接受捐赠的长期股权投资时：在财务会计中，按照确定的投资成本，借记本科目或本科目（成本）；按照发生的相关税费，贷记“银行存款”等科目；按照借贷方差额，贷记“捐赠收入”科目；同时，在预算会计中，借记“其他支出”科目，贷记“资金结存”科目。

（5）无偿调入长期股权投资时：在财务会计中，按照确定的投资成本，借记本科目或本科目（成本）；按照发生的相关税费，贷记“银行存款”等科目；按照其差额，贷记“无偿调拨净资产”科目；在预算会计中，借记“其他支出”科目，贷记“资金结存”科目。

2. 持有期间，应当采用成本法或权益法对长期股权投资进行核算

（1）采用成本法核算。

被投资单位宣告发放现金股利或利润时：在财务会计中，按照应收的金额，借记“应收股利”科目，贷记“投资收益”科目；无预算会计账务处理。收到现金股利或利润时：在财务会计中，按照实际收到的金额，借记“银行存款”等科目，贷记“应收股利”科目；在预算会计中，借记“资金结存——货币资金”科目，贷记“投资预算收益”科目。

（2）采用权益法核算。

①被投资单位实现净利润的，学校按照应享有的份额，借记本科目（损益调整），贷记“投资收益”科目，无预算会计账务处理。被投资单位发生净亏损的，学校按照应分担的份额，借记“投资收益”科目，贷记本科目（损益调整），但以本科目的账面余额减记至零为限，无预算会计账务处理。发生亏损的被投资单位以后年度又实现净利润的，按照收益分享额弥补未确认的亏损分担额等后的金额，借记本科目（损益调整），贷记“投资收益”科目，无预算会计账务处理。

②被投资单位宣告分派现金股利或利润的，学校按照应享有的份额，借记“应收股利”科目，贷记本科目（损益调整），无预算会计账务处理。

③被投资单位发生除净损益和利润分配以外的所有者权益变动的，学校按照应享有或应分担的份额，贷记或借记“权益法调整”科目，借记或贷记本科目（其他权益变动），无预算会计账务处理。

④收到被投资单位发放的现金股利的，按照收到金额：在财务会计中，借记“银行存款”科目，贷记“应收股利”科目；在预算会计中，借记“资金结存——货币资金”科目，贷记“投资预算收益”科目。

（3）成本法与权益法的转换。

①单位因处置部分长期股权投资等而对处置后的剩余股权投资由权益法改按成本法核算的，应当将权益法下的本科目的账面余额作为成本法下的本科目的账面余额（成本）。在财务会计中，借记本科目，贷记本科目（成本）、（损益调整）、（其他权益变动），无预算会计账务处理。

②单位因追加投资等对长期股权投资的核算从成本法改为权益法的：在财务会计中，按照成本法下的本科目的账面余额与追加投资成本的合计金额，借记本科目（成本）；按照成本法下本科目账面余额，贷记本科目；按照追加投

资的成本，贷记“银行存款”等科目；同时，在预算会计中，借记“投资支出”科目，贷记“资金结存——货币资金”科目。

3．按照规定报经批准处置长期股权投资

（1）按照规定报经批准出售（转让）长期股权投资时，应当区分长期股权投资取得方式分别进行处理。

①处置以现金取得的长期股权投资时：在财务会计中，按照实际取得的价款，借记“银行存款”等科目；按照被处置长期股权投资的账面余额，贷记本科目；按照尚未领取的现金股利或利润，贷记“应收股利”科目；按照发生的相关税费等支出，贷记“银行存款”等科目；按照借贷方差额，借记或贷记“投资收益”科目。同时，在预算会计中，按照取得价款扣减支付的相关税费后的金额，借记“资金结存——货币资金”科目，按照投资款贷记“投资支出”“其他结余”等科目，根据借贷方差额贷记“投资预算收益”科目。

②处置以现金以外的其他资产取得的长期股权投资时：处置净收入上缴财政的，在财务会计中，按照被处置的长期股权投资的账面余额，借记“资产处置费用”科目，贷记本科目；按照实际取得的价款，借记“银行存款”等科目；按照尚未领取的现金股利或利润，贷记“应收股利”科目；按照发生的相关税费等支出，贷记“银行存款”等科目；按照借贷方差额，贷记“应缴财政款”科目。另外的按照规定将处置时取得的投资收益纳入本单位预算管理的，还需要当按照所取得价款大于被处置长期股权投资的账面余额、应收股利的账面余额和相关税费支出合计的差额，在财务会计中，贷记“投资收益”科目。在预算会计中，借记“资金结存——货币资金”科目，贷记“投资预算收益”科目。

（2）因被投资单位破产清算等，且有确凿证据表明长期股权投资发生损失，在按照规定报经批准后予以核销时，按照予以核销的长期股权投资的账面余额，借记“资产处置费用”科目，贷记本科目。无预算会计账务处理。

（3）报经批准置换转出长期股权投资时，参照“库存物品”科目中置换取得库存物品的规定进行账务处理。

（4）采用权益法核算的长期股权投资的处置，除进行上述账务处理外，还应结转原直接计入净资产的相关金额，借记或贷记“权益法调整”科目，贷记或借记“投资收益”科目。无预算会计账务处理。

学校对长期股权投资的账务处理可参照表2-19。

表 2-19　　　　学校对长期股权投资的账务处理

序号	业务			财务会计处理	预算会计处理
（1）	取得长期股权投资	以现金取得的长期股权投资		借：长期股权投资——成本 / 长期股权投资 应收股利［实际支付价款中包含的已宣告但尚未发放的股利或利润］ 贷：银行存款等［实际支付的价款］	借：投资支出［实际支付的价款］ 贷：资金结存——货币资金
		收到取得投资时实际支付价款中所包含的已宣告但尚未发放的股利或利润时		借：银行存款 贷：应收股利	借：资金结存——货币资金 贷：投资支出等
		以现金以外的其他资产置换取得长期股权投资		参照“库存物品”科目中置换取得库存物品的账务处理	
		以未入账的无形资产取得的长期股权投资		借：长期股权投资 贷：银行存款 / 其他应交税费等 其他收入	借：其他支出［支付的相关税费］ 贷：资金结存
		接受捐赠的长期股权投资		借：长期股权投资——成本 / 长期股权投资 贷：银行存款等［相关税费］ 捐赠收入	借：其他支出［支付的相关税费］ 贷：资金结存
		无偿调入的长期股权投资		借：长期股权投资——成本 / 长期股权投资 贷：无偿调拨净资产 银行存款等［相关税费］	借：其他支出［支付的相关税费］ 贷：资金结存
（2）	持有长期股权投资期间	成本法下	被投资单位宣告发放现金股利或利润时	借：应收股利 贷：投资收益	—
			收到被投资单位发放的现金股利或利润时	借：银行存款等 贷：应收股利	借：资金结存——货币资金 贷：投资预算收益

续表

<table>
<tr><th>序号</th><th colspan="3">业务</th><th>财务会计处理</th><th>预算会计处理</th></tr>
<tr><td rowspan="9">（2）</td><td rowspan="9">持有长期股权投资期间</td><td rowspan="6">权益法下</td><td>被投资单位实现净利润的，按照其份额</td><td>借：长期股权投资——损益调整
贷：投资收益</td><td>—</td></tr>
<tr><td>被投资单位发生净亏损的，按照其份额</td><td>借：投资收益
贷：长期股权投资——损益调整</td><td>—</td></tr>
<tr><td>被投资单位发生净亏损，但以后年度又实现净利润的，按规定恢复确认投资收益的</td><td>借：长期股权投资——损益调整
贷：投资收益</td><td>—</td></tr>
<tr><td>被投资单位宣告发放现金股利或利润的，按照其份额</td><td>借：应收股利
贷：长期股权投资——损益调整</td><td>—</td></tr>
<tr><td>被投资单位除净损益和利润分配以外的所有者权益变动时，按照其份额</td><td>借：长期股权投资——其他权益变动
贷：权益法调整
或：
借：权益法调整
贷：长期股权投资——其他权益变动</td><td>—</td></tr>
<tr><td>权益法下收到被投资单位发放的现金股利</td><td>借：银行存款
贷：应收股利</td><td>借：资金结存——货币资金
贷：投资预算收益</td></tr>
<tr><td colspan="2">追加投资，成本法改为权益法</td><td>借：长期股权投资——成本
贷：长期股权投资［成本法下账面余额］
银行存款等［追加投资］</td><td>借：投资支出［实际支付的金额］
贷：资金结存——货币资金</td></tr>
<tr><td colspan="2">权益法改为成本法</td><td>借：长期股权投资
贷：长期股权投资——成本
长期股权投资——损益调整
长期股权投资——其他权益变动</td><td>—</td></tr>
</table>

续表

序号	业务			财务会计处理	预算会计处理
（3）	出售（转让）长期股权投资	处置以现金取得的长期股权投资		借：银行存款等［实际取得价款］ 投资收益［借差］ 贷：长期股权投资［账面余额］ 应收股利［尚未领取的现金股利或利润］ 银行存款等［支付的相关税费］ 投资收益［贷差］	借：资金结存——货币资金［取得价款扣减支付的相关税费后的金额］ 贷：投资支出 / 其他结余等［投资款］ 投资预算收益
		处置以现金以外的其他资产取得的长期股权投资	处置净收入上缴财政的	借：资产处置费用 贷：长期股权投资 借：银行存款等［实际取得价款］ 贷：应收股利［尚未领取的现金股利或利润］ 银行存款等［支付的相关税费］ 应缴财政款	借：资金结存——货币资金 贷：投资预算收益［获得的现金股利或利润］
			按照规定投资收益纳入单位预算管理的	借：资产处置费用 贷：长期股权投资 借：银行存款［实际取得价款］ 贷：应收股利［尚未领取的现金股利或利润］ 银行存款等［支付的相关税费］ 投资收益［取得价款扣减投资账面余额、应收股利和相关税费后的差额］ 应缴财政款［贷差］	借：资金结存——货币资金［取得价款扣减投资账面余额和相关税费后的差额］ 贷：投资预算收益
（4）	其他方式处置长期股权投资	按照规定核销时		借：资产处置费用 贷：长期股权投资［账面余额］	—
		置换转出时		参照“库存物品”科目中置换取得库存物品的账务处理	
（5）	权益法下，处置时结转原直接计入净资产的相关金额			借：权益法调整 贷：投资收益 或做相反分录	—

2.19.4　案例分析

1. 成本法

【例 2-42】2×19 年 1 月 20 日，某学校以 1 500 万元购入甲公司 80% 的股权。该学校取得该部分股权后，能够主导甲公司的相关活动并获得可变回报。2×19 年 6 月 30 日，在甲公司宣告分派现金股利时，该学校按照其持有比例确定可获得 20 万元的股利。2×19 年 7 月 30 日，该学校收到现金股利。其应做以下账务处理。

（1）2×19 年 1 月 20 日。

财务会计：

借：长期股权投资　　15 000 000

　　贷：银行存款　　15 000 000

预算会计：

借：投资支出　　15 000 000

　　贷：资金结存——货币资金　　15 000 000

（2）2×19 年 6 月 30 日。

借：应收股利　　200 000

　　贷：投资收益　　200 000

（3）2×19 年 7 月 30 日。

财务会计：

借：银行存款　　200 000

　　贷：应收股利　　200 000

预算会计：

借：资金结存——货币资金　　200 000

　　贷：投资预算收益　　200 000

2. 权益法

【例 2-43】某学校于 2×19 年 1 月 1 日取得 A 公司 30% 的股权。2×19 年，A 公司实现净利润 8 000 000 元。该学校的相关账务处理如下。

借：长期股权投资——损益调整　　2 400 000

　　贷：投资收益　　2 400 000

【例 2-44】接【例 2-43】。A 公司于 2×20 年 3 月 1 日宣告发放现金股利。该学校按其持股比例计算确定可分得 30 000 万元现金股利。2×20 年 6 月 1 日，A 公司支付现金股利。该学校应做如下账务处理。

（1）2×20 年 3 月 1 日。

借：应收股利　　30 000

　　贷：长期股权投资——损益调整　　30 000

（2）2×20 年 6 月 1 日。

财务会计：

借：银行存款　　30 000

　　贷：应收股利　　30 000

预算会计：

借：资金结存——货币资金　　30 000

　　贷：投资预算收益　　30 000

3. 追加投资，成本法改为权益法

【例 2-45】A 学校于 2×18 年 1 月 2 日取得 B 公司 10% 的股权，成本为 3 000 000 元。因对被投资单位不具有重大影响且无法可靠确定该项投资的公允价值，A 学校对该项投资采用成本法核算。A 学校按照净利润的 10% 提取盈余公积。

2×19 年 1 月 2 日，A 学校又以 6 000 000 元取得 B 公司 12% 的股权，当日之前 A 学校对 B 公司的长期股权投资账面价值为 4 000 000 元。

该学校应做如下账务处理。

（1）2×18 年 1 月 2 日，A 学校取得股权时。

财务会计：

借：长期股权投资　　3 000 000

　　贷：银行存款　　3 000 000

预算会计：

借：投资支出　　3 000 000

　　贷：资金结存——货币资金　　3 000 000

（2）2×19 年 1 月 2 日，A 学校应确认对 B 公司的长期股权投资。

财务会计：

借：长期股权投资——B 公司——成本　　10 000 000

　　贷：长期股权投资　　4 000 000

　　　　银行存款　　6 000 000

预算会计：

借：投资支出　　6 000 000

　　贷：资金结存——货币资金　　6 000 000

4. 权益法改为成本法

【例 2-46】甲学校持有乙公司 30% 的有表决权的股份，能够对乙公司的生产经营决策施加重大影响，采用权益法核算。2×19 年 10 月，甲学校将该项投资中的 50% 对外出售。出售以后，甲学校无法再对乙公司施加重大影响，且该项投资不存在活跃市场，公允价值无法可靠确定，故将其转为采用成本法核算。出售时，该项长期股权投资的账面价值为 16 000 000 元，其中，投资成本为 13 000 000 元，损益调整为 2 000 000 元，其他权益变动为 1 000 000 元。甲学校对处置后剩余部分的投资所进行的相关账务处理如下。

借：长期股权投资　　8 000 000

　　贷：长期股权投资——乙公司——成本　　6 500 000

　　　　　　　　　　　　　　　——损益调整　　1 000 000

　　　　　　　　　　　　　　　——其他权益变动　　500 000

5. 出售（转让）长期股权投资

【例 2-47】承接【例 2-46】。2×19 年 2 月 1 日，甲学校向外转让该长期股权投资。该长期股权投资原始投资额为 60 000 元，现在账面余额为 70 000 元，转让价格为 71 000 元，转让过程中共发生税费 8 000 元。该学校的账务处理如下。

财务会计：

借：银行存款　　71 000

　　投资收益　　7 000

　　贷：长期股权投资　　70 000

　　　　银行存款　　8 000

预算会计：

借：资金结存——货币资金　　63 000

　　贷：投资支出　　60 000

　　　　投资预算收益　　3 000

6. 其他方式处置长期股权投资

【例 2-48】某学校持有对其他公司的长期股权投资。该项投资的账面价值为 50 000 元。2×19 年 12 月 31 日，该公司破产清算，该长期股权投资发生损失。

该学校将待核销长期股权投资转入待处置资产，做如下账务处理。

借：资产处置费用　　50 000
　　贷：长期股权投资　　50 000

2.20 长期债券投资

2.20.1 科目简介

长期债券投资是指各类学校购入的在 1 年内（不含 1 年）不能变现或不准备随时变现的国债等债券性质的投资。

2.20.2 长期债券投资的确认与计量

（1）长期债券投资的初始计量：长期债券投资在取得时，应当按照实际成本作为初始投资成本。实际支付价款中包含的已到付息期但尚未领取的债券利息，应当单独确认为应收利息，不计入长期债券投资初始投资成本。

（2）长期债券投资的后续计量：持有期间，长期债券投资应当按期以票面金额与票面利率计算确认利息收入。对于分期付息、一次还本的长期债券投资，应当将计算确定的应收未收利息确认为应收利息，计入投资收益；对于一次还本付息的长期债券投资，应当将计算确定的应收未收利息计入投资收益，并增加长期债券投资的账面余额。各类学校在按规定出售或到期收回长期债券投资时，应当将实际收到的价款扣除长期债券投资账面余额和相关税费后的差额计入投资损益。

2.20.3 账务处理

（1）长期债券投资在取得时，应当按照其实际成本作为投资成本。这时，在财务会计中：按照确定的投资成本，借记本科目（成本）；按照支付的价款中包含的已到付息期但尚未领取的利息，借记“应收利息”科目；按照实际支付的金额，贷记“银行存款”等科目。在预算会计中，借记“投资支出”科目，贷记“资金结存——货币资金”科目。

对实际收到取得债券时所支付价款中包含的已到付息期但尚未领取的利息：在财务会计中，借记“银行存款”科目，贷记“应收利息”科目；在预算会计中，借记“资金结存——货币资金”科目，贷记“投资支出”等科目。

（2）长期债券投资持有期间，按期以债券票面金额与票面利率计算确认利息收入时，在财务会计中：如为到期一次还本付息的债券投资，借记本科目（应计利息），贷记“投资收益”科目；如为分期付息、到期一次还本的债券投资，借记“应收利息”科目，贷记“投资收益”科目。无预算会计账务处理。

收到分期支付的利息时：在财务会计中，按照实收的金额，借记“银行存款”等科目，贷记“应收利息”科目；在预算会计中，借记“资金结存——货币资金”科目，贷记“投资预算收益”科目。

（3）到期收回长期债券投资本息时，在财务会计中：按照实际收到的金额，借记“银行存款”等科目；按照长期债券投资的账面余额，贷记本科目；按照相关应收利息金额，贷记“应收利息”科目；按照借贷方差额，贷记“投资收益”科目。同时，在预算会计中，借记“资金结存——货币资金”科目，并按照投资成本贷记“投资支出”“其他结余”等科目，按照投资利息贷记“投资预算收益”科目。

（4）对外出售长期债券投资时，在财务会计中：按照实际收到的金额借记“银行存款”等科目，按照长期债券投资的账面余额贷记本科目；按照已记入“应收利息”科目但尚未收取的金额贷记“应收利息”科目，按照借贷方差额，借记或贷记“投资收益”科目。在预算会计中，借记“资金结存——货币资金”科目，按照投资成本贷记“投资支出”“其他结余”科目，按照投资利息贷记“投资预算收益”科目。

涉及增值税业务的，相关账务处理参见“应交增值税”科目。

学校对长期债券投资的账务处理可参照表 2-20。

表 2-20　　学校对长期债券投资的账务处理

序号	业务		财务会计处理	预算会计处理
（1）	取得长期债券投资	取得长期债券投资时	借：长期债券投资——成本 应收利息［实际支付价款中包含的已到付息期但尚未领取的利息］ 贷：银行存款等［实际支付价款］	借：投资支出［实际支付价款］ 贷：资金结存——货币资金
		收到取得投资所支付价款中包含的已到付息期但尚未领取的利息时	借：银行存款 贷：应收利息	借：资金结存——货币资金 贷：投资支出等

续表

序号	业务		财务会计处理	预算会计处理
（2）	持有长期债券投资期间	按期以票面金额与票面利率计算确认利息收入时	借：应收利息［分期付息、到期一次还本］/ 长期债券投资——应计利息［到期一次还本付息］ 贷：投资收益	—
		实际收到分期支付的利息时	借：银行存款等 贷：应收利息	借：资金结存——货币资金 贷：投资预算收益
（3）	到期收回长期债券投资本息		借：银行存款等 贷：长期债券投资［账面余额］ 应收利息 投资收益	借：资金结存——货币资金 贷：投资支出 / 其他结余等［投资成本］ 投资预算收益
（4）	对外出售长期债券投资		借：银行存款等［实际收到的款项］ 投资收益［借差］ 贷：长期债券投资［账面余额］ 应收利息 投资收益［贷差］	借：资金结存——货币资金 贷：投资支出 / 其他结余［投资成本］ 投资预算收益

2.20.4 案例分析

【例 2-49】某学校在2×19年1月1日取得长期债券投资，支付对价70 000元。账务处理如下。

财务会计：

借：长期债券投资——成本　　70 000

　　贷：银行存款　　70 000

预算会计：

借：投资支出　　70 000

　　贷：资金结存——货币资金　　70 000

【例 2-50】某学校在2×19年12月31日将持有的长期债券投资卖出，收到金额10万元，款项存入银行账户。已知长期债券投资的账面余额为9.5万元。账务处理如下。

财务会计：

借：银行存款　　100 000

　　贷：长期债券投资　　95 000

　　　　投资收益　　5 000

预算会计：

借：资金结存——货币资金　　100 000

　　贷：其他结余　　95 000

　　　　投资预算收益　　5 000

【例 2-51】某学校于 2×20 年 2 月 1 日向外转让其持有的长期债券投资，转让价格为 71 000 元，届时该长期债券投资账面余额为 70 000 元。账务处理如下。

财务会计：

借：银行存款　　71 000

　　贷：长期债券投资　　70 000

　　　　投资收益　　1 000

预算会计：

借：资金结存——货币资金　　71 000

　　贷：投资支出　　70 000

　　　　投资预算收益　　1 000

2.21　固定资产

2.21.1　科目简介

固定资产是指单位价值在规定标准以上、使用期限在 1 年以上（不含 1 年），并在使用过程中基本保持原来物质形态的资产。

1. 固定资产的分类

各类学校的固定资产可分为六大类。

（1）房屋和建筑物类，是指学校拥有占有权和使用权的房屋、建筑物及其附属设施。

（2）专用设备类，是指学校根据教学和业务工作的实际需要购置的各种具有专门性能和专门用途的设备，如教学仪器、电教设备、交通工具、炊事机械、医疗器械，以及音体美劳等教学设备，具体包括文体活动设备、舞台与灯光设备、档案馆的专用设备，以及办公现代化设备等。

（3）一般设备类，是指常用的办公与事务方面的设备，如家具设备、办公用具。

（4）文物和陈列品类，是指学校的各种文物和陈列品，如字画、纪念品、标本等。

（5）图书类，是指教师用书、学生用书、期刊、光盘等。

（6）其他固定资产，如土地。

2. 固定资产的计价

固定资产的计价标准有以下三种。

（1）原始价值。原始价值又称原价，是指各类学校在购建某项全新的固定资产时支出的货币总额。固定资产原价一经确定，没有特殊原因不得任意变动。

（2）重置完全价值。重置完全价值又称重置价值，是指各类学校在当前情况下，重新购建同样全新固定资产所需要的全部支出。固定资产重置价值确定以后，视同固定资产原价进行核算。

（3）折余价值。折余价值又称净值，是指固定资产原价减去已计提折旧额后的余额。现行会计制度要求各类学校按月核算固定资产折旧，因此学校为了加强内部管理，需设置“累计折旧”科目。这就出现了固定资产的折余价值。一般而言，设置“累计折旧”科目的学校，都是需要详细的成本核算资料并按权责发生制原则来核算的单位。

2.21.2 固定资产的折旧

固定资产的折旧应当遵循以下原则。

（1）折旧是指在固定资产的预计使用年限内，按照确定的方法对应计提的折旧额进行系统分摊。固定资产应计提的折旧额为其成本，计提折旧不考虑预计净残值。

（2）不计提折旧的固定资产：①文物和陈列品；②动植物；③图书、档案；④单独计价入账的土地；⑤以名义金额计量的固定资产。另外，已提足折旧的固定资产和提前报废的固定资产，也不再计提折旧。

（3）暂估入账的固定资产计提折旧，实际成本确定后不需调整原已计提的折旧额。因改、扩建或修缮等而延长使用年限的，应当按照重新确定的固定资产的成本以及重新确定的折旧年限计算折旧额。

（4）折旧方法：一般应当采用平均年限法或者工作量法计提固定资产折旧。

①平均年限法也称为直线法，是指将固定资产的应折旧金额按均等的数额在其预计使用期内分配于每一会计期间的一种方法。采用年限平均法，固定资产的折旧费可以均衡地摊配于其使用年限内的各个期间。平均年限法是会计实务中常见的折旧计算方法。在平均年限法下，固定资产折旧额的计算公式为：

固定资产年折旧额 = 应折旧金额（成本）÷ 预计使用年限

固定资产月折旧额 = 固定资产年折旧额 ÷12

②工作量法是按照固定资产实际完成的工作总量计算折旧的一种方法。采用这种方法时，每期计提的折旧随当期固定资产提供工作量的多少而变动，例如，按照车辆行驶的里程数来分摊车辆在使用年限内的折旧数额。采用工作量法计提折旧，应先将固定资产在使用年限内的预计总工作量（如总工作时数或总产量）除以应计提折旧总额，算出每一工作量应分摊的折旧额，然后乘以当期的实际工作量，求出该期应计提的折旧额。相关计算公式为：

单位折旧额 = 固定资产原值 ÷ 预计总工作量

当期折旧额 = 当期工作量 × 单位折旧额

（5）各类学校应当根据相关规定以及固定资产的性质和使用情况，合理确定固定资产的使用年限。各类学校在确定固定资产的使用年限时，应当考虑下列因素：

①预计实现服务潜力或提供经济利益的期限；

②预计有形损耗和无形损耗；

③法律或者类似规定对资产使用的限制。

学校在遵循表 2-21 所规定的固定资产折旧年限的情况下，可以根据实际需要进一步细化本行业固定资产的类别，具体确定各类固定资产的折旧年限。

（6）固定资产的折旧年限和折旧方法，一经确定，不得随意变更。

折旧计提时点：当月增加的固定资产，当月开始计提折旧；当月减少的固定资产，当月不再计提折旧。

（7）各类学校计提融资租入固定资产折旧时，应当采用与自有固定资产相一致的折旧政策。能够合理确定租赁期届满时将会取得租入固定资产所有权的，应当在租入固定资产尚可使用年限内计提折旧；无法合理确定租赁期届满时能够取得租入固定资产所有权的，应当在租赁期与租入固定资产尚可使用年限两者中较短的期间内计提折旧。

根据《关于高等学校执行〈政府会计制度——行政事业单位会计科目和报表〉的补充规定》，通常情况下，高等学校应当根据表 2-21 来确定各类应计提折旧的固定资产的折旧年限。

表 2-21　高等学校固定资产折旧年限

固定资产类别	折旧年限(年)	备注
一、房屋及构筑物		
1. 房屋		
钢结构	50	
钢筋混凝土结构	50	
砖混结构	30	
砖木结构	30	
2. 简易房	8	
3. 房屋附属设施	8	围墙、停车设施等
4. 构筑物	8	池、罐、槽、塔等
二、通用设备		
1. 计算机设备	6	计算机、网络设备、安全设备、终端设备、存储设备等
2. 办公设备	6	电话机、传真机、摄像机、刻录机等
3. 车辆	8	载货汽车、牵引汽车、乘用车、专用车辆等
4. 图书档案设备	5	
5. 机械设备	10	锅炉、液压机械、金属加工设备、泵、风机、气体压缩机、气体分离及液化设备、分离及干燥设备等
6. 电气设备	5	电机、变压器、电源设备、生活用电器等

续表

固定资产类别	折旧年限（年）	备注
7. 雷达、无线电和卫星导航设备	10	
8. 通信设备、广播、电视、电影设备	5	
9. 仪器仪表、电子和通信测量仪器、计量标准器具及量具、衡器	5	
10. 除上述以外其他通用设备	5	
三、专用设备		
1. 探矿、采矿、选矿和造块设备	10	
2. 石油天然气开采专用设备	10	
3. 石油和化学工业专用设备	10	
4. 炼焦和金属冶炼轧制设备	10	
5. 电力工业专用设备	20	
6. 核工业专用设备	20	
7. 航空航天工业专用设备	20	
8. 非金属矿物制品工业专用设备	10	
9. 工程机械	10	
10. 农业和林业机械	10	
11. 木材采集和加工设备	10	
12. 食品加工专用设备	10	
13. 饮料加工设备	10	
14. 烟草加工设备	10	
15. 粮油作物和饲料加工设备	10	
16. 纺织设备	10	
17. 缝纫、服饰、制革和毛皮加工设备	10	
18. 造纸和印刷机械	10	
19. 化学药品和中药专用设备	5	
20. 医疗设备	5	
21. 电工、电子专用生产设备	5	

续表

固定资产类别	折旧年限(年)	备注
22. 安全生产设备	10	
23. 邮政专用设备	10	
24. 环境污染防治设备	10	
25. 公安专用设备	3	
26. 水工机械	10	
27. 殡葬设备及用品	5	
28. 铁路运输设备	10	
29. 水上交通运输设备	10	
30. 航空器及其配套设备	10	
31. 专用仪器仪表	5	
32. 文艺设备	5	
33. 体育设备	5	
34. 娱乐设备	5	
四、家具、用具、装具		
1. 家具	15	
其中：学生用家具	5	
2. 用具、装具	5	

按照《关于中小学校执行〈政府会计制度——行政事业单位会计科目和报表〉的补充规定》，通常情况下，中小学校应当根据表 2-22 来确定各类应计提折旧的固定资产的折旧年限。

表 2-22　　　　中小学校固定资产折旧年限

固定资产类别	折旧年限	备注
一、房屋及构筑物		
1. 房屋		
钢结构	50 年	
钢筋混凝土结构	50 年	

续表

固定资产类别	折旧年限	备注
砖混结构	30 年	
砖木结构	30 年	
2. 简易房	8 年	
3. 房屋附属设施	8 年	围墙、停车设施等
4. 构筑物	8 年	池、罐、槽、塔等
二、通用设备		
1. 计算机设备	6 年	计算机、网络设备、安全设备、终端设备、存储设备等
2. 办公设备	6 年	电话机、传真机、复印机、投影仪、多功能一体机、录音设备、电子白板、LED 显示屏、触控一体机等
3. 车辆	8 年	校车、乘用车、载货汽车、专用车辆等
4. 图书档案设备	5 年	
5. 机械设备	10 年	电梯、制冷空调、锅炉等
6. 电气设备	5 年	电机、变压器、电源设备、生活用电器等
7. 通信设备	5 年	
8. 广播、电视、电影设备	5 年	
9. 仪器仪表	5 年	
10. 电子和通信测量设备	5 年	
11. 计量标准器具及量具、衡器	5 年	
三、专用设备		
1. 专用仪器仪表	5 年	教学专用仪器等
2. 文艺设备	5 年	乐器、舞台设备、影剧院设备等
3. 体育设备	5 年	田赛设备、径赛设备、球类设备、体育运动辅助设备等
4. 娱乐设备	5 年	
5. 公安专用设备	3 年	
6. 其他专用设备	10 年	

续表

固定资产类别	折旧年限	备注
四、家具、用具及装具		
1. 家具	15 年	
其中：学生用家具（教学用）	5 年	
2. 用具和装具	5 年	

2.21.3 账务处理

1. 在取得时，各类学校应当按照成本对固定资产进行初始计量

（1）购入不需安装的固定资产验收合格时：在财务会计中，按照确定的固定资产成本，借记本科目，贷记“财政拨款收入”“零余额账户用款额度”“应付账款”“银行存款”等科目；在预算会计中，借记“事业支出”“经营支出”等科目，贷记“财政拨款预算收入”“资金结存”等科目。

购入需要安装的固定资产时，在财务会计中，在安装完毕交付使用前按照确定的固定资产成本，借记“在建工程”科目，贷记“财政拨款收入”“零余额账户用款额度”“应付账款”“银行存款”等科目。安装完毕交付使用时再将“在建工程”科目的余额转入本科目。在预算会计中，借记“事业支出”“经营支出”等科目，贷记“财政拨款预算收入”“资金结存”等科目。

购入固定资产扣留质量保证金的，应当在取得固定资产时，在财务会计中：按照确定的固定资产成本，借记本科目［不需安装］或“在建工程”科目［需要安装］；按照实际支付或应付的金额，贷记“财政拨款收入”“零余额账户用款额度”“应付账款”［不含质量保证金］、“银行存款”等科目；按照扣留的质量保证金数额，贷记“其他应付款”［扣留期在 1 年以内（含 1 年）］或“长期应付款”［扣留期超过 1 年］科目。同时，在预算会计中，借记“事业支出”“经营支出”等科目，贷记“财政拨款预算收入”“资金结存”等科目。

质保期满，支付质量保证金时：在财务会计中，借记“其他应付款”“长期应付款”科目，贷记“财政拨款收入”“零余额账户用款额度”“银行存款”等科目；在预算会计中，借记“事业支出”“经营支出”等科目，贷记“财政拨款预算收入”“资金结存”等科目。

（2）自行建造的固定资产交付使用时，在财务会计中，按照在建工程成

本，借记本科目，贷记“在建工程”科目。无预算会计账务处理。对已交付使用但尚未办理竣工决算手续的固定资产，按照估计价值入账，待办理竣工决算后再按照实际成本调整原来的暂估价值。

（3）融资租赁取得的固定资产，其成本按照租赁协议或者合同确定的租赁价款、相关税费以及固定资产交付使用前所发生的可归属于该项资产的运输费、途中保险费、安装调试费等确定。

融资租入固定资产时，在财务会计中：按照确定的成本，借记本科目［不需安装］或“在建工程”科目［需安装］；按照租赁协议或者合同确定的租赁付款额，贷记“长期应付款”科目；按照支付的运输费、途中保险费、安装调试费等金额，贷记“财政拨款收入”“零余额账户用款额度”“银行存款”等科目。同时，在预算会计中，借记“事业支出”“经营支出”等科目，贷记“财政拨款预算收入”“资金结存”等科目。

定期支付租金时：在财务会计中，按照实际支付金额，借记“长期应付款”科目，贷记“财政拨款收入”“零余额账户用款额度”“银行存款”等科目；在预算会计中，借记“事业支出”“经营支出”等科目，贷记“财政拨款预算收入”“资金结存”等科目。

（4）按照规定跨年度分期付款购入固定资产的账务处理，参照融资租入固定资产。

（5）接受捐赠的固定资产时，在财务会计中：按照确定的固定资产成本，借记本科目［不需安装］或“在建工程”科目［需安装］；按照发生的相关税费、运输费等，贷记“零余额账户用款额度”“银行存款”等科目；按照借贷方差额，贷记“捐赠收入”科目。在预算会计中，按照发生的相关税费、运输费等借记“其他支出”科目，贷记“资金结存”科目。

接受捐赠的固定资产按照名义金额入账的，在财务会计中：按照名义金额，借记本科目，贷记“捐赠收入”科目；按照发生的相关税费、运输费等，借记“其他费用”科目，贷记“零余额账户用款额度”“银行存款”等科目。同时，在预算会计中，按照发生的相关税费、运输费等借记“其他支出”科目，贷记“资金结存”科目。

（6）无偿调入固定资产时，在财务会计中：按照确定的固定资产成本，借记本科目［不需安装］或“在建工程”科目［需安装］；按照发生的相关税费、运输费等，贷记“零余额账户用款额度”“银行存款”等科目；按照借贷方差额，贷记“无偿调拨净资产”科目。同时，在预算会计中，按照发生的相关税费、运输费等借记“其他支出”科目，贷记“资金结存”科目。

（7）置换取得的固定资产，参照“库存物品”科目中置换取得库存物品的相关规定进行账务处理。

固定资产取得时涉及增值税业务的，相关账务处理参见“应交增值税”科目。

2. 与固定资产有关的后续支出

（1）符合固定资产确认条件的后续支出。

通常情况下，将固定资产转入改建、扩建时，在财务会计中：按照固定资产的账面价值，借记“在建工程”科目；按照固定资产已计提折旧，借记“固定资产累计折旧”科目；按照固定资产的账面余额，贷记本科目。无预算会计账务处理。

为增加固定资产使用效能或延长其使用年限而发生的改建、扩建等后续支出：在财务会计中，借记“在建工程”科目，贷记“财政拨款收入”“零余额账户用款额度”“应付账款”“银行存款”等科目；同时，在预算会计中，借记“事业支出”“经营支出”等科目，贷记“财政拨款预算收入”“资金结存”等科目。

固定资产改建、扩建等完成交付使用时，同自行建造的固定资产完工支付使用时一样，按照在建工程成本，借记本科目，贷记“在建工程”科目。无预算会计账务处理。

（2）不符合固定资产确认条件的后续支出。

为保证固定资产正常使用而发生的日常维修等支出，在财务会计中，借记“业务活动费用”“单位管理费用”“经营费用”等科目，贷记“财政拨款收入”“零余额账户用款额度”“银行存款”等科目。在预算会计中，借记“事业支出”“经营支出”等科目，贷记“财政拨款预算收入”“资金结存”等科目。

3. 报经批准处置的固定资产的账务处理

（1）报经批准出售、转让固定资产时，在财务会计中：按照被出售、转让固定资产的账面价值，借记“资产处置费用”科目；按照固定资产已计提的折旧，借记“固定资产累计折旧”科目；按照固定资产账面余额，贷记本科目；按照收到的价款，借记“银行存款”等科目；按照处置过程中发生的相关费用，贷记“银行存款”等科目；按照借贷方差额，贷记“应缴财政款”科目。无预算会计账务处理。

（2）报经批准对外捐赠固定资产时，在财务会计中：按照固定资产已计提的折旧，借记“固定资产累计折旧”科目；按照被处置固定资产账面余额，贷记本科目；按照捐赠过程中发生的归属于捐出方的相关费用，贷记“银行存款”等科目；按照借贷方差额，借记“资产处置费用”科目。同时，在预算会计中，按照对外捐赠过程中发生的归属于捐出方的相关费用，借记“其他支出”科目，贷记“资金结存”科目。

（3）报经批准无偿调出固定资产时，在财务会计中：按照固定资产已计提的折旧，借记“固定资产累计折旧”科目；按照被处置固定资产账面余额，贷记本科目；按照借贷方差额，借记“无偿调拨净资产”科目；按照无偿调出过程中发生的归属于调出方的相关费用，借记“资产处置费用”科目，贷记“银行存款”等科目。同时，在预算会计中，按照无偿调出过程中发生的归属于调出方的相关费用，借记“其他支出”科目，贷记“资金结存”科目。

（4）报经批准置换换出固定资产时，参照“库存物品”科目中置换换入库存物品的规定进行账务处理。

固定资产处置时涉及增值税业务的，相关账务处理参见“应交增值税”科目。

4．清查盘点固定资产时的账务处理

各类学校应当定期对固定资产进行清查盘点，每年至少盘点一次。对于发生的固定资产盘盈、盘亏或毁损、报废，应当先记入“待处理财产损溢”科目，按照规定报经批准后及时进行后续账务处理。

（1）盘盈的固定资产，其成本按照有关凭据注明的金额确定；没有相关凭据但按照规定经过资产评估的，其成本按照评估价值确定；没有相关凭据也未经过评估的，其成本按照重置成本确定。如无法采用上述方法确定盘盈固定资产的成本，则应按照名义金额（人民币 1 元）入账。盘盈的固定资产，在财务会计中，按照确定的入账成本，借记本科目，贷记“待处理财产损溢”科目。无预算会计账务处理。

（2）盘亏、毁损或报废固定资产时，在财务会计中：按照待处理固定资产的账面价值，借记“待处理财产损溢”科目；按照已计提折旧，借记“固定资产累计折旧”科目；按照固定资产的账面余额，贷记本科目。无预算会计账务处理。

学校对固定资产的账务处理可参照表 2-23。

表 2–23　学校对固定资产的账务处理

序号	业务		财务会计处理	预算会计处理
（1）	固定资产取得	外购不需安装的固定资产	借：固定资产 贷：财政拨款收入 / 零余额账户用款额度 / 应付账款 / 银行存款等	借：事业支出 / 经营支出等 贷：财政拨款预算收入 / 资金结存等
		外购需要安装的固定资产，先通过“在建工程”科目核算	借：在建工程 贷：财政拨款收入 / 零余额账户用款额度 / 应付账款 / 银行存款等	借：事业支出 / 经营支出等 贷：财政拨款预算收入 / 资金结存等
		安装完工交付使用时	借：固定资产 贷：在建工程	—
		购入固定资产扣留质量保证金的	借：固定资产［不需安装］/ 在建工程［需要安装］ 贷：财政拨款收入 / 零余额账户用款额度 / 应付账款 / 银行存款等 其他应付款［扣留期在 1 年以内（含 1 年）］/ 长期应付款［扣留期超过 1 年］	借：事业支出 / 经营支出等［购买固定资产实际支付的金额］ 贷：财政拨款预算收入 / 资金结存等
		质保期满，支付质量保证金时	借：其他应付款 / 长期应付款 贷：财政拨款收入 / 零余额账户用款额度 / 银行存款等	借：事业支出 / 经营支出等 贷：财政拨款预算收入 / 资金结存等
		自行建造的固定资产，工程完工交付使用时	借：固定资产 贷：在建工程	—
		融资租入（或跨年度分期付款购入）的固定资产	借：固定资产［不需安装］/ 在建工程［需安装］ 贷：长期应付款［协议或合同确定的租赁价款］ 财政拨款收入 / 零余额账户用款额度 / 银行存款等［实际支付的相关税费、运输费等］	借：事业支出 / 经营支出等［实际支付的相关税费、运输费等］ 贷：财政拨款预算收入 / 资金结存等

续表

序号	业务		财务会计处理	预算会计处理
（1）	固定资产取得	定期支付租金（或分期付款）时	借：长期应付款 　贷：财政拨款收入 / 零余额账户用款额度 / 银行存款等	借：事业支出 / 经营支出等 　贷：财政拨款预算收入 / 资金结存等
		接受捐赠的固定资产	借：固定资产［不需安装］/ 在建工程［需安装］ 　贷：银行存款 / 零余额账户用款额度等［发生的相关税费、运输费等］ 　　捐赠收入［差额］	借：其他支出［支付的相关税费、运输费等］ 　贷：资金结存
		接受捐赠的固定资产按照名义金额入账的	借：固定资产［名义金额］ 　贷：捐赠收入 借：其他费用 　贷：银行存款 / 零余额账户用款额度等［发生的相关税费、运输费等］	借：其他支出［支付的相关税费、运输费等］ 　贷：资金结存
		无偿调入的固定资产	借：固定资产［不需安装］/ 在建工程［需安装］ 　贷：银行存款 / 零余额账户用款额度等［发生的相关税费、运输费等］ 　　无偿调拨净资产［差额］	借：其他支出［支付的相关税费、运输费等］ 　贷：资金结存
		置换取得的固定资产	参照"库存物品"科目中置换取得库存物品的账务处理	
（2）	与固定资产有关的后续支出	符合固定资产确认条件的（增加固定资产使用效能或延长其使用年限而发生的改建、扩建等后续支出）	借：在建工程［固定资产账面价值］ 　固定资产累计折旧 　贷：固定资产［账面余额］	—
			借：在建工程 　贷：财政拨款收入 / 零余额账户用款额度 / 应付账款 / 银行存款等	借：事业支出 / 经营支出等 　贷：财政拨款预算收入 / 资金结存等
		不符合固定资产确认条件的	借：业务活动费用 / 单位管理费用 / 经营费用等 　贷：财政拨款收入 / 零余额账户用款额度 / 银行存款等	借：事业支出 / 经营支出等 　贷：财政拨款预算收入 / 资金结存等

续表

序号	业务		财务会计处理	预算会计处理
（3）	固定资产处置	出售、转让固定资产	借：资产处置费用 固定资产累计折旧 贷：固定资产［账面余额］	—
			借：银行存款［处置固定资产收到的价款］ 贷：应缴财政款 银行存款等［发生的相关费用］	—
		对外捐赠固定资产	借：资产处置费用 固定资产累计折旧 贷：固定资产［账面余额］ 银行存款等［归属于捐出方的相关费用］	借：其他支出［对外捐赠过程中发生的归属于捐出方的相关费用］ 贷：资金结存
		无偿调出固定资产	借：无偿调拨净资产 固定资产累计折旧 贷：固定资产［账面余额］	—
			借：资产处置费用 贷：银行存款等［归属于调出方的相关费用］	借：其他支出 贷：资金结存
		置换换出固定资产	参照“库存物品”科目中置换取得库存物品的规定进行账务处理	
（4）	固定资产定期盘点清查	盘盈的固定资产	借：固定资产 贷：待处理财产损溢	—
		盘亏、毁损或报废的固定资产	借：待处理财产损溢［账面价值］ 固定资产累计折旧 贷：固定资产［账面余额］	—

2.21.4 案例分析

1. 外购不需安装的固定资产

【例 2-52】某高校用事业经费购入一项不需要安装的新教学设备，买价为 10 000 元，运杂费为 1 000 元，有关款项均已通过银行支付。该项固定资产安装完毕并交付使用。会计处理如下。

财务会计：

借：固定资产　　11 000

　　贷：银行存款　　11 000

预算会计：

借：事业支出　　11 000

　　贷：资金结存——货币资金　　11 000

2．外购需要安装的固定资产

【例 2–53】某高校用事业经费购入一项新教学设备，买价为 10 000 元，运杂费为 300 元，安装费为 700 元，有关款项均已通过银行支付。该项固定资产安装完毕且交付使用。该业务的账务处理如下。

（1）购入设备时。

财务会计：

借：在建工程　　10 300

　　贷：银行存款　　10 300

预算会计：

借：事业支出　　10 300

　　贷：资金结存——货币资金　　10 300

（2）安装时。

财务会计：

借：在建工程　　700

　　贷：银行存款　　700

预算会计：

借：事业支出　　700

　　贷：资金结存——货币资金　　700

（3）安装完工并交付使用时。

借：固定资产　　11 000

　　贷：在建工程　　11 000

3．自行建造固定资产

【例 2–54】某学校自行建造教学楼，在前期投入工程价款 20 000 000 元。相关账务处理如下。

（1）汇点前期工程价款。

财务会计：

借：在建工程　　20 000 000

　　贷：银行存款　　20 000 000

预算会计：

借：事业支出　　20 000 000

　　贷：资金结存——货币资金　　20 000 000

（2）在工程中期，发生原材料不足的情况，故投入1 000 000元购买原材料以满足完工需要。账务处理如下。

财务会计：

借：在建工程　　1 000 000

　　贷：银行存款　　1 000 000

预算会计：

借：事业支出　　1 000 000

　　贷：资金结存——货币资金　　1 000 000

（3）工程交付使用时，需将在建工程结转。

借：固定资产　　21 000 000

　　贷：在建工程　　21 000 000

4．融资租入固定资产

【例2-55】某学校融资租入一台实验设备，价值400 000元，支付运输费等2 000元。租赁协议规定该学校需要支付租赁价款400 000元，每个月支付10 000元，分40个月支付完。

（1）确定融资租入实验设备时的会计处理如下。

财务会计：

借：固定资产　　402 000

　　贷：长期应付款　　400 000

　　　　银行存款　　2 000

预算会计：

借：事业支出　　2 000

　　贷：资金结存——货币资金　　2 000

（2）该学校需要每月支付租金10 000元，支付租金时的会计处理如下。

财务会计：

借：长期应付款　　　　10 000

　　贷：银行存款　　　　10 000

预算会计：

借：事业支出　　　　10 000

　　贷：资金结存——货币资金　　　　10 000

5．接受捐赠的固定资产

【例 2-56】某学校接受社会公益组织捐赠的一批图书，价值 50 000 元，发生的运输费为 800 元。账务处理如下。

财务会计：

借：固定资产　　　　50 800

　　贷：捐赠收入　　　　50 000

　　　　银行存款　　　　800

预算会计：

借：其他支出　　　　800

　　贷：资金结存——货币资金　　　　800

6．无偿调入固定资产

【例 2-57】某学校接受无偿调入的固定资产，价值 70 000 元，发生的运输费为 900 元。账务处理如下。

财务会计：

借：固定资产　　　　70 900

　　贷：无偿调拨净资产　　　　70 000

　　　　银行存款　　　　900

预算会计：

借：其他支出　　　　900

　　贷：资金结存——货币资金　　　　900

7．固定资产后续支出

【例 2-58】某学校决定对北区 A 教学楼进行扩建。该教学楼账面余额为 5 000 000 元，已提折旧 1 000 000 元。在扩建过程中，该学校支付工程款 2 000 000 元。账务处理如下。

财务会计：

借：在建工程　　4 000 000

　固定资产累计折旧　　1 000 000

　贷：固定资产　　5 000 000

借：在建工程　　2 000 000

　贷：银行存款　　2 000 000

预算会计：

借：事业支出　　2 000 000

　贷：资金结存——货币资金　　2 000 000

工程完工，交付使用时的会计处理如下。

借：固定资产　　6 000 000

　贷：在建工程　　6 000 000

8．固定资产处置

【例2-59】某学校出售一台实验设备，设备账面余额为72 000元，已计提折旧60000元，出售设备收到价款20 000元。与该事项相关的账务处理如下。

借：资产处置费用　　12 000

　固定资产累计折旧　　60 000

　贷：固定资产　　72 000

借：银行存款　　20 000

　贷：应缴财政款　　20 000

【例2-60】某学校对外捐赠一批教学仪器。该批教学仪器账面余额为100 000元，已计提折旧30 000元。另外，该学校支付运输费3 000元。与该事项相关的账务处理如下。

财务会计：

借：资产处置费用　　73 000

　固定资产累计折旧　　30 000

　贷：固定资产　　100 000

　　银行存款　　3 000

预算会计：

借：其他支出　　3 000

　贷：资金结存——货币资金　　3 000

9. 固定资产盘点清查

【例 2-61】 某学校于 2×19 年年底对固定资产进行盘点，发生如下事项。

（1）盘盈固定资产 A，价值 5 000 元，账务处理如下。

借：固定资产——A　　5 000

　　贷：待处理财产损溢　　5 000

（2）在盘点过程中，发现固定资产 B 毁损，B 的账面价值为 3 000 元，已计提折旧 2 000 元，账务处理如下。

借：待处理财产损溢　　1 000

　　固定资产累计折旧　　2 000

　　贷：固定资产——B　　3 000

2.22 固定资产累计折旧

2.22.1 科目简介

在学校会计实务中，本科目用于核算各类学校计提的固定资产累计折旧。

公共基础设施和保障性住房计提的累计折旧，应当分别通过“公共基础设施累计折旧（摊销）”科目和“保障性住房累计折旧”科目核算，不通过本科目核算。

2.22.2 账务处理

（1）按月计提固定资产折旧时：在财务会计中，按照应计提折旧金额，借记“业务活动费用”“单位管理费用”“经营费用”“加工物品”“在建工程”等科目，贷记本科目；无预算会计账务处理。

（2）经批准处置或处理固定资产时：在财务会计中，按照所处置或处理固定资产的账面价值借记“资产处置费用”“无偿调拨净资产”“待处理财产损溢”等科目，按照已计提折旧借记本科目，按照固定资产的账面余额贷记“固定资产”科目；在预算会计中，涉及资金支付的，参照“固定资产”科目进行相关预算会计的账务处理。

学校对固定资产累计折旧的账务处理可参照表 2-24。

表 2-24　　　　学校对固定资产累计折旧的账务处理

序号	业务	财务会计处理	预算会计处理
（1）	按月计提固定资产折旧时	借：业务活动费用 / 单位管理费用 / 经营费用 / 加工物品 / 在建工程等 贷：固定资产累计折旧	—
（2）	处置固定资产时	借：待处理财产损溢 / 无偿调拨净资产 / 资产处置费用等 固定资产累计折旧 贷：固定资产［账面余额］	涉及资金支付的，参照“固定资产”科目相关账务处理

2.22.3　案例分析

【例 2-62】某学校新购进实验用固定资产一批，价值 72 000 元，计划使用 6 年，每月计提折旧 1 000 元。相关账务处理如下。

（1）购进时。

财务会计：

借：固定资产　　　　72 000

　　贷：银行存款　　　　72 000

预算会计：

借：事业支出　　　　72 000

　　贷：资金结存——货币资金　　　　72 000

（2）按月计提固定资产折旧时。

借：业务活动费用　　　　1 000

　　贷：固定资产累计折旧　　　　1 000

（3）假设第 5 年年末对固定资产进行报废处置。

借：待处置资产损溢　　　　12 000

　　固定资产累计折旧　　　　60 000

　　贷：固定资产　　　　72 000

2.23　工程物资

2.23.1　科目简介

在学校会计实务中，本科目用于核算各类学校为在建工程准备的各种物资的成本，包括工程用材料、设备等。

2.23.2　账务处理

（1）购入为工程准备的物资时：在财务会计中，按照确定的物资成本，借记本科目，贷记“财政拨款收入”“零余额账户用款额度”“银行存款”“应付账款”“其他应付款”等科目；在预算会计中，按照实际支付的款项，借记“事业支出”“经营支出”等科目，贷记“财政拨款预算收入”“资金结存”等科目。

（2）领用工程物资，按照物资成本，借记“在建工程”科目，贷记本科目。无预算会计账务处理。

（3）工程完工后，将剩余的工程物资转作本单位存货等的，按照物资成本，借记“库存物品”等科目，贷记本科目。无预算会计账务处理。

涉及增值税业务的，相关账务处理参见“应交增值税”科目。

学校对工程物资的账务处理可参照表 2-25。

表 2-25　　学校对工程物资的账务处理

序号	业务		财务会计处理	预算会计处理
（1）	取得工程物资	购入工程物资	借：工程物资 　贷：财政拨款收入 / 零余额账户用款额度 / 银行存款 / 应付账款 / 其他应付款等	借：事业支出 / 经营支出等[实际支付的款项] 　贷：财政拨款预算收入 / 资金结存等
（2）	领用工程物资	发出工程物资	借：在建工程 　贷：工程物资	—
（3）	剩余工程物资	剩余工程物资转为存货等	借：库存物品等 　贷：工程物资	—

2.23.3 案例分析

【例 2-63】2×19 年 1 月 1 日，某学校购入一批工程物资，支付 8 000 元。相关账务处理如下。

财务会计：

借：工程物资　　8 000

　　贷：银行存款　　8 000

预算会计：

借：事业支出　　8 000

　　贷：资金结存——货币资金　　8 000

【例 2-64】承接【例 2-63】。2×19 年 1 月 31 日，该学校因建造需要，领用该批工程物资的 80%。相关账务处理如下。

借：在建工程　　6 400

　　贷：工程物资　　6 400

【例 2-65】承接【例 2-64】。2×19 年 10 月 31 日，该学校将剩余 20% 的工程物资转为存货。相关账务处理如下。

借：库存物品　　1 600

　　贷：工程物资　　1 600

2.24 在建工程

2.24.1 科目简介

在学校会计实务中，“在建工程”科目用于核算各类学校已经发生必要支出，但尚未完工交付使用的各种建筑（包括新建、改建、扩建、修缮等建筑）和设备安装工程的实际成本。

各类学校应当按照国家有关规定为基本建设投资单独建账、单独核算，至少按月并入本科目及其他相关科目反映。

各类学校应当在本科目下设置“基建工程”明细科目，核算由基建账套并入的在建工程成本。有关基建并账的具体账务处理有另行规定。

2.24.2　账务处理

1. 建筑安装工程投资

（1）各类学校将固定资产等资产转入改建、扩建等时，在财务会计中进行如下账务处理：按照固定资产等资产的账面价值，借记本科目（建筑安装工程投资）；按照已计提的折旧或摊销，借记“固定资产累计折旧”等科目；按照固定资产等资产的原值，贷记“固定资产”等科目。无预算会计账务处理。固定资产等资产在改建、扩建过程中涉及替换（或拆除）原资产的某些组成部分的，在财务会计中，按照被替换（或拆除）部分的账面价值，借记“待处理财产损溢”科目，贷记本科目（建筑安装工程投资）。无预算会计账务处理。

（2）各类学校对发包建筑安装工程，预付工程款时：在财务会计中，按照预付工程款借记“预付账款——预付工程款”科目，贷记“财政拨款收入”“零余额账户用款额度”“银行存款”“应付账款”等科目；在预算会计中，借记“事业支出”科目，贷记“财政拨款预算收入”“资金结存”科目。按照进度结算工程款时：在财务会计中，按照应承付的工程价款借记本科目（建筑安装工程投资），按照预付工程款余额贷记“预付账款——预付工程款”科目，按照借贷方差额，贷记“财政拨款收入”“零余额账户用款额度”“银行存款”“应付账款”等科目；在预算会计中，借记“事业支出”等科目，贷记“财政拨款预算收入”“资金结存”科目。

（3）各类学校自行施工的小型建筑安装工程发生支出时：在财务会计中，按照发生的各项支出金额，借记本科目（建筑安装工程投资），贷记“工程物资”“零余额账户用款额度”“银行存款”“应付职工薪酬”等科目；在预算会计中，借记“事业支出”等科目，贷记“资金结存”等科目。

（4）工程竣工，办妥竣工验收交接手续并交付使用时：按照建筑安装工程成本（含应分摊的待摊投资），借记“固定资产”等科目，贷记本科目（建筑安装工程投资）；无预算会计账务处理。

2. 设备投资

（1）购入设备时：在财务会计中，按照购入成本，借记本科目（设备投资），贷记“财政拨款收入”“零余额账户用款额度”“应付账款”“银行存款”等科目；采用预付款方式购入设备的，有关预付款的账务处理参照本科目有关“建筑安装工程投资”中发包工程预付工程款时明细科目的规定；在预算会计中，借记“事业支出”等科目，贷记“财政拨款预算收入”或者“资金结存”科目。

（2）设备安装完毕，办妥竣工验收交接手续并交付使用时：在财务会计中，按照设备投资成本（含设备安装工程成本和分摊的待摊投资），借记“固定资产”等科目，贷记本科目（设备投资、建筑安装工程投资——安装工程）；无预算会计账务处理。

（3）将不需要安装的设备和达不到固定资产标准的工具、器具交付使用时：按照相关设备、工具、器具的实际成本，借记“固定资产”“库存物品”科目，贷记本科目（设备投资）；无预算会计账务处理。

3．待摊投资

建设工程发生的构成建设项目实际支出的、按照规定应当分摊计入有关工程成本和设备成本的各项间接费用和税费支出，先在本明细科目中归集；建设工程办妥竣工验收手续并交付使用时，按照合理的分配方法，摊入相关工程成本、在安装设备成本等。

（1）各类学校发生构成待摊投资的各类费用时：在财务会计中，按照实际发生金额，借记本科目（待摊投资），贷记“财政拨款收入”“零余额账户用款额度”“银行存款”“应付利息”“长期借款”“其他应交税费”“固定资产累计折旧”“无形资产累计摊销”等科目；在预算会计中，按照实际支付的款项，借记“事业支出”等科目，贷记“财政拨款预算收入”“资金结存”科目。

（2）建设过程中因试生产、设备调试等而产生收入时：在财务会计中，按照取得的收入金额借记“银行存款”等科目，按照有关规定应当冲减建设工程成本的部分贷记本科目（待摊投资），按照借贷方差额贷记“应缴财政款”或“其他收入”科目；在预算会计中，借记“资金结存”科目，贷记“其他预算收入”科目。

（3）由自然灾害、管理不善等造成的单项工程或单位工程报废或毁损，扣除残料价值和过失人或保险公司等赔款后的净损失，报经批准后计入继续施工的工程成本的，在财务会计中，按照工程成本扣除残料价值和过失人或保险公司等赔款后的净损失，借记本科目（待摊投资），按照残料变价收入、过失人或保险公司赔款等，借记“银行存款”“其他应收款”等科目，按照报废或毁损的工程成本贷记本科目（建筑安装工程投资）。无预算会计账务处理。

（4）工程交付使用时：在财务会计中，按照合理的分配方法分配待摊投资，借记本科目（建筑安装工程投资、设备投资），贷记本科目（待摊投资）；无预算会计账务处理。

待摊投资的分配方法及相关计算公式如下。

①按照实际分配率分配，适用于建设工期较短、整个项目的所有单项工程一次竣工的建设项目。

实际分配率 = 待摊投资明细科目余额 ÷（建筑工程明细科目余额 + 安装工程明细科目余额 + 设备投资明细科目余额）×100%

某项固定资产应分配的待摊投资 = 该项固定资产的建筑工程成本或该项固定资产的采购成本和安装成本合计 × 实际分配率

②按照概算分配率分配，适用于建设工期长、单项工程分期分批建成投入使用的建设项目。

概算分配率 =（概算中各待摊投资项目的合计数 − 其中可直接分配部分）÷ 概算中建筑工程、安装工程和设备投资合计 ×100%

某项固定资产应分配的待摊投资 = 该项固定资产的建筑工程成本或该项固定资产（设备）的采购成本和安装成本合计 × 概算分配率

4. 其他投资

（1）各类学校为建设工程发生房屋购置支出，基本畜禽、林木等的购置、饲养、培育支出，办公生活用家具、器具购置支出，软件研发和不能计入设备投资的软件购置等支出时：在财务会计中，按照实际发生金额，借记本科目（其他投资），贷记“财政拨款收入”“零余额账户用款额度”“银行存款”等科目；在预算会计中，按照实际支付的款项借记“事业支出”等科目，贷记“财政拨款预算收入”“资金结存”等科目。

（2）工程完成，将形成的房屋、基本畜禽、林木等各种财产以及无形资产交付使用时，按照其实际成本，借记“固定资产”“无形资产”等科目，贷记本科目（其他投资）。无预算会计账务处理。

5. 待核销基建支出

（1）建设项目发生江河清障、航道清淤、飞播造林、补助群众造林、水土保持、城市绿化等不能形成资产的各类待核销基建支出时：在财务会计中，按照实际发生金额，借记本科目（待核销基建支出），贷记“财政拨款收入”“零余额账户用款额度”“银行存款”等科目；在预算会计中，按照实际支付的款项借记“事业支出”等科目，贷记“财政拨款预算收入”“资金结存”等科目。

（2）取消建设项目发生的可行性研究费时，按照实际发生金额，在财务会计中，借记本科目（待核销基建支出），贷记本科目（待摊投资）；无预算会计账务处理。

（3）由于自然灾害等发生的建设项目整体报废所形成的净损失，报经批准后转入待核销基建支出时：在财务会计中，按照项目整体报废所形成的净损失借记本科目（待核销基建支出），按照报废工程回收的残料变价收入、保险公司赔款等借记“银行存款”“其他应收款”等科目，按照报废的工程成本贷记本科目（建筑安装工程投资等）；无预算会计账务处理。

（4）建设项目竣工验收交付使用时：财务会计须对发生的待核销基建支出进行冲销，借记“资产处置费用”科目，贷记本科目（待核销基建支出）；无预算会计账务处理。

6. 基建转出投资

为建设项目配套而建成的、产权不归属本单位的专用设施，在项目竣工验收交付使用时：在财务会计中，按照转出的专用设施的成本，借记本科目（基建转出投资），贷记本科目（建筑安装工程投资）；无预算会计账务处理。冲销转出的在建工程时：在财务会计中，借记“无偿调拨净资产”科目，贷记本科目（基建转出投资）；无预算会计账务处理。

学校对在建工程的账务处理可参照表2-26。

表2-26　学校对在建工程的账务处理

序号	业务		财务会计账务处理	预算会计账务处理
（1）	建筑安装工程投资	将固定资产等转入改建、扩建等时	借：在建工程——建筑安装工程投资 固定资产累计折旧等 贷：固定资产等	—
		发包工程预付工程款时	借：预付账款——预付工程款 贷：财政拨款收入/零余额账户用款额度/银行存款/应付账款等	借：事业支出等 贷：财政拨款预算收入/资金结存
		按照进度结算工程款时	借：在建工程——建筑安装工程投资 贷：预付账款——预付工程款 财政拨款收入/零余额账户用款额度/银行存款/应付账款等	借：事业支出等［补付款项］ 贷：财政拨款预算收入/资金结存
		自行施工小型建筑安装工程发生支出时	借：在建工程——建筑安装工程投资 贷：工程物资/零余额账户用款额度/银行存款/应付职工薪酬等	借：事业支出等［实际支付的款项］ 贷：资金结存等

续表

序号	业务		财务会计账务处理	预算会计账务处理
（1）	建筑安装工程投资	改扩建过程中替换（拆除）原资产某些组成部分的	借：待处理财产损溢 　贷：在建工程——建筑安装工程投资	—
		工程竣工验收交付使用时	借：固定资产等 　贷：在建工程——建筑安装工程投资	—
（2）	设备投资	购入设备时	借：在建工程——设备投资 　贷：财政拨款收入 / 零余额账户用款额度 / 应付账款 / 银行存款等	借：事业支出等［实际支付的款项］ 　贷：财政拨款预算收入 / 资金结存
		安装完毕，交付使用时	借：固定资产等 　贷：在建工程——设备投资 　　　——建筑安装工程投资——安装工程	—
		将不需要安装设备和达不到固定资产标准的工具、器具交付使用时	借：固定资产 / 库存物品 　贷：在建工程——设备投资	—
（3）	待摊投资	发生构成待摊投资的各类费用时	借：在建工程——待摊投资 　贷：财政拨款收入 / 零余额账户用款额度 / 银行存款 / 应付利息 / 长期借款 / 其他应交税费 / 固定资产累计折旧 / 无形资产累计摊销等	借：事业支出等［实际支付的款项］ 　贷：财政拨款预算收入 / 资金结存
		对于建设过程中试生产、设备调试等产生的收入	借：银行存款等 　贷：在建工程——待摊投资［按规定冲减工程成本的部分］ 　　应缴财政款 / 其他收入［差额］	借：资金结存 　贷：其他预算收入
		经批准将单项工程或单位工程报废或毁损净损失计入继续施工的工程成本的	借：在建工程——待摊投资 　银行存款 / 其他应收款等［残料变价收入、赔款等］ 　贷：在建工程——建筑安装工程投资［毁损或报废的工程成本］	—

续表

序号		业务	财务会计账务处理	预算会计账务处理
（3）	待摊投资	工程交付使用时，按照一定的分配方法进行待摊投资分配	借：在建工程——建筑安装工程投资 ——设备投资 贷：在建工程——待摊投资	—
（4）	其他投资	发生其他投资支出时	借：在建工程——其他投资 贷：财政拨款收入 / 零余额账户用款额度 / 银行存款等	借：事业支出等［实际支付的款项］ 贷：财政拨款预算收入 / 资金结存
		资产交付使用时	借：固定资产 / 无形资产等 贷：在建工程——其他投资	—
（5）	基建转出投资	建造的产权不归属本单位的专用设施转出时	借：在建工程——基建转出投资 贷：在建工程——建筑安装工程投资	—
		冲销转出的在建工程时	借：无偿调拨净资产 贷：在建工程——基建转出投资	—
（6）	待核销基建支出	发生各类待核销基建支出时	借：在建工程——待核销基建支出 贷：财政拨款收入 / 零余额账户用款额度 / 银行存款等	借：事业支出等［实际支付的款项］ 贷：财政拨款预算收入 / 资金结存等
		取消的项目发生的可行性研究费	借：在建工程——待核销基建支出 贷：在建工程——待摊投资	—
		由于自然灾害等发生的项目整体报废所形成的净损失	借：在建工程——待核销基建支出 银行存款 / 其他应收款等［残料变价收入、保险赔款等］ 贷：在建工程——建筑安装工程投资等	—
		经批准冲销待核销基建支出时	借：资产处置费用 贷：在建工程——待核销基建支出	—

2.24.3 案例分析

【例 2-66】某学校改建的一栋教学楼原值为 8 000 000 元，已计提折旧 5 000 000 元。改建过程中，拆除的建筑的账面价值为 500 000 元，并获得残值收入

200 000 元。改建过程发生改建支出 3 000 000 元，用零余额账户用款额度支付。改建完工后，验收合格，投入使用。该学校应做如下会计处理。

（1）办公楼转入改建工程时。

借：在建工程——建筑安装工程投资　　3 000 000
　　固定资产累计折旧　　5 000 000
　　贷：固定资产——办公楼　　8 000 000

（2）拆除部分建筑时。

借：待处理财产损溢　　500 000
　　贷：在建工程——建筑安装工程投资　　500 000

（3）获得残值收入时。

借：银行存款　　200 000
　　贷：应缴财政款　　200 000

（4）发生改建支出时。

财务会计：

借：在建工程——建筑安装工程投资　　3 000 000
　　贷：零余额账户用款额度　　3 000 000

预算会计：

借：事业支出　　3 000 000
　　贷：资金结存——零余额账户用款额度　　3 000 000

（5）完工验收时。

借：固定资产——办公楼　　5 500 000
　　贷：在建工程——建筑安装工程投资　　5 500 000

【例 2-67】某学校于 2×19 年 1 月 1 日购入一台教学用机器设备，用银行存款支付 800 000 元。因该设备需要安装，所以该学校于 2×19 年 2 月 1 日支付安装费 200 000 元。2×19 年 5 月 1 日，该设备在安装完毕后交付使用。相关会计处理如下。

（1）2×19 年 1 月 1 日。

财务会计：

借：在建工程——设备投资　　800 000
　　贷：银行存款　　800 000

预算会计：

借：事业支出　　800 000

贷：资金结存——货币资金　800 000

（2）2×19年2月1日。

财务会计：

借：在建工程——建筑安装工程投资——安装工程　200 000

　贷：银行存款　200 000

预算会计：

借：事业支出　200 000

　贷：资金结存——货币资金　200 000

（3）2×19年5月1日。

借：固定资产　1 000 000

　贷：在建工程——设备投资　800 000

　　在建工程——建筑安装工程投资——安装工程　200 000

【例2-68】2×19年2月1日，某学校在建造某一设备时，以银行存款支付可行性研究费用15 000元；根据相关凭证，该学校应做如下会计处理。

财务会计：

借：在建工程——待摊投资　15 000

　贷：银行存款　15 000

预算会计：

借：事业支出　15 000

　贷：资金结存——货币资金　15 000

2×19年3月1日，该学校在设备调试过程中产生的收入为2 000元，分配的待摊投资为1 000元。该学校应做如下会计处理。

财务会计：

借：银行存款　2 000

　贷：在建工程——待摊投资　1 000

　　其他收入　1 000

预算会计：

借：资金结存——货币资金　1 000

　贷：其他预算收入　1 000

2×19年10月1日，该设备完工交付使用，该学校应做如下会计处理。

借：在建工程——设备投资　14 000

贷：在建工程——待摊投资　　14 000

【例 2-69】某学校新建一栋教学楼，已投资 200 000 元，现由于自然灾害，项目整体报废。报经批准后，该学校冲销该基建支出，应做以下会计处理。

（1）报废时。

借：在建工程——待核销基建支出　　200 000

贷：在建工程——建筑安装工程投资　　200 000

（2）经批准冲销时。

借：资产处置费用　　200 000

贷：在建工程——待核销基建支出　　200 000

2.25　无形资产

2.25.1　科目简介

在学校会计实务中，无形资产是指各类学校持有的没有实物形态的可辨认非货币性资产，包括专利权、商标权、著作权、土地使用权、非专利技术等。

各类学校购入的不构成相关硬件不可缺少组成部分的应用软件，应当作为无形资产核算。本科目应当按照无形资产的类别、项目等进行明细核算。

2.25.2　无形资产的特点与主要项目

1．无形资产的特点

无形资产是一种特殊的资产，具有以下特点。

（1）无形资产没有物质实体。无形资产不同于有形资产，它没有特定的物质实体，通常表现为各类学校所拥有的一种特殊权利。

（2）无形资产能带来超额收益。大多数无形资产能使各类学校在一定时期内获得超额收益。

（3）无形资产可在较长时期内发挥作用。无形资产一经取得或形成，就为各类学校长期拥有，可在较长时间内发挥作用，为各类学校带来超额收益。

2．无形资产的主要项目

（1）专利权。

专利权，是指政府对各类学校在某一产品的造型、配方、结构、制造工艺或程序的发明上给予其制造使用和出售等方面的专门权利。各类学校不应将其所拥有的一切专利权都予以资本化，即某些专利不能作为无形资产核算。只有那些能够给学校带来较大经济价值的，并且学校为此发生过支出的专利，才能作为无形资产进行核算。专利权如果是购买的，其记账成本除买价外，还包括支付给有关部门的相关费用；如果是自行开发的，它的成本应包括开发该项专利的试验费用、申请专利登记费用以及聘请律师费用等。

（2）商标权。

商标权，是指在某类指定的商品或产品上使用特定的名称或图案的权利。商标经过注册登记，就获得了法律上的保护。各类学校自创的商标，其注册登记费用不多，不一定作为无形资产核算。受让商标，一次性支出费用较多的，可以将其资本化，作为无形资产入账核算，其记账价值包括买价、支付的手续费以及其他因受让商标权而发生的费用等。

（3）土地使用权。

土地使用权，是指各类学校对依法取得的国有土地在一定期间内享有开发、利用、经营等活动的权利。各类学校拥有的并未入账的土地使用权，不能作为无形资产核算；花了较大的代价取得的土地使用权，应予以资本化，将取得时所发生的一切支出，作为土地使用权成本，记入“无形资产”科目。这里有两种情况：一是各类学校向土地管理部门申请土地使用权时，支付的出让金要作为土地使用权成本，记入“无形资产”科目；二是各类学校原先通过行政划拨获得土地使用权，没有入账的，在将土地使用权有偿转让、出租、抵押、作价入股和投资时，按规定要补缴土地出让金，补缴的出让金要作为土地使用权成本，记入“无形资产”科目。

（4）非专利技术。

非专利技术，是指先进的、未公开的、未申请专利的，可以带来经济效益的技术或者资料，又称“专有技术”“技术秘密”“技术诀窍”。各类学校的非专利技术，一般是指在组织事业收入或经营收入过程中取得的有关生产、经营和管理方面未获得专利权的知识、经验和技巧。非专利技术不受《中华人民共和国专利法》的保护，但它是一种事实上的专利权，可以进行转让和投资。

（5）著作权。

著作权，又称版权，是指文学、艺术和科学作品等的著作人依法对其作品所拥有的专门权利。著作权一般包括发表权、署名权、修改权、保护作品完整权、使用权和获得报酬权。著作权受国家法律保护。

（6）商誉。

商誉，通常是指各类学校由于所处的地理位置优越，或由于信誉好而赢得了社会的信任，或由于组织得当等而形成的一种无形价值。商誉可以是自己建立的，也可以是外购的，但是只有外购的商誉才能作为无形资产核算。商誉的计价方法很多，也很复杂。由于只有外购的商誉才能作为无形资产核算，因此通常商誉的价值可以按购买价款总额与买进单位所有净资产总额之间的差额计算。

2.25.3　账务处理

1. 在取得时，按照成本对无形资产进行初始计量

（1）外购无形资产时：在财务会计中，按照确定的成本，借记本科目，贷记“财政拨款收入”“零余额账户用款额度”“应付账款”“银行存款”等科目；在预算会计中，借记“事业支出”“经营支出”等科目，贷记“财政拨款预算收入”或者“资金结存”科目。

（2）委托软件公司开发软件，视同外购无形资产进行处理。合同中约定预付开发费用的：在财务会计中，按照预付金额，借记“预付账款”科目，贷记“财政拨款收入”“零余额账户用款额度”“银行存款”等科目；在预算会计中，借记“事业支出”“经营支出”等科目，贷记“财政拨款预算收入”或者“资金结存”科目。

软件开发完成并支付剩余或全部软件开发费用时，在财务会计中：按照软件开发费用总额，借记本科目；按照相关预付账款金额，贷记“预付账款”科目；按照支付的剩余金额，贷记“财政拨款收入”“零余额账户用款额度”“银行存款”等科目。在预算会计中，按照支付的剩余款项金额，借记“事业支出”“经营支出”等科目，贷记“财政拨款预算收入”或者“资金结存”科目。

（3）对于自行研究开发形成的无形资产：在财务会计中，按照研究开发项目进入开发阶段后至达到预定用途前所发生的支出总额，借记本科目，贷记“研发支出——开发支出”科目；无预算会计账务处理。自行研究开发项目尚未进入开发阶段，或者确实无法区分研究阶段支出和开发阶段支出，但按照法律程序已申请取得无形资产的：在财务会计中，按照依法取得时发生的注册费、聘请律师费等费用，借记本科目，贷记“财政拨款收入”“零余额账户用款额度”“银行存款”等科目；同时，按照依法取得前所发生的研究开发支出，借记“业务活动费用”等科目，贷记“研发支出”科目。在预算会计中，借记“事业支出”“经营支出”等科目，贷记“财政拨款预算收入”或者“资金结存”科目。

（4）接受捐赠的无形资产时：在财务会计中，按照确定的无形资产成本借记本科目，按照发生的相关税费等贷记“零余额账户用款额度”“银行存款”等科目，按照借贷方差额贷记“捐赠收入”科目；在预算会计中，按照支付的相关税费，借记“其他支出”科目，贷记“资金结存”科目。

接受捐赠的无形资产按照名义金额入账的，在财务会计中：按照名义金额，借记本科目，贷记“捐赠收入”科目；同时，按照发生的相关税费等，借记“其他费用”科目，贷记“零余额账户用款额度”“银行存款”等科目。在预算会计中，按照支付的相关税费，借记“其他支出”科目，贷记“资金结存”科目。

（5）无偿调入的无形资产：在财务会计中，按照确定的无形资产成本借记本科目，按照发生的相关税费等贷记“零余额账户用款额度”“银行存款”等科目，按照借贷方差额贷记“无偿调拨净资产”科目；在预算会计中，按照支付的相关税费，借记“其他支出”科目，贷记“资金结存”科目。

（6）置换取得的无形资产，参照“库存物品”科目中置换取得库存物品的相关规定进行账务处理。无形资产取得时涉及增值税业务的，相关账务处理参见“应交增值税”科目。

2. 与无形资产有关的后续支出

（1）符合无形资产确认条件的后续支出。为提升无形资产的使用效能对其进行升级改造或扩展其功能时，在财务会计中，如需暂停对无形资产进行摊销的，按照无形资产的账面价值借记“在建工程”科目，按照无形资产已摊销金额借记“无形资产累计摊销”科目，按照无形资产的账面余额贷记本科目。无形资产后续支出符合无形资产确认条件的：在财务会计中，按照支出的金额，借记本科目[无须暂停摊销的]或“在建工程”科目[需暂停摊销的]，贷记“财政拨款收入”“零余额账户用款额度”“银行存款”等科目；在预算会计中，按照实际支付的金额，借记“事业支出”“经营支出”等科目，贷记“财政拨款预算收入”或者“资金结存”科目。

暂停摊销的无形资产升级改造或扩展功能等完成交付使用时，会计处理同“无形资产取得”中的“自行开发完成达到预定用途形成无形资产的”：在财务会计中，按照在建工程成本，借记本科目，贷记“在建工程”科目；无预算会计账务处理。

（2）不符合无形资产确认条件的后续支出。为保证无形资产正常使用而发生的日常维护等支出：在财务会计中，借记“业务活动费用”“单位管理费用”“经营费用”等科目，贷记“财政拨款收入”“零余额账户用款额度”“银行存款”等科目；在预算会计中，借记“事业支出”“经营支出”等科目，贷记“财政拨款预算收入”或者“资金结存”科目。

3．按照规定报经批准处置无形资产时，应当针对不同情况进行账务处理

（1）报经批准出售、转让无形资产时，在财务会计中：按照被出售、转让无形资产的账面价值借记“资产处置费用”科目，按照无形资产已计提的摊销借记“无形资产累计摊销”科目，按照无形资产账面余额贷记本科目；同时，按照收到的价款，借记“银行存款”等科目，按照处置过程中发生的相关费用，贷记“银行存款”等科目，按照借贷方差额贷记“应缴财政款”［按照规定应上缴无形资产转让净收入的］或“其他收入”［按照规定将无形资产转让收入纳入本单位预算管理的］科目。在预算会计中，如转让收入按照规定纳入本单位预算管理，借记“资金结存”科目，贷记“其他预算收入”科目。

（2）报经批准对外捐赠无形资产时：在财务会计中，按照无形资产已计提的摊销借记“无形资产累计摊销”科目，按照被处置无形资产账面余额贷记本科目，按照捐赠过程中发生的归属于捐出方的相关费用贷记“银行存款”等科目，按照借贷方差额借记“资产处置费用”科目；在预算会计中，借记“其他支出”科目，贷记“资金结存”科目。

（3）报经批准无偿调出无形资产时，在财务会计中：按照无形资产已计提的摊销借记“无形资产累计摊销”科目，按照被处置无形资产账面余额贷记本科目，按照借贷方差额借记“无偿调拨净资产”科目；同时，按照无偿调出过程中发生的归属于调出方的相关费用，借记“资产处置费用”科目，贷记“银行存款”等科目。在预算会计中，借记“其他支出”科目，贷记“资金结存”科目。

（4）报经批准置换换出无形资产时，参照“库存物品”科目中置换换入库存物品的规定进行账务处理。

（5）无形资产预期不能为单位带来服务潜力或经济利益的，按照规定报经批准核销时：在财务会计中，按照待核销无形资产的账面价值借记“资产处置费用”科目，按照已计提摊销借记“无形资产累计摊销”科目，按照无形资产的账面余额贷记本科目；无预算会计账务处理。无形资产处置时涉及增值税业务的，相关账务处理参见“应交增值税”科目。

4．对无形资产进行清查盘点

学校应当定期对无形资产进行清查盘点，每年至少盘点一次。学校对无形资产清查盘点过程中发现的盘盈、盘亏等，参照“2.21　固定资产”科目相关规定进行账务处理。

学校对无形资产的账务处理可参照表 2-27。

表 2-27　　学校对无形资产的账务处理

序号	业务		财务会计账务处理	预算会计账务处理
（1）	无形资产取得	外购的无形资产入账时	借：无形资产 贷：财政拨款收入 / 零余额账户用款额度 / 应付账款 / 银行存款等	借：事业支出 / 经营支出等 贷：财政拨款预算收入 / 资金结存
		委托软件公司开发的软件，按照合同约定预付开发费时	借：预付账款 贷：财政拨款收入 / 零余额账户用款额度 / 银行存款等	借：事业支出/经营支出等[预付的款项] 贷：财政拨款预算收入 / 资金结存
		委托开发的软件交付使用，并支付剩余或全部软件开发费用时	借：无形资产［开发费总额］ 贷：预付账款 财政拨款收入 / 零余额账户用款额度 / 银行存款等［支付的剩余款项］	借：事业支出 / 经营支出等［支付的剩余款项金额］ 贷：财政拨款预算收入 / 资金结存
		自行开发完成，达到预定用途形成无形资产的	借：无形资产 贷：研发支出——开发支出	—
		自行研究开发无形资产尚未进入开发阶段，或者确实无法区分研究阶段支出和开发阶段支出，但按照法律程序已申请取得无形资产的	借：无形资产［依法取得时发生的注册费、聘请律师费等费用］ 贷：财政拨款收入 / 零余额账户用款额度 / 银行存款等 借：业务活动费用 贷：研发支出	借：事业支出 / 经营支出等 贷：财政拨款预算收入 / 资金结存
		置换取得的无形资产	参照“库存物品”科目中置换取得库存物品的相关规定进行账务处理	
		接受捐赠的无形资产	借：无形资产 贷：银行存款 / 零余额账户用款额度等［发生的相关税费等］ 捐赠收入［差额］	借：其他支出［支付的相关税费等］ 贷：资金结存

续表

序号	业务		财务会计账务处理	预算会计账务处理
（1）	无形资产取得	接受捐赠的无形资产按照名义金额入账的	借：无形资产［名义金额］ 　贷：捐赠收入 借：其他费用 　贷：银行存款 / 零余额账户用款额度等［发生的相关税费等］	借：其他支出［支付的相关税费等］ 　贷：资金结存
		无偿调入的无形资产	借：无形资产 　贷：银行存款 / 零余额账户用款额度等［发生的相关税费等］ 　　无偿调拨净资产［差额］	借：其他支出［支付的相关税费等］ 　贷：资金结存
（2）	与无形资产有关的后续支出	符合无形资产确认条件的后续支出（如为提升无形资产的使用效能而发生的后续支出）	借：在建工程 　无形资产累计摊销 　贷：无形资产 借：在建工程［需暂停摊销的］/ 无形资产［无须暂停摊销的］ 　贷：财政拨款收入 / 零余额账户用款额度 / 银行存款等	借：事业支出 / 经营支出等［实际支付的金额］ 　贷：财政拨款预算收入 / 资金结存
		不符合无形资产确认条件的后续支出（为保证无形资产的正常使用而发生的日常维护等支出）	借：业务活动费用 / 单位管理费用 / 经营费用等 　贷：财政拨款收入 / 零余额账户用款额度 / 银行存款等	借：事业支出 / 经营支出等 　贷：财政拨款预算收入 / 资金结存
（3）	无形资产处置	出售、转让无形资产	借：资产处置费用 　无形资产累计摊销 　贷：无形资产	—
			借：银行存款等［收到的价款］ 　贷：银行存款等［发生的相关费用］ 　　应缴财政款 / 其他收入	如转让收入按照规定纳入本单位预算管理 借：资金结存 　贷：其他预算收入
		对外捐赠无形资产	借：资产处置费用 　无形资产累计摊销 　贷：无形资产［账面余额］ 　　银行存款等［归属于捐出方的相关费用］	借：其他支出［归属于捐出方的相关费用］ 　贷：资金结存

续表

<table>
<tr><th>序号</th><th colspan="2">业务</th><th>财务会计账务处理</th><th>预算会计账务处理</th></tr>
<tr><td rowspan="3">（3）</td><td rowspan="3">无形资产处置</td><td>无偿调出无形资产</td><td>借：无偿调拨净资产
无形资产累计摊销
贷：无形资产［账面余额］
借：资产处置费用
贷：银行存款等［归属于调出方的相关费用］</td><td>借：其他支出［归属于调出方的相关费用］
贷：资金结存</td></tr>
<tr><td>置换换出无形资产</td><td colspan="2">参照“库存物品”科目中置换取得库存物品的规定进行账务处理</td></tr>
<tr><td>经批准核销无形资产时</td><td>借：资产处置费用
无形资产累计摊销
贷：无形资产［账面余额］</td><td>—</td></tr>
</table>

2.25.4 案例分析

1. 外购无形资产

【例 2-70】某学校取得一项专利，使用财政授权支付方式支付价款 200 000 元，应做如下会计处理。

财务会计：

借：无形资产　　200 000

　　贷：零余额账户用款额度　　200 000

预算会计：

借：事业支出　　200 000

　　贷：资金结存——零余额账户用款额度　　200 000

2. 委托软件公司开发软件

【例 2-71】某学校与软件公司合作，委托其开发软件，合同中约定的开发费用为 500 000 元。根据合同，该学校预付 40% 的开发费用，剩余费用在完工交付后支付。所有款项使用财政授权支付方式支付。该学校应做如下会计处理。

（1）预付开发费用时。

财务会计：

借：预付账款　　200 000

　　贷：零余额账户用款额度　　200 000

预算会计：

借：事业支出　　200 000

　　贷：资金结存——零余额账户用款额度　　200 000

（2）完工交付时。

财务会计：

借：无形资产　　500 000

　　贷：预付账款　　200 000

　　　　零余额账户用款额度　　300 000

预算会计：

借：事业支出　　300 000

　　贷：资金结存——零余额账户用款额度　　300 000

3. 自行开发无形资产

【例 2-72】某学校自行开发一项技术，并申请专利，按法律程序申请专利时发生的注册费、聘请律师费等共计 100 000 元。在取得专利之前共发生研发费用 200 000 元。所有款项均使用财政授权支付方式支付。该学校应做如下会计处理。

（1）取得专利前发生研发费用时。

财务会计：

借：研发支出　　200 000

　　贷：零余额账户用款额度　　200 000

预算会计：

借：事业支出　　200 000

　　贷：资金结存——零余额账户用款额度　　200 000

（2）依法取得专利时。

财务会计：

借：无形资产　　300 000

　　贷：研发支出　　200 000

　　　　零余额账户用款额度　　100 000

预算会计：

借：事业支出　　100 000

　　贷：资金结存——零余额账户用款额度　　100 000

4．置换取得无形资产

【例 2–73】某学校用一项专利置换换入一批材料，换出专利的原价为 500 000 元，已计提摊销 300 000 元，评估价值为 200 000 元。置换换出专利收到补价 50 000 元，当日收到材料并验收入库。该学校应做如下会计处理。

借：库存物品　150 000

　无形资产累计摊销　300 000

　银行存款　50 000

　贷：无形资产　500 000

5．接受捐赠的无形资产

【例 2–74】某学校接受 A 公司捐赠的一项专利，价值 200 000 元，用银行存款支付相关税费 2 000 元。该学校应做如下会计处理。

财务会计：

借：无形资产　202 000

　贷：银行存款　2 000

　　捐赠收入　200 000

预算会计：

借：其他支出　2 000

　贷：资金结存——货币资金　2 000

6．无偿调入无形资产

【例 2–75】某学校接受无偿调入的无形资产，资产价值 50 000 元，发生运输费 400 元，以银行存款支付。该学校应做如下账务处理。

财务会计：

借：无形资产　50 400

　贷：无偿调拨净资产　50 000

　　银行存款　400

预算会计：

借：其他支出　400

　贷：资金结存——货币资金　400

7．与无形资产有关的后续支出

【例 2–76】某学校拥有的一项软件技术，其账面价值为 50 000 元，已计提摊销 5 000 元，现为增加该软件技术的效用发生后续支出 20 000 元。若该支出符合无形资产确认条件，则该学校的账务处理如下。

财务会计：

借：在建工程　　45 000

　　无形资产累积摊销　　5 000

　　贷：无形资产　　50 000

借：在建工程　　20 000

　　贷：银行存款　　20 000

预算会计：

借：其他支出　　20 000

　　贷：资金结存——货币资金　　20 000

【例 2-77】某学校拥有的一项软件技术，其账面价值为 50 000 元，已计提摊销 5 000 元，现为维护该软件技术的正常使用发生后续支出 20 000 元。若该支出不符合无形资产确认条件，则该学校的账务处理如下。

财务会计：

借：业务活动费用　　20 000

　　贷：银行存款　　20 000

预算会计：

借：事业支出　　20 000

　　贷：资金结存——货币资金　　20 000

8．无形资产处置

【例 2-78】某学校打算无偿调出内部的一项无形资产。该无形资产的原值为 100 000 元，已计提摊销 20 000 元。该学校的账务处理如下。

借：无偿调拨净资产　　80 000

　　无形资产累计摊销　　20 000

　　贷：无形资产　　100 000

【例 2-79】某学校将一批不再为该校带来经济利益的著作权予以核销。该批著作权原价为 100 000 元，已计提摊销 85 000 元。该学校应做如下会计处理。

借：资产处置费用　　15 000

　　无形资产累计摊销　　85 000

　　贷：无形资产　　100 000

2.26 无形资产累计摊销

2.26.1 科目简介

本科目用于核算学校对使用年限有限的无形资产计提的累计摊销。

2.26.2 账务处理

（1）按月对无形资产进行摊销时：在财务会计中，按照应摊销金额，借记“业务活动费用”“单位管理费用”“加工物品”“在建工程”等科目，贷记本科目；无预算会计账务处理。

（2）经批准处置无形资产时，在财务会计中：按照所处置无形资产的账面价值，借记“资产处置费用”“无偿调拨净资产”“待处理财产损溢”等科目；按照已计提摊销，借记本科目；按照无形资产的账面余额，贷记“无形资产”科目。无预算会计账务处理。

学校进行无形资产累计摊销的账务处理可参照表 2-28。

表 2-28　　学校进行无形资产累计摊销的账务处理

序号	业务	财务会计账务处理	预算会计账务处理
（1）	按月进行无形资产摊销时	借：业务活动费用 / 单位管理费用 / 加工物品 / 在建工程等 贷：无形资产累计摊销	—
（2）	处置无形资产时	借：资产处置费用 / 无偿调拨净资产 / 待处理财产损溢等 无形资产累计摊销 贷：无形资产［账面余额］	—

2.26.3 案例分析

【例 2-80】2×19年3月9日，某学校购入一项专利，总价款360 000元，按规定，摊销年限为10年。学校应做如下会计处理。

（1）2×19 年 3 月 31 日，当月购入的无形资产不计提摊销。

（2）2×19 年 4 月 30 日，计提专利权摊销。

专利权月摊销额＝360 000÷10÷12=3 000（元）

借：单位管理费用　　3 000
　　贷：无形资产累计摊销　　3 000

2.27　研发支出

2.27.1　科目简介

在学校会计实务中，本科目用于核算学校在自行研究开发项目的研究阶段和开发阶段发生的各项支出。建设项目中的软件研发支出，应当通过"在建工程"科目核算，不通过本科目核算。

2.27.2　账务处理

（1）自行研究开发项目研究阶段的支出，应当先在本科目归集。在财务会计中，按照从事研究及其辅助活动人员计提的薪酬，研究活动领用的库存物品，发生的与研究活动相关的管理费、间接费和其他各项费用，借记本科目（研究支出），贷记"应付职工薪酬""库存物品""财政拨款收入""零余额账户用款额度""固定资产累计折旧""银行存款"等科目；在预算会计中，借记"事业支出""经营支出"等科目，贷记"财政拨款预算收入"或者"资金结存"科目。期（月）末，应当将本科目归集的研究阶段的支出金额转入当期费用，在财务会计中，借记"业务活动费用"等科目，贷记本科目（研究支出）；无预算会计账务处理。

（2）自行研究开发项目开发阶段的支出，先通过本科目进行归集。按照从事开发及其辅助活动人员计提的薪酬，开发活动领用的库存物品，发生的与开发活动相关的管理费、间接费和其他各项费用，借记本科目（开发支出）；贷记"应付职工薪酬""库存物品""财政拨款收入""零余额账户用款额度""固定资产累计折旧""银行存款"等科目。预算会计账务处理为：借记"事业支出""经营支出"等科目，贷记"财政拨款预算收入"或者"资金结存"科目。自行研究开发项目完成，达到预定用途形成无形资产的，按照本科目归集的开发阶段的支出金额，在财务会计中，借记"无形资产"科目，贷记本科目（开发支出）；无预算会计账务处理。

学校应于每年年度终了评估研究开发项目是否能达到预定用途，若预计不能达到预定用途（如无法最终完成开发项目并形成无形资产的），则应当由财务会计将已发生的开发支出金额全部转入当期费用，借记“业务活动费用”等科目，贷记本科目（开发支出）。无预算会计账务处理。

自行研究开发项目时涉及增值税业务的，相关账务处理参见“应交增值税”科目。

学校对研发支出的账务处理可参照表 2-29。

表 2-29　　学校对研发支出的账务处理

<table>
<tr><th colspan="3">业务</th><th>财务会计账务处理</th><th>预算会计账务处理</th></tr>
<tr><td rowspan="5">单位自行研究开发无形资产</td><td rowspan="2">自行研究开发项目研究阶段的支出</td><td>应当按照合理的方法先归集</td><td>借：研发支出——研究支出
贷：应付职工薪酬 / 库存物品 / 财政拨款收入 / 零余额账户用款额度 / 固定资产累计折旧 / 银行存款等</td><td>借：事业支出 / 经营支出等［实际支付的款项］
贷：财政拨款预算收入 / 资金结存</td></tr>
<tr><td>期（月）末，转入当期费用</td><td>借：业务活动费用等
贷：研发支出——研究支出</td><td>—</td></tr>
<tr><td colspan="2">自行研究开发项目开发阶段的支出</td><td>借：研发支出——开发支出
贷：应付职工薪酬 / 库存物品 / 财政拨款收入 / 零余额账户用款额度 / 固定资产累计折旧 / 银行存款等</td><td>借：事业支出 / 经营支出等［实际支付的款项］
贷：财政拨款预算收入 / 资金结存</td></tr>
<tr><td colspan="2">自行研究开发项目完成，达到预定用途形成无形资产</td><td>借：无形资产
贷：研发支出——开发支出</td><td>—</td></tr>
<tr><td colspan="2">年末经评估，研发项目预计不能达到预定用途</td><td>借：业务活动费用等
贷：研发支出——开发支出</td><td>—</td></tr>
</table>

2.27.3　案例分析

【例 2-81】某学校于 2×19 年 1 月 1 日自行研究开发一项新产品专利技术，在研究开发过程中耗费材料 A 发生材料费 50 万元，发生人工工资 90 万元，并用银行存款支付其他费用 20 万元，总计 160 万元，其中，符合资本化条件的支出为 130 万元。假定不考虑相关税费，则该学校应做如下会计处理。

财务会计：

借：研发支出——研究支出	300 000	
——开发支出	1 300 000	
贷：库存物品——材料 A		500 000
应付职工薪酬		900 000
银行存款		200 000

预算会计：

借：事业支出	200 000	
贷：资金结存——货币资金		200 000

2.28　公共基础设施及其累计折旧（摊销）

2.28.1　科目简介

公共基础设施是指各类学校为满足社会公共需求而控制的、同时具有以下特征的有形资产：是一个有形资产系统或网络的组成部分，具有特定用途，一般不可移动。

一般情况下，公共基础设施需要计提折旧。不得计提折旧的公共基础设施包括：①各类学校持续进行良好的维护使其性能得到永久维持的公共基础设施；②确认为公共基础设施的单独计价入账的土地使用权；③已经提足折旧的公共基础设施；④提前报废的公共基础设施。

2.28.2　公共基础设施的分类与确认

1. 分类

（1）市政基础设施（如城市道路、桥梁、隧道、公交场站、路灯、广场公园绿地、室外公共健身器材，以及环卫、排水、供水、供电、供气、供热、污水处理、垃圾处理系统等）。

（2）交通基础设施（如公路、航道、港口等）。

（3）水利基础设施（大坝、堤防、水闸、泵站、渠道等）。

（4）其他公共基础设施。

2. 分类确认

（1）各类学校应当根据公共基础设施提供公共产品或服务的性质或功能特征对其进行分类确认。

（2）公共基础设施的各组成部分具有不同使用年限或者以不同方式提供公共产品或服务，适用不同折旧率或折旧方法且可以分别确定各自原价的，应当将各组成部分分别确认为该类公共基础设施的一个单项公共基础设施。

（3）土地使用权问题：能够分清购建成本中的构筑物部分与土地使用权部分的，应当分别确认为公共基础设施；不能分清购建成本中的构筑物部分与土地使用权部分的，应当全部确认为公共基础设施。

3. 后续支出确认

为增加公共基础设施使用效能或延长其使用年限而发生的改建、扩建等后续支出，应当计入公共基础设施成本；为维护公共基础设施的正常使用而发生的日后维修、养护等后续支出，应当计入当期费用。

2.28.3 账务处理

1. 公共基础设施的主要账务处理

（1）学校在取得公共基础设施时，应当按照其成本入账。

①自行建造的公共基础设施完工并交付使用时，在财务会计中，按照在建工程的成本，借记本科目，贷记“在建工程”科目。已交付使用但尚未办理竣工决算手续的公共基础设施，按照估计价值入账，待办理竣工决算后再按照实际成本调整原来的暂估价值。无预算会计账务处理。

②接受其他单位无偿调入的公共基础设施时，在财务会计中：按照确定的成本，借记本科目；按照发生的归属于调入方的相关费用，贷记“财政拨款收入”“零余额账户用款额度”“银行存款”等科目；按照借贷方差额，贷记“无偿调拨净资产”科目。无偿调入的公共基础设施的成本无法可靠取得的，在财务会计中，按照发生的相关税费、运输费等金额，借记“其他费用”科目，贷记“财政拨款收入”“零余额账户用款额度”“银行存款”等科目。在预算会计中，按照支付的归属于调入方的相关费用，借记“其他支出”科目，贷记“财政拨款预算收入”或者“资金结存”科目。

③接受捐赠的公共基础设施时，在财务会计中：按照确定的成本，借记本科目；按照发生的归属于捐入方的相关费用，贷记“财政拨款收入”“零余额账户用款额度”“银行存款”等科目；按照借贷方差额，贷记“捐赠收入”科目。如接受捐赠的公共基础设施成本无法可靠取得的，在财务会计中，按照发生的归属于捐入方的相关税费等金额，借记“其他费用”科目，贷记“财政拨款收入”“零余额账户用款额度”“银行存款”等科目。在预算会计中，按照支付的归属于捐入方的相关费用，借记“其他支出”科目，贷记“财政拨款预算收入”或者“资金结存”科目。

④外购公共基础设施时：在财务会计中，按照确定的成本，借记本科目，贷记“财政拨款收入”“零余额账户用款额度”“应付账款”“银行存款”等科目；在预算会计中，借记“事业支出”科目，贷记“财政拨款预算收入”或者“资金结存”科目。

⑤对于成本无法可靠取得的公共基础设施，单位应当设置备查簿进行登记，待成本能够可靠确定后按照规定及时入账。

（2）与公共基础设施有关的后续支出。

①将公共基础设施转入改建、扩建时，在财务会计中进行如下账务处理：按照公共基础设施的账面价值，借记“在建工程”科目；按照公共基础设施已计提折旧，借记“公共基础设施累计折旧（摊销）”科目；按照公共基础设施的账面余额，贷记本科目。无预算会计账务处理。

②为增加公共基础设施使用效能或延长其使用年限而发生的改建、扩建等后续支出：在财务会计中，借记“在建工程”科目，贷记“财政拨款收入”“零余额账户用款额度”“应付账款”“银行存款”等科目；在预算会计中，按照实际支付的款项，借记“事业支出”，贷记“财政拨款预算收入”或者“资金结存”科目。

③公共基础设施改建、扩建完成，经竣工验收并交付使用时，同“取得公中基础设施”中“自行建造公共基础设施完工支付使用时”的处理：在财务会计中，按照在建工程成本，借记本科目，贷记“在建工程”科目。无预算会计账务处理。

④为保证公共基础设施正常使用发生的日常维修、养护等后续支出，在财务会计中，借记“业务活动费用”“单位管理费用”等科目，贷记“财政拨款收入”“零余额账户用款额度”“银行存款”等科目。在预算会计中，按照实

际支付的款项，借记“事业支出”科目，贷记“财政拨款预算收入”或“资金结存”科目。

（3）按照规定报经批准处置公共基础设施，分别以下情况处理。

①报经批准对外捐赠公共基础设施时，在财务会计中：按照公共基础设施已计提的折旧或摊销，借记“公共基础设施累计折旧（摊销）”科目；按照被处置公共基础设施的账面余额，贷记本科目；按照捐赠过程中发生的归属于捐出方的相关费用，贷记“银行存款”等科目；按照借贷方差额，借记“资产处置费用”科目。在预算会计中，按照支付的归属于捐出方的相关费用，借记“其他支出”科目，贷记“资金结存”等科目。

②报经批准无偿调出公共基础设施时，在财务会计中：按照公共基础设施已计提的折旧或摊销，借记“公共基础设施累计折旧（摊销）”科目；按照被处置公共基础设施的账面余额，贷记本科目；按照借贷方差额，借记“无偿调拨净资产”科目；按照无偿调出过程中发生的归属于调出方的相关费用，借记“资产处置费用”科目，贷记“银行存款”等科目。在预算会计中，按照支付的归属于调出方的相关费用借记“其他支出”科目，贷记“资金结存”等科目。

（4）学校应当定期对公共基础设施进行清查盘点。对于发生的公共基础设施盘盈、盘亏、毁损或报废，学校应当先记入“待处理财产损溢”科目，并按照规定报经批准后及时进行后续财务会计账务处理。无预算会计账务处理。

①盘盈的公共基础设施，其成本按照有关凭据注明的金额确定；没有相关凭据但按照规定经过资产评估的，其成本按照评估价值确定；没有相关凭据、也未经过资产评估的，其成本按照重置成本确定。盘盈的公共基础设施成本无法可靠取得的，学校应当设置备查簿进行登记，待成本确定后按照规定及时入账。

盘盈的公共基础设施，按照确定的入账成本，借记本科目，贷记“待处理财产损溢”科目。

②盘亏、毁损或报废公共基础设施时，在财务会计中进行如下账务处理：按照待处置公共基础设施的账面价值，借记“待处理财产损溢”科目；按照已计提折旧或摊销，借记“公共基础设施累计折旧（摊销）”科目；按照公共基础设施的账面余额，贷记本科目。无预算会计账务处理。

2. 公共基础设施累计折旧（摊销）的主要账务处理

（1）按月计提公共基础设施折旧时：在财务会计中，按照应计提的折旧额，借记“业务活动费用”科目，贷记本科目；无预算会计账务处理。

（2）按月对确认为公共基础设施的单独计价入账的土地使用权进行摊销时：在财务会计中，按照应计提的摊销额，借记“业务活动费用”科目，贷记本科目；无预算会计账务处理。

（3）处置公共基础设施时，在财务会计中进行如下账务处理：按照所处置公共基础设施的账面价值，借记“资产处置费用”“无偿调拨净资产”“待处理财产损溢”等科目；按照已提取的折旧和摊销，借记本科目；按照公共基础设施的账面余额，贷记“公共基础设施”科目。无预算会计账务处理。

学校对公共基础设施及其累计折旧（摊销）的账务处理可参照表 2-30。

表 2-30　　学校对公共基础设施及其累计折旧（摊销）的账务处理

序号	业务		财务会计账务处理	预算会计账务处理
（1）	取得公共基础设施	自行建造公共基础设施完工交付使用时	借：公共基础设施 　贷：在建工程	—
		接受无偿调入的公共基础设施	借：公共基础设施 　贷：无偿调拨净资产 　　财政拨款收入 / 零余额账户用款额度 / 银行存款等［发生的归属于调入方的相关费用］ 如无偿调入的公共基础设施成本无法可靠取得的 借：其他费用［发生的归属于调入方的相关费用］ 　贷：财政拨款收入 / 零余额账户用款额度 / 银行存款等	借：其他支出［支付的归属于调入方的相关费用］ 　贷：财政拨款预算收入 / 资金结存
		接受捐赠的公共基础设施	借：公共基础设施 　贷：捐赠收入 　　财政拨款收入 / 零余额账户用款额度 / 银行存款等［发生的归属于捐入方的相关费用］ 如接受捐赠的公共基础设施成本无法可靠取得的 借：其他费用［发生的归属于捐入方的相关费用］ 　贷：财政拨款收入 / 零余额账户用款额度 / 银行存款等	借：其他支出［支付的归属于捐入方的相关费用］ 　贷：财政拨款预算收入 / 资金结存

续表

序号	业务		财务会计账务处理	预算会计账务处理
（1）	取得公共基础设施	外购的公共基础设施	借：公共基础设施 贷：财政拨款收入 / 零余额账户用款额度 / 应付账款 / 银行存款等	借：事业支出 贷：财政拨款预算收入 / 资金结存
		成本无法可靠取得的公共基础设施	设置备查簿进行登记，待成本能够可靠确定后按照规定及时入账	
（2）	与公共基础设施有关的后续支出	为增加公共基础设施使用效能或延长其使用年限而发生的改建、扩建等后续支出	借：在建工程 公共基础设施累计折旧（摊销） 贷：公共基础设施［账面余额］ 借：在建工程［发生的相关后续支出］ 贷：财政拨款收入 / 零余额账户用款额度 / 应付账款 / 银行存款等	借：事业支出［实际支付的款项］ 贷：财政拨款预算收入 / 资金结存
		为维护公共基础设施的正常使用而发生的日常维修、养护等后续支出	借：业务活动费用 / 单位管理费用等 贷：财政拨款收入 / 零余额账户用款额度 / 银行存款等	借：事业支出［实际支付的款项］ 贷：财政拨款预算收入 / 资金结存
（3）	按照规定处置公共基础设施	对外捐赠公共基础设施	借：资产处置费用 公共基础设施累计折旧（摊销） 贷：公共基础设施［账面余额］ 银行存款等［归属于捐出方的相关费用］	借：其他支出［支付的归属于捐出方的相关费用］ 贷：资金结存等
		无偿调出公共基础设施	借：无偿调拨净资产 公共基础设施累计折旧（摊销） 贷：公共基础设施［账面余额］ 借：资产处置费用 贷：银行存款等［归属于调出方的相关费用］	借：其他支出［支付的归属于调出方的相关费用］ 贷：资金结存等
（4）	盘亏、报废、毁损的公共基础设施		借：待处理财产损溢 公共基础设施累计折旧（摊销） 贷：公共基础设施［账面余额］	—

续表

序号	业务	财务会计账务处理	预算会计账务处理
（4）	盘盈的公共基础设施	借：公共基础设施 　　贷：待处理财产损益	—
		成本无法可靠取得的，应设置备查簿进行登记，待确定后按照规定及时入账	
（5）	按月计提公共基础设施折旧或摊销时	借：业务活动费用 　　贷：公共基础设施累计折旧（摊销）	—
（6）	处置公共基础设施时	借：资产处置费用 / 无偿调拨净资产 / 待处理财产损溢等 　　公共基础设施累计折旧（摊销） 　　贷：公共基础设施［账面余额］	—

2.28.4　案例分析

1. 自行建造

【例 2-82】 某学校根据市政规划自行建造市民广场。该项公共基础设施至交付使用前所发生的全部必要支出为 3 000 000 元。该学校应做如下会计处理。

借：公共基础设施　　3 000 000

　　贷：在建工程　　3 000 000

2. 接受无偿调入

【例 2-83】 某学校接受上级无偿调入的健身设施。经评估，该项公共基础设施的价值为 200 000 元。该学校支付安装费 10 000 元。该学校应做如下会计处理。

财务会计：

借：公共基础设施　　210 000

　　贷：无偿调拨净资产　　200 000

　　　　银行存款　　10 000

预算会计：

借：其他支出　　10 000

　　贷：资金结存——货币资金　　10 000

3．外购

【例 2-84】某学校外购一批防灾设施，支付款项 100 000 元，支付运费等相关支出 2 000 元，使用财政授权支付方式进行支付。该学校应做如下会计处理。

财务会计：

借：公共基础设施	102 000	
贷：零余额账户用款额度		102 000

预算会计：

借：事业支出	102 000	
贷：资金结存——零余额账户用款额度		102 000

4．后续支出

【例 2-85】某学校为延长市民广场的使用年限对其进行改扩建。改扩建前，该市民广场账面价值 1 000 000 元，计提累计折旧 200 000 元。改扩建过程中，该学校为该市民广场发生的后续支出共 200 000 元，使用财政授权支付方式支付。该学校应做如下会计处理。

财务会计：

借：在建工程	800 000	
公共基础设施累计折旧（摊销）	200 000	
贷：公共基础设施		1 000 000
借：在建工程	200 000	
贷：零余额账户用款额度		200 000

预算会计：

借：事业支出	200 000	
贷：资金结存——零余额账户用款额度		200 000

【例 2-86】某学校对其所管理的市民广场进行了日常维护，发生日常维护支出共 100 000 元，使用财政授权支付方式支付。该学校应做如下会计处理。

财务会计：

借：业务活动费用	100 000	
贷：零余额账户用款额度		100 000

预算会计：

借：事业支出	100 000	
贷：资金结存——零余额账户用款额度		100 000

5．毁损

【例 2–87】某学校管理的市民广场因洪灾遭到毁损，其原价为 3 000 000 元，已计提折旧 1 000 000 元。该学校应做如下会计处理。

借：待处理财产损溢　　2 000 000

　　公共基础设施累计折旧（摊销）　　1 000 000

　　贷：公共基础设施　　3 000 000

6．处置

【例 2–88】某学校对外捐赠公共基础设施。该设施账面余额为 100 000 元，已计提折旧 30 000 元。该学校支付运输费 3 000 元。该学校的账务处理如下。

财务会计：

借：资产处置费用　　73 000

　　公共基础设施累计折旧（摊销）　　30 000

　　贷：公共基础设施　　100 000

　　　　银行存款　　3 000

预算会计：

借：其他支出　　3 000

　　贷：资金结存——货币资金　　3 000

2.29　政府储备物资

2.29.1　科目简介

在学校会计实务中，本科目用于核算学校控制的政府储备物资的成本。

对政府储备物资不负有行政管理职责但因接受委托而具体负责执行存储保管等工作的学校，其受托代储的政府储备物资应当通过“受托代理资产”科目核算，不通过本科目核算。

政府储备物资，是指各类学校为满足实施国家安全与发展战略、进行抗灾救灾、应对公共突发事件等特定公共需求而控制的，同时具有下列特征的有形资产：

（1）在应对可能发生的特定事件或情形时动用；

（2）其购入、存储保管、更新（轮换）、动用等由政府及相关部门发布的专门管理制度规范。

2.29.2　政府储备物资的确认与计量

1. 政府储备物资的确认

政府储备物资是政府资产的重要组成部分。各类学校都应按照相关规定储备相关物资。我国政府储备物资包括战略及能源物资、抢险抗灾救灾物资、农产品、医药物资和其他重要商品物资，其对保障国家安全、服务国计民生具有重要意义。

从资产物质形态来看，政府储备物资与存货具有一定相似性，但政府储备物资在功能作用、管理方式、资金来源、业务流程等方面与存货存在着显著差异。

首先，从管理方式来看，包括学校在内的政府会计主体对存货一般采取直接储存的方式进行管理，而对政府储备物资主要采取委托存储的管理方式。其次，政府储备物资需要根据特定文件规定进行采购、存储保管、更新（轮换）、动用等，发出物资是否收回往往具有不确定性。最后，不同于政府会计主体通常对自身控制的存货拥有所有权，政府会计准则规定政府储备物资，应当由按规定对其负有行政管理职责的政府会计主体予以确认。所谓行政管理职责，主要指提出或拟定收储计划、更新（轮换）计划、动用方案等。如果是对政府储备物资不负有行政管理职责但因接受委托而具体负责执行其存储保管等工作的政府会计主体，只能将受托代储的政府储备物资作为受托代理资产核算。相关行政管理职责由不同政府会计主体行使的政府储备物资，由负责提出收储计划的政府会计主体予以确认。

2. 政府储备物资的计量

（1）政府储备物资的初始计量。

在取得政府储备物资时，应当按照成本进行初始计量。

第一，外购的政府储备物资，其成本包括购买价款和学校等政府会计主体承担的相关税费、运输费、装卸费、保险费、检测费以及使政府储备物资达到目前场所和状态所发生的归属于政府储备物资成本的其他支出。

第二，委托加工的政府储备物资，其成本包括委托加工前物料成本、委托加工的成本（如委托加工费以及按规定应计入委托加工政府储备物资成本的相关税费等）以及学校等政府会计主体承担的使政府储备物资达到目前场所和状态所发生的归属于政府储备物资成本的其他支出。

第三，接受捐赠的政府储备物资，其成本有三种确定方式：按照有关凭据注明的金额加上学校等政府会计主体承担的相关税费、运输费等确定；没有相关凭据可供取得，但按规定经过资产评估的，其成本按照评估价值加上学校等政府会计主体承担的相关税费、运输费等确定；没有相关凭据可供取得也未经资产评估的，其成本比照同类或类似资产的市场价格加上学校等政府会计主体承担的相关税费、运输费等确定。不能使用名义金额。

第四，接受无偿调入的政府储备物资，其成本按照调出方账面价值加上归属于学校等政府会计主体的相关税费、运输费等确定。

第五，盘盈的政府储备物资，其成本的确认方式有三种：按照有关凭据注明的金额确认；没有相关凭据，但按规定经过资产评估的，其成本按照评估价值确认；没有相关凭据，也未经资产评估的，其成本按照重置成本确认。

第六，下列各项不计入政府储备物资的成本：仓储费用，日常维护费用，不能归属于使政府储备物资达到目前场所和状态所发生的其他支出。

（2）政府储备物资的后续计量。

第一，发出政府储备物资的成本计价方法与存货相同，即可以采用先进先出法、加权平均法或者个别计价法确定发出政府储备物资的成本。计价方法一经确定，不得随意变更。

①对于性质和用途相似的政府储备物资，学校等政府会计主体应当采用相同的成本计价方法确定发出物资的成本。

②对于不能替代使用的政府储备物资、为特定项目专门购入或加工的政府储备物资，学校等政府会计主体通常应采用个别计价法来确定发出物资的成本。

第二，因动用而发出无须收回的政府储备物资的，政府会计主体应当在发出物资时将其账面余额予以转销，计入当期费用。

第三，因动用而发出需要收回或者预期可能收回的政府储备物资的，政府会计主体应当在按规定的质量验收标准收回物资时，将未收回物资的账面余额予以转计入当期费用。

第四，因行政管理主体变动等而将政府储备物资调拨给其他政府会计主体的，政府会计主体应当在发出物资时将其账面余额予以转销。

第五，学校等政府会计主体对外销售政府储备物资的，应当在发出物资时将其账面余额转计入当期费用，并按规定确认相关销售收入或将销售取得的价款大于所承担的相关税费后的差额做应缴款项处理。

第六，学校等政府会计主体采取销售采购方式对政府储备物资进行更新（轮换）的，应当将物资轮出视为物资销售，按照对外销售处理；将物资轮入视为物资采购，按照外购处理。

第七，政府储备物资报废、毁损的，学校等政府会计主体应当按规定报经批准后将报废、毁损的政府储备物资的账面余额予以转销，确认应收款项（确定追究相关赔偿责任的）或计入当期费用（因储存年限到期报废或非人为因素致使报废、毁损的）；同时，将报废、毁损过程中取得的残值变价收入扣除学校等政府会计主体承担的相关费用后的差额按规定进行应缴款项处理（差额为净收益时）或计入当期费用（差额为净损失时）。

第八，政府储备物资盘亏的，学校等政府会计主体应当在按规定报经批准后将盘亏的政府储备物资的账面余额予以转销，确定追究相关赔偿责任的，确认应收款项；属于正常耗费或不可抗力因素造成的，计入当期费用。

2.29.3 账务处理

1. 在取得政府储备物资时，应当按照其成本入账

（1）购入的政府储备物资验收入库时：在财务会计中，按照确定的成本，借记本科目，贷记“财政拨款收入”“零余额账户用款额度”“应付账款”“银行存款”等科目；在预算会计中，借记“事业支出”科目，贷记“财政拨款预算收入”或“资金结存”科目。

（2）涉及委托加工政府储备物资业务的，相关账务处理参照“2.17 加工物品”科目。

（3）接受捐赠的政府储备物资验收入库时，在财务会计中：按照确定的成本，借记本科目；按照捐入方承担的相关税费、运输费等，贷记“财政拨款收入”“零余额账户用款额度”“银行存款”等科目；按照借贷方差额，贷记“捐赠收入”科目。同时，在预算会计中，按照捐入方承担的相关税费，借记“其他支出”科目，贷记“财政拨款预算收入”或“资金结存”科目。

（4）接受无偿调入的政府储备物资验收入库时，在财务会计中：按照确定的成本，借记本科目；按照调入方承担的相关税费、运输费等，贷记“财政拨款收入”“零余额账户用款额度”“银行存款”等科目；按照借贷方差额，贷记“无偿调拨净资产”科目。同时，在预算会计中，按照调入方承担的相关税费，借记“其他支出”科目，贷记“财政拨款预算收入”或“资金结存”科目。

2．发出政府储备物资时，应针对不同情况分别进行处理

（1）动用发出无须收回的政府储备物资的：在财务会计中，按照发出物资的账面余额，借记“业务活动费用”科目，贷记本科目；无预算会计账务处理。

（2）动用发出需要收回或者预期可能收回的政府储备物资的，在财务会计中：当发出物资时，按照发出物资的账面余额，借记本科目（发出），贷记本科目（在库）；按照规定的质量验收标准收回物资时，按照收回物资的原账面余额借记本科目（在库），按照未收回物资的原账面余额借记“业务活动费用”科目，按照物资发出时登记在本科目所属“发出”明细科目中的余额贷记本科目（发出）。无预算会计账务处理。

（3）因行政管理主体变动等而将政府储备物资调拨给其他主体的，在财务会计中，按照无偿调出政府储备物资的账面余额，借记“无偿调拨净资产”科目，贷记本科目。无预算会计账务处理。

（4）对外销售政府储备物资并将销售收入纳入学校预算统一管理的，在财务会计中：发出物资时，按照发出物资的账面余额，借记“业务活动费用”科目，贷记本科目；实现销售时，按照确认的收入金额，借记“银行存款”“应收账款”等科目，贷记“事业收入”等科目；发生的相关税费，借记“业务活动费用”科目，贷记“银行存款”等科目。同时，在预算会计中：按照实际收到的销售价款借记“资金结存”科目，贷记“事业预算收入”等科目；按照支付的相关税费，借记“事业支出”科目，贷记“资金结存”科目。

（5）对外销售政府储备物资并按照规定将销售净收入上缴财政的，在财务会计中进行如下账务处理：发出物资时，按照发出物资的账面余额，借记“资产处置费用”科目，贷记本科目；取得销售价款时，按照实际收到的销售价款借记“银行存款”等科目，按照发生的相关税费贷记“银行存款”等科目，按照销售价款大于所承担的相关税费后的差额贷记“应缴财政款”科目。无预算会计账务处理。

3．清查盘点政府储备物资时的账务处理

各类学校应当定期对政府储备物资进行清查盘点，每年至少盘点一次。对于发生的政府储备物资盘盈、盘亏、报废或毁损，应当先记入“待处理财产损溢”科目，在按照规定报经批准后及时进行后续财务会计账务处理。无预算会计账务处理。

（1）盘盈政府储备物资时，按照确定的入账成本，借记本科目，贷记“待处理财产损溢”科目。

（2）盘亏、报废或毁损政府储备物资时，按照待处理政府储备物资的账面余额，借记“待处理财产损溢”科目，贷记本科目。

学校对政府储备物资的账务处理可参照表 2-31。

表 2-31　　学校对政府储备物资的账务处理

序号	业务		财务会计账务处理	预算会计账务处理
（1）	取得政府储备物资	购入的政府储备物资	借：政府储备物资 贷：财政拨款收入 / 零余额账户用款额度 / 应付账款 / 银行存款等	借：事业支出 贷：财政拨款预算收入 / 资金结存
（1）	取得政府储备物资	接受捐赠的政府储备物资	借：政府储备物资 贷：捐赠收入 财政拨款收入 / 零余额账户用款额度 / 银行存款等［捐入方承担的相关税费、运输费］	借：其他支出［捐入方承担的相关税费］ 贷：财政拨款预算收入 / 资金结存
（1）	取得政府储备物资	接受无偿调入的政府储备物资	借：政府储备物资 贷：无偿调拨净资产 财政拨款收入 / 零余额账户用款额度 / 银行存款等［调入方承担的相关税费、运输费］	借：其他支出［调入方承担的相关税费］ 贷：财政拨款预算收入 / 资金结存
（2）	发出政府储备物资	动用发出无须收回的政府储备物资	借：业务活动费用 贷：政府储备物资［账面余额］	—
（2）	发出政府储备物资	动用发出需要收回或预期可能收回的政府储备物资	发出物资时 借：政府储备物资——发出 贷：政府储备物资——在库 按照规定的质量验收标准收回物资时 借：政府储备物资——在库［收回物资的原账面余额］ 业务活动费用［未收回物资的原账面余额］ 贷：政府储备物资——发出	—

续表

<table>
<tr><th>序号</th><th colspan="3">业务</th><th>财务会计账务处理</th><th>预算会计账务处理</th></tr>
<tr><td rowspan="3">（2）</td><td rowspan="3">发出政府储备物资</td><td colspan="2">因行政管理主体变动等而将政府储备物资调拨给其他主体的</td><td>借：无偿调拨净资产
　　贷：政府储备物资［账面余额］</td><td>—</td></tr>
<tr><td rowspan="2">对外销售政府储备物资的</td><td>按照规定物资销售收入纳入本单位预算的</td><td>发出物资时
借：业务活动费用
　　贷：政府储备物资
实现销售时
借：银行存款 / 应收账款等
　　贷：事业收入等
借：业务活动费用
　　贷：银行存款等［发生的相关税费］</td><td>借：资金结存［收到的销售价款］
　　贷：事业预算收入等
借：事业支出
　　贷：资金结存［支付的相关税费］</td></tr>
<tr><td>按照规定销售收入扣除相关税费后上缴财政的</td><td>发出物资时
借：资产处置费用
　　贷：政府储备物资
取得销售价款时
借：银行存款等［收到的销售价款］
　　贷：银行存款等［发生的相关税费］
　　　　应缴财政款</td><td>—</td></tr>
<tr><td rowspan="2">（3）</td><td rowspan="2">政府储备物资盘盈、盘亏、报废或毁损</td><td colspan="2">盘盈的政府储备物资</td><td>借：政府储备物资
　　贷：待处理财产损溢</td><td>—</td></tr>
<tr><td colspan="2">盘亏、报废或毁损的政府储备物资</td><td>借：待处理财产损溢
　　贷：政府储备物资</td><td>—</td></tr>
</table>

2.29.4　案例分析

1．购入的政府储备物资

【例 2-89】某学校购入一批用于抗震救灾的政府储备物资，价款为 5 000 000 元，相关税费为 850 000 元，运费、保险费共计 20 000 元，使用财政授权支付方式结算。购入的政府储备物资已验收入库。该学校应做如下会计处理。

财务会计：

借：政府储备物资　　5 870 000

　　贷：零余额账户用款额度　　5 870 000

预算会计：

借：事业支出　　5 870 000

　　贷：资金结存——零余额账户用款额度　　5 870 000

2．接受捐赠、无偿调入的政府储备物资

【例 2-90】某学校接受一批用于抗震救灾的政府储备物资的捐赠，价款为 2 000 000 元，支付运输费用 5 000 元，物资已验收入库。该学校应做如下会计处理。

财务会计：

借：政府储备物资　　2 005 000

　　贷：捐赠收入　　2 000 000

　　　　银行存款　　5 000

预算会计：

借：事业支出　　5 000

　　贷：资金结存——货币资金　　5 000

3．发出政府储备物资

【例 2-91】承接【例 2-90】。该学校经批准将这批政府储备物资向灾区捐赠，发生运输费用 2 000 元，以银行存款支付。学校应做如下会计处理。

财务会计：

借：无偿调拨净资产　　2 007 000

　　贷：政府储备物资　　2 005 000

　　　　银行存款　　2 000

预算会计：

借：事业支出　　2 000

　　贷：资金结存——货币资金　　2 000

4．盘点政府储备物资

【例 2-92】承接【例 2-90】。该批政府储备物资由于洪灾而毁损。在报经批准后，该学校将该批物资予以核销，应做如下会计处理。

借：待处理财产损溢　　2 005 000

　　贷：政府储备物资　　2 005 000

2.30　文物文化资产

2.30.1　科目简介

在学校会计实务中，本科目用于核算学校为满足社会公共需求而控制的文物文化资产的成本。

各类学校为满足自身开展业务活动或其他活动需要而控制的文物和陈列品，应当通过“固定资产”科目核算，不通过本科目核算。

2.30.2　账务处理

1．在取得文物文化资产时，应当按照其成本入账

（1）外购的文物文化资产，其成本包括购买价款、相关税费以及归属于该项资产达到预定用途前所发生的其他支出（如运输费、安装费、装卸费等）。

外购的文物文化资产：在财务会计中，按照确定的成本，借记本科目，贷记“财政拨款收入”“零余额账户用款额度”“应付账款”“银行存款”等科目；在预算会计中，借记“事业支出”科目，贷记“财政拨款预算收入”或“资金结存”科目。

（2）接受其他单位无偿调入的文物文化资产，其成本按照该项资产在调出方的账面价值加上归属于调入方的相关费用确定。

调入文物文化资产时，在财务会计中：按照确定的成本，借记本科目；按照发生的归属于调入方的相关费用，贷记“财政拨款收入”“零余额账户用款额度”“银行存款”等科目；按照借贷方差额，贷记“无偿调拨净资产”科目。无偿调入的文物文化资产成本无法可靠取得的，在财务会计中，按照发生的归属于调入方的相关费用，借记“其他费用”科目，贷记“财政拨款收入”“零余额账户用款额度”“银行存款”等科目。

调入文物文化资产时，在预算会计中，按照支付的归属于调入方的相关费用，借记“其他支出”科目，贷记“财政拨款预算收入”或“资金结存”科目。

（3）接受捐赠的文物文化资产，其成本按照有关凭据注明的金额加上相关费用确定；没有相关凭据可供取得，但按照规定经过资产评估的，其成本按照评估价值加上相关费用确定；没有相关凭据可供取得，也未经资产评估的，其成本比照同类或类似资产的市场价格加上相关费用确定。

接受捐赠文物文化资产时，在财务会计中：按照确定的成本，借记本科目；按照发生的相关税费、运输费等金额，贷记“财政拨款收入”“零余额账户用款额度”“银行存款”等科目；按照借贷方差额，贷记“捐赠收入”科目。接受捐赠的文物文化资产成本无法可靠取得的，在财务会计中，按照发生的相关税费、运输费等金额，借记“其他费用”科目，贷记“财政拨款收入”“零余额账户用款额度”“银行存款”等科目。

接受捐赠文物文化资产时，在预算会计中，按照支付的归属于捐入方的相关费用，借记“其他支出”科目，贷记“资金结存”等科目。

（4）对于成本无法可靠取得的文物文化资产，各类学校应当设置备查簿进行登记，待成本能够可靠确定后按照规定及时入账。

2. 与文物文化资产有关的后续支出

参照“公共基础设施”科目相关规定进行处理。

3. 报经批准处置文物文化资产时的账务处理

按照规定报经批准处置文物文化资产时，应当分别按照以下情况进行处理。

（1）报经批准对外捐赠文物文化资产时，在财务会计中：按照被处置的文物文化资产的账面余额和捐赠过程中发生的归属于捐出方的相关费用的合计数，借记“资产处置费用”科目；按照被处置文物文化资产的账面余额，贷记本科目；按照捐赠过程中发生的归属于捐出方的相关费用，贷记“银行存款”等科目。在预算会计中，按照支付的归属于捐出方的相关费用，借记“其他支出”科目，贷记“资金结存”等科目。

（2）报经批准无偿调出文物文化资产时，在财务会计中：按照被处置的文物文化资产的账面余额，借记“无偿调拨净资产”科目，贷记本科目；按照无偿调出过程中发生的归属于调出方的相关费用，借记“资产处置费用”科目，贷记“银行存款”等科目。在预算会计中，按照支付的归属于调出方的相关费用，借记“其他支出”科目，贷记“资金结存”等科目。

4. 清查盘点文物文化资产时的账务处理

各类学校应当定期对文物文化资产进行清查盘点，每年至少盘点一次。对于发生的文物文化资产盘盈、盘亏、毁损或报废等，参照“2.28 公共基础设施”科目相关规定进行账务处理。

学校对文物文化资产的账务处理可参照表 2-32。

表 2-32　　学校对文物文化资产的账务处理

序号	业务		财务会计账务处理	预算会计账务处理
（1）	取得文物文化资产	外购的文物文化资产	借：文物文化资产 贷：财政拨款收入 / 零余额账户用款额度 / 应付账款 / 银行存款等	借：事业支出 贷：财政拨款预算收入 / 资金结存
		接受无偿调入的文物文化资产	借：文物文化资产 贷：无偿调拨净资产 财政拨款收入 / 零余额账户用款额度 / 银行存款等［发生的归属于调入方的相关费用］ 如无偿调入的文物文化资产成本无法可靠取得 借：其他费用［发生的归属于调入方的相关费用］ 贷：财政拨款收入 / 零余额账户用款额度 / 银行存款等	借：其他支出［支付的归属于调入方的相关费用］ 贷：财政拨款预算收入 / 资金结存
		接受捐赠的文物文化资产	借：文物文化资产 贷：捐赠收入 财政拨款收入 / 零余额账户用款额度 / 银行存款［发生的归属于捐入方的相关费用］ 接受捐赠的文物文化资产成本无法可靠取得 借：其他费用［发生的归属于捐入方的相关费用］ 贷：财政拨款收入 / 零余额账户用款额度 / 银行存款等	借：其他支出［支付的归属于捐入方的相关费用］ 贷：资金结存等
（2）	按照规定处置文物文化资产	对外捐赠文物文化资产	借：资产处置费用 贷：文物文化资产［账面余额］ 银行存款等［归属于捐出方的相关费用］	借：其他支出［支付的归属于捐出方的相关费用］ 贷：资金结存等
		无偿调出文物文化资产	借：无偿调拨净资产 贷：文物文化资产［账面余额］ 借：资产处置费用 贷：银行存款等［归属于调出方的相关费用］	借：其他支出［支付的归属于调出方的相关费用］ 贷：资金结存等

续表

序号	业务		财务会计账务处理	预算会计账务处理
(3)	盘点文物文化资产	盘盈时	借：文物文化资产 贷：待处理财产损溢	—
		盘亏、毁损、报废时	借：待处理财产损溢 贷：文物文化资产［账面余额］	—

2.30.3 案例分析

1. 外购文物文化资产

【例2-93】某学校用事业经费购入一批文物文化资产，买价为10 000元，运杂费为1 000元，有关款项均已通过银行存款支付。相关会计处理如下。

财务会计：

借：文物文化资产 11 000

贷：银行存款 11 000

预算会计：

借：事业支出 11 000

贷：资金结存——货币资金 11 000

2. 接受无偿调入文物文化资产

【例2-94】某学校接受无偿调入的文物文化资产，其价值为70 000元，发生的运输费为900元。相关账务处理如下。

财务会计：

借：文物文化资产 70 900

贷：无偿调拨净资产 70 000

银行存款 900

预算会计：

借：其他支出 900

贷：资金结存——货币资金 900

3. 接受捐赠文物文化资产

【例2-95】某学校接受社会捐赠的文物文化资产，其价值为50 000元，发生的运输费为 800 元。相关账务处理如下。

财务会计：

借：文物文化资产 50 800

贷：捐赠收入 50 000

银行存款 800

预算会计：

借：其他支出 800

贷：资金结存——货币资金 800

4. 处置文物文化资产

【例 2-96】某学校打算无偿调出内部的一项无形资产。该无形资产的原值为 100 000 元。该事项的账务处理如下。

借：无偿调拨净资产 100 000

贷：文物文化资产 100 000

5. 盘点文物文化资产

【例 2-97】某学校于 2×19 年年底对学校的文物文化资产进行盘点，发现价值 3 000 元的文物文化资产毁损。相关会计处理如下。

借：待处理财产损溢 3 000

贷：文物文化资产 3 000

2.31 保障性住房及其累计折旧

2.31.1 科目简介

在学校会计实务中，“保障性住房”科目用于核算学校为满足社会公共需求而控制的保障性住房的原值，“保障性住房累计折旧”科目用于核算学校计提的保障性住房的累计折旧。

“保障性住房”科目应当按照保障性住房的类别、项目等进行明细核算；“保障性住房累计折旧”科目应当按照所对应保障性住房的类别进行明细核算。

2.31.2 账务处理

1．保障性住房的主要账务处理

（1）保障性住房在取得时，应当按其成本入账。

①外购的保障性住房，其成本包括购买价款、相关税费以及归属于该项资产达到预定用途前所发生的其他支出。外购保障性住房时：在财务会计中，按照确定的成本，借记本科目，贷记“财政拨款收入”“零余额账户用款额度”“银行存款”等科目；在预算会计中，借记“事业支出”科目，贷记“财政拨款预算收入”或“资金结存”科目。

②自行建造的保障性住房交付使用时，在财务会计中，按照在建工程成本，借记本科目，贷记“在建工程”科目。已交付使用但尚未办理竣工决算手续的保障性住房，按照估计价值入账，待办理竣工决算后再按照实际成本调整原来的暂估价值。无预算会计账务处理。

③接受其他单位无偿调入的保障性住房，其成本按照该项资产在调出方的账面价值加上归属于调入方的相关费用确定。无偿调入保障性住房时，在财务会计中：按照确定的成本，借记本科目；按照发生的归属于调入方的相关费用，贷记“零余额账户用款额度”“银行存款”等科目；按照借贷方差额，贷记“无偿调拨净资产”科目。在预算会计中，按照支付的相关税费，借记“其他支出”科目，贷记“资金结存”等科目。

④接受捐赠、融资租赁取得的保障性住房，参照“固定资产”科目的相关规定进行处理。

（2）与保障性住房有关的后续支出，参照“固定资产”科目的相关规定进行处理。

（3）按照规定出租保障性住房并将出租收入上缴同级财政的，在财务会计中，按照收取的租金金额，借记“银行存款”“应收账款”等科目，贷记“应缴财政款”科目。无预算会计账务处理。

（4）按照规定报经批准处置保障性住房时，应当分别按照以下情况进行账务处理。

①报经批准后无偿调出保障性住房时，在财务会计中：按照保障性住房已计提的折旧，借记“保障性住房累计折旧”科目；按照被处置的保障性住房的账面余额，贷记本科目；按照借贷方差额，借记“无偿调拨净资产”科目；无预算会计账务处理。同时，按照无偿调出过程中发生的归属于调出方的相关费

用，在财务会计中，借记“资产处置费用”科目，贷记“银行存款”等科目。在预算会计中，借记“其他支出”科目，贷记“资金结存”等科目。

②报经批准后出售保障性住房时，在财务会计中：按照被出售保障性住房的账面价值，借记“资产处置费用”科目；按照保障性住房已计提的折旧，借记“保障性住房累计折旧”科目；按照保障性住房账面余额，贷记本科目；按照收到的价款，借记“银行存款”等科目；按照出售过程中发生的相关费用，贷记“银行存款”等科目，按照借贷方差额，贷记“应缴财政款”科目。无预算会计账务处理。

（5）各类学校应当定期对保障性住房进行清查盘点。对于发生的保障性住房盘盈、盘亏、毁损或报废等，参照“2.21 固定资产”科目盘盈、盘亏、毁损或报废的相关规定进行账务处理。

2. 保障性住房累计折旧的主要账务处理

（1）按月计提保障性住房折旧时，按照应计提的折旧额，借记“业务活动费用”科目，贷记本科目。无预算会计账务处理。

（2）报经批准处置保障性住房时，在财务会计中：按照所处置的保障性住房的账面价值，借记“资产处置费用”“无偿调拨净资产”“待处理财产损溢”等科目；按照已计提折旧，借记本科目；按照保障性住房的账面余额，贷记“保障性住房”科目。无预算会计账务处理。

学校对保障性住房及保障性住房累计折旧的账务处理可参照表 2-33。

表 2-33　　学校对保障性住房及保障性住房累计折旧的账务处理

序号	业务		财务会计账务处理	预算会计账务处理
（1）	保障性住房取得	外购的保障性住房	借：保障性住房 贷：财政拨款收入 / 零余额账户用款额度 / 银行存款等	借：事业支出 贷：财政拨款预算收入 / 资金结存
		自行建造的保障性住房，工程完工并交付使用时	借：保障性住房 贷：在建工程	—
		无偿调入的保障性住房	借：保障性住房 贷：银行存款 / 零余额账户用款额度等［发生的归属于调入方的相关费用］ 无偿调拨净资产［差额］	借：其他支出［支付的相关税费］ 贷：资金结存等

续表

序号	业务		财务会计账务处理	预算会计账务处理
（2）	出租保障性住房	按照收取或应收的租金金额	借：银行存款/应收账款等 贷：应缴财政款	—
（3）	处置保障性住房	出售保障性住房	借：资产处置费用 保障性住房累计折旧 贷：保障性住房［账面余额］	—
			借：银行存款等［处置保障性住房收到的价款］ 贷：应缴财政款 银行存款等［发生的相关费用］	—
		无偿调出保障性住房	借：无偿调拨净资产 保障性住房累计折旧 贷：保障性住房［账面余额］	—
			借：资产处置费用 贷：银行存款等［归属于调出方的相关费用］	借：其他支出 贷：资金结存等
（4）	保障性住房定期盘点清查	盘盈的保障性住房	借：保障性住房 贷：待处理财产损溢	—
		盘亏、毁损或报废的保障性住房	借：待处理财产损溢［账面价值］ 保障性住房累计折旧 贷：保障性住房［账面余额］	—
（5）	按月计提保障性住房折旧时		借：业务活动费用 贷：保障性住房累计折旧	—
（6）	处置保障性住房时		借：待处理财产损溢/无偿调拨净资产/资产处置费用等 保障性住房累计折旧 贷：保障性住房［账面余额］	涉及资金支付的，参照“保障性住房”科目的相关账务处理

2.31.3 案例分析

【例 2-98】2×19 年 3 月 15 日，某学校外购一批保障性住房，支付价款 2 000 000 元，使用财政授权支付方式进行结算。该学校的会计处理如下。

财务会计：

借：保障性住房　　2 000 000

　　贷：零余额账户用款额度　　2 000 000

预算会计：

借：事业支出　　2 000 000

　　贷：资金结存——零余额账户用款额度　　2 000 000

【例 2-99】2×19 年 10 月 15 日，某学校自行建造的保障性住房工程完工并交付使用，前期投入工程价款 3 000 000 元。该学校的会计处理如下。

借：保障性住房　　3 000 000

　　贷：在建工程　　3 000 000

【例 2-100】2×19 年 10 月 30 日，某学校接受无偿调入的保障性住房 10 套，价值 4 000 000 元。为此，该学校支付相关费用 20 000 元。该学校的会计处理如下。

财务会计：

借：保障性住房　　4 020 000

　　贷：银行存款　　20 000

　　　　无偿调拨净资产　　4 000 000

预算会计：

借：其他支出　　20 000

　　贷：资金结存——货币资金　　20 000

2.32　受托代理资产

2.32.1　科目简介

在学校会计实务中，本科目用于核算学校接受委托方委托管理的各项资产，包括受托指定转赠的物资、受托存储保管的物资等的成本。各类学校管理的罚没物资也应当通过本科目核算。各类学校收到的受托代理资产为现金和银行存款的，不通过本科目核算，而应当通过“库存现金”“银行存款”科目进行核算。

2.32.2 账务处理

1. 受托转赠物资

（1）接受委托人委托需要转赠给受赠人的物资，其成本按照有关凭据注明的金额确定。接受委托转赠的物资验收入库时：在财务会计中，按照确定的成本，借记本科目，贷记“受托代理负债”科目；无预算会计账务处理。

受托协议约定由受托方承担相关税费、运输费等：在财务会计中，还应当按照实际支付的相关税费、运输费等金额，借记“其他费用”科目，贷记“财政拨款收入”“零余额账户用款额度”“银行存款”等科目；在预算会计中，按照实际支付的相关税费、运输费等金额，借记“其他支出”科目，贷记“财政拨款预算收入”或“资金结存”科目。

（2）将受托转赠物资交付受赠人时：按照转赠物资的成本，借记“受托代理负债”科目，贷记本科目；无预算会计账务处理。

（3）转赠物资的委托人取消了对捐赠物资的转赠要求，且不再收回捐赠物资的，应当将转赠物资转为学校的存货、固定资产等。在财务会计中：按照转赠物资的成本，借记“受托代理负债”科目，贷记本科目；借记“库存物品”“固定资产”等科目，贷记“其他收入”科目。无预算会计账务处理。

2. 受托存储保管物资

（1）接受委托人委托存储保管的物资，其成本按照有关凭据注明的金额确定。接受委托储存的物资验收入库时，在财务会计中，按照确定的成本，借记本科目，贷记“受托代理负债”科目。无预算会计账务处理。

（2）发生由受托单位承担的与受托存储保管的物资相关的运输费、保管费等费用时：在财务会计中，按照实际发生的费用，借记“其他费用”等科目，贷记“财政拨款收入”“零余额账户用款额度”“银行存款”等科目；在预算会计中，按照实际支付的运输费、保管费等，借记“其他支出”等科目，贷记“财政拨款预算收入”或“资金结存”科目。

（3）根据委托人要求交付或发出受托存储保管的物资时：在财务会计中，按照发出物资的成本，借记“受托代理负债”科目，贷记本科目；无预算会计账务处理。

3. 罚没物资

（1）取得罚没物资时，其成本按照有关凭据注明的金额确定。罚没物资验收（入库）时，在财务会计中，按照确定的成本，借记本科目，贷记“受托代理负债”科目。罚没物资成本无法可靠确定的，学校应当设置备查簿进行登记。无预算会计账务处理。

（2）按照规定处置或移交罚没物资时，在财务会计中，按照罚没物资的成本，借记“受托代理负债”科目，贷记本科目。处置时取得款项的，在财务会计中，按照实际取得的款项，借记“银行存款”等科目，贷记“应缴财政款”等科目。无预算会计账务处理。

各类学校受托代理的其他实物资产，参照本科目有关受托转赠物资、受托存储保管物资的规定进行账务处理。

学校对受托代理资产的账务处理可参照表 2-34。

表 2–34　　学校对受托代理资产的账务处理

序号	业务		财务会计处理	预算会计处理
（1）	受托转赠物资	接受委托人委托需要转赠给受赠人的物资	借：受托代理资产 贷：受托代理负债	—
		受托协议约定由受托方承担相关税费、运输费等的	借：其他费用 贷：财政拨款收入 / 零余额账户用款额度 / 银行存款等	借：其他支出［实际支付的相关税费、运输费等］ 贷：财政拨款预算收入 / 资金结存
		将受托转赠物资交付受赠人时	借：受托代理负债 贷：受托代理资产	—
		转赠物资的委托人取消了对捐赠物资的转赠要求，且不再收回捐赠物资的	借：受托代理负债 贷：受托代理资产 借：库存物品 / 固定资产等 贷：其他收入	—
（2）	受托存储保管物资	接受委托人委托存储保管的物资	借：受托代理资产 贷：受托代理负债	—
		支付由受托单位承担的与受托存储保管的物资相关的运输费、保管费等	借：其他费用等 贷：财政拨款收入 / 零余额账户用款额度 / 银行存款等	借：其他支出等［实际支付的运输费、保管费等］ 贷：财政拨款预算收入 / 资金结存
		根据委托人要求交付或发出受托存储保管的物资时	借：受托代理负债 贷：受托代理资产	—

续表

<table>
<tr><th>序号</th><th colspan="2">业务</th><th>财务会计处理</th><th>预算会计处理</th></tr>
<tr><td rowspan="2">（3）</td><td rowspan="2">罚没物资</td><td>取得罚没物资时</td><td>借：受托代理资产
　贷：受托代理负债</td><td>—</td></tr>
<tr><td>按照规定处置或移交罚没物资时</td><td>借：受托代理负债
　贷：受托代理资产
处置时取得款项的
借：银行存款等
　贷：应缴财政款等</td><td>—</td></tr>
</table>

4．受托代理业务

《关于高等学校执行〈政府会计制度——行政事业单位会计科目和报表〉的补充规定》的相关内容如下。

（1）高等学校应当在“受托代理资产”科目下设置“应收及暂付款”“固定资产”“无形资产”明细科目。

①发生涉及受托代理资金的各种应收及暂付款项时：在财务会计中，按照实际发生金额，借记“受托代理资产——应收及暂付款”科目，贷记“银行存款——受托代理资产”“库存现金——受托代理资产”等科目；无预算会计账务处理。收回其他应收款项或报销时：在财务会计中，借记“库存现金——受托代理资产”“银行存款——受托代理资产”“受托代理负债”等科目，贷记“受托代理资产——应收及暂付款”科目；无预算会计账务处理。

②使用受托代理资金购置固定资产或无形资产时：在财务会计中，借记“受托代理资产——固定资产”或“受托代理资产——无形资产”科目，贷记“银行存款——受托代理资产”“库存现金——受托代理资产”等科目；无预算会计账务处理。“受托代理资产”科目下“固定资产”“无形资产”不计提折旧和摊销。受托代理的固定资产、无形资产报废、转交时：在财务会计中，按照受托代理的固定资产、无形资产账面余额，借记“受托代理负债”科目，贷记“受托代理资产”科目及其明细科目；无预算会计账务处理。

（2）高等学校核算的因公房出售形成的公共维修基金（个人缴纳部分），通过“受托代理负债”科目进行核算。

高等学校对受托代理业务的账务处理可参照表2-35。

表 2-35　　高等学校对受托代理业务的账务处理

序号	业务	财务会计处理	预算会计处理
（1）	发生涉及受托代理资金的各种应收及暂付款项时	借：受托代理资产——应收及暂付款 　贷：银行存款——受托代理资产 / 库存现金——受托代理资产等	—
（2）	收回其他应收款项或报销时	借：库存现金——受托代理资产 / 银行存款——受托代理资产 / 受托代理负债等 　贷：受托代理资产——应收及暂付款	—
（3）	使用受托代理资金购置固定资产或无形资产时	借：受托代理资产——固定资产 / 受托代理资产——无形资产 　贷：银行存款——受托代理资产 / 库存现金——受托代理资产等	—
（4）	受托代理的固定资产、无形资产报废、转交时	借：受托代理负债 　贷：受托代理资产	—

2.32.3　案例分析

【例 2-101】2×19 年 6 月 3 日，某学校接受 E 公司受托转赠物资一批，验收入库。该批物资的实际成本为 360 000 元。该学校使用银行存款支付运费 5 000 元。该学校应做如下会计处理。

（1）2×19 年 6 月 3 日，接受受托转赠物资时。

财务会计：

借：受托代理资产　　360 000

　贷：受托代理负债　　360 000

借：其他费用　　5 000

　贷：银行存款　　5 000

预算会计：

借：其他支出　　5 000

　贷：资金结存——货币资金　　5 000

（2）2×19 年 7 月 5 日，该学校将物资交付受赠人甲希望小学，相关账务处理如下。

借：受托代理负债　　360 000

　　贷：受托代理资产　　360 000

（3）若2×19年6月15日，E公司取消了对捐赠物资的转赠要求并不再收回，相关账务处理如下。

借：受托代理负债　　360 000

　　贷：受托代理资产　　360 000

借：库存物品　　360 000

　　贷：其他收入　　360 000

【例2-102】2×19年7月7日，某学校接受F公司委托存储保管物资一批，实际成本为480 000元，该学校用银行存款支付运费6 000元，并将物资验收入库。该学校应做如下会计处理。

（1）2×19年7月7日，接受受托存储保管物资时。

财务会计：

借：受托代理资产　　480 000

　　贷：受托代理负债　　480 000

借：其他费用　　6 000

　　贷：银行存款　　6 000

预算会计：

借：其他支出　　6 000

　　贷：资金结存——货币资金　　6 000

（2）2×19年7月16日，该学校根据委托将受托存储保管的物资交付时，做如下会计处理。

借：受托代理负债　　480 000

　　贷：受托代理资产　　480 000

【例2-103】2×19年10月1日，某学校没收一批物资，该物资成本30 000元。该学校应做如下会计处理。

借：受托代理资产　　30 000

　　贷：受托代理负债　　30 000

2×19年12月1日，该学校按照规定处置罚没物资，取得款项30 500元，应做如下会计处理。

借：银行存款　　30 500

　　贷：应缴财政款　　30 500

【例 2-104】A 大学有一笔受托代理资金存放银行。2×19 年 6 月，A 大学用该资金为某台固定资产垫付了 1 万元的修理费。该修理费应由乙研究所承担。A 大学应做如下账务处理。

借：受托代理资产——应收及暂付款　　10 000

　　贷：银行存款——受托代理资产　　10 000

2×19 年 12 月，收回为乙研究所垫付的设备修理费 1 万元时，A 大学应做如下账务处理。

借：银行存款——受托代理资产　　10 000

　　贷：受托代理资产——应收及暂付款　　10 000

无预算会计处理。

【例 2-105】2×19 年 7 月，A 大学按照委托代理单位的要求，用存放于银行的受托代理资金 30 万元购置一台实验设备，应做如下账务处理。

借：受托代理资产——固定资产　　300 000

　　贷：银行存款——受托代理资产　　300 000

该固定资产使用了一年后，于 2×20 年 7 月转交给丙单位时，A 大学应做如下账务处理。

借：受托代理负债　　300 000

　　贷：受托代理资产——固定资产　　300 000

无预算会计处理。

2.33　长期待摊费用

2.33.1　科目简介

在学校会计实务中，本科目用于核算各类学校已经支出，但应由本期和以后各期负担的分摊期限在 1 年以上（不含 1 年）的各项费用，如以经营租赁方式租入的固定资产发生的改良支出等。

2.33.2 账务处理

（1）发生长期待摊费用时：在财务会计中，按照支出金额，借记本科目，贷记“财政拨款收入”“零余额账户用款额度”“银行存款”等科目；在预算会计中，按照支出金额，借记“事业支出”等科目，贷记“财政拨款预算收入”或“资金结存”科目。

（2）按照受益期间摊销长期待摊费用时：在财务会计中，按照摊销金额，借记“业务活动费用”“单位管理费用”“经营费用”等科目，贷记本科目；无预算会计账务处理。

（3）如果某项长期待摊费用已经不能使各类学校受益，则应当将其摊余金额一次全部转入当期费用：在财务会计中，按照摊销金额，借记“业务活动费用”“单位管理费用”“经营费用”等科目，贷记本科目。无预算会计账务处理。

学校对长期待摊费用的账务处理可参照表 2-36。

表 2-36　　学校对长期待摊费用的账务处理

序号	业务	财务会计处理	预算会计处理
（1）	发生长期待摊费用	借：长期待摊费用 贷：财政拨款收入 / 零余额账户用款额度 / 银行存款等	借：事业支出等 贷：财政拨款预算收入 / 资金结存
（2）	按期摊销或一次转销长期待摊费用剩余账面余额	借：业务活动费用 / 单位管理费用 / 经营费用等 贷：长期待摊费用	—

2.33.3 案例分析

【例 2-106】2×19 年 4 月 1 日，某学校对其以经营租赁方式新租入的教学楼进行装修，一共发生 120 000 元的支出，使用财政授权支付方式进行结算。假定不考虑其他因素，则该学校应做如下会计处理。

财务会计：

借：长期待摊费用　　120 000

　　贷：零余额账户用款额度　　120 000

预算会计：

借：事业支出　　120 000

贷：资金结存——零余额账户用款额度　　　　　　　　　　　　120 000

【例 2-107】承接【例 2-106】。2×19 年 11 月 30 日，该教学楼装修完工，达到预定可使用状态并交付使用，按租赁期 10 年开始进行摊销。假定不考虑其他因素，则该学校应在 2×19 年 12 月摊销装修支出时做以下会计处理。

借：业务活动费用　　　　　　　　　　　　　　　　　　1 000

贷：长期待摊费用　　　　　　　　　　　　　　　　　　1 000

2.34　待处理财产损溢

2.34.1　科目简介

在学校会计实务中，“待处理财产损溢”科目用于核算各类学校待处置资产的价值及处置损溢。

各类学校处置资产的方式包括出售、出让、转让、对外捐赠、无偿调出、报废、毁损以及货币性资产损失核销等。

本科目应当按照待处置资产项目进行明细核算；对于在处置过程中取得的相关收入、发生的相关费用的处置项目，还应设置“处置资产价值”“处置净收入”明细科目，进行明细核算。

2.34.2　账务处理

1. 账款核对时发现的库存现金短缺或溢余

参照“库存现金”科目的账务处理。

2. 资产清查过程中发现的存货、固定资产、无形资产、公共基础设施、政府储备物资、文物文化资产、保障性住房等各种资产盘盈、盘亏或报废、毁损

（1）盘盈的各类资产。

①转入待处理资产时，在财务会计中，按照确定的成本，借记“库存物品”“固定资产”“无形资产”“公共基础设施”“政府储备物资”“文物文化资产”“保障性住房”等科目，贷记本科目。无预算会计账务处理。

②按照规定报经批准后处理时，对于盘盈的流动资产，在财务会计中，借记本科目，贷记“单位管理费用”科目。对于盘盈的非流动资产，如属于本年

度取得的，在财务会计中，按照当年新取得相关资产进行账务处理；如属于以前年度取得的，在财务会计中，按照前期差错处理，借记本科目，贷记“以前年度盈余调整”科目。无预算会计账务处理。

（2）盘亏或者毁损、报废的各类资产。

①转入待处理资产时，在财务会计中，借记本科目（待处理财产价值）[盘亏、毁损、报废固定资产、无形资产、公共基础设施、保障性住房的，还应借记“固定资产累计折旧”“无形资产累计摊销”“公共基础设施累计折旧（摊销）”“保障性住房累计折旧”科目]，贷记“库存物品”“固定资产”“无形资产”“公共基础设施”“政府储备物资”“文物文化资产”“保障性住房”“在建工程”等科目。无预算会计账务处理。涉及增值税业务的，相关账务处理参见“应交增值税”科目。报经批准处理时，在财务会计中，借记“资产处置费用”科目，贷记本科目（待处理财产价值）。无预算会计账务处理。

②处理毁损、报废实物资产过程中取得残值或残值变价收入、保险理赔或过失人赔偿等时：在财务会计中，借记“库存现金”“银行存款”“库存物品”“其他应收款”等科目，贷记本科目（处理净收入）；无预算会计账务处理。处理毁损、报废实物资产过程中发生相关费用时：在财务会计中，借记本科目（处理净收入），贷记“库存现金”“银行存款”等科目；无预算会计账务处理。处理收支结清，如果处理收入大于相关费用的：在财务会计中，按照处理收入减去相关费用后的净收入，借记本科目（处理净收入），贷记“应缴财政款”等科目；无预算会计财务处理。如果处理收入小于相关费用的：在财务会计中，按照相关费用减去处理收入后的净支出，借记“资产处置费用”科目，贷记本科目（处理净收入）；在预算会计中，按照支付的处理净支出借记“其他支出”科目，贷记“资金结存”等科目。

学校对待处理财产损溢的账务处理可参照表 2-37。

表 2-37　　学校对待处理财产损溢的账务处理

序号	业务	财务会计账务处理	预算会计账务处理
（1）	账款核对时发现的现金短缺或溢余	参照“库存现金”科目的账务处理	

续表

<table>
<tr><th>序号</th><th colspan="3">业务</th><th>财务会计账务处理</th><th>预算会计账务处理</th></tr>
<tr><td rowspan="3">（2）</td><td rowspan="3">盘盈的非现金资产</td><td colspan="2">转入待处理财产时</td><td>借：库存物品 / 固定资产 / 无形资产 / 公共基础设施 / 政府储备物资 / 文物文化资产 / 保障性住房等
贷：待处理财产损溢</td><td>—</td></tr>
<tr><td rowspan="2">报经批准后处理时</td><td>对于流动资产</td><td>借：待处理财产损溢
贷：单位管理费用</td><td>—</td></tr>
<tr><td>对于非流动资产</td><td>借：待处理财产损溢
贷：以前年度盈余调整</td><td>—</td></tr>
<tr><td rowspan="6">（3）</td><td rowspan="6">盘亏或毁损、报废的非现金资产</td><td colspan="2">转入待处理财产时</td><td>借：待处理财产损溢——待处理财产价值
固定资产累计折旧 / 公共基础设施累计折旧（摊销）/ 无形资产累计摊销 / 保障性住房累计折旧
贷：库存物品 / 固定资产 / 公共基础设施 / 无形资产 / 政府储备物资 / 文物文化资产 / 保障性住房 / 在建工程等</td><td>—</td></tr>
<tr><td colspan="2">报经批准处理时</td><td>借：资产处置费用
贷：待处理财产损溢——待处理财产价值</td><td>—</td></tr>
<tr><td colspan="2">处理毁损、报废实物资产过程中取得的残值或残值变价收入、保险理赔或过失人赔偿等</td><td>借：库存现金 / 银行存款 / 库存物品 / 其他应收款等
贷：待处理财产损溢——处理净收入</td><td>—</td></tr>
<tr><td colspan="2">处理毁损、报废实物资产过程中发生的相关费用</td><td>借：待处理财产损溢——处理净收入
贷：库存现金 / 银行存款等</td><td>—</td></tr>
<tr><td colspan="2">处理收支结清，处理收入大于相关费用的</td><td>借：待处理财产损溢——处理净收入
贷：应缴财政款等</td><td>—</td></tr>
<tr><td colspan="2">处理收支结清，处理收入小于相关费用的</td><td>借：资产处置费用
贷：待处理财产损溢——处理净收入</td><td>借：其他支出
贷：资金结存等［支付的处理净支出］</td></tr>
</table>

2.34.3 案例分析

【例 2-108】某学校在 2×19 年 11 月 10 日对固定资产进行盘点时，盘盈一台设备，账面价值为 3 000 元。报经批准后，该学校于 2×19 年 12 月 10 日对该设备进行处理。该学校的账务处理如下。

（1）2×19 年 11 月 10 日。

借：固定资产——设备　　3 000

　　贷：待处理财产损溢　　3 000

（2）2×19 年 12 月 10 日。

借：待处理财产损溢　　3 000

　　贷：以前年度盈余调整　　3 000

【例 2-109】某学校在 2×19 年 6 月 1 日对固定资产进行盘点时，发现一台设备 B 毁损。设备 B 的账面价值为 5 000 元，已计提折旧 4 000 元。2×19 年 6 月 10 日，该学校在报经批准后对设备 B 进行处理。2×19 年 6 月 30 日，该学校变卖毁损的设备 B 获得 300 元，另支付运费 100 元。该学校的账务处理如下。

（1）2×19 年 6 月 1 日。

借：待处理财产损溢——待处理财产价值　　1 000

　　固定资产累计折旧　　4 000

　　贷：固定资产　　5 000

（2）2×19 年 6 月 10 日。

借：资产处置费用　　1 000

　　贷：待处理财产损溢——待处理财产价值　　1 000

（3）2×19 年 6 月 30 日。

借：银行存款　　300

　　贷：待处理财产损溢——处理净收入　　300

借：待处理财产损溢——处理净收入　　100

　　贷：银行存款　　100

借：待处理财产损溢——处理净收入　　200

　　贷：应缴财政款　　200

第 3 章
负债

3.1　负债概述

在学校会计实务中，负债是指各类学校过去的经济业务或者事项形成的，预期会导致经济资源流出学校的现时义务。现时义务是指各类学校在现行条件下已承担的义务。未来发生的经济业务或者事项形成的义务不属于现时义务，不应当确认为负债。在学校会计实务中，某项义务在同时满足以下条件时，确认为负债：

（1）履行该义务很可能导致含有服务潜力或者经济利益的经济资源流出学校；

（2）该义务的金额能够可靠地计量。

负债分为流动负债和非流动负债。流动负债是指预计在 1 年内（含 1 年）偿还的负债，包括短期借款、应交增值税、其他应交税费、应缴财政款、应付职工薪酬、应付账款、其他应付款等。非流动负债是指流动负债以外的负债，包括长期借款、长期应付款等。

负债的计量属性主要包括历史成本、现值和公允价值。在对负债进行计量时，一般应当采用历史成本法，按照因承担现时义务而实际收到的款项或资产的金额，或承担现时义务的合同金额，或按照为偿还负债预期需要支付的现金计量。在现值计量下，负债按照预计期限内需要偿还的未来净现金流出量的折现金额计量。在公允价值计量下，负债按照市场参与者在计量日发生的有序交易中，转移负债所需支付的价格计量。各类学校若采用现值、公允价值计量负债，则应当保证所确定的负债金额能够持续、可靠计量。

3.2 短期借款

3.2.1 科目简介

短期借款反映了各类学校与资金供给方之间的短期资金借贷关系。各类学校的短期借款主要包括以下三个方面。

一是因发展的需要，各类学校从银行或其他金融机构处取得的借款。办理该项借款时，各类学校应按有关规定向银行提出年度、季度借款计划，经银行核定后，在借款计划中根据借款借据办理借款，并在期限届满之后归还相应的金额。

二是若银行承兑汇票已到期，但是资金不足或者其他因素导致暂时无法偿还款项时，相应学校应该将到期的银行承兑汇票从应付票据转入短期借款。

三是各类学校借入短期借款时应支付的利息。在学校会计实务中，“短期借款”科目核算的是各类学校经批准向银行或其他金融机构等借入的期限 1 年内（含 1 年）的各种借款，按照债权人和借款种类进行明细核算。在学校会计实务中，本科目期末贷方余额，反映各类学校尚未偿还的短期借款金额。

3.2.2 账务处理

（1）各类学校借入短期借款时，在财务会计中，按照实际借入的金额，借记“银行存款”科目，贷记本科目。在预算会计中，借记“资金结存”科目，贷记“债务预算收入”科目。

（2）银行承兑汇票到期，各类学校无力支付票款的，在财务会计中，按照应付票据的账面余额，借记“应付票据”科目，贷记本科目。在预算会计中，借记“经营支出”等科目，贷记“债务预算收入”科目。

（3）各类学校归还短期借款时，在财务会计中，借记本科目，贷记“银行存款”科目。在预算会计中，借记“债务还本支出”，贷记“资金结存”科目。

学校对短期借款的账务处理可参照表 3-1。

表 3-1　　学校对短期借款的账务处理

序号	业务	财务会计处理	预算会计处理
（1）	借入各种短期借款	借：银行存款 　　贷：短期借款	借：资金结存 　　贷：债务预算收入

续表

序号	业务	财务会计处理	预算会计处理
（2）	银行承兑汇票到期，各类学校无力支付票款	借：应付票据 　　贷：短期借款	借：经营支出等 　　贷：债务预算收入
（3）	归还短期借款	借：短期借款 　　贷：银行存款	借：债务还本支出 　　贷：资金结存

3.2.3　案例分析

1. 借入短期借款

【例 3-1】某学校为满足事业发展的资金需要，从 A 银行借入 100 000 元，借款期限为 8 个月，年利率为 6%。该学校的账务处理如下。

财务会计：

借：银行存款　　100 000

　　贷：短期借款——A 银行　　100 000

预算会计：

借：资金结存——货币资金　　100 000

　　贷：债务预算收入　　100 000

2. 银行承兑汇票到期，学校无力支付票款，转入"短期借款"科目

【例 3-2】 2×19 年 3 月 1 日，某学校因教学设备采购需要，向 B 银行申请了银行承兑汇票 50 000 元，期限为 6 个月。到期日 2×19 年 9 月 1 日，该学校无力支付票款，因此，其进行如下账务处理。

财务会计：

借：应付票据　　50 000

　　贷：短期借款　　50 000

预算会计：

借：经营支出　　50 000

　　贷：债务预算收入　　50 000

3. 归还短期借款

【例 3-3】沿用【例 3-1】。该学校到期归还上述短期借款，并支付借款利息。该学校的账务处理如下。

借款利息 =100 000×6%×8÷12=4 000（元）

财务会计：

借：短期借款　　100 000

　　其他费用——利息费用　　4 000

　　贷：银行存款　　104 000

预算会计：

借：债务还本支出　　100 000

　　其他支出——利息支出　　4 000

　　贷：资金结存——货币资金　　104 000

3.3 应交增值税

3.3.1 科目简介

在学校会计实务中，“应交增值税”科目核算的是各类学校按照税法规定计算应缴纳的增值税。

3.3.2 科目介绍

属于增值税一般纳税人的各类学校，应在“应交增值税”科目下设“应交税金”“未交税金”“预交税金”“待抵扣进项税额”“待认证进项税额”“待转销项税额”“简易计税”“转让金融商品应交增值税”“代扣代交增值税”等明细科目。属于增值税小规模纳税人的各类学校，只需在本科目下设置“转让金融商品应交增值税”“代扣代交增值税”明细科目。

（1）各类学校的“应交税金”明细账内应当设置“进项税额”“已交税金”“转出未交增值税”“减免税款”“销项税额”“进项税额转出”“转出多交增值税”等专栏。其中，“进项税额”专栏用于记录各类学校购进货物、加工修理修配劳务、服务、无形资产或不动产而支付或负担的，准予从当期销项税额中抵扣的增值税额；“已交税金”专栏用于记录各类学校当月已缴纳的应交增值税额；“转出未交增值税”和“转出多交增值税”专栏分别用于记录一般纳税人学校月度终了转出当月应交未交和多交的增值税额；“减免税款”专栏用于记录学校按照现行增值税制度的规定准予减免的增值税额；“销项税额”

专栏用于记录学校销售货物、加工修理修配劳务、服务、转让无形资产或不动产应收取的增值税额；“进项税额转出”专栏用于记录学校购进货物、加工修理修配劳务、服务、无形资产或不动产等发生非正常损失以及其他原因，不应从销项税额中抵扣，而应按照规定转出的进项税额。

（2）“未交税金”明细科目，用于核算各类学校月度终了从“应交税金”或“预交税金”明细科目转入当月应交未交、多交或预缴的增值税额，以及当月缴纳以前期间未交的增值税额。

（3）“预交税金”明细科目，用于核算各类学校转让不动产、提供不动产经营租赁服务等，以及其他按照现行增值税制度的规定应预缴的增值税额。

（4）“待抵扣进项税额”明细科目，用于核算各类学校已取得增值税扣税凭证并经税务机关认证，按照现行增值税制度的规定准予在以后期间从销项税额中抵扣的进项税额。

（5）“待认证进项税额”明细科目，用于核算各类学校由于未经税务机关认证而不得从当期销项税额中抵扣的进项税额，具体包括：一般纳税人已取得增值税扣税凭证并按规定准予从销项税额中抵扣，但尚未经税务机关认证的进项税额；一般纳税人已申请稽核但尚未取得与稽核相符的结果的海关缴款书进项税额。

（6）“待转销项税额”明细科目，用于核算各类学校销售货物、加工修理修配劳务、服务、无形资产或不动产，已确认相关收入（或利得）但尚未发生增值税纳税义务而需于以后期间确认为销项税额的增值税额。

（7）“简易计税”明细科目，用于核算各类学校采用简易计税方法发生的增值税计提、扣减、预缴、缴纳等业务。

（8）“转让金融商品应交增值税”明细科目，用于核算各类学校转让金融商品发生的增值税额。

（9）“代扣代交增值税”明细科目，用于核算各类学校购进在境内未设经营机构的境外单位或个人在境内的应税行为代扣代缴的增值税。

3.3.3　账务处理

1. 各类学校取得资产或接受劳务等

（1）允许抵扣的采购等业务的进项税额。

各类学校购买用于增值税应税项目的资产或服务等时，在财务会计中：按照应计入相关成本费用或资产的金额，借记“业务活动费用”“在途物品”“库存物品”“工程物资”“在建工程”“固定资产”“无形资产”等科目；按照当月已认证的可抵扣增值税额，借记“应交增值税——应交税金（进项税额）”科目；按照当月未认证的可抵扣增值税额，借记“应交增值税——待认证进项税额”科目；按照应付或实际支付的金额，贷记“应付账款”“应付票据”“银行存款”“零余额账户用款额度”等科目。发生退货的，如原增值税专用发票已做认证，应根据税务机关开具的红字增值税专用发票做相反的会计分录；如原增值税专用发票未做认证，应将发票退回并做相反的会计分录。在预算会计中，借记“事业支出”“经营支出”等科目，贷记“资金结存”等科目。

小规模纳税人购买应税资产或服务等时不能抵扣增值税，发生的增值税计入资产成本或相关成本费用。具体账务处理见表3-3。

（2）不得抵扣的采购等业务的进项税额。

各类学校购进资产或服务等，用于简易计税方法计税项目、免征增值税项目、集体福利或个人消费等，其进项税额按照现行增值税制度的规定不得从销项税额中抵扣的，在取得增值税专用发票时：在财务会计中，按照增值税发票注明的金额，借记相关成本费用或资产科目；按照待认证的增值税进项税额，借记“应交增值税——待认证进项税额”科目，按照实际支付或应付的金额，贷记“银行存款”“应付账款”“零余额账户用款额度”等科目。经税务机关认证为不可抵扣进项税时，借记“应交增值税——应交税金（进项税额）”科目，贷记“应交增值税——待认证进项税额”科目，同时，将进项税额转出，借记相关成本费用科目，贷记“应交增值税——应交税金（进项税额转出）”科目。无预算会计账务处理。

（3）购进不动产或不动产在建工程时，分年抵扣进项税额。

各类学校取得应税项目为不动产或者不动产在建工程，其进项税额按照现行增值税制度的规定自取得之日起分2年从销项税额中抵扣的，在财务会计中：按照取得成本，借记“固定资产”“在建工程”等科目；按照当期可抵扣的增值税额，借记“应交增值税——应交税金（进项税额）”科目；按照以后期间可抵扣的增值税额，借记“应交增值税——待抵扣进项税额”科目；按照应付或实际支付的金额，贷记“应付账款”“应付票据”“银行存款”“零余额账户用款额度”等科目。在预算会计中，借记“事业支出”“经营支出”等科目，贷记“资金结存”等科目。

尚未抵扣的进项税额在以后期间允许抵扣时，在财务会计中，按照允许抵扣的金额，借记“应交增值税——应交税金（进项税额）”科目，贷记“应交增值税——待抵扣进项税额”科目。无预算会计账务处理。

（4）进项税额抵扣情况发生改变。

在学校会计实务中，因发生非正常损失或改变用途等，原已计入进项税额、待抵扣进项税额或待认证进项税额，但按照现行增值税制度的规定不得从销项税额中抵扣的，在财务会计中，借记“待处理财产损溢”“固定资产”“无形资产”等科目，贷记“应交增值税——应交税金（进项税额转出）”“应交增值税——待抵扣进项税额”“应交增值税——待认证进项税额”科目。无预算会计账务处理。

原不得抵扣且未抵扣进项税额的固定资产、无形资产等，因改变用途等用于允许抵扣进项税额的应税项目的，在财务会计中，应按照允许抵扣的进项税额，借记“应交增值税——应交税金（进项税额）”科目，贷记“固定资产”“无形资产”等科目。固定资产、无形资产等经上述调整后，应按照调整后的账面价值在剩余尚可使用年限内计提折旧或摊销。无预算会计账务处理。

各类学校购进时已全额计入进项税额的货物或服务等转用于不动产在建工程的，对于结转以后期间的进项税额，在财务会计中，应借记“应交增值税——待抵扣进项税额”科目，贷记“应交增值税——应交税金（进项税额转出）”科目。无预算会计账务处理。

（5）购买方作为扣缴义务人。

按照现行增值税制度的规定，境外单位或个人在境内发生应税行为，在境内未设有经营机构的，以购买方为增值税扣缴义务人。各类学校作为境内一般纳税人在购进服务或资产时，在财务会计中：按照应计入相关成本费用或资产的金额，借记“业务活动费用”“在途物品”“库存物品”“工程物资”“在建工程”“固定资产”“无形资产”等科目；按照可抵扣的增值税额，借记“应交增值税——应交税金（进项税额）”科目（小规模纳税人应借记相关成本费用或资产科目）；按照应付或实际支付的金额，贷记“银行存款”“应付账款”等科目；按照应代扣代缴的增值税额，贷记“应交增值税——代扣代交增值税”科目。在预算会计中，按照实际支付的金额，借记“事业支出”“经营支出”等科目，贷记“资金结存”科目。

实际缴纳代扣代缴增值税时，在财务会计中，按照代扣代缴的增值税额，借记“应交增值税——代扣代交增值税”科目，贷记“银行存款”“零余额账户用款额度”等科目。在预算会计中，按照实际支付的金额，借记“事业支出”“经营支出”等科目，贷记“资金结存”科目。

2．各类学校销售资产或提供服务等

（1）销售资产或提供服务业务。

各类学校销售货物或提供服务时，应当在财务会计中：按照应收或已收的金额，借记“应收账款”“应收票据”“银行存款”等科目；按照确认的收入金额，贷记“经营收入”“事业收入”等科目；按照现行增值税制度的规定计算的销项税额（或采用简易计税方法计算的应纳增值税额），贷记“应交增值税——应交税金（销项税额）”科目或“应交增值税——简易计税”科目（小规模纳税人应贷记本科目）。发生销售退回的，应根据按照规定开具的红字增值税专用发票做相反的会计分录。在预算会计中，根据实际收到的含税金额，借记“资金结存”科目，贷记“事业预算收入”“经营预算收入”等科目。

各类学校按照本制度及相关政府会计准则确认收入的时点早于按照增值税制度确认增值税纳税义务发生时点的，应将相关销项税额记入“应交增值税——待转销项税额”科目，待实际发生纳税义务时再转入“应交增值税——应交税金（销项税额）”科目或“应交增值税——简易计税”科目。

各类学校按照增值税制度确认增值税纳税义务发生时点早于按照《政府会计制度》及相关政府会计准则确认收入的时点的，应在财务会计中，按照应纳增值税额，借记“应收账款”科目，贷记“应交增值税——应交税金（销项税额）”科目或“应交增值税——简易计税”科目。

（2）金融商品转让按照规定以盈亏相抵后的余额作为销售额。

各类学校在金融商品实际转让的当月月末：如产生转让收益，则在财务会计中，按照应纳税额，借记“投资收益”科目，贷记“应交增值税——转让金融商品应交增值税”科目，无预算会计账务处理；如产生转让损失，则在财务会计中，按照可结转下月抵扣税额，借记“应交增值税——转让金融商品应交增值税”科目，贷记“投资收益”科目，无预算会计账务处理。

各类学校缴纳增值税时，在财务会计中，应借记“应交增值税——转让金融商品应交增值税”科目，贷记“银行存款”等科目。在预算会计中，借记“投资预算收益”等科目，贷记“资金结存”科目。

年末，“应交增值税——转让金融商品应交增值税”科目如有借方余额，在财务会计中，借记“投资收益”科目，贷记“应交增值税——转让金融商品应交增值税”科目。无预算会计账务处理。

3．月末转出多交增值税和未交增值税

月度终了，各类学校应当将当月应交未交或多交的增值税自“应交税金”明细科目转入“未交税金”明细科目。在财务会计中：对于当月应交未交的增值税，借记“应交增值税——应交税金（转出未交增值税）”科目，贷记“应交增值税——未交税金”科目，无预算会计账务处理；对于当月多交的增值税，在财务会计中，借记“应交增值税——未交税金”科目，贷记“应交增值税——应交税金（转出多交增值税）”科目，无预算会计账务处理。

4．缴纳增值税

（1）缴纳当月应缴的增值税。

各类学校缴纳当月应缴的增值税时，在财务会计中，借记“应交增值税——应交税金（已交税金）”科目（小规模纳税人借记本科目），贷记“银行存款”或“零余额账户用款额度”等科目。在预算会计中，借记“事业支出”“经营支出”等科目，贷记“资金结存”科目。

（2）缴纳以前期间未交的增值税。

各类学校缴纳以前期间未交的增值税时，在财务会计中，借记“应交增值税——未交税金”科目（小规模纳税人借记本科目），贷记“银行存款”或“零余额账户用款额度”等科目。在预算会计中，借记“事业支出”“经营支出”等科目，贷记“资金结存”科目。

（3）预缴增值税。

各类学校预缴增值税时，在财务会计中，借记“应交增值税——预交税金”科目，贷记“银行存款”“零余额账户用款额度”等科目。月末，各类学校应将“预交税金”明细科目余额转入“未交税金”明细科目，借记“应交增值税——未交税金”科目，贷记“应交增值税——预交税金”科目。在预算会计中，借记“事业支出”“经营支出”等科目，贷记“资金结存”科目。

（4）减免增值税。

对于当期直接减免的增值税，在财务会计中，各类学校应借记“应交增值税——应交税金（减免税款）”科目，贷记“业务活动费用”“经营费用”等科目，无预算会计账务处理。

按照现行增值税制度的规定，各类学校初次购买增值税税控系统专用设备支付的费用以及缴纳的技术维护费允许在增值税应纳税额中全额抵减的，在财务会计中，按照规定抵减的增值税应纳税额，借记“应交增值税——应交税金（减免税款）”科目（小规模纳税人借记本科目），贷记“业务活动费用”“经营费用”等科目。

学校对应交增值税的账务处理可参照表 3-2 和表 3-3。

表 3-2　属于增值税一般纳税人的各类学校对应交增值税的账务处理

业务		财务会计处理	预算会计处理
购入资产或接受劳务	购入应税资产或服务时	借：业务活动费用 / 在途物品 / 库存物品 / 工程物资 / 在建工程 / 固定资产 / 无形资产等 应交增值税——应交税金（进项税额）［当月已认证可抵扣］ 应交增值税——待认证进项税额［当月未认证可抵扣］ 贷：银行存款 / 零余额账户用款额度［实际支付的金额］/ 应付票据［开出并承兑的商业汇票］/ 应付账款等［应付的金额］	借：事业支出 / 经营支出等 贷：资金结存等［实际支付的金额］
	经税务机关认证为不可抵扣进项税时	借：应交增值税——应交税金（进项税额） 贷：应交增值税——待认证进项税额 同时： 借：业务活动费用等 贷：应交增值税——应交税金（进项税额转出）	—
	购进应税不动产或在建工程按规定分年抵扣进项税额的	借：固定资产 / 在建工程等 应交增值税——应交税金（进项税额）［当期可抵扣］ 应交增值税——待抵扣进项税额［以后期间可抵扣］ 贷：银行存款 / 零余额账户用款额度［实际支付的金额］/ 应付票据［开出并承兑的商业汇票］/ 应付账款等［应付的金额］	借：事业支出 / 经营支出等 贷：资金结存等［实际支付的金额］

续表

业务		财务会计处理	预算会计处理
购入资产或接受劳务	尚未抵扣的进项税额以后期间抵扣时	借：应交增值税——应交税金（进项税额） 贷：应交增值税——待抵扣进项税额	—
	购进属于增值税应税项目的资产后，发生非正常损失或改变用途的	借：待处理财产损溢 / 固定资产 / 无形资产等［按照现行增值税制规定不得从销项税额中抵扣的进项税额］ 贷：应交增值税——应交税金（进项税额转出）/ 应交增值税——待认证进项税额 / 应交增值税——待抵扣进项税额	—
	原不得抵扣且未抵扣进项税额的固定资产、无形资产等，因改变用途等用于允许抵扣进项税额的应税项目	借：应交增值税——应交税金（进项税额）［可以抵扣的进项税额］ 贷：固定资产 / 无形资产等	—
	购进时已全额计入进项税额的货物或服务等转用于不动产在建工程的，对于结转以后期间的进项税额	借：应交增值税——待抵扣进项税额 贷：应交增值税——应交税金（进项税额转出）	—
	购进资产或服务时作为扣缴义务人	借：业务活动费用 / 在途物品 / 库存物品 / 工程物资 / 在建工程 / 固定资产 / 无形资产等 应交增值税——应交税金（进项税额）［当期可抵扣］ 贷：银行存款［实际支付的金额］/ 应付账款等 应交增值税——代扣代交增值税	借：事业支出 / 经营支出等 贷：资金结存［实际支付的金额］
		实际缴纳代扣代缴增值税时 借：应交增值税——代扣代交增值税 贷：银行存款 / 零余额账户用款额度等	借：事业支出 / 经营支出等 贷：资金结存［实际支付的金额］

续表

<table>
<tr><th colspan="2">业务</th><th colspan="2">财务会计处理</th><th>预算会计处理</th></tr>
<tr><td rowspan="5">销售应税产品或提供应税服务</td><td>销售应税产品或提供应税服务时</td><td colspan="2">借：银行存款 / 应收账款 / 应收票据等［包含增值税的价款总额］
贷：事业收入 / 经营收入等［扣除增值税销项税额后的价款］
应交增值税——应交税金（销项税额）/ 应交增值税——简易计税
若认收入的时点早于确认增值税纳税义务发生时点：
借：银行存款 / 应收账款 / 应收票据等
贷：事业收入 / 经营收入等
应交增值税——待转销项税额
实际发生纳税义务时：
借：应交增值税——待转销项税额
贷：应交增值税——应交税金 / 应交增值税——简易计税</td><td>借：资金结存［实际收到的含税金额］
贷：事业预算收入 / 经营预算收入等</td></tr>
<tr><td rowspan="4">金融商品转让</td><td>产生收益</td><td>借：投资收益［按净收益计算的应纳增值税］
贷：应交增值税——转让金融商品应交增值税</td><td>—</td></tr>
<tr><td>产生损失</td><td>借：应交增值税——转让金融商品应交增值税
贷：投资收益［按净损失计算的应纳增值税］</td><td>—</td></tr>
<tr><td>缴纳增值税时</td><td>借：应交增值税——转让金融商品应交增值税
贷：银行存款等</td><td>借：投资预算收益等
贷：资金结存［实际支付的金额］</td></tr>
<tr><td>年末，如有借方余额</td><td>借：投资收益
贷：应交增值税——转让金融商品应交增值税</td><td>—</td></tr>
<tr><td rowspan="2">月末转出多交和未交增值税</td><td>月末转出本月未交增值税</td><td colspan="2">借：应交增值税——应交税金（转出未交增值税）
贷：应交增值税——未交税金</td><td>—</td></tr>
<tr><td>月末转出本月多交增值税</td><td colspan="2">借：应交增值税——未交税金
贷：应交增值税——应交税金（转出多交增值税）</td><td>—</td></tr>
</table>

续表

<table>
<tr><th colspan="2">业务</th><th>财务会计处理</th><th>预算会计处理</th></tr>
<tr><td rowspan="4">缴纳增值税</td><td>本月缴纳本月增值税时</td><td>借：应交增值税——应交税金（已交税金）
　　贷：银行存款 / 零余额账户用款额度等</td><td>借：事业支出 / 经营支出等
　　贷：资金结存</td></tr>
<tr><td>本月缴纳以前期间未交增值税</td><td>借：应交增值税——未交税金
　　贷：银行存款 / 零余额账户用款额度等</td><td>借：事业支出 / 经营支出等
　　贷：资金结存</td></tr>
<tr><td>按规定预缴增值税</td><td>预缴时：
借：应交增值税——预交税金
　　贷：银行存款 / 零余额账户用款额度等
月末：
借：应交增值税——未交税金
　　贷：应交增值税——预交税金</td><td>借：事业支出 / 经营支出等
　　贷：资金结存</td></tr>
<tr><td>当期直接减免的增值税应纳税额，和初次购买增值税税控专用设备以及缴纳的技术维护费允许全额抵减的</td><td>借：应交增值税——应交税金（减免税款）
　　贷：业务活动费用 / 经营费用等</td><td>—</td></tr>
</table>

表 3–3　属于增值税小规模纳税人的各类学校对应交增值税的账务处理

<table>
<tr><th colspan="2">业务</th><th>财务会计处理</th><th>预算会计处理</th></tr>
<tr><td rowspan="2">购入应税资产或服务</td><td>购入应税资产或服务时</td><td>借：业务活动费用 / 在途物品 / 库存物品等［按价税合计金额］
　　贷：银行存款［实际支付的金额］/ 应付票据［开出并承兑的商业汇票］/ 应付账款等［应付的金额］</td><td>借：事业支出 / 经营支出等
　　贷：资金结存［实际支付的金额］</td></tr>
<tr><td>购进资产或服务时作为扣缴义务人</td><td>借：在途物品 / 库存物品 / 固定资产 / 无形资产等
　　贷：应付账款 / 银行存款等
　　　　应交增值税——代扣代交增值税
实际缴纳增值税时参见一般纳税人的账务处理</td><td>借：事业支出 / 经营支出等
　　贷：资金结存［实际支付的金额］</td></tr>
</table>

续表

<table>
<tr><th colspan="2">业务</th><th colspan="2">财务会计处理</th><th>预算会计处理</th></tr>
<tr><td rowspan="4">销售应税资产或提供应税服务</td><td>销售资产或提供服务</td><td colspan="2">借：银行存款 / 应收账款 / 应收票据［包含增值税的价款总额］
贷：事业收入 / 经营收入等［扣除增值税金额后的价款］
应交增值税</td><td>借：资金结存［实际收到的含税金额］
贷：事业预算收入 / 经营预算收入等</td></tr>
<tr><td rowspan="3">金融商品转让</td><td>产生收益</td><td>借：投资收益［按净收益计算的应纳增值税］
贷：应交增值税——转让金融商品应交增值税</td><td>—</td></tr>
<tr><td>产生损失</td><td>借：应交增值税——转让金融商品应交增值税
贷：投资收益［按净损失计算的应纳增值税］</td><td>—</td></tr>
<tr><td>实际缴纳时</td><td colspan="2">参见一般纳税人的账务处理</td></tr>
<tr><td colspan="2">缴纳增值税时</td><td colspan="2">借：应交增值税
贷：银行存款等</td><td>借：事业支出 / 经营支出等
贷：资金结存</td></tr>
<tr><td colspan="2">减免增值税</td><td colspan="2">借：应交增值税
贷：业务活动费用 / 经营费用等</td><td>—</td></tr>
</table>

3.3.4 案例分析

1. 各类学校取得资产或接受服务等

【例 3-4】2×19 年 5 月 1 日，某学校买了一幢楼作为教学楼使用，买价 1 000 万元，进项税额为 90 万元（增值税税率为 9%），款项由财政直接支付。该学校作为增值税一般纳税人，应进行的会计处理如下。

购入时可抵扣进项税 =90×60%=54（万元）

待抵扣进项税 =90×40%=36（万元）

财务会计：

借：固定资产	10 000 000
应交增值税——应交税金（进项税额）	540 000
应交增值税——待抵扣进项税额	360 000

贷：财政拨款收入　　　　10 900 000

预算会计：

借：事业支出　　　　10 900 000

贷：财政拨款预算收入　　　　10 900 000

【例 3-5】沿用【例 3-4】。在 2×20 年 4 月，学校将该教学楼改造成学生食堂。假设 2×20 年 4 月该不动产的净值为 900 万元。

不动产净值率 =900÷1 000×100%=90%

不得抵扣的进项税额＝（54 + 36）×90%=81（万元）

由于不得抵扣的进项税额为 81 万元，大于已抵扣的进项税额 54 万元，所以其应进行如下会计处理。

财务会计：

借：固定资产　　　　810 000

贷：应交增值税——应交税金（进项税额转出）　　　　540 000

应交增值税——待抵扣进项税额　　　　270 000

2×20 年 5 月，待抵扣进项税余额 9 万元（36-27）的会计处理如下。

借：应交增值税——应交税金（进项税额）　　　　90 000

贷：应交增值税——待抵扣进项税额　　　　90 000

无预算会计处理。

【例 3-6】承接【例 3-5】。假设 2×20 年 4 月，该不动产的净值为 500 万元。该学校的会计处理如下。

不动产净值率 =500÷1 000×100%=50%

不得抵扣的进项税额＝（54 + 36）×50%=45（万元）

由于不得抵扣的进项税额为 45 万元，小于已抵扣的进项税额 54 万元，所以其应进行如下账务处理。

财务会计：

借：固定资产　　　　450 000

贷：应交增值税——应交税金（进项税额转出）　　　　450 000

2×20 年 5 月，该学校对待抵扣进项税余额 36 万元的会计处理如下。

借：应交增值税——应交税金（进项税额）　　　　360 000

贷：应交增值税——待抵扣进项税额　　　　360 000

无预算会计处理。

【例 3-7】2×19 年 7 月 9 日，某学校购入两台打印机用于教学资料打印，取得增值税专用发票并认证通过。该专用发票上注明的金额为 40 000 元，增值税额为 5 200 元（增值税税率 13%）。该学校为增值税一般纳税人，应进行的会计处理如下。

财务会计：

借：固定资产　　40 000

　　应交增值税——应交税金（进项税额）　　5 200

　　贷：财政拨款收入　　45 200

预算会计：

借：事业支出　　45 200

　　贷：财政拨款预算收入　　45 200

假定这两台打印机分 10 年按直线法计提折旧，无残值。2×21 年 8 月 20 日，该打印机改用于免税项目，相关会计处理如下。

打印机每年计提折旧 =40 000÷10=4 000（元）

2×21 年 8 月，打印机净值 =40 000-4 000=36 000（元）

打印机转出进项税额 =36 000×13%=4 680（元）

财务会计：

借：固定资产　　4 680

　　贷：应交增值税——应交税金（进项税额转出）　　4 680

2. 各类学校销售资产或提供服务等

【例 3-8】某学校为增值税小规模纳税人，其于 2×19 年 8 月 10 日向外销售由学校老师撰写的培训教材，获得经营收入 103 000 元（含税），同时，支付参与编书的教师劳务费 60 000 元，相关现金均已收到和支付。该学校应进行的会计处理如下。

应交增值税 =103 000÷（1+3%）×3%=3 000（元）

财务会计：

借：银行存款　　103 000

　　贷：经营收入　　100 000

　　　　应交增值税　　3 000

借：经营费用　　60 000

　　贷：银行存款　　60 000

预算会计：

借：资金结存——货币资金　　103 000

　　贷：经营预算收入　　103 000

借：经营支出　　60 000

　　贷：资金结存——货币资金　　60 000

3.4 其他应交税费

3.4.1 科目简介

在学校会计实务中，本科目用于核算各类学校应缴纳的除增值税以外的各种税费，包括城市维护建设税、教育费附加、地方教育附加、车船税、房产税、城镇土地使用税、企业所得税和代扣代缴的个人所得税等。印花税直接通过“业务活动费用”“单位管理费用”“经营费用”等科目核算，不通过本科目核算。本科目按照税费种类进行明细核算，期末贷方余额反映各类学校应交未交的除增值税以外的税费金额，期末借方余额则反映各类学校多缴纳的除增值税以外的税费金额。

3.4.2 账务处理

（1）发生城市维护建设税、教育费附加、地方教育附加、车船税、房产税、城镇土地使用税等纳税义务时，在财务会计中，各类学校应按照应缴税费金额，借记“业务活动费用”“单位管理费用”“经营费用”等科目，贷记本科目（应交城市维护建设税、应交教育费附加、应交地方教育附加、应交车船税、应交房产税、应交城镇土地使用税等）。无预算会计处理。

（2）各类学校按照应代扣代缴职工（含长期聘用人员）的个人所得税，在财务会计中，借记“应付职工薪酬”科目，贷记“其他应交税费——应交个人所得税”科目；按照应代扣代缴支付给职工（含长期聘用人员）以外人员劳务费的个人所得税，在财务会计中，借记“业务活动费用”“单位管理费用”等科目，贷记“其他应交税费——应交个人所得税”科目。无预算会计处理。

（3）发生企业所得税纳税义务的，在财务会计中，各类学校应按照应交所得税额，借记“所得税费用”科目，贷记“其他应交税费——单位应交所得税”科目。无预算会计处理。

（4）各类学校实际缴纳上述各种税费时，借记本科目（应交城市维护建设税、应交教育费附加、应交地方教育附加、应交车船税、应交房产税、应交城镇土地使用税、应交个人所得税、单位应交所得税等），贷记“财政拨款收入”“零余额账户用款额度”“银行存款”等科目。预算会计处理方面，借记“事业支出”“经营支出”“非财政拨款结余”等科目，贷记“财政拨款预算收入”“资金结存”等科目。

学校对其他应交税费的账务处理可参照表 3-4。

表 3-4　　学校对其他应交税费的账务处理

序号	业务		财务会计处理	预算会计处理
（1）	城市维护建设税、教育费附加、地方教育费附加、车船税、房产税、城镇土地使用税等	发生时，按照税法规定计算的应缴税费金额	借：业务活动费用 / 单位管理费用 / 经营费用等 贷：其他应交税费——应交城市维护建设税 / 应交教育费附加 / 应交地方教育附加 / 应交车船税 / 应交房产税 / 应交城镇土地使用税等	—
		实际缴纳时	借：其他应交税费——应交城市维护建设税 / 应交教育费附加 / 应交地方教育附加 / 应交车船税 / 应交房产税 / 应交城镇土地使用税等 贷：银行存款等	借：事业支出 / 经营支出等 贷：资金结存
（2）	代扣代缴职工个人所得税	计算应代扣代缴职工的个人所得税金额	借：应付职工薪酬 贷：其他应交税费——应交个人所得税	—
		计算应代扣代缴职工以外其他人员个人所得税	借：业务活动费用 / 单位管理费用等 贷：其他应交税费——应交个人所得税	—
		实际缴纳时	借：其他应交税费——应交个人所得税 贷：财政拨款收入 / 零余额账户用款额度 / 银行存款等	借：事业支出 / 经营支出等 贷：财政拨款预算收入 / 资金结存

续表

序号	业务		财务会计处理	预算会计处理
（3）	发生企业所得税纳税义务	按照税法规定计算的应缴税费金额	借：所得税费用 　　贷：其他应交税费——单位应交所得税	—
		实际缴纳时	借：其他应交税费——单位应交所得税 　　贷：银行存款等	借：非财政拨款结余 　　贷：资金结存

3.4.3　案例分析

1．各类学校发生城市维护建设税、教育费附加、地方教育附加、车船税、房产税、城镇土地使用税等

【例 3-9】某大学使用校车，应于 2×19 年缴纳车船税 15 000 元。该学校的账务处理如下。

财务会计：

借：业务活动费用　　15 000

　　贷：其他应交税费——应交车船税　　15 000

无预算会计处理。

该大学实际缴纳车船税时，账务处理如下。

财务会计：

借：其他应交税费——应交车船税　　15 000

　　贷：银行存款　　15 000

预算会计：

借：事业支出　　15 000

　　贷：资金结存——货币资金　　15 000

2．各类学校代扣代缴职工个人所得税

【例 3-10】某大学在 2×19 年 5 月从职工工资中代扣个人所得税 68 250 元，从劳务费中代扣个人所得税 29 750 元，应做如下会计处理。

（1）计算代扣代缴个人所得税时。

财务会计：

借：应付职工薪酬　　68 250

　　业务活动费用　　29 750

　　贷：其他应交税费——应交个人所得税　　98 000

无预算会计处理。

（2）实际缴纳代扣代缴个人所得税时。

财务会计：

借：其他应交税费——应交个人所得税　　98 000

　　贷：银行存款　　98 000

预算会计：

借：事业支出　　98 000

　　贷：资金结存——货币资金　　98 000

3. 学校缴纳企业所得税

【例 3–11】某大学计提的2×19年第二季度的企业所得税税额为86 000元。账务处理如下。

财务会计：

借：所得税费用　　86 000

　　贷：其他应交税费——单位应交所得税　　86 000

无预算会计处理。

该大学实际缴纳企业所得税86 000元时的账务处理如下。

财务会计：

借：其他应交税费——单位应交所得税　　86 000

　　贷：银行存款　　86 000

预算会计：

借：非财政拨款结余　　86 000

　　贷：资金结存——货币资金　　86 000

3.5 应缴财政款

3.5.1 科目简介

在学校会计实务中，“应缴财政款”科目核算的是各类学校因相关制度、法规的要求应当向上级缴纳的款项，包括按规定取得的应上缴国家预算的各种款项，如代收的纳入预算管理的基金、纳入预算管理的行政性收费收入、罚没收入和其他按预算管理规定应上缴预算的款项。除此之外，应缴财政款还包括按规定代收的应上缴财政专户的各类学校收入：根据国家法律法规收取、提取的各种行政性收费、基金和附加收入等；国务院或省级人民政府及其财政、计划（物价）部门审批的行政性收费；主管部门从所属单位集中的上缴资金；用于乡镇政府开支的自筹资金和统筹资金；其他未纳入预算管理的财政性资金。本科目按照应缴财政款项的类别进行明细核算，期末贷方余额反映的是各类学校应当上缴财政但尚未缴纳的款项，年终清缴后，本科目一般无余额。

3.5.2 账务处理

（1）各类学校取得或应收按照规定应缴财政的款项时，在财务会计中，借记“银行存款”“应收账款”等科目，贷记“应缴财政款”科目。无预算会计处理。

（2）各类学校处置资产取得的应上缴财政的处置净收入时，参照“待处理财产损溢”科目的相关账务进行处理。

（3）各类学校上缴应缴财政的款项时，在财务会计中，按照实际上缴的金额，借记“应缴财政款”科目，贷记“银行存款”等科目。无预算会计处理。

学校对应缴财政款的账务处理可参照表 3-5。

表 3-5　学校对应缴财政款的账务处理

序号	业务	财务会计处理	预算会计处理
（1）	取得或应收按照规定应缴财政的款项时	借：银行存款 / 应收账款等 贷：应缴财政款	—
（2）	处置资产取得应上缴财政的处置净收入时	参照“待处理财产损溢”科目的相关账务处理	
（3）	上缴财政款项时	借：应缴财政款 贷：银行存款等	—

3.5.3 案例分析

1. 各类学校取得或应收按照规定应缴财政的款项

【例 3-12】 2×19 年 9 月，某中学的银行账户收到学生学费 1 760 000 元。按规定，此款项需要全额上缴财政专户，会计处理如下。

财务会计：

借：银行存款　　1 760 000

　　贷：应缴财政款　　1 760 000

上缴财政款时，会计处理如下。

借：应缴财政款　　1 760 000

　　贷：银行存款　　1 760 000

无预算会计处理。

2. 各类学校处置资产取得应上缴财政的处置净收入

【例 3-13】 某大学经批准将一项自行研发取得的专利权出售。该专利权的账面价值为 800 000 元，已计提摊销 400 000 元，售价为 350 000 元。该大学应做如下会计处理。

财务会计：

借：待处理财产损溢——待处理财产价值　　400 000

　　无形资产累计摊销　　400 000

　　贷：无形资产　　800 000

借：资产处置费用　　400 000

　　贷：待处理财产损溢——待处理财产价值　　400 000

借：银行存款　　350 000

　　贷：待处理财产损溢——处理净收入　　350 000

借：待处理财产损溢——处理净收入　　350 000

　　贷：应缴财政款　　350 000

上缴财政款时，会计处理如下。

借：应缴财政款　　350 000

　　贷：银行存款　　350 000

无预算会计处理。

3.6　应付职工薪酬

3.6.1　科目简介

在学校会计实务中，“应付职工薪酬”科目核算的是学校按照有关规定应付给职工（含长期聘用人员）及为职工支付的各种薪酬，包括基本工资、国家统一规定的津贴补贴、规范津贴补贴（绩效工资）、改革性补贴、社会保险费（如职工基本养老保险费、职业年金、基本医疗保险费等）、住房公积金等。本科目按照“基本工资”（含离退休费）、“国家统一规定的津贴补贴”“规范津贴补贴（绩效工资）”“改革性补贴”“社会保险费”“住房公积金”“其他个人收入”等进行明细核算。本科目期末贷方余额反映的是各类学校应付未付的职工薪酬。

3.6.2　账务处理

1. 计算确认当期应付职工薪酬（含单位为职工缴纳的社会保险费、住房公积金）

（1）计提从事专业及其辅助活动人员的职工薪酬时，在财务会计中，借记“业务活动费用”“单位管理费用”科目，贷记本科目。无预算会计处理。

（2）计提应由在建工程、加工物品、自行研发无形资产负担的职工薪酬时，在财务会计中，借记“在建工程”“加工物品”“研发支出”等科目，贷记本科目。无预算会计处理。

（3）计提从事专业及其辅助活动之外的经营活动人员的职工薪酬时，在财务会计中，借记“经营费用”科目，贷记本科目。无预算会计处理。

（4）因解除与职工的劳动关系而给予补偿时，在财务会计中，借记“单位管理费用”等科目，贷记本科目。无预算会计处理。

2. 向职工支付工资、津贴补贴等薪酬

向职工支付工资、津贴补贴等薪酬时：在财务会计中，按照实际支付的金额，借记本科目，贷记“财政拨款收入”“零余额账户用款额度”“银行存款”等科目；在预算会计中，借记“事业支出”“经营支出”等科目，贷记“财政拨款预算收入”“资金结存”等科目。

3．代扣职工个人所得税社会保险、住房公积金，以及水电费、房租等费用

按照税法规定代扣职工个人所得税时，在财务会计中，借记“应付职工薪酬——基本工资”科目，贷记“其他应交税费——应交个人所得税”科目。无预算会计处理。

从应付职工薪酬中代扣社会保险费和住房公积金时，在财务会计中，按照代扣的金额，借记“应付职工薪酬——基本工资”科目，贷记“应付职工薪酬——社会保险费”“应付职工薪酬——住房公积金”科目。无预算会计处理。

从应付职工薪酬中代扣为职工垫付的水电费、房租等费用时，在财务会计中，按照实际扣除的金额，借记“应付职工薪酬——基本工资”科目，贷记“其他应收款”等科目。无预算会计处理。

4．缴纳职工社会保险费和住房公积金

按照国家有关规定缴纳职工社会保险费和住房公积金时，在财务会计中，按照实际支付的金额，借记“应付职工薪酬——社会保险费”“应付职工薪酬——住房公积金”科目，贷记“财政拨款收入”“零余额账户用款额度”“银行存款”等科目。在预算会计中，借记“事业支出”“经营支出”等科目，贷记“财政拨款预算收入”“资金结存”等科目。

5．支付其他款项

从应付职工薪酬中支付其他款项时，在财务会计中，借记本科目，贷记“零余额账户用款额度”“银行存款”等科目。在预算会计中，借记“事业支出”“经营支出”等科目，贷记“资金结存”等科目。

学校对应付职工薪酬的账务处理可参照表3-6。

表3-6　学校对应付职工薪酬的账务处理

<table>
<tr><th>序号</th><th colspan="2">业务</th><th>财务会计处理</th><th>预算会计处理</th></tr>
<tr><td rowspan="2">（1）</td><td rowspan="2">计算确认当期应付职工薪酬</td><td>计提从事专业及其辅助活动人员的职工薪酬</td><td>借：业务活动费用/单位管理费用
贷：应付职工薪酬</td><td>—</td></tr>
<tr><td>计提应由在建工程、加工物品、自行研发无形资产负担的职工薪酬</td><td>借：在建工程/加工物品/研发支出等
贷：应付职工薪酬</td><td>—</td></tr>
</table>

续表

<table>
<tr><th>序号</th><th colspan="2">业务</th><th>财务会计处理</th><th>预算会计处理</th></tr>
<tr><td rowspan="2">（1）</td><td rowspan="2">计算确认当期应付职工薪酬</td><td>计提从事专业及其辅助活动以外的经营活动人员的职工薪酬</td><td>借：经营费用
　贷：应付职工薪酬</td><td>—</td></tr>
<tr><td>因解除与职工的劳动关系而给予的补偿</td><td>借：单位管理费用等
　贷：应付职工薪酬</td><td>—</td></tr>
<tr><td>（2）</td><td colspan="2">向职工支付工资、津贴补贴等薪酬</td><td>借：应付职工薪酬
　贷：财政拨款收入 / 零余额账户用款额度 / 银行存款等</td><td>借：事业支出 / 经营支出等
　贷：财政拨款预算收入 / 资金结存等</td></tr>
<tr><td rowspan="3">（3）</td><td rowspan="3">从职工薪酬中代扣各种款项</td><td>代扣个人所得税</td><td>借：应付职工薪酬——基本工资
　贷：其他应交税费——应交个人所得税</td><td>—</td></tr>
<tr><td>代扣社会保险费和住房公积金</td><td>借：应付职工薪酬——基本工资
　贷：应付职工薪酬——社会保险费 / 住房公积金</td><td>—</td></tr>
<tr><td>代扣为职工垫付的水电费、房租等费用时</td><td>借：应付职工薪酬——基本工资
　贷：其他应收款等</td><td>—</td></tr>
<tr><td>（4）</td><td colspan="2">按照规定缴纳职工社会保险费和住房公积金</td><td>借：应付职工薪酬——社会保险费 / 住房公积金
　贷：财政拨款收入 / 零余额账户用款额度 / 银行存款等</td><td>借：事业支出 / 经营支出等
　贷：财政拨款预算收入 / 资金结存等</td></tr>
<tr><td>（5）</td><td colspan="2">从应付职工薪酬中支付的其他款项</td><td>借：应付职工薪酬
　贷：零余额账户用款额度 / 银行存款等</td><td>借：事业支出 / 经营支出等
　贷：资金结存等</td></tr>
</table>

3.6.3　案例分析

【例 3–14】某中学本月应付职工薪酬的总额为 800 000 元，其中，从事专业及其辅助活动的职工工资为 670 000 元，离退休费为 60 000 元，地方津贴补贴为 35 000 元，住房公积金为 35 000 元。学校代扣代缴住房公积金为 35 000 元，代扣代缴社会保险费 11 000 元，代扣代缴个人所得税 32 000 元，代扣为职工垫付的房租、水电费共 71 000 元。该中学应做如下会计处理。

（1）计算本月应付职工薪酬时。

财务会计：

借：业务活动费用　　800 000

　　贷：应付职工薪酬——基本工资　　670 000

　　　　　　　　　　——离退休费　　60 000

　　　　　　　　　　——地方津贴补贴　　35 000

　　　　　　　　　　——住房公积金　　35 000

无预算会计处理。

（2）计算本月代扣代缴税费和代扣垫付费用时。

财务会计：

借：应付职工薪酬——基本工资　　149 000

　　贷：应付职工薪酬——住房公积金　　35 000

　　　　　　　　　　——社会保险费　　11 000

　　　　其他应交税费——应交个人所得税　　32 000

　　　　其他应收款　　71 000

无预算会计处理。

（3）使用财政直接支付方式支付职工薪酬和代缴住房公积金、社会保险费和个人所得税时。

财务会计：

借：应付职工薪酬——基本工资　　521 000

　　　　　　　　——离退休费　　60 000

　　　　　　　　——地方津贴补贴　　35 000

　　　　　　　　——住房公积金　　35 000

　　　　　　　　——社会保险费　　11 000

　　贷：其他应交税费——应交个人所得税　　32 000

　　　　财政拨款收入　　630 000

预算会计：

借：事业支出　　630 000

　　贷：财政拨款预算收入　　630 000

3.7 应付票据

3.7.1 科目简介

按规定，各类学校只有在商品交易的情况下，才能使用商业汇票结算方式。因此，在学校会计实务中，“应付票据”科目核算的是学校购买材料、物资时所开出、承兑的商业汇票，包括银行承兑汇票和商业承兑汇票。若学校开出的是商业承兑汇票，则必须由学校承兑；如果开出的是银行承兑的汇票，则必须经银行承兑。各类学校应在商业汇票到期前，及时将款项足额交存其开户银行，以使银行在到期日凭票将款项划转给收款人、被背书人或贴现银行。本科目按照债权人进行明细核算，期末贷方余额反映各类学校开出、承兑的尚未到期的应付票据金额。

3.7.2 账务处理

（1）各类学校在开出、承兑商业汇票时，在财务会计中，借记“库存物品”“固定资产”等科目，贷记本科目。涉及增值税业务的，相关账务处理参见“应交增值税”科目。无预算会计处理。

以商业汇票抵付应付账款时，在财务会计中，借记“应付账款”科目，贷记本科目。无预算会计处理。

（2）支付银行承兑汇票的手续费时，在财务会计中，借记“业务活动费用”“经营费用”等科目，贷记“银行存款”等科目。在预算会计中，借记“事业支出”“经营支出”等科目，贷记“资金结存——货币资金”科目。

（3）商业汇票到期时，应当分别以下情况处理。

①学校收到银行支付到期票据的付款通知时，在财务会计中，借记“应付票据”科目，贷记“银行存款”科目。在预算会计中，借记“事业支出”“经营支出”等科目，贷记“资金结存——货币资金”科目。

②银行承兑汇票到期，学校无力支付票款的，在财务会计中，按照应付票据账面余额，借记本科目，贷记“短期借款”科目。在预算会计中，借记“事业支出”“经营支出”等科目，贷记“债务预算收入”科目。

③商业承兑汇票到期，学校无力支付票款的，在财务会计中，按照应付票据账面余额，借记“应付票据”科目，贷记“应付账款”科目。无预算会计处理。

（4）各类学校应当设置应付票据备查簿，详细登记应付票据的种类、号数、出票日期、到期日、票面金额、交易合同号、收款人姓名或单位名称，以及付款日期和金额等。

应付票据到期结清票款后，学校应当在应付票据备查簿内逐笔注销。

学校对应付票据的账务处理可参照表 3-7。

表 3-7　　学校对应付票据的账务处理

序号	业务		财务会计处理	预算会计处理
（1）	开出、承兑商业汇票		借：库存物品 / 固定资产等 贷：应付票据	—
（2）	以商业汇票抵付应付账款		借：应付账款 贷：应付票据	—
（3）	支付银行承兑汇票的手续费		借：业务活动费用 / 经营费用等 贷：银行存款等	借：事业支出 / 经营支出等 贷：资金结存——货币资金
（4）	商业汇票到期时	收到银行支付到期票据的付款通知	借：应付票据 贷：银行存款	借：事业支出 / 经营支出等 贷：资金结存——货币资金
		银行承兑汇票到期，学校无力支付票款	借：应付票据 贷：短期借款	借：事业支出 / 经营支出等 贷：债务预算收入
		商业承兑汇票到期，学校无力支付票款	借：应付票据 贷：应付账款	—

3.7.3　案例分析

1. 学校开出、承兑商业汇票

【例 3-15】某大学因实验需要，于 2×19 年 5 月 2 日购进一批材料，共计价值 32 800 元，材料已经验收入库。该大学向供货方开出一张金额为 32 800 元的银行承兑汇票，支付银行承兑汇票的手续费 656 元。该大学的会计处理如下。

财务会计：

借：库存物品　　　　32 800

　贷：应付票据　　　　32 800

借：业务活动费用　　656

　　贷：银行存款　　656

预算会计：

借：事业支出　　656

　　贷：资金结存——货币资金　　656

2．商业汇票到期时

【例 3-16】沿用【例 3-15】。若该银行承兑汇票已到期，则该大学在收到银行支付到期票据的付款通知时，应做如下会计处理。

财务会计：

借：应付票据　　32 800

　　贷：银行存款　　32 800

预算会计：

借：事业支出　　32 800

　　贷：资金结存——货币资金　　32 800

若该银行承兑汇票到期，该大学无力支付票款，则该大学应当做如下会计处理。

财务会计：

借：应付票据　　32 800

　　贷：短期借款　　32 800

预算会计：

借：事业支出　　32 800

　　贷：债务预算收入　　32 800

3.8　应付账款

3.8.1　科目简介

"应付账款"科目核算的是各类学校因购买物资、接受服务、开展工程建设等而应付的偿还期限在 1 年以内（含 1 年）的款项。该款项应当在收到所购物资或服务、完成工程时确认。本科目应按照债权人进行明细核算。此外，建设项目还应设置"应付器材款""应付工程款"等明细科目，期末贷方余额反映的是学校尚未支付的应付账款金额。

3.8.2 账务处理

（1）学校在收到所购材料、物资、设备或服务以及确认完成工程进度但尚未付款时，根据发票及账单等有关凭证，在财务会计中，按照应付未付款项的金额，借记“库存物品”“固定资产”“在建工程”等科目，贷记本科目。涉及增值税业务的，相关账务处理参见“应交增值税”科目。无预算会计处理。

（2）偿付应付账款时，在财务会计中，按照实际支付的金额，借记本科目，贷记“财政拨款收入”“零余额账户用款额度”“银行存款”等科目。在预算会计中，借记“事业支出”科目，贷记“财政拨款预算收入”“资金结存”等科目。

（3）开出、承兑商业汇票抵付应付账款时，在财务会计中，借记本科目，贷记“应付票据”科目。无预算会计处理。

（4）无法偿付或债权人豁免偿还的应付账款，应当按照规定报经批准后进行账务处理。经批准核销时，在财务会计中，借记本科目，贷记“其他收入”科目。无预算会计处理。

各类学校应在备查簿中保留登记核销的应付账款。

学校对应付账款的账务处理可参照表 3-8。

表 3-8　学校对应付账款的账务处理

序号	业务	财务会计处理	预算会计处理
（1）	购入物资、设备或服务以及确认完成工程进度但尚未付款	借：库存物品 / 固定资产 / 在建工程等 贷：应付账款	—
（2）	偿付应付账款	借：应付账款 贷：财政拨款收入 / 零余额账户用款额度 / 银行存款等	借：事业支出 贷：财政拨款预算收入 / 资金结存等
（3）	开出、承兑商业汇票抵付应付账款	借：应付账款 贷：应付票据	—
（4）	无法偿付或债权人豁免偿还的应付账款	借：应付账款 贷：其他收入	—

3.8.3　案例分析

【例 3–17】某学校 2×19 年发生以下相关业务。

（1）4 月 1 日，学校向甲公司购买一批投影仪用于教学使用，共计 33 000 元，款项尚未支付。

（2）3 月 31 日，学校为更换部分老师的办公桌，从乙公司处购得 20 套桌椅，尚未支付货款 10 000 元。4 月 10 日，学校开出商业承兑汇票来抵付乙公司的货款 10 000 元。

（3）4 月 20 日，学校长期合作的绿植供应商丙公司同意豁免三月的绿植费用 1 000 元。

（4）5 月 1 日，学校偿付甲公司的货款 33 000 元。

相关账务处理如下。

（1）用于购买设备的未付款项。

财务会计：

借：固定资产	33 000	
贷：应付账款——甲公司		33 000

无预算会计处理。

（2）开具商业汇票抵付应付账款。

财务会计：

借：应付账款——乙公司	10 000	
贷：应付票据——乙公司		10 000

无预算会计处理。

（3）豁免货款。

财务会计：

借：应付账款——丙公司	1 000	
贷：其他收入		1 000

无预算会计处理。

（4）偿付应付账款。

财务会计：

借：应付账款——甲公司	33 000	
贷：银行存款		33 000

预算会计：

借：事业支出　　33 000

　　贷：资金结存——货币资金　　33 000

3.9 应付利息

3.9.1 科目简介

在学校会计实务中，“应付利息”科目核算的是各类学校按照合同约定应支付的借款利息，包括短期借款、分期付息到期还本的长期借款等应支付的利息。本科目应按照债权人进行明细核算，期末贷方余额反映的是应付未付的利息金额。

3.9.2 账务处理

（1）为建造固定资产、公共基础设施等借入的专门借款的利息，在财务会计中：属于建设期间发生的，按期计提利息费用时，按照计算确定的金额，借记“在建工程”科目，贷记“应付利息”科目；不属于建设期间发生的，按期计提利息费用时，按照计算确定的金额，借记“其他费用”科目，贷记“应付利息”科目。无预算会计处理。

（2）对于其他借款，按期计提利息费用时，在财务会计中，按照计算确定的金额，借记“其他费用”科目，贷记本科目。无预算会计处理。

（3）实际支付应付利息时，在财务会计中，按照支付的金额，借记“应付利息”科目，贷记“银行存款”等科目。在预算会计中，借记“其他支出”科目，贷记“资金结存”科目。

学校对应付利息的账务处理可参照表 3-9。

表 3-9　　学校对应付利息的账务处理

序号	业务	财务会计处理	预算会计处理
（1）	按期计提利息费用	借：在建工程 / 其他费用 　贷：应付利息	—
（2）	实际支付利息时	借：应付利息 　贷：银行存款等	借：其他支出 　贷：资金结存

3.9.3　案例分析

【例 3–18】某中学出于修建操场的需要，于2×19年7月1日向银行借款100 000元，借款年利率为5%，借款时间为两年，按季度付息，到期还本。有关应付利息的账务处理如下。

（1）2×19 年 7 月 31 日，按月计提利息费用时。

应付利息 =100 000×5%÷12 ≈ 416.67（元）

财务会计：

借：在建工程　416.67

　　贷：应付利息　416.67

无预算会计处理。

（2）2×19 年 9 月 30 日，实际支付利息时。

实际支付金额 =416.67×3 ≈ 1 250（元）

财务会计：

借：应付利息　1 250

　　贷：银行存款　1 250

预算会计：

借：其他支出　1 250

　　借：资金结存——货币资金　1 250

3.10　预收账款

3.10.1　科目简介

在学校会计实务中，“预收账款”科目核算的是学校预先收取但尚未结算的款项。本科目应按照债权人进行明细核算，期末贷方余额反映的是各类学校预收但尚未结算的款项金额。

3.10.2　账务处理

（1）各类学校预收款项时，在财务会计中，按照实际预收的金额，借记“银行存款”等科目，贷记本科目。在预算会计中，借记“资金结存”科目，贷记“事业预算收入”“经营预算收入”等科目。

（2）确认有关收入时，在财务会计中：按照预收账款账面余额，借记本科目；按照应确认的收入金额，贷记“事业收入”“经营收入”等科目；按照付款方补付或退回付款方的金额，借记或贷记“银行存款”等科目。涉及增值税业务的，相关账务处理参见“应交增值税”科目。在预算会计中：若收到补付款，则借记“资金结存——货币资金”科目，贷记“事业预算收入”“经营预算收入”等科目；若退回预收款，则根据退回的金额做相反的会计分录。

（3）无法偿付或债权人豁免偿还预收账款时，在财务会计中，按照规定报经批准后进行账务处理。经批准核销时，在财务会计中，借记本科目，贷记“其他收入”科目。无预算会计处理。

学校应在备查簿中保留登记核销的预收账款。

学校对预收账款的账务处理可参照表 3-10。

表 3-10　　学校对预收账款的账务处理

序号	业务	财务会计处理	预算会计处理
（1）	从付款方预收款项时	借：银行存款等 　贷：预收账款	借：资金结存 　贷：事业预算收入 / 经营预算收入等
（2）	确认有关收入时	借：预收账款 　银行存款等［收到补付款］ 　贷：事业收入 / 经营收入等 　　银行存款等［退回预收款］	收到补付款 借：资金结存——货币资金 　贷：事业预算收入 / 经营预算收入等 退回预收款的金额做相反会计分录
（3）	无法偿付或债权人豁免偿还的预收账款	借：预收账款 　贷：其他收入	—

3.10.3　案例分析

1. 学校预收款项时

【例 3-19】2×19 年 5 月，A 大学与甲单位（事业单位）签订协议，为其管理人员开设专题政策讲座一次，合同金额为 5 000 元。甲单位预先支付给 A 大学 50% 的款项。A 大学的账务处理如下。

财务会计：

借：银行存款	2 500	
贷：预收账款——甲单位		2 500

预算会计：

借：资金结存——货币资金	2 500	
贷：经营预算收入		2 500

2. 学校确认有关收入时

【例 3-20】沿用【例 3-19】。2×19 年 6 月，专题讲座顺利开展并结束，甲单位支付 A 大学剩余的款项 2500 元。A 大学的账务处理如下。

财务会计：

借：银行存款	2 500	
预收账款——甲单位	2 500	
贷：经营收入		5 000

预算会计：

借：资金结存——货币资金	5 000	
贷：经营预算收入		5 000

3. 学校无法偿还或豁免偿还时

【例 3-21】沿用【例 3-19】。若甲单位无法偿付剩余价款，则 A 大学报经批准核销该笔款项的账务处理如下。

财务会计：

借：预收账款——甲单位	2 500	
贷：其他收入		2 500

无预算会计处理。

3.11 其他应付款

3.11.1 科目简介

在学校会计实务中，“其他应付款”科目核算的是学校除短期借款、应交增值税、其他应交税费、应缴财政款、应付职工薪酬、应付票据、应付账款、应付利息、预收账款以外的其他各项偿还期限在 1 年内（含 1 年）的应付及暂收款项，如收取的押金、存入保证金、已经报销但尚未偿还银行的学校公务卡欠款等。同级政府财政部门预拨的下期预算款和没有纳入预算的暂付款项，以及采用实拨资金方式通过本学校转拨给下属单位的财政拨款等也通过本科目核算。本科目应当按照其他应付款的类别以及债权人等进行明细核算，期末贷方余额反映的是各类学校尚未支付的其他应付款金额。

3.11.2 账务处理

（1）各类学校发生其他应付及暂收款项时，在财务会计中，借记“银行存款”等科目，贷记本科目。无预算会计处理。

将暂收款项转为收入时，在财务会计中，借记本科目，贷记“事业收入”等科目。在预算会计中，借记“资金结存”科目，贷记“事业预算收入”等科目。

退回（转拨）其他应付及暂收款项时，在财务会计中，借记本科目，贷记“银行存款”等科目。无预算会计处理。

（2）收到同级政府财政部门预拨的下期预算款和没有纳入预算的暂付款项时，在财务会计中，按照实际收到的金额，借记“银行存款”等科目，贷记本科目。无预算会计处理。

待到下一预算期或批准纳入预算时，在财务会计中，借记本科目，贷记“财政拨款收入”科目。在预算会计方面，借记“资金结存”科目，贷记“财政拨款预算收入”科目。

采用实拨资金方式通过本学校转拨给下属单位的财政拨款的：在财务会计中，按照实际收到的金额，借记“银行存款”科目，贷记本科目；向下属单位转拨财政拨款时，在财务会计中，按照转拨的金额，借记本科目，贷记“银行存款”科目。

（3）发生其他应付义务，比如本学校公务卡持卡人报销时：在财务会计中，按照审核报销的金额，借记“业务活动费用”“单位管理费用”等科目，贷记本科目；无预算会计处理。偿还银行本学校公务卡的欠款时：在财务会计中，借记本科目，贷记“银行存款”等科目；在预算会计中，借记“事业支出”等科目，贷记“资金结存”科目。

（4）涉及质保金形成其他应付款的，相关账务处理参见“2.21 固定资产”科目。

（5）学校无法偿付或债权人豁免偿还的其他应付款项，应当按照规定报经批准后进行账务处理。经批准核销时，借记本科目，贷记“其他收入”科目。无预算会计处理。

各类学校应在备查簿中保留登记核销的其他应付款。

学校对其他应付款的账务处理可参照表 3-11。

表 3-11　　学校对其他应付款的账务处理

序号	业务		财务会计处理	预算会计处理
（1）	发生暂收款项	取得暂收款项时	借：银行存款等 贷：其他应付款	—
		确认收入时	借：其他应付款 贷：事业收入等	借：资金结存 贷：事业预算收入等
		退回(转拨)暂收款项时	借：其他应付款 贷：银行存款等	—
（2）	收到同级财政部门预拨的下期预算款和没有纳入预算的暂付款项	按照实际收到的金额	借：银行存款等 贷：其他应付款	—
		待到下一预算期或批准纳入预算时	借：其他应付款 贷：财政拨款收入	借：资金结存 贷：财政拨款预算收入
		采用实拨资金方式通过本学校转拨给下属单位的财政拨款的	借：银行存款 贷：其他应付款 向下属单位转拨财政拨款时： 借：其他应付款 贷：银行存款	—
（3）	发生其他应付义务	确认其他应付款项时	借：业务活动费用 / 单位管理费用等 贷：其他应付款	—
		支付其他应付款项	借：其他应付款 贷：银行存款等	借：事业支出等 贷：资金结存
（4）	无法偿付或债权人豁免偿还的其他应付款项，经批准核销时		借：其他应付款 贷：其他收入	—

3.11.3　案例分析

【例 3-22】 2×19 年 12 月 6 日，某大学收到同级财政部门预拨的下期预算款

500 000元。2×20年1月6日，该款项批准纳入该年的预算。该大学的账务处理如下。

（1）2×19年12月6日。

财务会计：

借：银行存款　　500 000

　　贷：其他应付款　　500 000

无预算会计处理。

（2）2×20年1月6日。

财务会计：

借：其他应付款　　500 000

　　贷：财政拨款收入　　500 000

预算会计：

借：资金结存——货币资金　　500 000

　　贷：财政拨款预算收入　　500 000

3.12 预提费用

3.12.1 科目简介

在学校会计实务中，“预提费用”科目核算的是学校预先提取的已经发生但尚未支付的费用（如预提租金费用），也核算各类学校按规定从科研项目收入中提取的项目间接费用或管理费等。各类学校计提的借款利息费用不通过本科目核算。本科目应当按照预提费用的种类（如项目间接费用或管理费等）进行明细核算，期末贷方余额反映的是学校已预提但尚未支付的各项费用。

3.12.2 账务处理

1. 项目间接费用或管理费

各类学校按规定从科研项目收入中提取项目间接费用或管理费时，在财务会计中按照提取的金额，借记“单位管理费用”科目，贷记“预提费用——项目间接费用”科目或“预提费用——管理费”科目。在预算会计中，借记“非财政拨款结转——项目间接费用或管理费”科目，贷记“非财政拨款结余——

项目间接费用或管理费”科目。

实际使用计提的项目间接费用或管理费时，按照实际支付的金额，借记“预提费用——项目间接费用或管理费”科目，贷记“银行存款”“库存现金”等科目。在预算会计中，借记“事业支出”等科目，贷记“资金结存”科目。

2．其他预提费用

按期预提租金等费用时，在财务会计中按照预提的金额，借记“业务活动费用”“单位管理费用”“经营费用”等科目，贷记“预提费用”科目。无预算会计处理。

实际支付款项时，在财务会计中，按照支付金额，借记本科目，贷记“银行存款”等科目。在预算会计中，借记“事业支出”“经营支出”等科目，贷记“资金结存”科目。

学校对预提费用的账务处理可参照表 3-12。

表 3-12　学校对预提费用的账务处理

序号	业务	财务会计处理	预算会计处理
（1）	按规定计提项目间接费用或管理费时	借：单位管理费用 贷：预提费用——项目间接费用或管理费	借：非财政拨款结转——项目间接费用或管理费 贷：非财政拨款结余——项目间接费用或管理费
（2）	实际使用计提的项目间接费用或管理费时	借：预提费用——项目间接费用或管理费 贷：银行存款 / 库存现金等	借：事业支出等 贷：资金结存
（3）	按照规定预提每期租金等费用时	借：业务活动费用 / 单位管理费用 / 经营费用等 贷：预提费用	—
（4）	实际支付款项时	借：预提费用 贷：银行存款等	借：事业支出 / 经营支出等 贷：资金结存

3．高等学校计提和使用项目间接费用或管理费的补充规定

《关于高等学校执行〈政府会计制度——行政事业单位会计科目和报表〉的补充规定》的相关内容如下。

（1）高等学校按规定从科研项目收入中计提项目间接费用或管理费时，除按新制度规定，在财务会计中，借记“单位管理费用”科目外，也可根据实际情况借记“业务活动费用”等科目。

（2）高等学校使用计提的项目间接费用或管理费购买固定资产、无形资产的，在财务会计下：按照固定资产、无形资产的成本金额，借记“固定资产”“无形资产”科目，贷记“银行存款”等科目；按照相同的金额，借记“预提费用——项目间接费用或管理费”科目，贷记“累计盈余”科目。在预算会计下，按照相同的金额，借记“事业支出”等科目，贷记“资金结存”科目。

高等学校计提和使用项目间接费用或管理费时的账务处理可参照表3-13。

表3-13　　高等学校计提和使用项目间接费用或管理费时的账务处理

序号	业务与事项	财务会计处理	预算会计处理
（1）	按规定从科研项目收入中计提项目间接费用或管理费时	借：单位管理费用/业务活动费用 贷：预提费用——项目间接费用或管理费	借：非财政拨款结转——项目间接费用或管理费 贷：非财政拨款结余——项目间接费用或管理费
（2）	使用计提的项目间接费用或管理费购买固定资产、无形资产时	借：固定资产/无形资产 贷：银行存款等 借：预提费用——项目间接费用或管理费 贷：累计盈余	借：事业支出等 贷：资金结存

3.12.3　案例分析

1. 学校计提间接费用或管理费用

【例3-23】 2×19年4月2日，某学校按规定从科研项目收入中提取项目间接费用30 000元，会计处理如下。

财务会计：

借：单位管理费用　　30 000

　　贷：预提费用——项目间接费用　　30 000

预算会计：

借：非财政拨款结转——项目间接费用　　30 000

　　贷：非财政拨款结余——项目间接费用　　30 000

2×19年9月26日，该学校实际使用计提的项目间接费用为25 000元，会计处理如下。

财务会计：

借：预提费用——项目间接费用　　25 000

　　贷：银行存款　　25 000

预算会计：

借：事业支出　　25 000

　　贷：资金结存——货币资金　　25 000

2. 学校预提租金

【例 3-24】某学校于 2×19 年 8 月 1 日租赁一辆客车作为接送老师的班车，月租金为 3 000 元，约定于每年年末支付当年的租赁费。

该学校 2×19 年租入设备的使用期为 8 月至 11 月，其在每月月末应做如下相同会计分录。

财务会计：

借：单位管理费用　　3 000

　　贷：预提费用　　3 000

无预算会计处理。

2×19 年 12 月末，开出转账支票支付租金时，该学校应做如下分录。

财务会计：

借：单位管理费用　　3 000

　　预提费用　　12 000

　　贷：银行存款　　15 000

预算会计：

借：事业支出　　15 000

　　贷：资金结存——货币资金　　15 000

3. 高等学校计提项目间接费用或管理费，用于购买固定资产

【例 3-25】2×19 年 6 月，B 大学按规定从科研项目收入中计提项目间接费用或管理费 5 万元，应做如下账务处理。

财务会计：

借：单位管理费用　　50 000

　　贷：预提费用——项目间接费用或管理费　　50 000

预算会计：

借：非财政拨款结转——项目间接费用或管理费　　50 000

贷：非财政拨款结余——项目间接费用或管理费　　50 000

2×19年7月，B大学用该笔预提费用购买了一台用于放置实验设备的仪器台，价值2万元，应做如下账务处理。

财务会计：

借：固定资产　　20 000

贷：银行存款　　20 000

借：预提费用——项目间接费用或管理费　　20 000

贷：累计盈余　　20 000

预算会计：

借：事业支出　　20 000

贷：资金结存　　20 000

3.13 长期借款

3.13.1 科目简介

在学校会计实务中，“长期借款”科目用于核算学校经批准向银行或其他金融机构等借入的期限超过1年（不含1年）的各种借款本息。该科目下设“本金”和“应计利息”明细科目，并按照贷款单位和贷款种类进行明细核算。此外，对于建设项目借款，还应按照具体项目进行明细核算。本科目期末贷方余额反映各类学校尚未偿还的长期借款本息金额。

3.13.2 账务处理

（1）各类学校借入各项长期借款时，在财务会计中，按照实际借入的金额，借记“银行存款”科目，贷记“长期借款——本金”科目。在预算会计中，借记“资金结存——货币资金”科目，贷记“债务预算收入”科目。

（2）为购建固定资产、公共基础设施等应支付的专门借款利息，在财务会计中，按期计提利息时，分别针对以下情况进行相应账务处理。

①属于工程项目建设期间发生的利息，计入工程成本，在财务会计中，按照计算确定的应支付的利息金额，借记“在建工程”科目；分期付息、到期还

本的长期借款，在财务会计中，贷记“应付利息”科目；到期一次还本付息的长期借款的利息，在财务会计中，贷记“长期借款——应计利息”科目。无预算会计处理。

②属于工程项目完工交付使用后发生的利息，计入当期费用，在财务会计中，按照计算确定的应支付的利息金额，借记“其他费用”科目，贷记“应付利息”科目或“长期借款——应计利息”科目。无预算会计处理。

③学校实际支付利息时，在财务会计中，借记“应付利息”科目，贷记“银行存款”等科目。预算会计方面，借记“其他支出”科目，贷记“资金结存”科目。

（3）学校按期计提其他长期借款的利息时，在财务会计中，按照计算确定的应支付的利息金额，借记“其他费用”科目，贷记“应付利息”科目或“长期借款——应计利息”科目。无预算会计处理。

分期实际支付利息时，在财务会计中，借记“应付利息”科目，贷记“银行存款”等科目。在预算会计中，借记“其他支出”科目，贷记“资金结存”科目。

（4）到期归还长期借款本金、利息时，在财务会计中，借记“长期借款——本金”“长期借款——应计利息”科目，贷记“银行存款”科目。在预算会计中，借记“债务还本支出”［支付的本金］科目、“其他支出”［支付的利息］科目，贷记“资金结余”科目。

学校对长期借款的账务处理可参照表 3-14。

表 3-14　　学校对长期借款的账务处理

序号	业务		财务会计处理	预算会计处理
（1）	借入各项长期借款时		借：银行存款 　贷：长期借款——本金	借：资金结存——货币资金 　贷：债务预算收入［本金］
（2）	为购建固定资产、公共基础设施等应支付的专门借款利息	属于工程项目建设期间发生的	借：在建工程 　贷：应付利息［分期付息、到期还本］ 　　长期借款——应计利息［到期一次还本付息］	—

续表

序号	业务		财务会计处理	预算会计处理
（2）	为购建固定资产、公共基础设施等应支付的专门借款利息	属于工程项目完工交付使用后发生的	借：其他费用 贷：应付利息［分期付息、到期还本］ 长期借款——应计利息［到期一次还本付息］	—
		实际支付利息时	借：应付利息 贷：银行存款等	借：其他支出 贷：资金结存
（3）	其他长期借款利息	计提利息时	借：其他费用 贷：应付利息［分期付息、到期还本］ 长期借款——应计利息［到期一次还本付息］	—
		分期实际支付利息时	借：应付利息 贷：银行存款等	借：其他支出 贷：资金结存
（4）	归还长期借款本息		借：长期借款——本金 ——应计利息［到期一次还本付息］ 贷：银行存款	借：债务还本支出［支付的本金］ 贷：资金结存 借：其他支出［支付的利息］ 贷：资金结存

3.13.3 案例分析

1．学校借入长期借款

【例 3-26】某学校于 2×19 年 1 月 1 日从银行借入资金 200 000 元，借款期限为 3 年，年利率为 8%，按年支付利息，到期一次还本。该学校取得借款时的账务处理如下。

财务会计：

借：银行存款　　200 000

　　贷：长期借款——本金　　200 000

预算会计：

借：资金结存——货币资金　　200 000

　　贷：债务预算收入　　200 000

2. 为购建固定资产等支付利息

【例 3-27】沿用【例 3-26】。该学校借入的长期借款用于翻修教学楼。该翻修工作于 2×19 年 1 月 1 日开工，2×21 年 1 月 1 日完工交付使用。2×21 年 12 月 31 日，该学校归还长期借款本息。

（1）2×19 年年末和 2×20 年年末的会计处理。

利息费用 =200 000×8%=16 000（元）

财务会计：

①计提利息时。

借：在建工程　　16 000

　　贷：应付利息　　16 000

②支付利息时。

借：应付利息　　16 000

　　贷：银行存款　　16 000

预算会计：

在实际支付利息时，编制如下会计分录。

借：其他支出　　16 000

　　贷：资金结存——货币资金　　16 000

（2）2×21 年年末的会计处理。

财务会计：

①计提利息时。

借：其他费用　　16 000

　　贷：应付利息　　16 000

②实际支付利息时。

借：应付利息　　16 000

　　贷：银行存款　　16 000

③归还长期借款本金时。

借：长期借款——本金　　200 000

　　贷：银行存款　　200 000

预算会计：

①实际支付利息时。

借：其他支出　　16 000

贷：资金结存——货币资金　　16 000

②偿还长期借款本金时。

借：债务还本支出　　200 000

贷：资金结存——货币资金　　200 000

3.14 长期应付款

3.14.1 科目简介

在学校会计实务中，“长期应付款”科目用于核算学校发生的偿还期限超过 1 年（不含 1 年）的应付款项，如以融资租赁方式取得固定资产时应付的租赁费、以分期付款方式购入固定资产时发生的应付款等。本科目应当按照长期应付款的类别以及债权人进行明细核算，期末贷方余额反映学校尚未支付的长期应付款金额。

3.14.2 账务处理

（1）学校发生长期应付款时，在财务会计中，借记“固定资产”“在建工程”等科目，贷记本科目。无预算会计处理。

（2）支付长期应付款时，在财务会计中，按照实际支付的金额，借记本科目，贷记“财政拨款收入”“零余额账户用款额度”“银行存款”等科目。涉及增值税业务的，相关账务处理参见“应交增值税”科目。在预算会计中，借记“事业支出”“经营支出”等科目，贷记“财政拨款预算收入”“资金结存”等科目。

（3）无法偿付或债权人豁免偿还的长期应付款，应当按照规定报经批准后进行账务处理。经批准核销时，借记本科目，贷记“其他收入”科目。无预算会计处理。

各类学校应在备查簿中保留登记核销的长期应付款。

（4）涉及质保金形成长期应付款的，相关账务处理参见“2.21 固定资产”科目。

学校对长期应付款的账务处理可参照表 3-15。

表 3-15　　学校对长期应付款的账务处理

序号	业务	财务会计处理	预算会计处理
（1）	发生长期应付款时	借：固定资产 / 在建工程等 贷：长期应付款	—
（2）	支付长期应付款	借：长期应付款 贷：财政拨款收入 / 零余额账户用款额度 / 银行存款等	借：事业支出 / 经营支出等 贷：财政拨款预算收入 / 资金结存等
（3）	无法偿付或债权人豁免偿还的长期应付款，经批准核销时	借：长期应付款 贷：其他收入	—

3.14.3　案例分析

1. 学校发生长期应付款

【例 3-28】2×19 年 4 月 20 日，A 大学以分期付款方式从丙公司购入一台实验仪器，总价款为 1 200 000 元，约定款项分三年、于每年年末支付。购入时，A 大学应做如下会计处理。

财务会计：

借：固定资产　　1 200 000

　　贷：长期应付款——丙公司　　1 200 000

无预算会计处理。

2. 学校支付长期应付款

【例 3-29】沿用【例 3-28】。A 大学于 2×19 年年末使用财政直接支付方式支付款项，应做如下会计处理。

财务会计：

借：长期应付款——丙公司　　400 000

　　贷：财政拨款收入　　400 000

预算会计：

借：事业支出　　400 000

　　贷：财政拨款预算收入　　400 000

3. 长期应付款的核销

【例 3-30】沿用【例 3-28】。该学校在该笔长期应付款支付两年后，由丙公司豁免最后一年应付的款项。A大学按照规定报经批准后核销长期应付款时，应做如下会计处理。

财务会计：

借：长期应付款——丙公司　　400 000

　贷：其他收入　　400 000

无预算会计处理。

3.15 预计负债

3.15.1 科目简介

在学校会计实务中，“预计负债”科目用于核算学校对因或有事项所产生的现时义务而确认的负债，如对未决诉讼等确认的负债。本科目应当按照预计负债的项目进行明细核算，期末贷方余额反映学校已确认但尚未支付的预计负债金额。

3.15.2 账务处理

（1）学校在确认预计负债时，在财务会计中，按照预计的金额，借记“业务活动费用”“经营费用”“其他费用”等科目，贷记本科目。无预算会计处理。

（2）实际偿付预计负债时，在财务会计中，按照偿付的金额，借记本科目，贷记“银行存款”等科目。在预算会计中，借记“事业支出”“经营支出”“其他支出”等科目，贷记“资金结存”科目。

（3）根据确凿证据需要对已确认的预计负债账面余额进行调整的，在财务会计中，按照调整增加的金额，借记有关科目，贷记本科目；按照调整减少的金额，借记本科目，贷记有关科目。无预算会计处理。

学校对预计负债的账务处理可参照表3-16。

表3-16　学校对预计负债的账务处理

序号	业务	财务会计处理	预算会计处理
（1）	确认预计负债	借：业务活动费用/经营费用/其他费用等 贷：预计负债	—

续表

序号	业务	财务会计处理	预算会计处理
（2）	实际偿付预计负债	借：预计负债 　贷：银行存款等	借：事业支出 / 经营支出 / 其他支出等 　贷：资金结存
（3）	对预计负债账面余额进行调整的	借：业务活动费用 / 经营费用 / 其他费用等 　贷：预计负债 或做相反会计分录	—

3.15.3 案例分析

【例 3–31】2×19 年 11 月 1 日，A 大学因一项与企业合作研究的合同违约，而被甲公司起诉。2×19 年 12 月 31 日，A 大学尚未接到法院的判决。在咨询了法律顾问后，A 大学认为最终的法律判决很可能对学校不利。假定 A 大学预计将要支付的赔偿金额、诉讼费等费用为 300 000 元至 600 000 元的某一金额，而且这个区间内每个金额的可能性都大致相同。

A 大学应在资产负债表中确认一项预计负债，金额为：

（300 000+600 000）÷2 =450 000（元）

同时在 2×19 年 12 月 31 日的附注中进行披露。

A 大学的有关账务处理如下。

财务会计：

借：业务活动费用　　450 000

　　贷：预计负债——未决诉讼　　450 000

无预算会计处理。

2×20 年 2 月 1 日，法律判决表明 A 大学要支付赔偿金额 400 000 元。A 大学的账务处理如下。

财务会计：

借：预计负债——未决诉讼　　450 000

　　贷：银行存款　　400 000

　　　　业务活动费用　　50 000

预算会计：

借：事业支出　　400 000

　　贷：资金结存——货币资金　　400 000

3.16 受托代理负债

3.16.1 科目简介

“受托代理负债”科目用于核算学校接受委托取得受托代理资产时形成的负债。本科目期末贷方余额反映的是学校尚未交付或发出受托代理资产形成的受托代理负债金额。

3.16.2 账务处理

参见“受托代理资产”“库存现金”“银行存款”等科目的相关账务处理。

3.16.3 案例分析

【例 3-32】2×19 年 10 月 28 日，A 大学接受外市的某事业单位委托，将一设备转赠给科研所，该设备价值 300 000 元，设备已被 A 大学验收入库。

财务会计：

借：受托代理资产——受托存储保管物资　　300 000

　　贷：受托代理负债　　300 000

无预算会计处理。

第 4 章
净资产

4.1　净资产概述

学校的净资产是指学校的资产总额在抵偿了一切现存义务以后的差额部分。它是属于学校所有，并且学校可以自由支配的资产。

净资产的确认取决于资产和负债的计量，即净资产 = 资产 − 负债。净资产项目应当列入资产负债表。

各类学校的净资产包括累计盈余、专用基金、本期盈余、本年盈余分配、权益法调整、无偿调拨净资产、以前年度盈余调整。

4.2　盈余及分配

4.2.1　累计盈余

4.2.1.1　科目简介

在学校会计实务中，“累计盈余”科目用于核算学校历年实现的盈余扣除盈余分配后滚存的金额，以及因无偿调入调出资产产生的净资产变动额。按照规定上缴、缴回、单位间调剂结转结余资金产生的净资产变动额，以及对以前年度盈余的调整金额，也通过本科目核算。

4.2.1.2　账务处理及案例分析

1. 年末将“本年盈余分配”科目的余额结转

（1）业务概述。

各类学校设置“本年盈余分配”科目，反映单位本年度盈余分配的情况和结果。

（2）账务处理。

各类学校在年末需要将“本年盈余分配”科目的余额转入“累计盈余”科目，在财务会计中，借记或贷记“本年盈余分配”科目，贷记或借记本科目。无预算会计账务处理。

具体账务处理如表 4-1 所示。

表 4-1　　学校年末结转“本年盈余分配”科目的账务处理

业务	财务会计处理	预算会计处理
年末，将“本年盈余分配”科目余额转入	借：本年盈余分配 　　贷：累计盈余 或做相反会计分录	—

（3）案例分析。

【例 4-1】2×19 年 12 月 31 日，某学校的“本年盈余分配”科目的贷方余额为 45 000 元，账务处理如下。

借：本年盈余分配　　45 000

　　贷：累计盈余　　45 000

2. 年末将“无偿调拨净资产”科目的余额结转

（1）业务概述。

针对各会计年度中发生的无偿调入或调出净资产的业务，各类学校除了在专设的“无偿调拨净资产”科目予以日常核算外，在年度终了时还要将“无偿调拨净资产”科目的年终余额转入“累计盈余”科目，从而将“无偿调拨净资产”账户结平。

（2）账务处理。

各类学校在年末需要将“无偿调拨净资产”科目的余额转入累计盈余，在财务会计中，借记或贷记“无偿调拨净资产”科目，贷记或借记本科目。无预算会计账务处理。

具体账务处理如表 4-2 所示。

表 4-2　　学校在年末对无偿调拨净资产的账务处理

业务	财务会计处理	预算会计处理
年末，将“无偿调拨净资产”科目余额转入	借：无偿调拨净资产 　贷：累计盈余 或做相反会计分录	—

（3）案例分析。

【例 4-2】2×19 年 12 月 31 日，某学校的“无偿调拨净资产”科目的贷方余额为 50 000 元，账务处理如下。

借：无偿调拨净资产　　50 000

　贷：累计盈余　　50 000

3. 结转与其他单位发生的调入、调出资金

（1）业务概述。

财政拨款结余资金是指当年剩余的财政拨款资金。在学校会计实务中，非财政拨款结转资金是指学校除财政拨款收支以外的各专项资金收入与其相关支出相抵后剩余滚存的、须按规定用途使用的结转资金。财政拨款结转资金是指当年支出预算已执行但尚未完成，或因故未执行，下年需按原用途继续使用的财政拨款资金。

（2）账务处理。

各类学校在年末需要按照规定上缴财政拨款结转结余、缴回非财政拨款结转资金、向其他单位调出财政拨款结转资金时，在财务会计中，按照实际上缴、缴回、调出金额，借记本科目，贷记“财政应返还额度”“零余额账户用款额度”“银行存款”等科目。在预算会计中，借记“财政拨款结转”“财政拨款结余”“非财政拨款结转”“非财政拨款结余”科目，贷记“资金结存——财政应返还额度”“零余额账户用款额度”“货币资金”等科目。

各类学校在年末需要按照规定从其他单位调入财政拨款结转资金时，在财务会计中，按照实际调入金额，借记“零余额账户用款额度”“银行存款”等科目，贷记本科目。在预算会计中，借记“资金结存——零余额账户用款额度”“货币资金”科目，贷记“财政拨款结转——归集调入”科目。

具体账务处理如表 4-3 所示。

表 4-3　　学校与其他单位发生调入、调出资金结转时的账务处理

业务	财务会计处理	预算会计处理
按照规定上缴财政拨款结转结余、缴回非财政拨款结转资金、向其他单位调出财政拨款结转资金	借：累计盈余 贷：财政应返还额度 / 零余额账户用款额度 / 银行存款等	借：财政拨款结转 / 财政拨款结余 / 非财政拨款结转 / 非财政拨款结余 贷：资金结存——财政应返还额度 / 零余额账户用款额度 / 货币资金等
按照规定从其他单位调入财政拨款结转资金	借：零余额账户用款额度 / 银行存款等 贷：累计盈余	借：资金结存——零余额账户用款额度 / 货币资金 贷：财政拨款结转——归集调入

（3）案例分析。

【例 4-3】某学校在 2×16 年使用财政拨款购置远程可视化教学设备。因政府采购公开招标确定的采购中标价格低于财政拨款预算金额，形成结余资金 120 000 元，一直挂账未使用，也未编入下年预算。该设备采用财政授权支付方式支付。2×19 年 3 月 7 日，该学校按照审计整改要求上缴该项财政拨款结余资金。2×19 年 3 月 7 日，该学校编制的有关会计分录如下。

财务会计：

借：累计盈余　　120 000

　　贷：零余额账户用款额度——项目支出额度　　120 000

预算会计：

借：财政拨款结余——归集上缴　　120 000

　　贷：资金结存——财政应返还额度　　120 000

【例 4-4】2×19 年 12 月 31 日，某学校从其他单位调入资金 20 000 元。该学校的相关账务处理如下。

财务会计：

借：零余额账户用款额度　　20 000

　　贷：累计盈余　　20 000

预算会计：

借：资金结存——零余额账户用款额度　　20 000

　　贷：财政拨款结转——归集调入　　20 000

4．年末将“以前年度盈余调整”科目的余额结转

（1）业务概述。

以前年度盈余调整是对以前年度财务报表中的重大错误的更正。这种错误包括计算错误、会计分录差错以及漏记事项。

（2）账务处理。

将“以前年度盈余调整”科目的余额转入本科目，在财务会计中，借记或贷记“以前年度盈余调整”科目，贷记或借记本科目。无预算会计账务处理。

具体账务处理如表 4-4 所示。

表 4-4　　学校年末对以前年度盈余调整的账务处理

业务	财务会计处理	预算会计处理
将“以前年度盈余调整”科目的余额转入	借：以前年度盈余调整 　贷：累计盈余 或做相反会计分录	—

（3）案例分析。

【例 4-5】2×19 年 12 月 31 日，某学校的“以前年度盈余调整”科目的贷方余额为 20 000 元，账务处理如下。

借：以前年度盈余调整　　20 000

　贷：累计盈余　　20 000

4.2.2　专用基金

4.2.2.1　科目简介

在学校会计实务中，“专用基金”科目用于核算各类学校按照规定提取或设置的具有专门用途的净资产，主要包括职工福利基金、科技成果转换基金等。

4.2.2.2　账务处理及案例分析

1．年末提取专用基金

（1）业务概述。

各类学校在年末应根据有关规定从本年度非财政拨款结余或经营结余中提取专用基金。

（2）账务处理。

各类学校在年末需要根据有关规定从本年度非财政拨款结余或经营结余中提取专用基金的，在财务会计中，按照预算会计下计算的提取金额，借记“本年盈余分配”科目，贷记本科目。同时，需要在预算会计下，借记“非财政拨款结余分配”科目，贷记“专用结余”科目。

学校年末提取专用基金时的账务处理如表 4-5 所示。

表 4-5　　　　学校年末提取专用基金时的账务处理

业务	财务会计处理	预算会计处理
年末，按照规定从本年度非财政拨款结余或经营结余中提取专用基金的	借：本年盈余分配 　贷：专用基金［按照预算会计下计算的提取金额］	借：非财政拨款结余分配 　贷：专用结余

（3）案例分析。

【例 4-6】 2×19 年年终，某学校非财政拨款的结余为 400 000 元。该学校按照结余的 40% 提取职工福利基金。

财务会计：

借：本年盈余分配——提取职工福利基金　　160 000

　贷：专用基金——职工福利基金　　160 000

预算会计：

借：非财政拨款结余分配　　160 000

　贷：专用结余——职工福利基金　　160 000

2．从收入中提取专用基金并计入费用

（1）业务概述。

在学校会计实务中，业务活动费用是指各类学校为开展相关业务经营而支付的活动费用。各类学校一般会按照预算会计下计算的提取金额，从收入中提取专用基金并计入费用。

（2）账务处理。

根据有关规定从收入中提取专用基金并计入费用的，一般基于预算收入计算提取的金额，在财务会计中，借记“业务活动费用”等科目，贷记本科目。国家另有规定的，从其规定。无预算会计账务处理。

学校年末提取专用基金时的账务处理如表 4-6 所示。

表 4-6　　学校年末提取专用基金时的账务处理

业务	财务会计处理	预算会计处理
从收入中提取专用基金并计入费用	借：业务活动费用等 　贷：专用基金［一般基于预算收入计算提取的金额］	—

（3）案例分析。

【例 4-7】2×19 年，某高校的事业收入中横向课题收入为 5 000 000 元。按照相关规定，该高校提取科研成果转化基金，提取比例为 5%。相关账务处理如下。

借：业务活动费用——计提专用基金　　250 000

　贷：专用基金——科技成果转化基金　　250 000

3. 收到其他专用基金

（1）业务概述。

其他专用基金，即各类学校按照国家有关规定提取或者设置的资金。

（2）账务处理。

根据有关规定设置的其他专用基金，在财务会计中，按照实际收到的基金金额，借记“银行存款”等科目，贷记本科目。无预算会计账务处理。

具体账务处理如表 4-7 所示。

表 4-7　　学校在收到其他专用基金时的账务处理

业务	财务会计处理	预算会计处理
根据有关规定设置的其他专用基金	借：银行存款等 　贷：专用基金	—

4. 使用专用基金

（1）业务概述。

专用基金应当按规定提取，按规定的用途使用。

（2）账务处理。

按照规定使用提取的专用基金时，在财务会计中，借记本科目，贷记“银行存款”等科目。使用提取的专用基金购置固定资产、无形资产的，在财务会计中：按照固定资产、无形资产成本金额，借记“固定资产”“无形资产”科目，贷记“银行存款”等科目；同时，按照专用基金使用金额，借记本科目，贷记“累计盈余”等科目。在预算会计中：使用从收入中提取并列入费用的专用基金时，借记“事业支出”等科目，贷记“资金结存”科目；使用从非财政拨款结余或经营结余中提取的专用基金时，借记“专用结余”科目，贷记“资金结存——货币资金”科目。

学校在使用提取的专用基金时的账务处理如表 4-8 所示。

表 4-8　　学校在使用提取的专用基金时的账务处理

业务	财务会计处理	预算会计处理
按照规定使用专用基金时	借：专用基金 　　贷：银行存款等 如果购置固定资产、无形资产的： 借：固定资产 / 无形资产 　　贷：银行存款等 借：专用基金 　　贷：累计盈余等	使用从收入中提取并列入费用的专用基金： 借：事业支出等 　　贷：资金结存 使用从非财政拨款结余或经营结余中提取的专用基金： 借：专用结余 　　贷：资金结存——货币资金

（3）案例分析。

【例 4-8】某学校在 2×19 年利用从经营结余中提取的专用基金购置了一台教学用固定资产。该固定资产的市场公允价值为 200 000 元，应缴纳的增值税税额为 26 000 元。相关账务处理如下。

财务会计：

借：固定资产	200 000	
应交税费——应交增值税（进项税额）	26 000	
贷：银行存款		226 000
借：专用基金	226 000	
贷：累计盈余		226 000

预算会计：

借：专用结余	226 000	
贷：资金结存——货币资金		226 000

4.2.2.3　留本基金的会计处理

《关于高等学校执行〈政府会计制度——行政事业单位会计科目和报表〉的补充规定》的相关内容如下。

1. 会计科目设置

（1）高等学校应当在“3101 专用基金”科目下设置“留本基金”明细科目，核算高等学校使用捐赠资金建立的具有永久性保留本金或在一定时期内保留本金的限定性基金。高等学校如有两个以上留本基金，应当按照每个留本基金设置明细科目进行核算。在每个留本基金明细科目下还应当设置“本金”和“收益”明细科目；在“本金”明细科目下，还应当设置“已投资”和“未投资”两个明细科目。

（2）高等学校应当在“1218 其他应收款”科目下设置“留本基金委托投资”明细科目，核算高等学校将留本基金委托给基金会进行的投资。

2. 主要账务处理及案例分析（假设只有一个留本基金）

（1）高等学校形成留本基金时，根据取得的留本基金数额，在财务会计中，借记“银行存款”科目，贷记“专用基金——留本基金——本金——未投资”科目。无预算会计账务处理。

高等学校形成留本基金时的账务处理如表 4-9 所示。

表 4-9　　高等学校形成留本基金时的账务处理

业务	财务会计处理	预算会计处理
高等学校形成留本基金时	借：银行存款 　贷：专用基金——留本基金——本金——未投资	—

【例 4-9】A 大学在 2×19 年 5 月收到来自校友的捐款 1 000 万元，并用此捐款成立了留本基金，取得的收益用于发放学生奖学金，限定期限为 20 年，到期 A 大学可自行酌情使用。A 大学应做的账务处理如下。

借：银行存款　　10 000 000

　贷：专用基金——留本基金——本金——未投资　　10 000 000

无预算会计处理。

（2）高等学校委托基金会进行投资。

在财务会计中，进行如下账务处理。

①投资时：按照转给基金会的留本基金数额，借记“其他应收款——留本基金委托投资”科目，贷记“银行存款”科目；同时，按照相同的金额，借记“专用基金——留本基金——本金——未投资”科目，贷记“专用基金——留本基金——本金——已投资”科目。

②收到基金会交回的投资收益时，按照实际收到的金额，借记“银行存款”

科目，贷记“专用基金——留本基金——收益”科目。

③从基金会收回使用留本基金委托的投资时：按照收回的金额，借记“银行存款”科目；按照收回的留本基金本金金额，贷记“其他应收款——留本基金委托投资”科目；按照两者的差额，贷记或借记“专用基金——留本基金——收益”科目。同时，按照收回的留本基金本金金额，借记“专用基金——留本基金——本金——已投资”科目，贷记“专用基金——留本基金——本金——未投资”科目。

无预算会计处理。

高等学校委托基金会进行投资时的账务处理如表 4-10 所示。

表 4-10　　高等学校委托基金会进行投资时的账务处理

<table>
<tr><th colspan="2">业务</th><th>财务会计处理</th><th>预算会计处理</th></tr>
<tr><td rowspan="3">高等学校委托基金会进行投资</td><td>投资时</td><td>借：其他应收款——留本基金委托投资
　贷：银行存款
借：专用基金——留本基金——本金——未投资
　贷：专用基金——留本基金——本金——已投资</td><td>—</td></tr>
<tr><td>收到基金会交回的投资收益</td><td>借：银行存款
　贷：专用基金——留本基金——收益</td><td>—</td></tr>
<tr><td>从基金会收回使用留本基金委托的投资</td><td>借：银行存款
　贷：其他应收款——留本基金委托投资
　　专用基金——留本基金——收益（或在借方）
借：专用基金——留本基金——本金——已投资
　贷：专用基金——留本基金——本金——未投资</td><td>—</td></tr>
</table>

【例 4-10】承接【例 4-9】。2×19 年 6 月，A 大学委托甲基金会对该笔留本基金 1 000 万元进行投资。投资时，A 大学应做如下账务处理。

借：其他应收款——留本基金委托投资——甲基金会　　10 000 000

　贷：银行存款　　10 000 000

借：专用基金——留本基金——本金——未投资　　10 000 000

　贷：专用基金——留本基金——本金——已投资　　10 000 000

2×20 年 6 月，A 大学收到来自甲基金会的投资收益 80 万元时，应做如下账务处理。

借：银行存款　　800 000
　　贷：专用基金——留本基金——收益　　800 000

2×20 年 9 月，从甲基金会收回使用留本基金委托的投资 1 000 万元并取得投资收益 20 万元时，A 大学应做如下账务处理。

借：银行存款　　10 200 000
　　贷：其他应收款——留本基金委托投资　　10 000 000
　　　　专用基金——留本基金——收益　　200 000
借：专用基金——留本基金——本金——已投资　　10 000 000
　　贷：专用基金——留本基金——本金——未投资　　10 000 000

无预算会计处理。

（3）高等学校直接使用留本基金进行投资。

在财务会计中，进行如下账务处理。

①投资时：按照动用留本基金投资的数额，借记“短期投资”“长期债券投资”等科目，贷记“银行存款”科目；同时，按照相同的金额，借记“专用基金——留本基金——本金——未投资”科目，贷记“专用基金——留本基金——本金——已投资”科目。

②期末，对持有的留本基金投资确认应计利息收入时，按照确认的应计利息，借记“应收利息”“长期债券投资”科目，贷记“专用基金——留本基金——收益”科目。

③收到留本基金投资获得的利息时，按照实际收到的金额，借记“银行存款”科目，贷记“应收利息”科目。

④收回留本基金投资时：按照收回的金额，借记“银行存款”科目；按照收回的投资本金及相关利息金额，贷记“短期投资”“长期债券投资”等科目；按照两者的差额，贷记或借记“专用基金——留本基金——收益”科目。同时，按照收回的留本基金本金金额，借记“专用基金——留本基金——本金——已投资”科目，贷记“专用基金——留本基金——本金——未投资”科目。

无预算会计账务处理。

高等学校直接使用留本基金进行投资时的账务处理如表 4-11 所示。

表 4-11　　高等学校直接使用留本基金进行投资时的账务处理

序号	业务	财务会计处理	预算会计处理
（1）	投资时	借：短期投资 / 长期债券投资等 贷：银行存款 借：专用基金——留本基金——本金——未投资 贷：专用基金——留本基金——本金——已投资	—
（2）	期末确认应计利息收入时	借：应收利息 / 长期债券投资 贷：专用基金——留本基金——收益	—
（3）	收到投资获得的利息时	借：银行存款 贷：应收利息	—
（4）	收回留本基金投资时	借：银行存款 贷：短期投资 / 长期债券投资等 专用基金——留本基金——收益（或在借方） 借：专用基金——留本基金——本金——已投资 贷：专用基金——留本基金——本金——未投资	—

【例 4-11】沿用【例 4-9】。2×21 年 1 月，A 大学直接使用留本基金进行投资，其中，500 万元用于购买 1 年期的企业债券，年利率为 7%，到期还本付息；500 万元用于购买 3 年期的国债，年利率为 5%，到期一次性还本付息。A 大学应进行如下账务处理。

借：短期投资　　5 000 000
　　长期债券投资　　5 000 000
　　贷：银行存款　　10 000 000
借：专用基金——留本基金——本金——未投资　　10 000 000
　　贷：专用基金——留本基金——本金——已投资　　10 000 000

2×21 年 12 月，A 大学计提企业债券利息 35 万元，计提国债利息 25 万元，应进行如下账务处理。

借：应收利息　　350 000
　　长期债券投资　　250 000
　　贷：专用基金——留本基金——收益　　600 000

2×22 年 1 月，A 大学收到企业债券利息 35 万元，并收回本金 500 万元，应做如下账务处理。

借：银行存款　　　　　　　　　　　　　　　　5 350 000
　　贷：应收利息　　　　　　　　　　　　　　　　350 000
　　　　短期投资　　　　　　　　　　　　　　　5 000 000
借：专用基金——留本基金——本金——已投资　　5 000 000
　　贷：专用基金——留本基金——本金——未投资　　5 000 000

无预算会计处理。

（4）高等学校按照协议将留本基金收益转增本金时，在财务会计中，按照转增的金额，借记“专用基金——留本基金——收益”科目，贷记“专用基金——留本基金——本金——未投资”科目。无预算会计处理。

高等学校按照协议将留本基金收益转增本金时的账务处理如表 4-12 所示。

表 4-12　　高等学校按照协议将留本基金收益转增本金时的账务处理

业务	财务会计处理	预算会计处理
将留本基金收益转增本金时	借：专用基金——留本基金——收益 　　贷：专用基金——留本基金——本金——未投资	—

【例 4-12】沿用【例 4-9】。2×22 年 2 月，A 大学按照协议，将 50 万元的留本基金收益转增本金，应做如下账务处理。

借：专用基金——留本基金——收益　　　　　　500 000
　　贷：专用基金——留本基金——本金——未投资　　500 000

无预算会计处理。

（5）高等学校按照协议可以使用留本基金取得的收益时：在财务会计中，按照可以使用的金额，借记“专用基金——留本基金——收益”科目，贷记“捐赠收入”科目；同时，在预算会计中，按照相同的金额，借记“资金结存——货币资金”科目，贷记“捐赠预算收入”科目。使用留本基金收益时：在财务会计中，按照使用的金额，借记“业务活动费用”等科目，贷记“银行存款”等科目；同时，在预算会计中，借记“事业支出——教育支出”等科目，贷记“资金结存——货币资金”科目。

高等学校使用留本基金取得的收益时的账务处理如表 4-13 所示。

表 4-13　　高等学校使用留本基金取得的收益时的账务处理

业务	财务会计处理	预算会计处理
计提时	借：专用基金——留本基金——收益 　贷：捐赠收入	借：资金结存——货币资金 　贷：捐赠预算收入
使用时	借：业务活动费用等 　贷：银行存款等	借：事业支出——教育支出等 　贷：资金结存——货币资金

【例 4-13】沿用【例 4-9】。2×22 年 5 月，按照协议，A 大学可以使用该留本基金的收益 85 万元作于发放学生的奖学金。计提时，A 大学应做如下账务处理。

财务会计：

借：专用基金——留本基金——收益　　850 000

　贷：捐赠收入　　850 000

预算会计：

借：资金结存——货币资金　　850 000

　贷：捐赠预算收入　　850 000

2×22 年 10 月，A 大学发放 85 万元奖学金，应做如下账务处理。

财务会计：

借：业务活动费用　　850 000

　贷：银行存款　　850 000

预算会计：

借：事业支出——教育支出　　850 000

　贷：资金结存——货币资金　　850 000

（6）按照协议规定的留本基金限定期限到期，高等学校将留本基金转为可以使用的资金时：在财务会计中，按照转为可以使用的资金数额，借记“专用基金——留本基金——本金——未投资”科目，贷记“捐赠收入”科目；同时，在预算会计中，按照相同的金额，借记“资金结存——货币资金”科目，贷记“捐赠预算收入”科目。

高等学校将留本基金转为可以使用的资金时的账务处理如表 4-14 所示。

表 4-14　　高等学校将留本基金转为可以使用的资金时的账务处理

业务	财务会计处理	预算会计处理
留本基金限定期限到期，高等学校将留本基金转为可以使用的资金	借：专用基金——留本基金——本金——未投资 贷：捐赠收入	借：资金结存——货币资金 贷：捐赠预算收入

【例 4-14】沿用【例 4-9】。2×39 年 5 月，留本基金限定期限到期，A 大学将该留本基金转为可以使用的资金。此时，留本基金的金额为 1 400 万元。A 大学应做如下账务处理。

财务会计：

借：专用基金——留本基金——本金——未投资　　14 000 000

　　贷：捐赠收入　　14 000 000

预算会计：

借：资金结存——货币资金　　14 000 000

　　贷：捐赠预算收入　　14 000 000

4.2.3　本期盈余

4.2.3.1　科目简介

"本期盈余"科目用于核算各类学校本年度截至报告期期末实现的累计盈余或亏损。"本期盈余"项目仅在月度报表中列示，不在年度报表中列示。在月度报表中，"本期盈余"项目应当根据"本期盈余"科目的期末余额填列。"本期盈余"科目期末为借方余额时，以"-"号填列，即代表学校自年初至当期期末累计发生的亏损；"本期盈余"科目期末为贷方余额时，以"+"号填列，即代表学校自年初至当期期末累计实现的盈余。年末结账后，本科目应无余额。

4.2.3.2　账务处理及案例分析

1. 期末结转

（1）业务概述。

期末结转，指期末结账时将某一账户的余额或差额转入另一账户。这里涉及两个账户，前者是转出账户，后者是转入账户，一般而言，结转后，转出账户应无余额。

（2）账务处理。

在财务会计方面，各类学校应该在期末：将各类收入科目的本期发生额转入“本期盈余”科目，借记“财政拨款收入”“事业收入”“上级补助收入”“附属单位上缴收入”“经营收入”“非同级财政拨款收入”“投资收益”“捐赠收入”“利息收入”“租金收入”“其他收入”科目，贷记本科目；将各类费用科目的本期发生额转入“本期盈余”科目，借记本科目，贷记“业务活动费用”“单位管理费用”“经营费用”“资产处置费用”“上缴上级费用”“对附属单位补助费用”“所得税费用”“其他费用”科目。无预算会计账务处理。

学校期末结转“本期盈余”科目时的账务处理如表 4-15 所示。

表 4-15　学校期末结转“本期盈余”科目时的账务处理

业务		财务会计处理	预算会计处理
期末结转	结转收入	借：财政拨款收入 事业收入 上级补助收入 附属单位上缴收入 经营收入 非同级财政拨款收入 投资收益 捐赠收入 利息收入 租金收入 其他收入 贷：本期盈余 （投资收益科目为借方净额时，做相反会计分录）	—
	结转费用	借：本期盈余 贷：业务活动费用 单位管理费用 经营费用 资产处置费用 上缴上级费用 对附属单位补助费用 所得税费用 其他费用	—

（3）案例分析。

【例 4-15】某学校对 2×19 年的收入、费用进行结转。该年发生的收入、费用项目如下。

（1）财政拨款收入为 2 000 000 元，将用于教职工经费的支付，收取非上缴考试费 500 000 元，上级补助收入为 100 000 元，附属单位上缴收入为 20 000 元，组织学生开展制作手工艺品出售活动获得销售收入 3 000 元，投资收益为 2 000 元，其他收入为 8 000 元。

（2）支付电费和取暖费 90 000 元，采购办公用笔记本、书本时花费 30 000 元，支付学校安保人员工资 30 000 元，处置资产时花费 2 000 元，按规定应定额上缴上级单位的款项为 20 000 元。相关账务处理如下。

（1）结转本期收入。

借：财政拨款收入　　2 000 000
　　事业收入　　500 000
　　上级补助收入　　100 000
　　附属单位上缴收入　　20 000
　　经营收入　　3 000
　　投资收益　　2 000
　　其他收入　　8 000
　　贷：本期盈余　　2 633 000

（2）结转本期费用。

借：本期盈余　　172 000
　　贷：业务活动费用　　90 000
　　　　单位管理费用　　30 000
　　　　经营费用　　30 000
　　　　资产处置费用　　2 000
　　　　上缴上级费用　　20 000

2. 年末结转

（1）业务概述。

各类学校在每年年末，都需要结转“本期盈余”科目，使其余额为零。

（2）账务处理。

各类学校应该于每年年末，完成上述结转后，将本科目余额转入“本期盈余分配”科目，在财务会计中，借记或贷记本科目，贷记或借记“本年盈余分配”科目。无预算会计账务处理。

学校年末结转“本期盈余”科目时的账务处理如表 4-16 所示。

表 4-16　　学校年末结转“本期盈余”科目时的账务处理

业务		财务会计处理	预算会计处理
年末结转	“本期盈余”科目为贷方余额时	借：本期盈余 　贷：本年盈余分配	—
	“本期盈余”科目为借方余额时	借：本年盈余分配 　贷：本期盈余	—

（3）案例分析。

【例 4-16】2×19 年 12 月 31 日，某学校结转“本年盈余”科目贷方余额 47 000 元。相关账务处理如下。

借：本期盈余　　47 000

　贷：本年盈余分配　　47 000

4.2.4　本年盈余分配

4.2.4.1　科目简介

在学校会计实务中，“本年盈余分配”科目用于核算各类学校本年度盈余分配的情况和结果。

4.2.4.2　账务处理及案例分析

（1）业务概述。

各类学校在每年年末，应当将“本年盈余分配”科目的余额结转，使其余额为零。

（2）账务处理。

各类学校应该于每年年末，按照规定，将本科目余额转入累计盈余，在财务会计中，借记或贷记本科目，贷记或借记“累计盈余”科目。无预算会计账务处理。

具体账务处理如表 4-17 所示。

表 4-17　　　　学校结转"本年盈余分配"科目时的账务处理

业务		财务会计处理	预算会计处理
年末，将"本年盈余分配"科目余额转入累计盈余	"本年盈余分配"科目为贷方余额时	借：本年盈余分配 贷：累计盈余	—
	"本年盈余分配"科目为借方余额时	借：累计盈余 贷：本年盈余分配	—

（3）案例分析。

【例 4-17】 2×19 年 12 月 31 日，某学校的"本年盈余分配"科目的贷方余额为 43 000 元。相关账务处理如下。

借：本年盈余分配　　　　43 000

　　贷：累计盈余　　　　　　43 000

4.3 净资产调整

4.3.1 权益法调整

4.3.1.1 科目简介

"权益法调整"科目用于核算各类学校期末在被投资单位除净损益和利润分配以外的所有者权益变动中累积享有的份额。在财务报表中，"权益法调整"项目应当根据"权益法调整"科目的期末余额填列。如"权益法调整"科目期末为借方余额，则以"-"号填列。

4.3.1.2 账务处理及案例分析

1. 年末长期股权投资引起的权益法调整

（1）业务概述。

年末，对被投资单位除净损益和利润分配以外的所有者权益变动应享有（或应分担）的份额，学校应当调整长期股权投资的账面余额，并记入"其他权益变动"二级科目。

（2）账务处理。

各类学校年末应该按照对被投资单位除净损益和利润分配以外的所有者权

益变动应享有（或应分担）的份额，在财务会计中，借记或贷记“长期股权投资——其他权益变动”科目，贷记或借记本科目。无预算会计账务处理。

具体账务处理如表 4-18 所示。

表 4-18　学校年末进行长期股权投资引起的权益法调整时的账务处理

业务		财务会计处理	预算会计处理
资产负债表日	按照被投资单位除净损益和利润分配以外的所有者权益变动的份额（增加）	借：长期股权投资——其他权益变动 贷：权益法调整	—
	按照被投资单位除净损益和利润分配以外的所有者权益变动的份额（减少）	借：权益法调整 贷：长期股权投资——其他权益变动	—

（3）案例分析。

【例 4-18】 2×19 年，某学校控股 30% 的企业除净损益和利润分配以外的所有者权益变动金额为 100 000 元，不考虑相关税费。相关账务处理如下。

借：长期股权投资——其他权益变动　　30 000

　贷：权益法调整　　30 000

2. 处置长期股权投资时引起的权益法调整

（1）业务概述。

采用权益法核算的长期股权投资，因被投资单位除净损益和利润分配以外的所有者权益变动而将应享有（或应分担）的份额计入单位净资产的，学校处置该项长期股权投资时引起的权益法调整，应当结转本科目。

（2）账务处理。

采用权益法核算的长期股权投资，因被投资单位除净损益和利润分配以外的所有者权益变动而将应享有（或应分担）的份额计入单位净资产的，学校在处置该项投资时，在财务会计中，按照原计入净资产的相应部分金额，借记或贷记本科目，贷记或借记“投资收益”科目。无预算会计账务处理。

具体账务处理如表 4-19 所示。

表 4–19　学校年末处置长期股权投资引起的权益法调整时的账务处理

业务		财务会计处理	预算会计处理
处置长期股权投资时	“权益法调整”科目为借方余额	借：投资收益 贷：权益法调整［与所处置投资对应部分的金额］	—
	“权益法调整”科目为贷方余额	借：权益法调整［与所处置投资对应部分的金额］ 贷：投资收益	—

（3）案例分析。

【例 4–19】某学校持有某企业 30% 的股份。2×19 年，该企业除净损益和利润分配以外的所有者权益变动金额为 100 000 元。不考虑相关税费。该学校在 2×20 年处置了该项投资。相关账务处理如下。

借：长期股权投资——其他权益变动　　30 000
　　贷：权益法调整　　30 000
借：权益法调整　　30 000
　　贷：投资收益　　30 000

4.3.2　无偿调拨净资产

4.3.2.1　科目简介

在学校会计实务中，“无偿调拨净资产”科目用于核算各类学校本年度截至报告期期末无偿调入的非现金资产价值扣减无偿调出的非现金资产价值后的净值。“无偿调拨净资产”项目仅在月度报表中列示，年度报表中不列示。在月度报表中，“无偿调拨净资产”项目应当根据“无偿调拨净资产”科目的期末余额填列。“无偿调拨净资产”科目期末为借方余额时，以“-”号填列。

4.3.2.2　账务处理及案例分析

单位与单位之间调拨净资产存在调入和调出两种形式，分别对应无偿调入资产和经批准无偿调出资产。

1. 无偿调入净资产

各类学校按照规定取得无偿调入的存货、长期股权投资、固定资产、无形资产、公共基础设施、政府储备物资、文物文化资产、保障性住房等时，在财务会计中进行如下账务处理：按照确定的成本，借记“库存物品”“固定资产”“无形资产”“长期股权投资”“公共基础设施”“政府储备物资”“文物文化资产”“保障性住房”等科目；按照调入过程中发生的归属于调入方的相关费用，贷记“零余额账户用款额度”“银行存款”等科目；按照借贷方差额，贷记本科目。在预算会计中，按照发生的归属于调入方的相关费用，借记“其他支出”科目，贷记“资金结存”等科目。

具体账务处理如表4-20所示。

表4-20　　学校无偿调入净资产时的账务处理

业务	财务会计处理	预算会计处理
取得无偿调入的资产	借：库存物品/固定资产/无形资产/长期股权投资/公共基础设施/政府储备物资/文物文化资产/保障性住房等 贷：无偿调拨净资产 零余额账户用款额度/银行存款等［发生的归属于调入方的相关费用］	借：其他支出［发生的归属于调入方的相关费用］ 贷：资金结存等

【例4-20】 某学校2×19年取得无偿调入的存货20 000元、长期股权投资10 000元、固定资产5 000元，同时发生调入费用5 000元。账务处理如下。

财务会计：

借：库存物品　20 000

　　固定资产　5 000

　　长期股权投资　10 000

　　贷：无偿调拨净资产　30 000

　　　　银行存款　5 000

预算会计：

借：其他支出　5 000

　　贷：资金结存　5 000

【例4-21】 2×19年5月5日，某学校接受其他部门无常调入的物资一批。该批物资在调出方的账面价值为20 000元，经验收合格后入库。在物资调入过程中，该学校以银行存款支付了运输费1 000元。财会部门根据有关凭证，在不考虑相关税费的前提下，进行了如下账务处理。

财务会计：

借：库存物品　　21 000

　　贷：银行存款　　1 000

　　　　无偿调拨净资产　　20 000

预算会计：

借：其他支出　　1 000

　　贷：资金结存——货币资金　　1 000

2. 经批准无偿调出净资产

各类学校经批准无偿调出存货、长期股权投资、固定资产、无形资产、公共基础设施、政府储备物资、文物文化资产、保障性住房等时，在财务会计中进行如下账务处理：按照调出资产的账面余额或账面价值，借记本科目；按照固定资产累计折旧、无形资产累计摊销、公共基础设施累计折旧或摊销、保障性住房累计折旧的金额，借记“固定资产累计折旧”“无形资产累计摊销”“公共基础设施累计折旧（摊销）”“保障性住房累计折旧”科目；按照调出资产的账面余额，贷记“库存物品”“固定资产”“无形资产”“长期股权投资”“公共基础设施”“政府储备物资”“文物文化资产”“保障性住房”等科目；同时，按照调出过程中发生的归属于调出方的相关费用，借记“资产处置费用”科目，贷记“银行存款”“零余额账户用款额度”等科目。在预算会计中，按照发生的归属于调出方的相关费用，借记“其他支出”科目，贷记“资金结存”等科目。

具体账务处理如表 4-21 所示。

表 4-21　　学校经批准无偿调出净资产时的账务处理

业务	财务会计处理	预算会计处理
经批准无偿调出净资产	借：无偿调拨净资产 　固定资产累计折旧 / 无形资产累计摊销 / 公共基础设施累计折旧（摊销）/ 保障性住房累计折旧 　贷：库存物品 / 固定资产 / 无形资产 / 长期股权投资 / 公共基础设施 / 政府储备物资 / 文物文化资产 / 保障性住房等［账面余额］ 借：资产处置费用 　贷：银行存款 / 零余额账户用款额度等［发生的归属于调出方的相关费用］	借：其他支出［发生的归属于调出方的相关费用］ 　贷：资金结存等

【例 4-22】某学校 2×19 年无偿调出无形资产，其原价为 20 000 元（累计摊

销 2 000 元），无偿调出一批图书，其价值为 10 000 元，无偿调出公共基础设施，其价值为 2 000 元。账务处理如下。

借：无偿调拨净资产	30 000
无形资产累计摊销	2 000
贷：无形资产	20 000
固定资产	10 000
公共基础设施	2 000

【例 4-23】 2×19 年 7 月 5 日，某学校经批准对外无偿调出一台天文望远镜。该望远镜账面价值为 100 000 元，已计提 40 000 元折旧。在调拨过程中，该学校以现金支付了运输费 1 000 元，不考虑相关税费。相关账务处理如下。

财务会计：

借：无偿调拨净资产	60 000
固定资产累计折旧	40 000
贷：固定资产	100 000
借：资产处置费用	1 000
贷：库存现金	1 000

预算会计：

借：其他支出	1 000
贷：资金结存	1 000

3. 年末余额结转

（1）业务概述。

如果某学校在各会计年度中发生了无偿调入或调出净资产的业务，那么该学校除了在专设的“无偿调拨净资产”科目中予以日常核算外，在年度终了还要将“无偿调拨净资产”科目的年终余额转入“累计盈余”科目，从而将“无偿调拨净资产”科目结平。

（2）账务处理。

各类学校应该于每年年末，将本科目余额转入“累计盈余”科目，借记或贷记本科目，贷记或借记“累计盈余”科目。年末结账后，本科目应无余额。无预算会计账务处理。

具体账务处理如表 4-22 所示。

表 4-22　　学校年末结转"无偿调拨净资产"科目余额的账务处理

业务	财务会计处理		预算会计处理
年末，将本科目余额转入累计盈余	科目余额在贷方时	借：无偿调拨净资产 　　贷：累计盈余	—
	科目余额在借方时	借：累计盈余 　　贷：无偿调拨净资产	—

（3）案例分析。

【例 4-24】2×19年年末，某学校"无偿调拨净资产"科目贷方余额为5 000元。相关账务处理如下。

借：无偿调拨净资产　　5 000

　　贷：累计盈余　　5 000

4.3.3　以前年度盈余调整

4.3.3.1　科目简介

在学校会计实务中，"以前年度盈余调整"科目用于核算学校本年度发生的调整以前年度盈余的事项，包括本年度发生的重要前期差错更正涉及调整以前年度盈余的事项。

4.3.3.2　账务处理及案例分析

1. 以前年度收入调整

（1）业务概述。

各类学校存在以前年度收入漏记的情况时，应当及时通过"以前年度盈余调整"科目进行会计处理。

（2）账务处理。

各类学校在调整增加以前年度收入时，在财务会计中：按照调整增加的金额，借记有关科目，贷记本科目；调整减少的，做相反会计分录。在预算会计中进行如下账务处理：调整增加的，按照实际收到的金额，借记"资金结存"科目，贷记"财政拨款结转""财政拨款结余""非财政拨款结转""非财政拨款结余"科目；调整减少的，做相反会计分录。

具体账务处理如表 4-23 所示。

表 4-23　　学校进行以前年度收入调整时的账务处理

业务		财务会计处理	预算会计处理
调整以前年度收入	增加以前年度收入时	借：有关资产或负债科目 　贷：以前年度盈余调整	按照实际收到的金额 借：资金结存 　贷：财政拨款结转 / 财政拨款结余 / 非财政拨款结转 / 非财政拨款结余（年初余额调整）
	减少以前年度收入时	借：以前年度盈余调整 　贷：有关资产或负债科目	按照实际支付的金额 借：财政拨款结转 / 财政拨款结余 / 非财政拨款结转 / 非财政拨款结余（年初余额调整） 　贷：资金结存

（3）案例分析。

【例 4-25】2×20 年 3 月，某学校在账务自查中发现，存在 200 000 元的本年度应该确认但是没有确认的收入，账务处理如下。

财务会计：

借：预收账款　　200 000

　　贷：以前年度盈余调整　　200 000

预算会计：

借：资金结存　　200 000

　　贷：财政拨款结转　　200 000

2. 以前年度费用调整

（1）业务概述。

各类学校存在以前年度费用漏记的情况时，应当及时通过“以前年度盈余调整”科目进行会计处理。

（2）账务处理。

各类学校在调整增加以前年度费用时，在财务会计中：按照调整增加的金额，借记本科目，贷记有关科目；调整减少的，做相反会计分录。在预算会计中：调整减少的，按照实际收到的金额，借记“资金结存”科目，贷记“财政拨款结转”“财政拨款结余”“非财政拨款结转”“非财政拨款结余”科目；调整增加的，做相反会计分录。

具体账务处理如表 4-24 所示。

表 4-24 学校进行以前年度费用调整时的账务处理

业务		财务会计处理	预算会计处理
调整以前年度费用	增加以前年度费用	借：以前年度盈余调整 贷：有关资产或负债科目	按照实际支付的金额 借：财政拨款结转 / 财政拨款结余 / 非财政拨款结转 / 非财政拨款结余（年初余额调整） 贷：资金结存
	减少以前年度费用	借：有关资产或负债科目 贷：以前年度盈余调整	按照实际收到的金额 借：资金结存 贷：财政拨款结转 / 财政拨款结余 / 非财政拨款结转 / 非财政拨款结余（年初余额调整）

（3）案例分析。

【例 4-26】 2×20 年 5 月 2 日，审计部门在审计时发现，某学校 2×19 年度评估工作失误导致多发放某项财政贴息补助 500 000 元。审计部门责令学校收回多发放的贴息补助并调账。2×20 年 9 月 1 日，该学校收回上述多发放的贴息补助。该学校编制的会计分录如下。

（1）2×20 年 5 月 2 日，学校收到通知需退回多收到的贴息补助时。

财务会计：

借：其他应收款 500 000

贷：以前年度盈余调整 500 000

（2）2×20 年 9 月，实际收到退回款项时。

财务会计：

借：零余额账户用款额度——基本支出用款额度 500 000

贷：其他应收款 500 000

预算会计：

借：资金结存——零余额账户用款额度 500 000

贷：财政拨款结转——年初余额调整 500 000

3．盘盈非流动资产

（1）业务概述。

非流动资产盘盈通过“以前年度盈余调整”科目来核算。非流动资产出现盘盈基本也是由以前年度的记录错误造成的，所以不属于收入，而应该调整以前年度的损益。

（2）账务处理。

各类学校存在盘盈的各种非流动资产，报经批准后处理时，在财务会计中，借记“待处理财产损溢”科目，贷记本科目。无预算会计账务处理。

具体账务处理如表 4-25 所示。

表 4-25　　学校盘盈非流动资产时的账务处理

业务		财务会计处理	预算会计处理
盘盈非流动资产	报经批准后处理	借：待处理财产损溢 　贷：以前年度盈余调整	—

（3）案例分析。

【例 4-27】2×19 年 12 月，某学校在年终结算前进行资产盘点，盘盈台式计算机 3 台，按照重置成本确认资产价值 24 000 元。2×20 年 6 月 1 日，盘盈资产经批准后进行入账处理。2×20 年 6 月 1 日，该学校编制的会计分录如下。

借：固定资产——通用设备　　24 000
　贷：待处理财产损溢——固定资产——待处理资产价值　　24 000

借：待处理财产损溢——固定资产——待处理资产价值　　24 000
　贷：以前年度盈余调整　　24 000

4. 年末，“以前年度盈余调整”科目余额的结转

（1）业务概述。

各类学校在每年年末应当将“以前年度盈余调整”科目中的余额结转，使其年末余额为零。

（2）账务处理。

各类学校应该在每年年末将本科目的余额转入累计盈余，在财务会计中，借记或贷记“累计盈余”科目，贷记或借记本科目。无预算会计账务处理。

具体账务处理如表 4-26 所示。

表 4-26　　学校年末结转“以前年度盈余调整”科目余额时的账务处理

业务		财务会计处理	预算会计处理
将本科目余额转入累计盈余	本科目为借方余额	借：累计盈余 　贷：以前年度盈余调整	—
	本科目为贷方余额	借：以前年度盈余调整 　贷：累计盈余	—

（3）案例分析。

【例 4–28】 2×19 年年末，某学校将“以前年度盈余调整”科目的贷方余额 500 000 元转入累计盈余。该学校编制的会计分录如下。

借：以前年度盈余调整　　500 000

　　贷：累计盈余　　500 000

第 5 章
收入与预算收入

5.1 收入与预算收入概述

5.1.1 收入与预算收入的概念与分类

1. 收入的概念与分类

在学校会计实务中，收入是指各类学校开展业务及其他活动依法取得的非偿还性资金。学校是公益性社会组织，在向社会提供服务时有一定的收入作为保障，收入的来源可以是财政补助资金，也可以是各类学校的业务收费，还可以是社会捐赠等来源于其他渠道的资金。一般来说，各类学校依法取得的各项资金若不需要在未来偿还，则可确认为收入。

各类学校的收入包括财政补助收入、事业收入、上级补助收入、附属单位上缴收入、经营收入和其他收入等。按各类学校收入的取得方式划分，收入分为补助收入、业务活动收入和其他活动收入。

各类学校的收入按资金性质，分为财政性资金收入、非财政性资金收入；按限定性要求，分为基本支出补助和项目支出补助、专项资金收入和非专项资金收入。

2. 预算收入的概念与分类

在学校会计实务中，预算收入是指各类学校在履行职责或开展业务活动时依法取得的纳入部门预算管理的资金。各类学校的预算收入按照不同的来源渠道和资金性质，分为财政拨款预算收入、事业预算收入、上级补助预算收入、附属单位上缴预算收入、经营预算收入、债务预算收入、非同级财政拨款预算收入、投资预算收益和其他预算收入等。其中其他预算收入包括捐赠预算收入、利息预算收入、租金预算收入、现金盘盈收入等。

预算收入和核算采用收付实现制，即以现金的实现为标志来确定本期预算收入的会计核算基础。凡不属于当期的现金收入，均不应作为当期的预算收入。在学校会计实务中，收入涉及的核心内容见图 5-1。

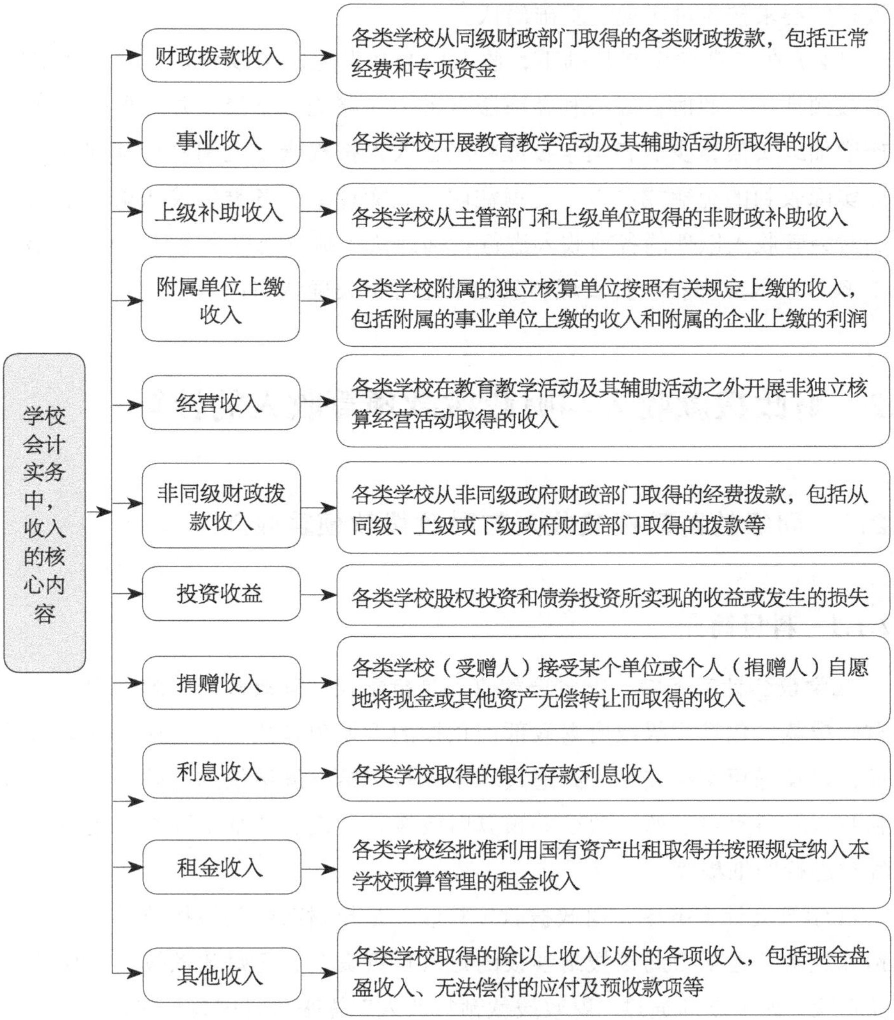

图 5-1　学校会计实务中，收入的核心内容

5.1.2　收入与预算收入的确认

学校会计中的收入被定义为“非偿还性资金”，强调在取得时予以确认。在学校会计实务中，收入以收付实现制为主要确认基础，特定情况下以权责发生制为确认基础。

（1）在收付实现制基础下，收入应当在收到款项时予以确认，并按照实际收到的金额进行计量。此时，经济利益或服务潜力已经流入学校，并且导致学校资产增加或者负债减少。各类学校的补助收入、专业业务收入、其他业务收入一般要求按收付实现制基础确认。

（2）在权责发生制基础下，收入应当在发生时予以确认，并按照实际发生的数额计量。此时，经济利益或服务潜力能够流入学校，并且能够导致学校资产增加或负债减少。各类学校应将经营收入按权责发生制进行基础确认，并按照实际收到的金额或者有关凭据注明的金额计量。各类学校如果采用权责发生制对经营收入以外的各项收入进行基础确认，则应当符合会计制度的规定。

预算收入应当在收付实现制基础下进行相关确认和计量。

5.2 财政拨款收入与财政拨款预算收入的核算

5.2.1 同级的财政拨款收入与财政拨款预算收入

5.2.1.1 科目简介

在学校会计实务中，财政拨款收入是指学校从同级政府财政部门取得的各类财政拨款，包括同级政府财政部门预拨的下期预算款和没有纳入预算的暂付款项，以及采用实拨资金方式通过本学校转拨给下属单位的财政拨款。“财政拨款收入”科目可按照一般公共预算财政拨款、政府性基金预算财政拨款等拨款种类进行明细核算。

在学校会计实务中，财政拨款预算收入是指财政部门核拨给各类学校的财政预算拨款，包括市局核拨给学校的财政预算资金、区财政核拨给学校的财政预算资金。该类款项通过“财政拨款预算收入”总账科目核算。该科目包括“基本支出”和“项目支出”两个明细科目：在“基本支出”明细科目下按照“人员经费”和“日常公用经费”进行明细核算；在“项目支出”明细科目下按照具体项目进行明细核算。有一般公共预算财政拨款、政府性基金预算财政拨款等两种或两种以上财政拨款的学校，还应当按照财政拨款的种类进行明细核算。

5.2.1.2　账务处理及案例分析

1. 收到拨款

（1）业务概述。

取得财政拨款收入主要是指从同级政府财政部门取得各类财政拨款，主要有财政直接支付方式、财政授权支付方式和其他方式支付三种形式。

（2）账务处理。

①财务会计下的账务处理。

财政直接支付方式下，根据收到的财政直接支付入账通知书及相关原始凭证，按照通知书中的直接支付入账金额，借记“库存商品”“固定资产”“业务活动费用”“单位管理费用”“应付职工薪酬”等科目，贷记“财政拨款收入”科目。涉及增值税业务的，相关账务处理参见“应交增值税”科目。年末，根据本年度财政直接支付预算指标数与当年财政直接支付实际支付数的差额，借记“财政应返还额度——财政直接支付”科目，贷记“财政拨款收入”科目。

财政授权支付方式下，根据收到的财政授权支付额度到账通知书，按照通知书中的授权支付额度，借记“零余额账户用款额度”科目，贷记“财政拨款收入”科目。

其他方式下收到的财政拨款收入，按照实际收到的金额，借记“银行存款”等科目，贷记“财政拨款收入”科目。

②预算会计下的账务处理。

财政直接支付方式下，各类学校根据收到的财政直接支付入账通知书及相关原始凭证，按照通知书中的直接支付金额，借记“事业支出”等科目，贷记“财政拨款预算收入”科目。因差错更正、购货退回等发生国库直接支付款项退回的，若属于本年度支付的款项，则按照退回金额，借记“财政拨款预算收入”科目，贷记“事业支出”等科目。

在财政授权支付方式下，学校根据收到的财政授权支付额度到账通知书，按照通知书中的授权支付额度，借记“资金结存——零余额账户用款额度”科目，贷记“财政拨款预算收入”科目。

在其他方式（主要是财政实拨资金）下，学校按照本期预算收到财政拨款预算收入时，按照实际收到的金额，借记“资金结存——货币资金”科目，贷记“财政拨款预算收入”科目。单位收到下期预算的财政预拨款，应当在下个预算期，再按照预收的金额，借记“资金结存——货币资金”科目，贷记“财政拨款预算收入”科目。

在同时有一般公共预算财政拨款和政府性基金预算财政拨款的情况下，财政拨款预算收入应当分别一般公共预算财政拨款和政府性基金预算财政拨款，根据以上不同的财政资金支付方式，在相应的时点按照相应的金额进行确认。

年末，各类学校应将“财政拨款预算收入”科目中的本年发生额转入财政拨款结转，借记“财政拨款预算收入”科目，贷记“财政拨款结转——本年收支结转”科目。年末结转后，“财政拨款预算收入”科目应无余额。

具体账务处理如表 5-1 所示。

表 5-1　　学校收到财政拨款时的账务处理

业务和事项	财务会计处理	预算会计处理
财政直接支付方式下	借：库存商品 / 固定资产 / 业务活动费用 / 单位管理费用 / 应付职工薪酬等 　贷：财政拨款收入	借：事业支出等 　贷：财政拨款预算收入 因差错更正、购货退回等发生国库直接支付款项退回，且属于本年度的付款： 借：财政拨款预算收入 　贷：事业支出
财政授权支付方式下	借：零余额账户用款额度 　贷：财政拨款收入	借：资金结存——零余额账户用款额度 　贷：财政拨款预算收入
其他方式下	借：银行存款等 　贷：财政拨款收入	借：资金结存——货币资金 　贷：财政拨款预算收入
年末结转时	—	借：财政拨款预算收入 　贷：财政拨款结转——本年收支结转

（3）案例分析。

【例 5-1】A 学校收到财政部门委托其代理银行转来的财政直接支付入账通知书，其中包含财政部门为 A 学校支付的 150 000 元的日常业务活动经费，200 000 元的在职人员工资，70 000 元的为开展某项专业业务活动所发生的费用。A 学校的相关账务处理如下。

财务会计：

借：业务活动费用　　　　220 000

　　应付职工薪酬　　　　200 000

　　贷：财政拨款收入　　　　420 000

预算会计：

借：事业支出　　420 000

　　贷：财政拨款预算收入　　420 000

2. 年末确认拨款差额

（1）业务概述。

每年年末，本年度财政直接支付预算指标数通常和当年财政直接支付实际支付数不一样，会存在差额，此时单位需要确认拨款差额。

（2）账务处理。

①本年度财政直接支付预算指标数与当年财政直接支付实际支付数之间存在差额，在财务会计中，借记“财政应返还额度——财政直接支付”科目，贷记“财政拨款收入”科目。在预算会计中，借记“资金结存——财政应返还额度”科目，贷记“财政拨款预算收入”科目。

②本年度财政授权支付预算指标数大于零余额账户用款额度下达数的，根据未下达的用款额度，在财务会计中，借记“财政应返还额度——财政授权支付”科目，贷记“财政拨款收入”科目。在预算会计中，借记“资金结存——财政应返还额度”科目，贷记“财政拨款预算收入”科目。

具体账务处理如表 5-2 所示。

表 5-2　　学校年末确认拨款差额时的账务处理

业务和事项	财务会计处理	预算会计处理
本年度财政直接支付预算指标数与当年财政直接支付实际支付数之间存在差额	借：财政应返还额度——财政直接支付 贷：财政拨款收入	借：资金结存——财政应返还额度 贷：财政拨款预算收入
本年度财政授权支付预算指标数大于零余额账户用款额度下达数的差额	借：财政应返还额度——财政授权支付 贷：财政拨款收入	借：资金结存——财政应返还额度 贷：财政拨款预算收入

（3）案例分析。

【例 5-2】A 中学本年度财政直接支付的基本支出拨款预算指标数为 800 000 元，而当年财政直接支付实际支出为 730 000 元，年末确定财政应返还额度为 70 000 元。A 中学的相关账务处理如下。

财务会计：

借：财政应返还额度——财政直接支付　　70 000

贷：财政拨款收入　　　　　　　　　　　　　　　　　　　　70 000

预算会计：

借：资金结存——财政应返还额度　　　　　　　　　　　　70 000

贷：财政拨款预算收入　　　　　　　　　　　　　　　　70 000

3. 拨款退回

（1）业务概述。

拨款退回可分为以前年度支付的款项退回和本年度支付的款项退回。因差错更正或购货退回等发生国库支付款项直接退回，通常为以前年度支付款项退回；本期的购货退回等，通常为本年度支付的款项退回。

（2）账务处理。

①在财务会计中，因差错更正或购货退回等发生国库直接支付款项退回的：属于以前年度支付的款项，按照退回金额，借记“财政应返回额度——财政直接支付”科目，贷记“以前年度盈余调整”“库存商品”等科目；属于本年度支付的款项，按照退回金额，借记“财政拨款收入”科目，贷记“业务活动费用”“库存物品”等科目。

②在预算会计中，因差错更正或购货退回等发生国库直接支付款项退回的，属于以前年度支付的款项的，按照退回金额：属于财政拨款结转资金的，借记“资金结存——财政应返还额度”科目，贷记“财政拨款结转——年初余额调整”科目；属于财政拨款结余资金的，借记“资金结存——财政应返还额度”科目，贷记“财政拨款结转——年初余额调整”科目；属于本年度支付的款项，按照退回金额，借记“财政拨款预算收入”科目，贷记“事业支出”等科目。

具体账务处理如表 5-3 所示。

表 5-3　　　　学校发生拨款退回时的账务处理

业务和事项	财务会计处理	预算会计处理
属于本年度支付的款项	借：财政拨款收入 贷：业务活动费用 / 库存物品等	借：财政拨款预算收入 贷：事业支出等
属于以前年度支付的款项（财政拨款结转资金）	借：财政应返还额度——财政直接支付 贷：以前年度盈余调整 / 库存物品等	借：资金结存——财政应返还额度 贷：财政拨款结转——年初余额调整
属于以前年度支付的款项（财政拨款结余资金）		借：资金结存——财政应返还额度 贷：财政拨款结余——年初余额调整

（3）案例分析。

【例 5-3】A 学校本年度发生了一笔由购货退回引起的国库直接支付款项退回的业务。经相关人员查证，该笔退回款项属于本年度支付的款项，退货物品的金额为 70 000 元。相关账务处理如下。

财务会计：

借：财政拨款收入　　　　70 000

　　贷：库存物品　　　　70 000

预算会计：

借：财政拨款预算收入　　　　70 000

　　贷：事业支出　　　　70 000

4．年末结转

（1）业务概述。

学校在每年年末，都需要将“财政拨款收入”“财政拨款预算收入”科目结转，使其余额为零。

（2）账务处理。

年末，将“财政拨款收入”科目的本年发生额转入本期盈余，在财务会计中，借记“财政拨款收入”科目，贷记“本期盈余”科目。在预算会计中，借记“财政拨款预算收入”科目，贷记“财政拨款结转——本年收支结转”科目。

具体账务处理如表 5-4 所示。

表 5-4 学校年末结转“财政拨款收入”“财政拨款预算收入”科目时的账务处理

业务和事项	财务会计处理	预算会计处理
年末结转	借：财政拨款收入 　贷：本期盈余	借：财政拨款预算收入 　贷：财政拨款结转——本年收支结转

（3）案例分析。

【例 5-4】在 A 学校进行年终结账时，“财政拨款收入”科目的贷方余额为 7 900 000 元。相关账务处理如下。

财务会计：

借：财政拨款收入　　　　7 900 000

　　贷：本期盈余　　　　7 900 000

预算会计：

借：财政拨款预算收入　　　　　　　　　　　　　　　7 900 000

　　贷：财政拨款结转——本年收支结转　　　　　　　　　　7 900 000

5.2.2 非同级财政拨款收入与非同级财政拨款预算收入

5.2.2.1 科目简介

在学校会计实务中，“非同级财政拨款收入”科目用于核算学校从非同级政府财政部门取得的经费拨款，包括从同级政府其他部门取得的横向转拨财政款、从上级或下级政府财政部门取得的经费拨款等。各类学校因开展科研及其辅助活动从非同级政府财政部门取得的经费拨款，应通过“事业收入——非同级财政拨款”科目核算，不通过“非同级财政拨款收入”科目核算。

在学校会计实务中，非同级财政拨款预算收入是指学校从非同级政府财政部门取得的财政拨款，包括本级横向转拨财政款和非本级财政拨款。各类学校通过“非同级财政拨款预算收入”总账科目来核算该类款项。对于因开展科研及其辅助活动从非同级政府财政部门取得的经费拨款，应当通过“事业预算收入——非同级财政拨款”科目进行核算，不通过该科目核算。该科目应当按照非同级财政拨款预算收入的类别、来源、《2019年政府收支分类科目》中的“支出功能分类科目”的项级科目等进行明细核算。非同级财政拨款预算收入中如有专项资金收入，还应按照具体项目进行明细核算。

5.2.2.2 账务处理及案例分析

1. 确认非同级财政拨款收入

（1）业务概述。

在学校会计实务中，非同级财政拨款收入是指各类学校的应缴未缴的事业性收费、罚没收入、用单位资产从事的经营服务性收入、上级主管部门直接下拨的款项、下属单位上缴收入等。学校应当根据实际收到或应收的款项，确认非同级财政拨款收入。

（2）账务处理。

①在财务会计中，确认非同级财政拨款收入时，按照应收或实际收到的金额，借记“其他应收款”“银行存款”等科目，贷记“非同级财政拨款收入”

科目。收到应收的款项时，借记“银行存款”科目，贷记“其他应收款”科目。

②在预算会计中，学校在取得非同级财政拨款预算收入时，按照实际收到的金额，借记“资金结存——货币资金”科目，贷记“非同级财政拨款预算收入”科目。

具体账务处理如表 5-5 所示。

表 5-5　　学校确认非同级财政拨款收入时的账务处理

业务和事项	财务会计处理	预算会计处理
确认收入时	借：其他应收款 / 银行存款等 　贷：非同级财政拨款收入	借：资金结存——货币资金 　贷：非同级财政拨款预算收入
收到应收的款项时	借：银行存款 　贷：其他应收款	

（3）案例分析。

【例 5-5】A 学校收到了非同级财政部门委托其代理银行转来的财政直接支付入账通知书，包含银行存款 900 000 元。A 学校的相关账务处理如下。

财务会计：

借：银行存款　　900 000

　贷：非同级财政拨款收入　　900 000

预算会计：

借：资金结存——货币资金　　900 000

　贷：非同级财政拨款预算收入　　900 000

2. 年末结转

（1）业务概述。

各类学校在每年年末，都需要将“非同级财政拨款收入”“非同级财政拨款预算收入”科目结转，使其余额为零。

（2）账务处理。

①在财务会计中，期末，将“非同级财政拨款收入”科目的本期发生额转入本期盈余，借记“非同级财政拨款收入”科目，贷记“本期盈余”科目。

②在预算会计中，年末：将“非同级财政拨款预算收入”科目本年发生额中的专项资金收入转入非财政拨款结转，借记“非同级财政拨款预算收入”科目下的各专项资金收入明细科目，贷记“非财政拨款结转——本年收支结转”科目；将“非同级财政拨款预算收入”科目本年发生额中的非专项资金收入转

入其他结余，借记“非同级财政拨款预算收入”科目下的各非专项资金收入明细科目，贷记“其他结余”科目。年末结转后，“非同级财政拨款预算收入”科目应无余额。

具体账务处理如表 5-6 所示。

表 5-6　　学校年末结转“非同级财政拨款收入”“非同级财政拨款预算收入”科目时的账务处理

业务和事项	财务会计处理	预算会计处理
专项资金	借：非同级财政拨款收入 　贷：本期盈余	借：非同级财政拨款预算收入 　贷：非财政拨款结转——本年收支结转
非专项资金		借：非同级财政拨款预算收入 　贷：其他结余

（3）案例分析。

【例 5-6】在 A 学校进行年终结账时，“非同级财政拨款收入”科目的贷方余额为 900 000 元，其中，专项资金收入为 300 000，非专项资金收入为 600 000。A 学校的相关账务处理如下。

财务会计：

借：非同级财政拨款收入　　900 000

　贷：本期盈余　　900 000

预算会计：

借：非同级财政拨款预算收入　　900 000

　贷：非财政拨款结转——本年收支结转　　300 000

　　其他结余　　600 000

5.3 业务收入与业务预算收入的核算

5.3.1 事业收入与事业预算收入

5.3.1.1 科目简介

在学校会计实务中，“事业收入”科目用于核算各类学校开展专业业务活动及其辅助活动实现的收入，主要包括行政事业性收费（如纳入行政事业性收费的学费、住宿费、考试报名费、考试费等）、科研收入以及与教育教学活动直接相关的对外服务性收费（如未纳入行政事业性收费的非学历培训费等）等，不包括从同级政府财政部门取得的各类财政拨款。

根据《关于高等学校执行〈政府会计制度——行政事业单位会计科目和报表〉的补充规定》，高等学校应当在新制度规定的“4101 事业收入”科目下设置“410101 教育事业收入”“410102 科研事业收入”明细科目。

（1）“410101 教育事业收入”科目核算高等学校开展教学活动及其辅助活动实现的收入。

（2）“410102 科研事业收入”科目核算高等学校开展科研活动及其辅助活动实现的收入。

事业预算收入是指各类学校开展专业业务活动及其辅助活动取得的现金流入。为核算事业预算收入业务，各类学校应设置“事业预算收入”总账科目。各类学校因开展科研及其辅助活动从非同级政府财政部门取得的经费拨款，也通过该科目核算。该科目应当按照事业预算收入类别、项目、来源、《2019年政府收支分类科目》中的“支出功能分类科目”项级科目等进行明细核算。因开展科研及其辅助活动从非同级政府财政部门取得经费拨款时，学校应当在该科目下单设“非同级财政拨款”明细科目进行明细核算；事业预算收入中如有专项资金收入，还应按照具体项目进行明细核算。“事业预算收入”总账科目下的明细核算科目的设置原理参照“财政拨款预算收入”科目。

根据《关于高等学校执行〈政府会计制度——行政事业单位会计科目和报表〉的补充规定》，高等学校应当在新制度规定的“6101 事业预算收入”科目下设置“610101 教育事业预算收入”和“610102 科研事业预算收入”明细科目。

（1）“610101 教育事业预算收入”科目核算高等学校开展教学活动及其辅助活动取得的现金流入。

（2）“610102 科研事业预算收入”科目核算高等学校开展科研活动及其辅助活动取得的现金流入。

5.3.1.2　账务处理及案例分析

1. 采用财政专户返还方式

（1）业务概述。

财政专户返还收入是采用财政专户返还方式管理的事业收入。承担政府规定的社会公益性服务任务的各类学校，面向社会提供的公益服务是无偿的，或只按政府指导价格收取部分费用，其事业收费需要纳入财政专户进行管理。

如果学校的某项事业收费纳入了财政专户管理，则事业收入需要按“收支两条线”的方式管理。在这种管理方式下，各类学校取得的各项事业型收费不能立即安排支出，需要上缴同级财政部门设立的财政资金专户；支出时，同级财政部门按资金收支计划从财政专户中拨付。各类学校在经过审批取得从财政专户核拨的款项时，方可确认事业收入。

（2）账务处理。

①在财务会计中：实现应上缴财政专户的事业收入时，按照实际收到或应收的金额，借记“银行存款”“应收账款”等科目，贷记“应缴财政款”科目；向财政专户上缴款项时，按照实际上缴的款项金额，借记“应缴财政款”科目，贷记“银行存款”等科目；收到从财政专户返还的款项时，按照实际收到的返还金额，借记“银行存款”等科目，贷记“事业收入”科目。

②在预算会计中，采用财政专户返还方式管理的事业预算收入，只有在收到从财政专户返还的事业预算收入时，做预算会计处理，即按照实际收到的返还金额，借记“资金结存——货币资金”科目，贷记“事业预算收入”科目。

具体账务处理如表 5-7 所示。

表 5-7　学校采用财政专户返还方式时的账务处理

业务和事项	财务会计处理	预算会计处理
实际收到或应收应上缴财政专户的事业收入	借：银行存款 / 应收账款等 贷：应缴财政款	—
向财政专户上缴款项	借：应缴财政款 贷：银行存款等	—
收到从财政专户返还的款项	借：银行存款等 贷：事业收入	借：资金结存——货币资金 贷：事业预算收入

（3）案例分析。

【例 5-7】 A 学校开展教学活动收到事业服务费 10 000 元，款项已经存入银行账户。此款项纳入财政专户管理，按规定需要全额上缴财政专户。账务处理如下。

借：银行存款　　10 000

　　贷：应缴财政款　　10 000

【例 5-8】 A 学校收到银行通知，其申请财政专户核拨的基本经费 50 000 元已经到账。此款项是 A 学校上缴的检测服务收费。账务处理如下。

财务会计：

借：银行存款　　50 000

　　贷：事业收入——检测业务——×× 收费项目　　50 000

预算会计：

借：资金结存——货币资金　　50 000

　　贷：事业预算收入　　50 000

【例 5-9】 A 学校收到国库支付执行机构委托代理银行转来的财政直接支付入账通知书。财政部门通过直接支付的方式，用财政专户管理的资金为 A 学校支付相关的费用 100 000 元。此款项是 A 学校上缴的检验服务收费。账务处理如下。

借：事业支出——财政补助支出——基本支出　　100 000

　　贷：事业收入——检验业务——×× 收费项目　　100 000

在上述明细科目下，“事业收入”科目还需要根据各类学校的行业属性按“支出功能分类”的类、款、项进行明细核算，为了方便，本处省略。

【例 5-10】 A 学校收到代理银行转来的授权支付到账通知书。财政部门通过授权支付方式核拨的财政专户管理资金 10 000 元已经下达。此款项是各类学校上缴的咨询服务收费，限定用于支付相关课题经费。账务处理如下。

借：零余额账户用款额度　　10 000

　　贷：事业收入——科技咨询业务——×× 收费项目（课题经费）10 000

2. 采用预收款方式

（1）业务概述。

在学校会计实务中，预收款是指学校向购货方预收的购货订金或部分货款。学校预收的货款待实际出售商品、产品或提供劳务时再行冲减。预收款是以买卖双方协议或合同为依据，由购货方预先支付一部分（或全部）货款给供应方而发生的一项负债，这项负债要用以后的商品或劳务来偿付。

（2）账务处理。

①在财务会计中，实际收到预收款项时，按照收到的款项金额，借记“银行存款”等科目，贷记“预收账款”科目。按合同完成进度确认事业收入时，按照基于合同完成进度计算的金额，借记“预收账款”科目，贷记“事业收入”科目。

②在预算会计中，实际收到预收款项时，按照收到的款项金额，借记“资

金结存——货币资金”科目，贷记“事业预算收入”科目。

具体账务处理如表 5-8 所示。

表 5-8　　学校采用预收款方式时的账务处理

业务和事项	财务会计处理	预算会计处理
实际收到款项时	借：银行存款等 贷：预收账款	借：资金结存——货币资金 贷：事业预算收入
按合同完成进度确认收入时	借：预收账款 贷：事业收入	—

（3）案例分析。

【例 5-11】A 学校 2×19 年 7 月初开展了一项教育培训服务，服务费为 10 000 元，预计 2 个月完成。其于当月月初预收了 10 000 元的款项，并于当月月底按照服务完成进度确认了一半的事业收入。A 学校的相关账务处理如下。

（1）7 月初。

财务会计：

借：银行存款　　10 000

　　贷：预收账款　　10 000

预算会计：

借：资金结存——货币资金　　10 000

　　贷：事业预算收入　　10 000

（2）7 月底。

财务会计：

借：预收账款　　5 000

　　贷：事业收入　　5 000

无预算会计处理。

3. 采用应收款方式

（1）业务概述。

在学校会计实务中，应收款是指学校在正常的经营过程中因销售商品、产品、提供劳务等业务，应向购买方收取的款项，包括应由购买方或劳务接受方负担的税金、代购买方垫付的各种运杂费等。

（2）账务处理。

①在财务会计中：根据合同完成进度计算本期应收的款项，借记“应收账

款”科目，贷记“事业收入”科目；实际收到款项时，借记“银行存款”等科目，贷记“应收账款”科目。

②在预算会计中，实际收到款项时，借记“资金结存——货币资金”科目，贷记“事业预算收入”科目。

具体账务处理如表 5-9 所示。

表 5-9　　　　学校采用应收款方式时的账务处理

业务和事项	财务会计处理	预算会计处理
根据合同完成进度计算本期应收的款项	借：应收账款 　贷：事业收入	—
实际收到款项时	借：银行存款等 　贷：应收账款	借：资金结存——货币资金 　贷：事业预算收入

（3）案例分析。

【例 5-12】A 学校开展咨询服务，价值 10 000 元的咨询服务款项尚未收到。A 学校的相关账务处理如下。

借：应收账款　　　　10 000

　贷：事业收入——科技咨询业务　　　　10 000

4. 采用其他方式

（1）业务概述。

除采用财政专户返还方式、预收款方式和应收款方式外，各类学校还可采用其他方式确认事业收入。这一般表现为收到银行存款或库存现金。

（2）账务处理。

在财务会计中，借记“银行存款”“库存现金”等科目，贷记“事业收入”科目。在预算会计中，借记“资金结存——货币资金”科目，贷记“事业预算收入”科目。

具体账务处理如表 5-10 所示。

表 5-10　　　　学校采用其他方式时的账务处理

业务和事项	财务会计处理	预算会计处理
其他方式下	借：银行存款 / 库存现金等 　贷：事业收入	借：资金结存——货币资金 　贷：事业预算收入

（3）案例分析。

【例 5-13】A 学校销售科研中间产品一批。该批产品的单价为 250 元，共 800 件，共计 200 000 元，增值税税额为 26 000 元（假设增值税税率为 13%），款已收到。A 学校的相关账务处理如下。

财务会计：

借：银行存款　　226 000

　　贷：事业收入　　200 000

　　　　应交增值税——应交税金（销项税额）　　26 000

预算会计：

借：资金结存——货币资金　　226 000

　　贷：事业预算收入　　226 000

5．年末结转

（1）业务概述。

各类学校在每年年末，都需要将“事业收入”“事业预算收入”科目结转，使其余额为零。

（2）账务处理。

①在财务会计中，年末，将“事业收入”科目的本期发生额转入本期盈余，借记“事业收入”科目，贷记“本期盈余”科目。

②在预算会计中，年末：将“事业预算收入”科目本年发生额中的专项资金收入转入非财政拨款结转，借记“事业预算收入”科目下的各专项资金收入明细科目，贷记“非财政拨款结转——本年收支结转”科目；将“事业预算收入”科目本年发生额中的非专项资金收入转入其他结余，借记“事业预算收入”科目下的各非专项资金收入明细科目，贷记“其他结余”科目。年末结转后，“事业预算收入”科目应无余额。

具体账务处理如表 5-11 所示。

表 5-11　学校年末结转“事业收入”“事业预算收入”科目时的账务处理

业务和事项	财务会计处理	预算会计处理
专项资金收入	借：事业收入 　贷：本期盈余	借：事业预算收入 　贷：非财政拨款结转——本年收支结转
非专项资金收入		借：事业预算收入 　贷：其他结余

（3）案例分析。

【例 5-14】 2×19 年 3 月 6 日，A 中学开学，收取学生学费 4 000 000 元并存入银行。3 月 11 日，A 中学向财政上缴学生学费 4 000 000 元；4 月，A 中学收到全部返还的学费收入 4 000 000 元。A 中学应做的会计分录如下。

（1）收取学费。

财务会计：

借：库存现金	4 000 000	
贷：应缴财政款——应缴财政专户		4 000 000
借：银行存款	4 000 000	
贷：库存现金		4 000 000

无预算会计处理。

（2）向财政上缴学生学费。

财务会计：

借：应缴财政款——应缴财政专户	4 000 000	
贷：银行存款		4 000 000

无预算会计处理。

（3）收到返还学费。

财务会计：

借：银行存款	4 000 000	
贷：事业收入		4 000 000

预算会计：

借：资金结存——货币资金	4 000 000	
贷：事业预算收入		4 000 000

（4）年末结转。

财务会计：

借：事业收入	4 000 000	
贷：本期盈余		4 000 000

预算会计：

借：事业预算收入	4 000 000	
贷：其他结余		4 000 000

6. 按合同完成进度确认事业收入

以高等学校为例进行讲解。根据《关于高等学校执行〈政府会计制度——行政事业单位会计科目和报表〉的补充规定》，高等学校在以合同完成进度确认事业收入时，应当根据业务实质，选择累计实际发生的合同成本占合同预计总成本的比例、已经完成的合同工作量占合同预计总工作量的比例、已经完成的时间占合同期限的比例、实际测定的完工进度等方法，合理确定合同完成进度。

5.3.1.3 受托加工物品的账务处理及案例分析

以高等学校为例进行讲解。相关账务处理如下。

（1）高等学校将收到的委托单位支付的资金用于加工设备、材料等时，在财务会计中，借记“银行存款”等科目，贷记“预收账款”科目；在预算会计中，按照收到的资金，借记“资金结存——货币资金”科目，贷记“事业预算收入”等科目。

（2）高等学校对受托加工物品进行加工时，在财务会计中，按照加工消耗的料、工、费等，借记“加工物品——受托加工物品”科目，贷记“库存物品”“应付职工薪酬”“银行存款”等科目；同时，在预算会计中，对加工中支付的资金，在支付时按照实际支付的金额，借记“事业支出——科研支出”科目，贷记“资金结存——货币资金”科目。

（3）高等学校将加工完成的产品交付委托方时，在财务会计中，按照受托加工产品的成本，借记“业务活动费用——科研费用”等科目，贷记“加工物品——受托加工物品”科目；确认受托方的受托加工收入，按照预收账款账面余额借记“预收账款”科目，按照应确认的收入金额贷记“事业收入”等科目，按照委托方补付或退回委托方的金额借记或贷记“银行存款”等科目。同时，在预算会计中，借记或贷记“资金结存”科目，贷记或借记“事业预算收入”等科目。涉及增值税业务的，相关账务处理参见“应交增值税”科目。

具体账务处理如表 5-12 所示。

表 5–12　　　　　　高等学校对受托加工物品的账务处理

序号	业务和事项	财务会计处理	预算会计处理
（1）	将收到的委托单位支付的资金用于加工设备、材料等	借：银行存款等 　贷：预收账款	借：资金结存——货币资金 　贷：事业预算收入等
（2）	对受托加工物品进行加工时	借：加工物品——受托加工物品 　贷：库存物品 / 应付职工薪酬 / 银行存款等	借：事业支出——科研支出 　贷：资金结存——货币资金
（3）	将加工完成的产品交付委托方时	借：业务活动费用——科研费用等 　贷：加工物品——受托加工物品 借：预收账款 　银行存款等（或在贷方） 　贷：事业收入等	借：资金结存［按照委托方补付的金额］ 　贷：事业预算收入等 若退回委托方资金，则做相反分录

【例 5–15】2×19 年 3 月，B 大学接受甲科研院所的委托，生产一批化学材料。甲科研院所预付材料及加工费 10 万元。B 大学应做如下账务处理。

财务会计：

借：银行存款　　100 000

　贷：预收账款　　100 000

预算会计：

借：资金结存——货币资金　　100 000

　贷：事业预算收入　　100 000

2×19 年 4 月，B 大学利用现有材料生产甲科研院所需要的化学材料，其耗费材料 40 000 元，支付科研人员工资 40 000 元。应做如下账务处理。

财务会计：

借：加工物品——受托加工物品　　80 000

　贷：库存物品　　40 000

　　应付职工薪酬　　40 000

支付科研人员工资时的账务处理如下。

借：应付职工薪酬　　40 000

　贷：银行存款　　40 000

预算会计：

借：事业支出——科研支出　　40 000

　　贷：资金结存——货币资金　　40 000

2×19 年 5 月，B 大学将加工完成的化学材料交付甲科研院所，确认受托加工收入 9 万元，退回甲科研院所的预付账款 1 万元。B 大学应做如下账务处理。

财务会计：

借：业务活动费用——科研费用　　80 000

　　贷：加工物品——受托加工物品　　80 000

借：预收账款　　100 000

　　贷：事业收入　　90 000

　　　　银行存款　　10 000

预算会计：

借：事业预算收入　　10 000

　　贷：资金结存　　10 000

5.3.2 经营收入与经营预算收入

5.3.2.1 科目简介

在学校会计实务中，“经营收入”科目用于核算各类学校在专业业务活动及辅助活动之外开展非独立核算经营活动取得的现金流入。经营收入是一种有偿收入，以提供各项服务或商品为前提，是各类学校在经营活动中通过收费等方式取得的收入。各类学校的主营业务活动是专业业务活动，在专业业务活动及辅助活动以外开展各项业务活动即经营活动。各类学校开展经营活动的目的是获取一定的收入，以弥补事业经费的不足。

在学校会计实务中，经营预算收入是指各类学校在专业业务活动及其辅助活动之外开展非独立核算经营活动而取得的现金流入。

5.3.2.2 账务处理及案例分析

1. 确认经营收入

（1）业务概述。

各类学校经营收入的确认，有两个条件：一是经营收入是各类学校在专业业务活动及辅助活动之外取得的收入；二是经营收入是各类学校非独立核算部门位取得的收入。一个收入事项同时具备以上两个条件方能确认为经营收入。

在学校会计实务中，经营收入的分类标准及其主要内容如表 5-13 所示。

表 5-13　　学校经营收入的分类标准及其主要内容

分类标准	分类名称	主要内容
经营业务类型	服务收入	学校非独立核算部门对外提供经营服务取得的收入
	销售收入	学校非独立核算部门生产、加工用于对外销售的商品时取得的收入
	租赁收入	学校因对外出租房屋、场地和设备等而取得的收入
	其他经营收入	除上述收入以外的各项经营类业务收入

（2）账务处理。

①在财务会计中：实现经营收入时，按照确定的收入金额，借记“银行存款”“应收账款”“应收票据”等科目，贷记“经营收入”科目；收到应收的款项时，借记“银行存款”等科目，贷记“应收账款”“应收票据”科目。涉及增值税业务的，相关账务处理参见“应交增值税”科目。

②在预算会计中，各类学校收到经营预算收入时，按照实际收到的金额，借记“资金结存——货币资金”科目，贷记“经营预算收入”科目。

具体账务处理如表 5-14 所示。

表 5-14　　学校确认经营收入时的账务处理

业务和事项	财务会计处理	预算会计处理
确认经营收入时	借：银行存款 / 应收账款 / 应收票据等 　贷：经营收入	借：资金结存——货币资金 　贷：经营预算收入
收到应收的款项时	借：银行存款等 　贷：应收账款 / 应收票据	

（3）案例分析。

【例 5-16】A 学校附属的服务部提供打印服务，应收取打印费 1 000 元，实际收到 800 元，款项已经存入银行。A 学校的相关账务处理如下。

财务会计：

借：银行存款　　800

　应收账款　　200

贷：经营收入——打印服务　　1 000

预算会计：

借：资金结存——货币资金　　800

贷：经营预算收入——打印服务　　800

2. 年末结转

（1）业务概述。

各类学校在每年年末，都需要将“经营收入”“经营预算收入”科目结转，使其余额为零。

（2）账务处理。

①在财务会计中，年末，将“经营收入”科目本年发生额转入本期盈余，借记“经营收入”科目，贷记“本期盈余”科目。

②在预算会计中，年末，将“经营预算收入”科目本年发生额转入经营结余，借记“经营预算收入”科目，贷记“经营结余”科目。年末结转后，“经营预算收入”科目应无余额。

具体账务处理如表 5-15 所示。

表 5-15　学校年末结转“经营收入”“经营预算收入”科目时的账务处理

业务和事项	财务会计处理	预算会计处理
年末结转	借：经营收入 　贷：本期盈余	借：经营预算收入 　贷：经营结余

（3）案例分析。

【例 5-17】在A学校进行年终结账时，“经营收入”科目的贷方余额为800 000元。A学校的相关账务处理如下。

财务会计：

借：经营收入　　800 000

贷：本期盈余　　800 000

预算会计：

借：经营预算收入　　800 000

贷：经营结余　　800 000

5.3.3　债务预算收入与债务还本支出

5.3.3.1　科目简介

在学校会计实务中，“债务预算收入”科目用于核算学校按照规定从银行和其他金融机构等借入的、纳入部门预算管理的、不以财政资金作为偿还来源的债务本金。

在学校会计实务中，“债务还本支出”科目应当按照贷款单位、贷款种类、《2019年政府收支分类科目》中“支出功能分类科目”的项级科目等进行明细核算。债务预算收入中如有专项资金收入，还应按照具体项目进行明细核算。

5.3.3.2　账务处理及案例分析

1．短期、长期借款

（1）业务概述。

事业单位借款是指事业单位按照规定从银行和其他金融机构等借入的、纳入部门预算管理的、不以财政资金作为偿还来源的款项，包括短期借款和长期借款。《政府会计制度——行政事业单位会计科目和报表》规定，事业单位发生借款时，不仅需要在财务会计中确认为负债，也需要在预算会计中确认为预算收入，通过“债务预算收入”科目进行核算。

（2）账务处理。

（1）学校借入各种短期借款时：财务会计中，借记“银行存款”科目，贷记“短期借款”科目；预算会计中，借记“资金结存——货币资金”科目，贷记“债务预算收入”科目。学校归还各种短期借款时：财务会计中，借记“短期借款”科目，贷记“银行存款”科目；预算会计中，借记“债务还本支出”科目，贷记“资金结存——货币资金”科目。

（2）学校借入各种长期借款时：财务会计中，借记“银行存款”科目，贷记“长期借款——本金”科目；预算会计中，借记“资金结存——货币资金”科目，贷记“债务预算收入”科目。学校归还各种长期借款时：财务会计中，借记“长期借款——本金”科目，贷记“银行存款”科目；预算会计中，借记“债务还本支出”科目，贷记“资金结存——货币资金”科目。

借入各项短期或长期借款时的账务处理如表 5-16 所示。

表 5-16 学校对短期、长期借款的账务处理

<table>
<tr><th>序号</th><th colspan="2">业务和事项</th><th>财务会计处理</th><th>预算会计处理</th></tr>
<tr><td rowspan="2">（1）</td><td rowspan="2">短期借款</td><td>借入各种短期借款</td><td>借：银行存款
贷：短期借款</td><td>借：资金结存——货币资金
贷：债务预算收入</td></tr>
<tr><td>归还短期借款本金</td><td>借：短期借款
贷：银行存款</td><td>借：债务还本支出
贷：资金结存——货币资金</td></tr>
<tr><td rowspan="2">（2）</td><td rowspan="2">长期借款</td><td>借入各种长期借款</td><td>借：银行存款
贷：长期借款——本金</td><td>借：资金结存——货币资金
贷：债务预算收入</td></tr>
<tr><td>归还长期借款本金</td><td>借：长期借款——本金
贷：银行存款</td><td>借：债务还本支出
贷：资金结存——货币资金</td></tr>
</table>

（3）案例分析。

【例 5-18】 2×19 年 5 月 30 日，A 学校经上级主管部门批准，从当地工商银行借入 1 000 000 元。该贷款为期 3 年，年利率为 5.2%。A 学校将该贷款纳入部门预算管理，以自有资金作为偿还来源，作为单位工程项目专用。6 月 1 日，A 学校在收到款项时，编制的会计分录如下。

财务会计：

借：银行存款——基本账户存款　　1 000 000

　　贷：长期借款——本金　　1 000 000

预算会计：

借：资金结存——货币资金——银行存款　　1 000 000

　　贷：债务预算收入——专项资金收入　　1 000 000

2．年末结转

业务概述及账务处理

年末，将“债务预算收入”科目本年发生额中的专项资金收入转入非财政拨款结转，借记“债务预算收入”科目下各专项资金收入明细科目，贷记“非财政拨款结转——本年收支结转”科目；将“债务预算收入”科目本年发生额中的非专项资金收入转入其他结余，借记“债务预算收入”科目下各非专项资金收入明细科目，贷记“其他结余”科目。

具体账务处理如表 5-17 所示。

表 5-17　　　　学校年末结转“债务预算收入”科目时的账务处理

业务和事项		财务会计处理	预算会计处理
年末结转	专项资金收入	—	借：债务预算收入 　贷：非财政拨款结转——本年收支结转
	非专项资金收入		借：债务预算收入 　贷：其他结余

5.3.4　投资收益与投资预算收益

5.3.4.1　科目简介

在学校会计实务中，“投资收益”科目用于核算学校股权投资和债券投资所实现的收益或发生的损失。其主要包括：债权投资的利息收益，如国库券利息等；股权投资的股利收入，如中小学校与外单位共同投资兴办事业单位，被投资事业单位根据投资协议分配给中小学校的税后利润。“投资收益”科目应当按照投资的种类等进行明细核算。

在学校会计实务中，投资预算收益是指各类学校取得的按照规定纳入部门预算管理的属于投资收益性质的现金流入，包括股权投资收益、出售或收回债券投资所取得的收益和债券投资利息收入。为核算投资预算收益业务，各类学校应设置“投资预算收益”总账科目。该科目应当按照《2019 年政府收支分类科目》中“支出功能分类科目”的项级科目等进行明细核算。

5.3.4.2　账务处理及案例分析

1．出售或到期收回短期债券本息

（1）业务概述。

短期债券是为筹集短期资金而发行的债券，一般期限在 1 年以内（含 1 年）。有些在市场上流通的中长期债券，其到期日不足 1 年的，也视作短期债券。短期债券具有流动性强、风险低的优点。

（2）账务处理。

①在财务会计中，出售或到期收回短期债券本息时：按照实际收到的金额，借记“银行存款”科目；按照出售或收回短期投资的成本，贷记“短期投资”科目；按照其差额，贷记或借记“投资收益”科目。涉及增值税业务的，相关

账务处理参见“应交增值税”科目。

②在预算会计中，各类学校出售或到期收回本年度取得的短期债券时：按照实际取得的价款或实际收到的本息金额，借记“资金结存——货币资金”科目；按照取得债券时“投资支出”科目的发生额，贷记“投资支出”科目；按照其差额，贷记或借记“投资预算收益”科目。出售或到期收回以前年度取得的短期债券时：按照实际取得的价款或实际收到的本息金额，借记“资金结存——货币资金”科目；按照取得债券时“投资支出”科目的发生额，贷记“其他结余”科目；按照借贷方差额，贷记或借记“投资预算收益”科目。

具体账务处理如表 5-18 所示。

表 5-18　　学校出售或到期收回短期债券本息的账务处理

业务和事项	财务会计处理	预算会计处理
出售或到期收回短期债券本息	借：银行存款 投资收益［借差］ 贷：短期投资［成本］ 投资收益［贷差］	借：资金结存——货币资金［实际收到的款项］ 投资预算收益［借差］ 贷：投资支出／其他结余［投资成本］ 投资预算收益［贷差］

（3）案例分析。

【例 5-19】A 学校兑付一项本年度取得的短期国债投资。A 学校收到国债投资本息 61 200 元，其中，短期投资成本为 60 000 元，利息为 1 200 元。A 学校的相关账务处理如下。

财务会计：

借：银行存款　　61 200

　贷：短期投资　　60 000

　　投资收益　　1 200

预算会计：

借：资金结存——货币资金　　61 200

　贷：投资支出　　60 000

　　投资预算收益　　1 200

2. 持有分期付息、一次还本的长期债券投资

（1）业务概述。

长期债券是发行者为筹集长期资金而发行的债券。各国对债券期限划分的标准不同。一般来说，偿还期限为 10 年以上的债券为长期债券。发行长期债券的主要目的是筹集大型工程、市政设施及一些期限较长的建设项目的建设资金。若某学校持有分期付息、一次还本的长期债券，则该学校需每期偿还一定金额的利息，到期再还本。

（2）账务处理。

①学校持有分期付息、一次还本的长期债券投资，在财务会计中，按期确认利息收入时，按照计算确定的应收未收利息，借记“应收利息”科目，贷记“投资收益”科目，无预算会计处理。

②学校持有分期付息、一次还本的长期债券投资在收到利息时，按照实际收到的金额：在财务会计中，借记“银行存款”科目，贷记“应收利息”科目；在预算会计中，借记“资金结存——货币资金”科目，贷记“投资预算收益”科目。

具体账务处理如表 5-19 所示。

表 5-19　学校对持有的分期付息、一次还本的长期债券投资的账务处理

业务和事项	财务会计处理	预算会计处理
确认应收未收利息	借：应收利息 　贷：投资收益	—
实际收到利息	借：银行存款 　贷：应收利息	借：资金结存——货币资金 　贷：投资预算收益

（3）案例分析。

【例 5-20】A学校投资了一项长期债券，采用的支付方式是分期付息、一次还本，每期应计的利息为 5 000 元，利息已收到。A 学校的相关账务处理如下。

财务会计：

借：应收利息　　5 000

　　贷：投资收益　　5 000

借：银行存款　　5 000

　　贷：应收利息　　5 000

预算会计：

借：资金结存——货币资金　　5 000

　　贷：投资预算收益　　5 000

3. 持有一次还本付息的长期债券投资

（1）业务概述。

一次还本付息的长期债券是指到期一次性偿还本金和利息的长期债券。

（2）账务处理。

①在财务会计中，学校持有到期一次还本付息的债券投资，按期确认利息收入时，按照计算确定的应收未收利息，借记“长期债券投资——应计利息”科目，贷记“投资收益”科目。

②在预算会计中，无账务处理。

具体账务处理如表 5-20 所示。

表 5-20　　学校对持有的一次还本付息的长期债券投资的账务处理

业务和事项		财务会计处理	预算会计处理
持有一次还本付息的长期债券投资	计算确认应收未收利息时	借：长期债券投资——应计利息 贷：投资收益	—

（3）案例分析。

【例 5-21】A 学校投资了一项长期债券，采用的支付方式是一次还本付息，当期应计利息为 5 000 元。A 学校的相关账务处理如下。

借：长期债券投资——应计利息　　5 000

　贷：投资收益　　5 000

4. 出售长期债券投资或到期收回长期债券投资本息

①在财务会计中，出售长期债券投资或到期收回长期债券投资本息时：按照实际收到的金额，借记“银行存款”等科目；按照债券初始投资成本和已计未收利息金额，贷记“长期债券投资——成本”“长期债券投资——应计利息”科目［到期一次还本付息债券］或“长期债券投资”“应收利息”科目［分期付息债券］；按照其差额，贷记或借记“投资收益”科目。涉及增值税业务的，相关账务处理参见“应交增值税”科目。

②在预算会计中，出售、转让以非货币性资产取得的长期股权投资时，按照实际取得的价款扣减支付的相关费用和应缴财政款后的余额（按照规定纳入单位预算管理的），借记“资金结存——货币资金”科目，贷记该科目；按照其差额，贷记或借记“投资预算收益”科目。

具体账务处理如表 5-21 所示。

表 5-21　学校出售长期债券投资或到期收回长期债券投资本息时的账务处理

业务和事项	财务会计处理	预算会计处理
出售长期债券投资或到期收回长期债券投资本息	借：银行存款 　　投资收益［借差］ 　　贷：长期债券投资——成本 　　　　长期债券投资——应付利息 　　　　投资收益［贷差］ 或者 借：银行存款等 　　投资收益［借差］ 　　贷：长期债券投资 　　　　应收利息 　　　　投资收益［贷差］	借：资金结存——货币资金［实际收到的款项］ 　　投资预算收益［借差］ 　　贷：投资支出 / 其他结余 　　　　投资预算收益［贷差］

5．成本法下被投资单位宣告分派利润或股利

（1）业务概述。

成本法是指长期股权投资按投资的实际成本计价的方法。该方法要求当学校增加对外长期投资时才增加长期股权投资的账面价值。

（2）账务处理。

①在财务会计中，在持有采用成本法核算的长期股权投资期间，被投资单位宣告分派现金股利或利润时，按照宣告分派的现金股利或利润中属于学校应享有的份额，借记“应收股利”科目，贷记“投资收益”科目；取得分派的利润或股利时，按照实际收到的金额，借记“银行存款”科目，贷记“应收股利”科目。

②在预算会计中：宣告分派的利润或股利时，不做处理；取得分派的利润或股利时，按照实际收到的金额，借记“资金结存——货币资金”科目，贷记“投资预算收益”科目。

具体账务处理如表 5-22 所示。

表 5-22　　成本法下学校在被投资单位宣告分派利润或股利时的账务处理

业务和事项	财务会计处理	预算会计处理
按照宣告分派的利润或股利中属于学校应享有的份额	借：应收股利 　　贷：投资收益	—
取得分派的利润或股利，按照实际收到的金额	借：银行存款 　　贷：应收股利	借：资金结存——货币资金 　　贷：投资预算收益

（3）案例分析。

【例 5-22】 A 学校按成本法核算一项长期股权投资。被投资单位次年宣告分配股利 20 000 元，属于 A 学校享有的股利份额为 12 000 元，股利尚未收到。A 学校的相关账务处理如下。

借：应收股利　　12 000

　　贷：投资收益　　12 000

【例 5-23】 A 学校持有 B 公司 10% 的股份，相应的长期股权投资采用成本法核算。某日，A 学校收到 B 公司数日前宣告分派的现金股利 11 800 元，款项已存入开户银行。A 学校应编制如下会计分录。

财务会计：

借：银行存款　　11 800

　　贷：应收股利　　11 800

预算会计：

借：资金结存——货币资金　　11 800

　　贷：投资预算收益　　11 800

6. 权益法下的长期股权投资

（1）业务概述。

在学校会计实务中，权益法是指长期股权投资按学校在被投资单位权益资本中所占比例计价的方法。长期股权投资采用权益法核算时，除因股权变动而引起的长期股权投资账面价值的增减变动外，被投资单位发生利润或亏损时，相应要增加或减少学校长期股权投资的账面价值。

（2）账务处理。

①在财务会计中，在持有用权益法核算的长期股权投资期间：按照应享有或应分担的被投资单位实现的净损益的份额，借记或贷记“长期股权投资——损益调整”科目，贷记或借记“投资收益”科目；收到被投资单位发放的现金股利时，借记“银行存款”科目，贷记“应收股利”科目；被投资单位发生净亏损，但以后年度又实现净利润的，学校在其收益分享额弥补未确认的亏损分担额等后，恢复确认投资收益，借记“长期股权投资——损益调整”科目，贷记“投资收益”科目。

②在预算会计中，只有在收到被投资单位发放的现金股利时，才做相关账务处理。此时，按照实际收到的金额，借记“资金结存——货币资金”科目，

贷记“投资预算收益”科目。

具体账务处理如表 5-23 所示。

表 5-23　　权益法下学校在持有长期股权投资期间的账务处理

业务和事项	财务会计处理	预算会计处理
按照应享有或应分担的被投资单位实现的净损益的份额	借：长期股权投资——损益调整 贷：投资收益［被投资单位实现净利润］ 借：投资收益［被投资单位发生净亏损］ 贷：长期股权投资——损益调整	—
收到被投资单位发放的现金股利	借：银行存款 贷：应收股利	借：资金结存——货币资金 贷：投资预算收益
被投资单位发生净亏损，但以后年度又实现净利润的，按规定恢复确认投资收益	借：长期股权投资——损益调整 贷：投资收益	—

（3）案例分析。

【例 5-24】A 学校按权益法核算一项长期股权投资。年底，被投资单位实现净利润 60 000 元，按投资份额计算，属于该学校享有的被投资单位的净利润为 30 000 元。A 学校的相关账务处理如下。

借：长期股权投资——损益调整　　30 000

　　贷：投资收益　　30 000

被投资单位于次年 3 月宣告分配股利 20 000 元，属于本单位享有的股利份额为 12 000 元，股利尚未收到。A 学校的相关账务处理如下。

借：应收股利　　12 000

　　贷：长期股权投资——损益调整　　12 000

7. 年末结转

（1）业务概述。

各类学校在每年年末，都需要将“投资收益”“投资预算收益”科目结转，使其余额为零。

（2）账务处理。

具体账务处理如表 5-24 所示。

年末转结时，若“投资收益”科目为贷方余额时：财务会计中，借记“投资收益”科目，贷记“本期盈余”科目；预算会计中，借记“投资预算收益”科目，贷记“其他结余”科目。若“投资收益”科目为借方余额时：财务会计中，借记“本期盈余”科目，贷记“投资收益”科目；预算会计中，借记“其他结余”科目，贷记“投资预算收益”科目。

表 5-24　学校年末结转“投资收益”“投资预算收益”科目时的账务处理

业务和事项		财务会计处理	预算会计处理
年末结转	“投资收益”科目为贷方余额时	借：投资收益 贷：本期盈余	借：投资预算收益 贷：其他结余
	“投资收益”科目为借方余额时	借：本期盈余 贷：投资收益	借：其他结余 贷：投资预算收益

（3）案例分析。

【例 5-25】A 学校进行年终结账时，“投资收益”科目的贷方余额为 900 000 元。A 学校的相关账务处理如下。

财务会计：

借：投资收益　　900 000

　　贷：本期盈余　　900 000

预算会计：

借：投资预算收益　　900 000

　　贷：其他结余　　900 000

【例 5-26】A 学校出售一项本年度取得的短期投资，实际收到款项 11 800 元，款项已存入开户银行。该项短期投资的账面余额为 11 500 元，取得时“投资支出”科目的发生额也为 11 500 元。按照规定，本次短期投资出售取得的投资收益纳入学校预算管理。该学校应编制如下会计分录。

在财务会计中：

借：银行存款　　11 800

　　贷：短期投资　　11 500

　　　　投资收益　　300

在预算会计中：

借：资金结存——货币资金　　11 800

　　贷：投资支出　　11 500

投资预算收益　　300

A 学校在本年末结账时，需将“投资收益”科目结转。

该学校应编制如下会计分录。

在财务会计中：

借：投资收益　　300

贷：本期盈余　　300

在预算会计中：

借：投资预算收益　　300

贷：其他结余　　300

5.3.5　捐赠收入与捐赠预算收入

5.3.5.1　科目简介

在学校会计实务中，“捐赠收入”科目用于核算学校接受其他单位或者个人捐赠取得的收入。该科目应当按照捐赠资产的用途和捐赠单位等进行明细核算。如根据捐赠收入来源，分别设置明细科目“专项资金收入”和“非专项资金收入”。

5.3.5.2　账务处理及案例分析

1. 接受捐赠的货币资金

（1）业务概述。

学校接受其他单位或个人捐赠的收入表现为货币资金。

（2）账务处理。

①在财务会计中，接受捐赠的货币资金时，按照实际收到的金额，借记“银行存款”“库存现金”等科目，贷记“捐赠收入”科目。

②在预算会计中，接受捐赠的货币资金时，按照实际收到的金额，借记“资金结存——货币资金”科目，贷记“其他预算收入——捐赠收入”科目。

具体账务处理如表 5-25 所示。

表 5-25　　学校接受捐赠的货币资金时的账务处理

业务和事项		财务会计处理	预算会计处理
接受捐赠的货币资金	按照实际收到的金额	借：银行存款 / 库存现金等 　贷：捐赠收入	借：资金结存——货币资金 　贷：其他预算收入——捐赠收入

（3）案例分析。

【例 5-27】2×19年3月1日，A中学收到专门用于助学的捐赠款项400 000元，存入银行，应做的会计分录如下。

财务会计：

借：银行存款　　400 000

　贷：捐赠收入　　400 000

预算会计：

借：资金结存——货币资金　　400 000

　贷：其他预算收入——捐赠收入　　400 000

2. 接受捐赠的存货、固定资产等

学校接受捐赠的存货、固定资产等，若按照确定的成本入账：财务会计中，借记“库存物品”“固定资产”等科目，贷记“银行存款”（若有相关税费、运输费等支出）、“捐赠收入”等科目；预算会计中，借记“其他支出”（支付的相关税费等）科目，贷记“资金结存”科目。若按照名义金额入账：财务会计中，借记“库存物品”“固定资产”等科目，贷记“捐赠收入”科目，其中相关税费、运输费等支出借记“其他费用”科目，贷记“银行存款”科目；预算会计中，借记“其他支出”（支付的相关税费等），贷记“资金结存”科目。

具体账务处理如表 5-26 所示。

表 5-26　　学校接受捐赠的存货、固定资产等时的账务处理

业务和事项		财务会计处理	预算会计处理
接受捐赠的存货、固定资产等	按照确定的成本	借：库存物品 / 固定资产等 　贷：银行存款等［相关税费、运输费支出］ 　　捐赠收入	借：其他支出［支付的相关税费等］ 　贷：资金结存
	如按照名义金额入账	借：库存物品 / 固定资产等［名义金额］ 　贷：捐赠收入 借：其他费用 　贷：银行存款等［相关税费、运输费支出］	借：其他支出［支付的相关税费等］ 　贷：资金结存

【例 5-28】A 学校接受了其他单位捐赠的固定资产，成本为 31 000 元，其中发生的相关税费和运费为 1 000 元，以银行存款支付。相关账务处理如下。

财务会计：

借：固定资产　　31 000

　　贷：捐赠收入　　30 000

　　　　银行存款　　1 000

预算会计：

借：其他支出　　1 000

　　贷：资金结存　　1 000

3. 年末结转

（1）业务概述。

学校在每年年末，都需要将"捐赠收入"科目结转，使其余额为零。

（2）账务处理。

学校年末转结"捐赠收入"科目时，财务会计中，借记"捐赠收入"，科目，贷记"本期盈余"科目。预算会计中，借记"其他预算收入——捐赠收入"科目，专项资金贷记"非财政拨款结转——本年收支结转"科目；非专项资金贷记"其他结余"科目。

具体账务处理如表 5-27 所示。

表 5-27　　学校年末结转"捐赠收入"科目时的账务处理

业务和事项		财务会计处理	预算会计处理
年末结转	专项资金	借：捐赠收入 　贷：本期盈余	借：其他预算收入——捐赠收入 　贷：非财政拨款结转——本年收支结转
	非专项资金		借：其他预算收入——捐赠收入 　贷：其他结余

（3）案例分析。

【例 5-29】A 学校进行年终结账时，"捐赠收入"科目的贷方余额为 600 000 元，均为非专项资金收入。A 学校的相关账务处理如下。

财务会计：

借：捐赠收入　　600 000

　　贷：本期盈余　　600 000

预算会计：

借：其他预算收入——捐赠收入　　600 000

　　贷：其他结余　　600 000

5.3.6 利息收入与利息预算收入

5.3.6.1 科目简介

在学校会计实务中，“利息收入”科目用于核算学校取得的银行存款利息收入。本科目可以按照不同开户银行设置明细科目。

5.3.6.2 账务处理及案例分析

1. 确认银行存款利息收入

（1）业务概述。

当学校实际收到利息时，需要确认银行存款利息收入。

（2）账务处理。

确认银行存款利息收入时，财务会计中借记“银行存款”科目，贷记“利息收入”科目；预算会计中，借记“资金结存——货币资金”科目，贷记“其他预算收入——利息收入”科目。

具体账务处理如表 5-28 所示。

表 5-28　　学校确认银行存款利息收入时的账务处理

业务和事项		财务会计处理	预算会计处理
确认银行存款利息收入	实际收到利息时	借：银行存款 　贷：利息收入	借：资金结存——货币资金 　贷：其他预算收入——利息收入

（3）案例分析。

【例 5-30】A 学校在银行存了一笔款项，2×19 年 1 月 1 日收到利息 1 000 元。A 学校的相关账务处理如下。

财务会计：

借：银行存款　　1 000

　　贷：利息收入　　1 000

预算会计：

借：资金结存——货币资金　　1 000

　　贷：其他预算收入——利息收入　　1 000

2. 年末结转

（1）业务概述。

各类学校在每年年末，都需要将“利息收入”科目结转，使其余额为零。

（2）账务处理。

期末结转“利息收入”科目时，财务会计中借记“利息收入”科目，贷记“本期盈余”科目；预算会计中，借记“其他预算收入——利息收入”科目，贷记“其他结余”科目。

具体账务处理如表 5-29 所示。

表 5-29　　学校年末结转“利息收入”科目时的账务处理

业务和事项	财务会计处理	预算会计处理
年末结转	借：利息收入 　贷：本期盈余	借：其他预算收入——利息收入 　贷：其他结余

（3）案例分析。

【例 5-31】A 学校进行年终结账时，“利息收入”科目的贷方余额为 900 000 元。A 学校的相关账务处理如下。

财务会计：

借：利息收入　　900 000

　　贷：本期盈余　　900 000

预算会计：

借：其他预算收入——利息收入　　900 000

　　贷：其他结余　　900 000

5.3.7　租金收入与租金预算收入

5.3.7.1　科目简介

在学校会计实务中，“租金收入”科目用于核算学校经批准利用国有资产出租取得并按照规定纳入自身预算管理的租金收入。

本科目应当按照出租国有资产类别和收入来源等进行明细核算。

5.3.7.2 账务处理及案例分析

1. 预收租金方式

（1）业务概述。

预收租金属于预收账款大类中的一种，“预收租金”科目是负债科目。学校在收到这笔租金时，合同中规定的义务尚未履行，因而不能作为收入入账，只能确认为一项负债，即贷记“预收租金”科目。学校按合同规定提供劳务后，再根据合同的履行情况，逐期将未实现收入转成已实现收入，即借记“预收租金”科目，贷记有关收入科目。

（2）账务处理。

国有资产出租收入，应当在租赁期内的各个期间按照直线法予以确认。

收到预付的租金时，财务会计中，借记“银行存款”等科目，贷记“预收账款”科目；预算会计中，借记“资金结存——货币资金”科目，贷记“其他预算收入——租金收入”科目。

按照直线法分期确认租金收入时，财务会计中，借记“预收账款”科目，贷记“租金收入”科目，不做预算会计处理。

具体账务处理如表5-30所示。涉及增值税业务的，相关账务处理参见“应交增值税”科目。

表5-30 学校预收租金时的账务处理

业务和事项	财务会计处理	预算会计处理
收到预付的租金时	借：银行存款等 　贷：预收账款	借：资金结存——货币资金 　贷：其他预算收入——租金收入
按照直线法分期确认租金收入时	借：预收账款 　贷：租金收入	—

（3）案例分析。

【例5-32】A中学出租一幢闲置办公楼与校办企业，约定租金支付方式为预收租金方式，当期预收款项为100 000元，租期为10个月。A中学的相关账务处理如下。

财务会计：

借：银行存款　100 000

　贷：预收账款　100 000

预算会计：

借：资金结存——货币资金　100 000

贷：其他预算收入——租金收入　　100 000

2. 后付租金方式

（1）业务概述。

后付租金，即承租人在各付租间隔期的期末支付租金的方式。采用这种方法，能使租金支付时间向后推迟整整一个间隔期（半年或 1 年），对资金短缺的承租人有利。

（2）账务处理。

确认租金收入时，财务会计中，借记“应收账款”科目，贷记“租金收入”科目，不做预算会计处理。

收到租金时，财务会计中，借记“银行存款”等科目，贷记“应收款项”科目；预算会计中，借记“资金结存——货币资金”科目，贷记“其他预算收入——租金收入”科目。

具体账务处理如表 5-31 所示。涉及增值税业务的，相关账务处理参见“应交增值税”科目。

表 5-31　　学校后付租金方式的账务处理

业务和事项	财务会计处理	预算会计处理
确认租金收入	借：应收账款 　贷：租金收入	—
收到租金	借：银行存款等 　贷：应收账款	借：资金结存——货币资金 　贷：其他预算收入——租金收入

（3）案例分析。

【例 5-33】 A 中学出租一幢闲置办公楼与校办企业，约定租金支付方式为后付租金方式，租金总额为 100 000 元，租期为 10 个月，每期确认 10 000 元租金收入，款项尚未收到。A 中学的相关账务处理如下。

借：应收账款　　10 000

　贷：租金收入　　10 000

3. 分期收取租金

（1）业务概述。

分期收取租金是指出租人按合同或条款上规定的期间收取租金。

（2）账务处理。

按期收取租金时，财务会计中，借记“银行存款”等科目，贷记“租金收入”科目；预算会计中，借记“资金结存——货币资金”科目，贷记“其他预算收入——租金收入”科目。

具体账务处理如表5-32所示。涉及增值税业务的，相关账务处理参见“应交增值税”科目。

表5-32　　学校分期收取租金时的账务处理

业务和事项	财务会计处理	预算会计处理
按期收取租金	借：银行存款等 　贷：租金收入	借：资金结存——货币资金 　贷：其他预算收入——租金收入

（3）案例分析。

【例5-34】A中学出租一幢闲置办公楼与校办企业，预定租金支付方式为分期收取租金方式，租金总额为100 000元，租期为10个月，每期收取10 000元租金收入。A中学的相关账务处理如下。

财务会计：

借：银行存款　　10 000

　贷：租金收入　　10 000

预算会计：

借：资金结存——货币资金　　10 000

　贷：其他预算收入——租金收入　　10 000

4.年末结转

（1）业务概述。

学校在每年年末，都需要将“租金收入”科目结转，使其余额为零。

（2）账务处理。

年末结转“租金收入”科目时，财务会计中，借记“租金收入”科目，贷记“本期盈余”科目；预算会计中，借记“其他预算收入——租金收入”科目，贷记“其他结余”科目。

具体账务处理如表5-33所示。

表5-33　　学校年末结转“租金收入”科目时的账务处理

业务和事项	财务会计处理	预算会计处理
年末结转	借：租金收入 　贷：本期盈余	借：其他预算收入——租金收入 　贷：其他结余

（3）案例分析。

【例 5–35】A 学校进行年终结账时，“租金收入”科目的贷方余额为 400 000 元。A 学校的相关账务处理如下。

财务会计：

借：租金收入　　400 000

　　贷：本期盈余　　400 000

预算会计：

借：其他预算收入——租金收入　　400 000

　　贷：其他结余　　400 000

5.3.8　其他收入和相关预算收入

5.3.8.1　科目简介

“其他收入”科目用于核算学校取得的除财政拨款收入、事业收入、上级补助收入、附属单位上缴收入、经营收入、非同级财政拨款收入、投资收益、捐赠收入、利息收入、租金收入以外的各项收入，包括现金盘盈收入、按照规定纳入学校预算管理的科技成果转化收入、无法偿付的应付及预收款项、置换换出资产评估增值等。

5.3.8.2　账务处理及案例分析

1．现金盘盈收入

（1）业务概述。

现金盘盈是指现金的真实数额比账面记录的数额多，一般是单位管理制度的疏失和收款人员的工作失误造成的。

（2）账务处理。

每日现金账款核对中发现的现金溢余，属于无法查明原因的部分，报经批准后，借记“待处理财产损溢”科目，贷记“其他收入”科目。无预算会计账务处理。具体账务处理如表 5-34 所示。

表 5-34　　　　学校现金盘盈收入的账务处理

业务和事项	财务会计处理	预算会计处理
属于无法查明原因的部分，报经批准后	借：待处理财产损溢 贷：其他收入	—

（3）案例分析。

【例 5-36】A 学校在进行现金账款核对时，盘盈现金 10 000 元，无法查明原因，报经批准后，应做如下账务处理。

财务会计：

借：待处理财产损溢　　　　10 000

　贷：其他收入　　　　10 000

2. 科技成果转化收入

（1）业务概述。

科技成果转化，是指为提高生产力水平而对科学研究与技术开发所产生的具有实用价值的科技成果所进行的后续试验、开发、应用、推广直至形成新产品、新工艺、新材料，发展新产业等活动。科技成果转化收入即因科技成果转化实现的收入。

（2）账务处理。

学校科技成果转化所取得的收入，按照规定留归本学校的，按照所取得收入扣除相关费用之后的净收益：在财务会计中，借记“银行存款”等科目，贷记“其他收入”科目；在预算会计中，借记“资金结存——货币资金”科目，贷记“其他预算收入”科目。

具体账务处理如表 5-35 所示。

表 5-35　　　　学校将科技成果转化为收入时的账务处理

业务和事项	财务会计处理	预算会计处理
按照规定留归本单位的	借：银行存款等 贷：其他收入	借：资金结存——货币资金 贷：其他预算收入

（3）案例分析。

【例 5-37】A 学校进行科技成果转化，取得转化收入 100 000 元。A 学校的相关账务处理如下。

财务会计：

借：银行存款　　　　100 000

贷：其他收入　　　　100 000

预算会计：

借：资金结存——货币资金　　　　100 000

贷：其他预算收入　　　　100 000

3．收回已核销的其他应收款

（1）业务概述。

在学校会计实务中，已核销的其他应收款是指学校在确认某笔其他应收款无法收回时，凭相关法律文书进行注销的款项。收回已核销的其他应收款指其他应收款在以后期间收回。

（2）账务处理。

收回已核销的其他应收款时，按照实际收回的金额，财务会计中，借记“银行存款”等科目，贷记“其他收入”科目；预算会计中，借记“资金结存——货币资金”科目，贷记“其他预算收入”科目。

具体账务处理如表 5-36 所示。

表 5-36　　学校收回已核销的其他应收款时的账务处理

业务和事项	财务会计处理	预算会计处理
按照实际收回的金额	借：银行存款等 贷：其他收入	借：资金结存——货币资金 贷：其他预算收入

（3）案例分析。

【例 5-38】A 学校收回了一笔已核销的其他应收款，金额为 50 000 元。A 学校的相关账务处理如下。

财务会计：

借：银行存款　　　　50 000

贷：其他收入　　　　50 000

预算会计：

借：资金结存——货币资金　　　　50 000

贷：其他预算收入　　　　50 000

4．无法偿付的应付及预收款项

（1）业务概述。

在学校会计实务中，无法偿付的应付及预收款项是指学校确实无法偿付或者债权人豁免偿还的应付及预收款项。

（2）账务处理。

无法偿付或债权人豁免偿还的应付账款、预收账款、其他应付款及长期应付款，在财务会计中，借记“应付账款”“预收账款”“其他应付款”“长期应付款”等科目，贷记“其他收入”科目。无预算会计处理。具体账务处理如表5-37所示。

表5-37 学校无法偿付应付及预收款项时的账务处理

业务和事项	财务会计处理	预算会计处理
无法偿付应付及预收款项	借：应付账款/预收账款/其他应付款/长期应付款等 贷：其他收入	—

5．置换换出资产评估增值

（1）业务概述。

学校在进行资产置换的过程中，可能会出现资产评估增值的情况。在学校会计实务中，资产评估增值是指对学校的资产进行评估，并按资产评估确认的价值调整学校相应资产的原账面价值。

（2）账务处理。

资产置换过程中，换出资产评估增值的，按照评估价值高于资产账面价值或账面余额的金额，在财务会计中，借记有关科目，贷记“其他收入”科目。无预算会计处理。具体账务处理参见“库存物品”等科目。

以未入账的无形资产取得长期股权投资时，按照评估价值加相关税费作为投资成本，借记“长期股权投资”科目；按照发生的相关税费，贷记“银行存款”“其他应交税费”等科目；按其差额，贷记“其他收入”科目。

具体账务处理如表5-38所示。

表5-38 学校置换换出资产评估增值时的账务处理

业务和事项	财务会计处理	预算会计处理
按照换出资产评估价值高于资产账面价值的金额	借：有关科目 贷：其他收入	—
以未入账的无形资产取得长期股权投资，按照评估价值加相关税费作为投资成本	借：长期股权投资 贷：银行存款 其他应交税费 其他收入（贷差）	

（3）案例分析。

【例 5-39】 A 学校在进行固定资产置换的过程中，换出的固定资产被评估为增值，评估价值比固定资产账面价值高 10 000 元。A 学校的相关账务处理如下。

财务会计：

借：固定资产　　10 000

　　贷：其他收入　　10 000

6. 其他情况下的收入

（1）业务概述。

其他情况下的收入是指除了现金盘盈收入、科技成果转化收入、收回已核销的其他应收款、无法偿付的应付及预付款项和置换换出资产评估增值之外的收入。

（2）账务处理。

学校确认其他情况下的收入时，按照应收或实际收到的金额，在财务会计中，借记“其他应收款”“银行存款”“库存现金”等科目，贷记本科目；预算会计中，借记“资金结存——货币资金”科目，贷记“其他预算收入”科目。

具体账务处理如表 5-39 所示。涉及增值税业务的，相关账务处理参见“应交增值税”科目。

表 5-39　　学校确认其他情况下的收入时的账务处理

业务和事项	财务会计处理	预算会计处理
按照应收或实际收到的金额	借：其他应收款 / 银行存款 / 库存现金等 　贷：其他收入	借：资金结存——货币资金 ［按照实际收到的金额］ 　贷：其他预算收入

7. 年末结转

（1）业务概述。

学校在每年年末，都需要将“其他收入”科目结转，使其余额为零。

（2）账务处理。

期末，将本科目的本期发生额转入本期盈余，在财务会计中，借记“其他收入”科目，贷记“本期盈余”科目。预算会计中，借记本科目，专项基金贷记“非财政拨款结转——本年收支结转”科目，非专项资金贷记“其他结余”科目。具体账务处理如表 5-40 所示。

表 5-40　　　　学校年末结转"本期盈余"科目时的账务处理

<table>
<tr><th colspan="2">业务和事项</th><th>财务会计处理</th><th>预算会计处理</th></tr>
<tr><td rowspan="2">年末结转</td><td>专项资金</td><td rowspan="2">借：其他收入
　贷：本期盈余</td><td>借：其他预算收入
　贷：非财政拨款结转——本年收支结转</td></tr>
<tr><td>非专项资金</td><td>借：其他预算收入
　贷：其他结余</td></tr>
</table>

（3）案例分析。

【例 5-40】A 学校进行年终结账时，"其他收入"科目的贷方余额为 900 000 元，其中，专项资金收入为 500 000 元，非专项资金收入为 400 000 元。A 学校的相关账务处理如下。

财务会计：

借：其他收入　　900 000

　贷：本期盈余　　900 000

预算会计：

借：其他预算收入　　900 000

　贷：非财政拨款结转——本年收支结转　　500 000

　　其他结余　　400 000

5.4 调剂性收入的核算

5.4.1 上级补助收入与上级补助预算收入

5.4.1.1 科目简介

在学校会计实务中，上级补助收入是学校收到主管部门或上级单位拨入的非财政补助资金。每个学校均有主管部门或上级单位，主管部门或上级单位可以利用自身的收入或集中的收入，对所管辖的学校给予补助，以调剂学校的资金余缺。"上级补助收入"科目核算学校从主管部门和上级单位取得的非财政拨款收入。

在学校会计实务中，上级补助预算收入是指学校从主管部门和上级单位取得的非财政补助现金流入。为核算上级补助预算收入业务，各类学校应设置“上级补助预算收入”总账科目。该科目应当按照发放补助的单位、补助项目、《2019年政府收支分类科目》中的“支出功能分类科目”的项级科目等进行明细核算。上级补助预算收入中如有专项资金收入，还应按照具体项目进行明细核算。

5.4.1.2　账务处理及案例分析

1．日常核算

（1）业务概述。

不同于财政补助收入，上级补助收入并非来源于财政部门，也不是财政部门安排的财政预算资金，而是由学校主管部门或上级单位拨入的非财政性资金。上级补助收入并不是各类学校的常规收入，主管单位或上级单位一般根据自身的资金情况和各类学校的需要进行资金拨付。

（2）账务处理。

①确认上级补助预算收入时，在财务会计中，按照应收或实际收到的金额，借记“银行存款”“其他应收款”等科目，贷记“上级补助收入”科目，无预算会计处理。

②学校收到以前确认的上级补助收入时：在财务会计中，借记“银行存款”等科目，贷记“其他应收款”科目；在预算会计中，借记“资金结存——货币资金”科目，贷记“上级补助预算收入”科目。

具体账务处理如表 5-41 所示。

表 5-41　　上级补助收入和上级补助预算收入的日常核算

业务和事项	财务会计处理	预算会计处理
确认时，按照应收或实际收到的金额	借：其他应收款 / 银行存款等 贷：上级补助收入	借：资金结存——货币资金［按照实际收到的金额］ 贷：上级补助预算收入
收到应收的上级补助收入	借：银行存款等 贷：其他应收款	

（3）案例分析。

【例 5-41】A 学校收到主管部门拨来的补助款 100 000 元，款项已经到账。此款项是上级单位用其所集中的款项对附属单位基本支出进行的调剂。A 学校的相关账务处理如下。

财务会计：

借：银行存款　　　　　　　　　　　　　　　　　　　100 000

　　贷：其他应收款　　　　　　　　　　　　　　　　　　100 000

预算会计：

借：资金结存——货币资金　　　　　　　　　　　　　100 000

　　贷：上级补助预算收入　　　　　　　　　　　　　　100 000

2. 年末结转

（1）业务概述。

各类学校在每年年末，都需要将“上级补助收入”和“上级补助预算收入”科目结转，使其余额为零。

（2）账务处理。

①在财务会计中，年末，将“上级补助收入”科目本年发生额转入本期盈余，借记“上级补助收入”科目，贷记“本期盈余”科目。

②在预算会计中，各类学校除了需要对财政拨款预算收支情况和非财政拨款预算收支情况进行分别核算外，还需要对专项资金预算收支情况和非专项资金预算收支情况进行分别核算。同时对于专项资金预算收支情况还需要进行单独的报告，并进行绩效评价。分别设置“非财政拨款结转”和“其他结余”科目，体现了这一基本要求。具体处理中，预算会计中借记本科目，专项资金贷记“非财政拨款结转——本年收支结转”科目，非专项资金贷记“其他结余”科目。

具体账务处理如表5-42所示。

表5-42　学校年末结转“上级补助收入”和“上级补助预算收入”科目时的账务处理

业务和事项	财务会计处理	预算会计处理
专项资金收入	借：上级补助收入 　贷：本期盈余	借：上级补助预算收入 　贷：非财政拨款结转——本年收支结转
非专项资金收入		借：上级补助预算收入 　贷：其他结余

（3）案例分析。

【例5-42】年终，结转“上级补助收入”科目，其中，专项资金为600 000元，非专项资金为300 000元。相关账务处理如下。

财务会计：

借：上级补助收入　　　　　　　　　　　　　　　　　900 000

贷：本期盈余		900 000
预算会计：		
借：上级补助预算收入	900 000	
贷：非财政拨款结转——本年收支结转		600 000
其他结余		300 000

5.4.2　附属单位上缴收入与附属单位上缴预算收入

5.4.2.1　科目简介

在学校会计实务中，附属单位上缴收入是指学校附属的独立核算单位按规定标准或比例缴纳的各项收入。有些学校一般下设一些独立核算的附属单位，这些单位按规定应当上缴一定的收入，形成各类学校的附属单位上缴收入。在学校会计实务中，“附属单位上缴收入”科目用于核算各类学校取得的附属独立核算单位按照有关规定上缴的收入。

在学校会计实务中，附属单位上缴预算收入是指学校取得的附属独立核算单位根据有关规定上缴的现金流入。为核算附属单位上缴预算收入业务，学校应设置“附属单位上缴预算收入”总账科目。该科目应当按照附属单位、缴款项目、《2019 年政府收支分类科目》中的“支出功能分类科目”的项级科目等进行明细核算。附属单位上缴预算收入中如有专项资金收入，还应按照具体项目进行明细核算。

5.4.2.2　账务处理及案例分析

1. 日常核算

（1）业务概述。

所谓附属单位，是指学校内部设立的，实行独立核算的下级单位，它是与上级单位存在一定体制关系的单位。附属单位上缴收入是学校收到的附属单位上缴的款项。各类学校与附属单位之间的往来款项，不通过“附属单位上缴收入”科目核算。各类学校对外投资获得的投资收益也不通过“附属单位上缴收入”科目核算。

（2）账务处理。

①在财务会计中：确认附属单位上缴收入时，按照应收或实际收到的金额，

借记“其他应收款”“银行存款”等科目，贷记“附属单位上缴收入”科目；实际收到应收附属单位上缴款时，按照实际收到的金额，借记“银行存款”等科目，贷记“其他应收款”科目。

②在预算会计中，各类学校在确认、实际收到附属单位上缴款时，按照应收或实际收到的金额，借记“资金结存——货币资金”科目，贷记“附属单位上缴预算收入”科目。

具体账务处理如表 5-43 所示。

表 5-43　　学校收到附属单位上缴款时的账务处理

<table>
<tr><th>业务和事项</th><th>财务会计处理</th><th>预算会计处理</th></tr>
<tr><td>确认时，按照应收或实际收到的金额</td><td>借：其他应收款 / 银行存款等
　　贷：附属单位上缴收入</td><td rowspan="2">借：资金结存——货币资金
　　贷：附属单位上缴预算收入</td></tr>
<tr><td>实际收到应收附属单位上缴款</td><td>借：银行存款等
　　贷：其他应收款</td></tr>
</table>

（3）案例分析。

【例 5-43】A 学校下属的招待所为独立核算的附属单位。按 A 学校与招待所签订的收入分配办法的规定，2×13 年，招待所应上缴分成款 60 000 元。A 学校已收到招待所上缴的款项。A 学校的相关账务处理如下。

财务会计：

借：银行存款　　60 000

　　贷：其他应收款　　60 000

预算会计：

借：资金结存——货币资金　　60 000

　　贷：附属单位上缴预算收入　　60 000

2. 年末结转

（1）业务概述。

各类学校在每年年末，都需要将“附属单位上缴收入”和“附属单位上缴预算收入”科目结转，使其余额为零。

（2）账务处理。

①在财务会计中，期末，将“附属单位上缴收入”科目的本期发生额转入本期盈余，借记“附属单位上缴收入”科目，贷记“本期盈余”科目。

②在预算会计中，年末：将“附属单位上缴预算收入”科目本年发生额中

的专项资金收入转入非财政拨款结转，借记“附属单位上缴预算收入”科目，贷记“非财政拨款结转——本年收支结转”科目；将“附属单位上缴预算收入”科目本年发生额中的非专项资金收入转入其他结余，借记“附属单位上缴预算收入”科目，贷记“其他结余”科目。年末结转后，该科目应无余额。

具体账务处理如表 5-44 所示。

表 5-44　　学校年末结转“附属单位上缴收入”和“附属单位上缴预算收入”科目时的账务处理

业务和事项	财务会计处理	预算会计处理
专项资金收入	借：附属单位上缴收入 　贷：本期盈余	借：附属单位上缴预算收入 　贷：非财政拨款结转——本年收支结转
非专项资金收入		借：附属单位上缴预算收入 　贷：其他结余

（3）案例分析。

【例 5-44】A 学校进行年终结账时，“附属单位上缴收入”科目的贷方余额为 900 000 元，均为专项资金收入。A 学校的相关账务处理如下。

财务会计：

借：附属单位上缴收入　　900 000

　贷：本期盈余　　900 000

预算会计：

借：附属单位上缴预算收入　　900 000

　贷：非财政拨款结转——本年收支结转　　900 000

第 6 章 费用与预算支出

6.1 费用与预算支出概述

6.1.1 费用与预算支出的概念

1. 费用

根据《基本准则》第四十五条，费用是指报告期内导致政府会计主体净资产减少的、含有服务潜力或者经济利益的经济资源的流出。

在学校会计主体中，费用是各类学校开展各种教育教学及其辅助活动或经营活动等发生的费用。各类学校在履行职能或开展业务活动过程中，必然会发生各种各样的支出，如支付的职工薪酬、耗用的库存物品等。各类学校的费用可能导致其资产或者净资产减少，一般是消耗性的，不能以成本方式从收入中得到补偿。

根据《政府会计制度》，费用核算共有 8 个核心业务内容，包括业务活动费用、单位管理费用、经营费用、资产处置费用、上缴上级费用、对附属单位补助费用、所得税费用、其他费用等。

2. 预算支出

根据《基本准则》第二十一条，预算支出是指政府会计主体在预算年度内依法发生并纳入预算管理的现金流出。

6.1.2 费用与预算支出的确认

1. 费用

根据《基本准则》第四十六条，费用的确认应当同时满足以下条件：

（1）与费用相关的含有服务潜力或者经济利益的经济资源很可能流出政

府会计主体；

（2）含有服务潜力或者经济利益的经济资源流出会导致政府会计主体资产减少或者负债增加；

（3）流出金额能够可靠地计量。

2. 预算支出

根据《基本准则》第二十二条规定，预算支出一般在实际支付时予以确认，以实际支付的金额计量。

6.2　业务活动费用与事业支出

6.2.1　科目简介

在学校会计实务中，业务活动费用是指学校为实现其职能目标，依法履职或开展专业业务活动及其辅助活动所发生的各项费用。对于该类费用，学校应当按照项目、服务或者业务类别、支付对象等进行明细核算。为了满足成本核算需要，“业务活动费用”科目下还可按照“工资福利费用”“商品和服务费用”“对个人和家庭的补助费用”“对企业补助费用”“固定资产折旧费”“无形资产摊销费”“公共基础设施折旧（摊销）费”“保障性住房折旧费”“计提专用基金”等成本项目设置明细科目。期末，归集能够直接计入业务活动或采用一定方法计算后计入业务活动的费用并结转后，“业务活动费用”科目应无余额。

根据《关于高等学校执行〈政府会计制度——行政事业单位会计科目和报表〉的补充规定》，高等学校应当在新制度规定的“5001 业务活动费用”科目下设置“500101 教育费用”“500102 科研费用”明细科目。

（1）“500101 教育费用”科目核算高等学校开展教学及其辅助活动、学生事务等活动所发生的，能够直接计入或采用一定方法计算后计入的各项费用。

（2）“500102 科研费用”科目核算高等学校开展科研及其辅助活动所发生的，能够直接计入或采用一定方法计算后计入的各项费用。

“事业支出”科目是针对不同类型会计主体设置的科目。学校应当设置“事业支出”科目，以核算学校开展专业业务活动及其辅助活动实际发生的各项现金流出。“事业支出”科目应当分别按照“财政拨款支出”“非财政专项资金支出”“其他资金支出”“基本支出”“项目支出”等进行明细核算。

根据《关于高等学校执行〈政府会计制度——行政事业单位会计科目和报表〉的补充规定》，高等学校应当在新制度规定的“7201 事业支出”科目下设置“720101 教育支出”“720102 科研支出”“720103 行政管理支出”“720104 后勤保障支出”“720105 离退休支出”“720109 其他事业支出”明细科目。

（1）“720101 教育支出”科目核算高等学校开展教学及其辅助活动、学生事务等活动实际发生的各项现金流出。

（2）“720102 科研支出”科目核算高等学校开展科研及其辅助活动实际发生的各项现金流出。

（3）“720103 行政管理支出”科目核算高等学校开展单位的行政管理活动实际发生的各项现金流出。

（4）“720104 后勤保障支出”科目核算高等学校开展后勤保障活动实际发生的各项现金流出。

（5）“720105 离退休支出”科目核算高等学校实际发生的用于离退休人员的各项现金流出。

（6）“720109 其他事业支出”科目核算高等学校发生的除教学、科研、后勤保障、行政管理、离退休支出之外的其他各项事业支出。

6.2.2 为履职或开展业务活动的本学校人员以及外部人员计提并支付薪酬和劳务费

1. 业务概述

该业务所指的“薪酬和劳务费”不包括计入在建工程、加工物品、无形资产成本的人员费用，其中本学校人员的薪酬用“应付职工薪酬”科目核算，外部人员的劳务费用“其他应付款”科目核算。

2. 账务处理

（1）计提薪酬和劳务费时。

为履职或开展业务活动的本学校人员以及外部人员计提薪酬和劳务费时，按照计算的金额，在财务会计中，借记“业务活动费用”科目，贷记“应付职工薪酬”或“其他应付款”科目。计提时，没有实际的现金流出，因此不做预算会计的账务处理。

（2）实际支付并代扣个人所得税时。

在财务会计中，实际支付时，按照代扣代缴个人所得税的金额，贷记“其他应交税费——应交个人所得税”科目；按照扣税后应付或实际支付的金额，贷记“财政拨款收入”“零余额账户用款额度”“银行存款”等科目，借记“应付职工薪酬”或“其他应付款”科目。

在预算会计中，按照实际支付给个人的金额，借记“事业支出”科目，贷记“财政拨款预算收入”“资金结存”等科目。

（3）实际缴纳税款时。

在财务会计中，实际缴纳税款时，按实际缴纳的金额，借记“其他应交税费——应交个人所得税”科目，贷记“银行存款”“零余额账户用款额度”等科目。

在预算会计中，按照实际缴纳额，借记“事业支出”科目，贷记“资金结存”等科目。

具体账务处理如表 6-1 所示。

表 6-1　　学校为履职或开展业务活动的本学校人员以及外部人员计提并支付薪酬和劳务费时的账务处理

业务和事项	财务会计处理	预算会计处理
计提时，按照计算的金额	借：业务活动费用 　贷：应付职工薪酬 / 其他应付款	—
实际支付给职工并代扣个人所得税时	借：应付职工薪酬 / 其他应付款 　贷：财政拨款收入 / 零余额账户用款额度 / 银行存款等 　　其他应交税费——应交个人所得税	借：事业支出［按照支付给个人部分］ 　贷：财政拨款预算收入 / 资金结存等
实际缴纳税款时	借：其他应交税费——应交个人所得税 　贷：银行存款 / 零余额账户用款额度等	借：事业支出［按照实际缴纳额］ 　贷：资金结存等

3．案例解析

【例 6-1】某学校本月的职工薪酬总额为 900 000 元，代扣代缴个人所得税 36 000 元，使用财政直接支付方式支付职工薪酬和个人所得税。该学校的账务处理如下。

（1）计提工资时。

借：业务活动费用——工资福利费用　　900 000

　贷：应付职工薪酬——工资　　900 000

（2）实际支付给职工并代扣个人所得税时。

财务会计：

借：应付职工薪酬——工资　900 000

　贷：财政拨款收入——基本支出拨款（人员经费）　864 000

　　其他应交税费——应交个人所得税　36 000

预算会计：

借：事业支出　864 000

　贷：财政拨款预算收入——基本支出拨款（人员经费）　864 000

（3）实际缴纳税款时。

财务会计：

借：其他应缴税费——应交个人所得税　36 000

　贷：银行存款　36 000

预算会计：

借：事业支出　36 000

　贷：资金结存——货币资金　36 000

6.2.3 为履职或开展业务活动发生预付款项

1．业务概述

学校一般会在两种情况下发生为履职或开展业务活动的预付款项：一是学校按照购货、服务合同或协议规定预付给供应单位（或个人）的款项，即预付账款；二是学校在业务活动中与其他单位、所属单位或本单位职工发生的临时性待结算款项，如职工预借的差旅费、报销单位领用的备用金等，即暂付款项。

2．账务处理

（1）预付账款。

在财务会计中：发生预付账款时，按照预付金额，借记“预付账款”科目，贷记“财政拨款收入”“零余额账户用款额度”“银行存款”等科目；结算时，按照实际成本借记“业务活动费用”科目，按照相关预付账款的账面余额贷记“预付账款”科目，并按照实际补付的金额贷记“财政拨款收入”“零余额账户用款额度”“银行存款”等科目。

在预算会计中：发生预付账款时，按照预付金额，借记“事业支出”科目，贷记“财政拨款预算收入”“资金结存”科目；结算时，按照补付的金额，借记“事业支出”科目，贷记“财政拨款预算收入”“资金结存”科目。

（2）暂付款项。

在财务会计中：支付款项时，借记“其他应收款”科目，贷记“银行存款”等科目；结算或报销时，借记“业务活动费用”科目，贷记“其他应收款”科目。

在预算会计中：支付款项时，不做账务处理；在结算或报销时，借记“事业支出”科目，贷记“资金结存”等科目。

具体账务处理如表 6-2 所示。

表 6-2　　学校为履职或开展业务活动发生预付款项时的账务处理

业务和事项		财务会计处理	预算会计处理
预付账款	预付账款时	借：预付账款 　贷：财政拨款收入 / 零余额账户用款额度 / 银行存款等	借：事业支出 　贷：财政拨款预算收入 / 资金结存
	结算时	借：业务活动费用 　贷：预付账款 　　财政拨款收入 / 零余额账户用款额度 / 银行存款等［补付金额］	借：事业支出 　贷：财政拨款预算收入 / 资金结存［补付金额］
暂付款项	支付账款时	借：其他应收款 　贷：银行存款等	—
	结算或报销时	借：业务活动费用 　贷：其他应收款	借：事业支出 　贷：资金结存等

3．案例解析

【例 6-2】 某学校与 A 公司签订与业务相关的劳务合同，约定一个月内完成，价款共 500 000 元。该学校先使用财政授权方式预付 30% 的款项。A 公司收到预付款后开始提供劳务，一个月后该项目结束，该学校支付剩余 70% 的价款。该学校编制的会计分录如下。

（1）预付 30% 价款时。

财务会计：

借：预付账款——A 公司　　150 000

　贷：零余额账户用款额度　　150 000

预算会计：

借：事业支出　　150 000

贷：资金结存——零余额账户用款额度　150 000

（2）验货后支付剩余的价款时。

财务会计：

借：业务活动费用——商品和服务费用　500 000

贷：预付账款——A公司　150 000

零余额账户用款额度　350 000

预算会计：

借：事业支出　350 000

贷：资金结存——零余额账户用款额度　350 000

6.2.4　为履职或开展业务活动购买资产或支付在建工程款等

1．业务概述

在财务会计中，为履职或开展业务活动购买存货、固定资产、无形资产等，以及支付在建工程款项时，相关初始成本不应直接计入业务活动费用，而应在未来期间内通过计提折旧或摊销的方式计入业务活动费用。在预算会计中，应按实际支付的金额直接记入“事业支出”科目，在未来期间计提折旧或摊销时不做预算会计账务处理。

2．账务处理

在财务会计中，为履职或开展业务活动而购买资产或支付在建工程款时，应按照实际支付或应付的价款，借记“库存物品”“固定资产”“无形资产”“在建工程”等科目，贷记“财政拨款收入”“零余额账户用款额度”“银行存款”“应付账款”等科目。

在预算会计中，按照实际支付的金额，借记“事业支出”科目，贷记“财政拨款预算收入”“资金结存”科目。

具体账务处理如表6-3所示。

表6-3　学校为履职或开展业务活动购买资产或支付在建工程款等时的账务处理

业务和事项	财务会计处理	预算会计处理
按照实际支付或应付的价款	借：库存物品/固定资产/无形资产/在建工程等 贷：财政拨款收入/零余额账户用款额度/银行存款/应付账款等	借：事业支出 贷：财政拨款预算收入/资金结存

3．案例解析

【**例 6-3**】某学校购入不需要安装的设备一台，用于开展业务活动，设备价格为 800 000 元，运输及保险费为 100 000 元。该学校使用财政直接支付方式支付全部价款，会计处理如下。

财务会计：

借：固定资产　　900 000

　　贷：财政拨款收入　　900 000

预算会计：

借：事业支出　　900 000

　　贷：财政拨款预算收入——基本支出（日常公用经费）　　900 000

6.2.5　为履职或开展业务活动领用库存物品

1．业务概述

该业务仅针对学校为履职或开展业务活动而领用的库存物品，不包括按照规定自主出售发出或加工发出的库存物品。

2．账务处理

为履职或开展业务活动领用库存物品时，在财务会计中，按照领用的库存物品的成本，借记“业务活动费用”科目，贷记“库存物品”等科目。由于没有实际现金流出，所以不做预算会计账务处理。

具体账务处理如表 6-4 所示。

表 6-4　学校为履职或开展业务活动领用库存物品时的账务处理

业务和事项	财务会计处理	预算会计处理
按照领用库存物品的成本	借：业务活动费用 　贷：库存物品等	—

3．案例解析

【**例 6-4**】6 月 10 日，某学校购入一批价值 80 000 元的材料。该学校使用财政授权支付方式支付全部价款，当日收到材料并验收合格入库。6 月 15 日，该学校领用价值 30 000 元的该材料用于开展业务活动。该学校的会计处理如下。

（1）购入材料时。

财务会计：

借：库存物品　　80 000

　　贷：零余额账户用款额度　　80 000

预算会计：

借：事业支出　　80 000

　　贷：资金结存——零余额账户用款额度　　80 000

（2）领用材料时。

财务会计：

借：业务活动费用——商品和服务费用　　30 000

　　贷：库存物品　　30 000

6.2.6　为履职或开展业务活动计提的固定资产、无形资产、公共基础设施、保障性住房的折旧（摊销）

1. 业务概述

与业务活动相关的固定资产、无形资产、公共基础设施、保障性住房，其计提的累计折旧（摊销）应计入业务活动费用。

2. 账务处理

按照计提的金额，在财务会计中，借记“业务活动费用”科目，贷记“固定资产累计折旧”“无形资产累计摊销”“公共基础设施累计折旧（摊销）”“保障性住房累计折旧”科目。无预算会计账务处理。

具体账务处理如表 6-5 所示。

表 6-5　学校为履职或开展业务活动计提的固定资产、无形资产、公共基础设施、保障性住房的折旧（摊销）的账务处理

业务和事项	财务会计处理	预算会计处理
按照计提的折旧、摊销额	借：业务活动费用 　贷：固定资产累计折旧 / 无形资产累计摊销 / 公共基础设施累计折旧（摊销）/ 保障性住房累计折旧	—

3. 案例解析

【例 6-5】某学校的设备 A 专门用于开展业务活动。该设备采用直线法计提折旧。该设备原价为 240 000 元，预计使用年限为 10 年，预计净残值为零。截至 2×19 年 4 月 30 日，该设备已计提折旧 120 000 元，则 2×19 年 5 月 31 日计提折旧的会计处理如下。

每月折旧金额 =240 000÷10÷12=2 000（元）

财务会计：

借：业务活动费用——固定资产折旧费　　2 000

　　贷：固定资产累计折旧——设备 A　　2 000

6.2.7　为履职或开展业务活动发生应负担的税金及附加

1．业务概述

为履职或开展业务活动发生应负担的税金及附加主要有城市维护建设税、教育费附加、地方教育附加、车船税、房产税、城镇土地使用税等。

2．账务处理

在财务会计中，确认其他应交税费时，借记“业务活动费用”科目，贷记“其他应交税费”的明细科目；实际支付时，借记“其他应交税费”的明细科目，贷记“银行存款”等科目。

在预算会计中：在确认其他应交税费时，不做账务处理；实际支付时，借记“事业支出”科目，贷记“资金结存”等科目。

具体账务处理如表 6-6 所示。

表 6-6　学校为履职或开展业务活动发生应负担的税金及附加时的账务处理

业务和事项	财务会计处理	预算会计处理
确认其他应交税费时	借：业务活动费用 　贷：其他应交税费——明细科目	—
支付其他应交税费时	借：其他应交税费——明细科目 　贷：银行存款等	借：事业支出 　贷：资金结存等

3．案例解析

【例 6-6】 20×7 年 1 月，某学校因出租办公室而应交增值税 5 000 元，城市维护建设税税率为 7%，教育费附加的征收率为 3%。该学校与其他应交税费相关的会计处理如下。

应缴城市维护建设税＝ 5 000×7%=350（元）

教育费附加＝ 5 000×3%=150（元）

（1）计算应交税费时。

财务会计：

借：业务活动费用 500

贷：其他应交税费——城市维护建设税 350

其他应交税费——教育费附加 150

（2）支付税费时。

财务会计：

借：其他应交税费——城市维护建设税 350

其他应交税费——教育费附加 150

贷：银行存款 500

预算会计：

借：事业支出 500

贷：资金结存——货币资金 500

6.2.8 计提专用基金

1. 业务概述

在学校会计实务中，专用基金是指学校按照规定提取或者设置的有专门用途的资金，包括修购基金、职工福利基金、医疗基金和其他基金。根据有关规定，从事业收入中提取的专用基金并计入费用的，应记入“业务活动费用”科目。

2. 账务处理

根据有关规定从收入中提取专用基金并计入费用的，在财务会计中一般按照预算会计下基于预算收入计算提取的金额，借记“业务活动费用”科目，贷记“专用基金”科目。由于没有实际现金流出，不做预算账务处理。

具体账务处理如表 6-7 所示。

表 6-7 学校计提专用基金的账务处理

业务和事项	财务会计处理	预算会计处理
从收入中按照一定比例提取基金并计入费用	借：业务活动费用 贷：专用基金	—

3. 案例解析

【例 6-7】 2×19 年，某学校按照规定从事业收入中提取 100 000 元作为修购基金，其会计分录如下。

借：业务活动费用——计提专用基金 100 000

贷：专用基金——修购基金 100 000

6.2.9　购货退回等

1. 业务概述

发生当年购货退回等业务时，如果已领用并计入业务活动费用，则应冲减业务活动费用；如果还未领用，则应减少相应的库存物品，同时按照收回或应收的方式增加相应的收入或资产。

2. 账务处理

在财务会计中，发生当年购货退回等业务时，对于已计入本年业务活动费用的，按照收回或应收的金额，借记“财政拨款收入”“零余额账户用款额度”“银行存款”“应收账款”等科目，贷记“业务活动费用”“库存物品”科目。

在预算会计中，因购货退回等发生款项退回，或者发生差错更正的，并属于当年支出收回的，按照收回或更正金额，借记“财政拨款预算收入”“资金结存”等科目，贷记“事业支出”科目。

具体账务处理如表 6-8 所示。

表 6-8　　学校对购货退回的账务处理

业务和事项	财务会计处理	预算会计处理
当年发生的	借：财政拨款收入 / 零余额账户用款额度 / 银行存款 / 应收账款等 贷：库存物品 / 业务活动费用	借：财政拨款预算收入 / 资金结存等 贷：事业支出

3. 案例解析

【例 6-8】某学校已领用的部分库存物品存在质量问题，价值 5 000 元，系当年用财政授权支付方式购入的存货，领用时被计入业务活动费用，已做退回处理，该学校已收到来自供应商的退款。该学校的会计分录如下。

财务会计：

借：零余额账户用款额度　　5 000

　　贷：业务活动费用——商品和服务费用　　5 000

预算会计：

借：资金结存——零余额账户用款额度　　5 000

　　贷：事业支出　　5 000

6.2.10　为履职或开展业务活动发生的其他各项费用

1. 业务概述

除上述业务之外，为履职或开展业务活动发生的其他各项费用，应按照费用确认金额并计入业务活动费用。

2. 账务处理

在财务会计中，按照费用确认金额，借记“业务活动费用”科目，贷记“财政拨款收入”“零余额账户用款额度”“银行存款”“应付账款”“其他应付款”等科目。在预算会计中，按照实际支付的金额，借记“事业支出”科目，贷记“财政拨款预算收入”“资金结存”等科目。

具体账务处理如表 6-9 所示。

表 6-9　学校为履职或开展业务活动发生的其他各项费用的账务处理

业务和事项	财务会计处理	预算会计处理
为履职或开展业务活动发生其他各项费用	借：业务活动费用 贷：财政拨款收入 / 零余额账户用款额度 / 银行存款 / 应付账款 / 其他应付款等	借：事业支出［按照实际支付的金额］ 贷：财政拨款预算收入 / 资金结存等

3. 案例解析

【例 6-9】某学校用于开展业务的固定资产发生日常维修费用 1 000 元。该费用不计入固定资产成本。该学校用财政授权支付方式支付该费用，其会计处理如下。

财务会计：

借：业务活动费用　　1 000

　　贷：零余额账户用款额度　　1 000

预算会计：

借：事业支出　　1 000

　　贷：资金结存——零余额账户用款额度　　1 000

6.2.11　期末 / 年末结转

1. 业务概述

期末，“业务活动费用”科目的本期发生额应转入本期盈余，期末无余额；年末，“事业支出”科目本年发生额应分类结转至相应科目，年末无余额。

2. 账务处理

在财务会计中，期末，“业务活动费用”科目的本期发生额应转入本期盈余，借记“本期盈余”科目，贷记“业务活动费用”科目。

在预算会计中，年末：将“事业支出”科目的本年发生额中的财政拨款支出转入财政拨款结转，借记“财政拨款结转——本年收支结转”科目，贷记“事业支出”科目下各财政拨款支出明细科目；将“事业支出”科目的本年发生额中的非同级财政专项资金支出转入非财政拨款结转，借记“非财政拨款结转——本年收支结转”科目，贷记“事业支出”科目下各非财政专项资金支出明细科目；将“事业支出”科目的本年发生额中的其他资金支出（非同级财政、非专项资金支出）转入其他结余，借记“其他结余”科目，贷记“事业支出”科目下其他资金支出明细科目。

具体账务处理如表 6-10 所示。

表 6-10　　学校期末 / 年末结转业务活动费用时的账务处理

业务和事项	财务会计处理	预算会计处理
期末 / 年末结转	借：本期盈余 　贷：业务活动费用	借：财政拨款结转——本年收支结转 ［财政拨款支出］ 　非财政拨款结转——本年收支结转［非同级财政专项资金支出］ 　其他结余［非同级财政、非专项资金支出］ 　贷：事业支出

3．案例解析

【例 6-10】2×19 年 11 月 30 日，某学校“业务活动费用”科目的余额为 5 000 元，“单位管理费用”科目的余额为 2 000 元，“经营费用”科目的余额为 2 000 元，“资产处置费用”科目的余额为 1 000 元，“所得税费用”科目的余额为 5 000 元，“其他费用”科目的余额为 5 000 元。

其期末结转分录如下。

财务会计：

借：本期盈余　　20 000

　贷：业务活动费用　　5 000

　　单位管理费用　　2 000

　　经营费用　　2 000

　　资产处置费用　　1 000

　　所得税费用　　5 000

　　其他费用　　5 000

预算会计：

借：财政拨款结转——本年收支结转　　9 000

　其他结余　　11 000

　贷：事业支出　　20 000

【例 6-11】2×19 年，某学校的事业支出共计 200 000 元，其中财政拨款支出为 100 000 元，非同级财政专项资金支出为 60 000 元，非同级财政、非专项资金支出为 40 000 元。

其年末结转分录如下。

财务会计：

借：本期盈余　　200 000

　　贷：业务活动费用　　200 000

预算会计：

借：财政拨款结转——本年收支结转　　100 000

　　非财政拨款结转——本年收支结转　　60 000

　　其他结余　　40 000

　　贷：事业支出　　200 000

6.3 单位管理费用与事业支出

6.3.1 科目简介

在学校会计实务中，"单位管理费用"科目用于核算各类学校本级行政及后勤管理部门开展管理活动发生的各项费用，包括学校行政及后勤管理部门发生的人员经费、公用经费、资产折旧（摊销）等费用，以及由学校统一负担的离退休人员经费、工会经费、诉讼费、中介费等。本科目应当按照项目、费用类别、支付对象等进行明细核算。

根据《关于高等学校执行〈政府会计制度——行政事业单位会计科目和报表〉的补充规定》，高等学校应当在新制度规定的"5101 单位管理费用"科目下设置"510101 行政管理费用""510102 后勤保障费用""510103 离退休费用"和"510109 单位统一负担的其他管理费用"明细科目。

（1）"510101 行政管理费用"科目核算高等学校开展单位的行政管理活动所发生的各项费用。

（2）"510102 后勤保障费用"科目核算高等学校统一负担的开展后勤保障活动所发生的各项费用。

（3）"510103 离退休费用"科目核算高等学校统一负担的离退休人员

工资、补助、活动经费等各项费用。

（4）“510109 单位统一负担的其他管理费用”科目核算由高等学校统一负担的除行政管理费用、后勤保障费用、离退休费用之外的其他各项管理费用，如工会经费、诉讼费、中介费等。

在学校会计实务中，事业支出是指学校因开展各项专业业务活动及辅助活动而发生的支出，包括基本支出和项目支出。事业支出与事业收入相对应，是各类学校支出的核心内容。各类学校是提供以教育为主的社会服务的公益性组织，在提供专业服务和辅助服务活动时，必然会发生一定的耗费。

6.3.2　为开展管理活动的本学校人员和外部人员计提并支付薪酬和劳务费

1. 业务概述

该业务所指的“薪酬和劳务费”不包括计入在建工程、加工物品、无形资产成本的人员费用，其中本学校人员的薪酬通过“应付职工薪酬”科目核算，外部人员的劳务费用通过“其他应付款”科目核算。

2. 账务处理

（1）计提薪酬和劳务费时。

为开展管理活动的本学校人员以及外部人员计提薪酬和劳务费时，按照计算的金额，借记“单位管理费用”科目，贷记“应付职工薪酬”或“其他应付款”科目。由于没有实际现金流出，不做预算会计账务处理。

（2）实际支付并代扣个人所得税时。

在财务会计中：实际支付时，按照代扣代缴个人所得税的金额，贷记“其他应交税费——应交个人所得税”科目；按照扣税后应付或实际支付的金额，贷记“财政拨款收入”“零余额账户用款额度”“银行存款”等科目，借记“应付职工薪酬”或“其他应付款”科目。

在预算会计中，按照实际支付给个人的金额，借记“事业支出”科目，贷记“财政拨款预算收入”“资金结存”科目。

（3）实际缴纳税款时。

在财务会计中，实际缴纳税款时，按实际缴纳的金额，借记“其他应交税费——应交个人所得税”科目，贷记“银行存款”“零余额账户用款额度”等科目。

在预算会计中，按照实际缴纳额，借记“事业支出”科目，贷记“资金结存”等科目。

学校为开展管理活动的本学校人员和外部人员计提并支付薪酬和劳务费的账务处理可参照表6-11。

表6-11 学校为开展管理活动的本学校人员和外部人员计提并支付薪酬和劳务费的账务处理

列示人员	业务与事项	财务会计处理	预算会计处理
本学校人员	计提时，按照计算金额	借：单位管理费用 贷：应付职工薪酬	—
	实际支付给职工并代扣个人所得税时	借：应付职工薪酬 贷：财政拨款收入/零余额账户用款额度/银行存款等 其他应交税费——应交个人所得税	借：事业支出［按照支付给个人部分］ 贷：财政拨款预算收入/资金结存
	实际缴纳税款时	借：其他应交税费——应交个人所得税 贷：银行存款/零余额账户用款额度等	借：事业支出［按照实际缴纳额］ 贷：资金结存等
外部人员	计提时，按照计算的金额	借：单位管理费用 贷：其他应付款	—
	实际支付并代扣个人所得税时	借：其他应付款 贷：财政拨款收入/零余额账户用款额度/银行存款等 其他应交税费——应交个人所得税	借：事业支出［按照实际支付给个人部分］ 贷：财政拨款预算收入/资金结存
	实际支付税款时	借：其他应交税费——应交个人所得税 贷：银行存款/零余额账户用款额度等	借：事业支出［按照实际缴纳额］ 贷：资金结存等

3. 案例分析

【例6-12】 某学校本月后勤部门人员的薪酬总额为60 000元，代扣代缴个人所得税1 000元，使用财政直接支付方式支付职工薪酬和个人所得税。该学校的账务处理如下。

（1）计提工资时。

借：单位管理费用——工资福利费用　　　　60 000

贷：应付职工薪酬——工资　　60 000

（2）实际支付给职工并代扣个人所得税时。

财务会计：

借：应付职工薪酬——工资　　60 000

贷：财政拨款收入　　59 000

其他应交税费——应交个人所得税　　1 000

预算会计：

借：事业支出　　59 000

贷：财政拨款预算收入——基本支出（人员经费）　　59 000

（3）实际缴纳税款时。

财务会计：

借：其他应缴税费——应交个人所得税　　1 000

贷：银行存款　　1 000

预算会计：

借：事业支出　　1 000

贷：资金结存——货币资金　　1 000

6.3.3　为开展管理活动发生预付款项

1．业务概述

学校一般会在开展下列管理活动时发生预付款项：一是学校按照购货、服务合同或协议规定预付给供应单位（或个人）的款项，即预付账款；二是学校在业务活动中与其他单位、所属单位或本单位职工发生的临时性待结算款项，如职工预借的差旅费、报销单位领用的备用金等，即暂付款项。

2．账务处理

（1）预付账款。

在财务会计中：支付预付账款时，按照预付金额，借记“预付账款”科目，贷记“财政拨款收入”“零余额账户用款额度”“银行存款”等科目；结算时，按照实际成本借记“单位管理费用”科目，按照相关预付账款的账面余额贷记“预付账款”科目，按照实际补付的金额贷记“财政拨款收入”“零余额账户用款额度”“银行存款”等科目。

在预算会计中：支付款项时，按照预付金额，借记“事业支出”科目，贷记“财政拨款预算收入”“资金结存”科目；结算时，按照补付的金额，借记“事业支出”科目，贷记“财政拨款预算收入”“资金结存”科目。

（2）暂付款项。

在财务会计中：支付款项时，借记“其他应收款”科目，贷记“银行存款”等科目；待结算或报销时，借记“单位管理费用”科目，贷记“其他应收款”科目。

在预算会计中：支付款项时，不做账务处理；结算或报销时，借记“事业支出”科目，贷记“资金结存”等科目。

学校为开展管理活动而发生预付款项时的账务处理可参照表 6-12。

表 6-12　　学校为开展管理活动而发生预付款项时的账务处理

业务与事项		财务会计处理	预算会计处理
预付账款	支付款项时	借：预付账款 贷：财政拨款收入 / 零余额账户用款额度 / 银行存款等	借：事业支出 贷：财政拨款预算收入 / 资金结存
	结算时	借：单位管理费用 贷：预付账款 财政拨款收入 / 零余额账户用款额度 / 银行存款等［补付金额］	借：事业支出 贷：财政拨款预算收入 / 资金结存［补付金额］
暂付款项	支付款项时	借：其他应收款 贷：银行存款等	—
	结算或报销时	借：单位管理费用 贷：其他应收款	借：事业支出 贷：资金结存等

3．案例分析

【例 6-13】某学校的行政人员预借差旅费 6 000 元。该学校用银行存款支付该款项。行政人员出差回来后，财务部门审核所有发票并予以报销，没有发生资金退回或补付。该学校的会计处理如下。

（1）支付款项时。

财务会计：

借：其他应收款　　　　6 000

　　贷：银行存款　　　　6 000

无预算会计处理。

（2）报销时。

财务会计：

借：单位管理费用——商品和服务费用　　　　6 000
　　贷：其他应收款　　　　6 000

预算会计：

借：事业支出　　　　6 000
　　贷：资金结存——货币资金　　　　6 000

6.3.4　为开展管理活动购买资产或支付在建工程款

1. 业务概述

为开展管理活动购买固定资产、无形资产等，以及支付在建工程款项时，在财务会计中，其初始成本不应直接计入单位管理费用，应在未来期间通过计提折旧或摊销的方式计入单位管理费用。在预算会计中，应按实际支付的金额直接计入事业支出，在未来期间计提折旧或摊销时不做预算会计账务处理。

2. 账务处理

在财务会计中，为开展管理活动购买资产或支付在建工程款时，应按照实际支付或应付的价款，借记“库存物品”“固定资产”“无形资产”“在建工程”等科目，贷记“财政拨款收入”“零余额账户用款额度”“银行存款”“应付账款”等科目。

在预算会计中，按照实际支付价款，借记“事业支出”科目，贷记“财政拨款预算收入”“资金结存”科目。

学校为开展管理活动购买资产或支付在建工程款时的账务处理可参照表 6-13。

表 6-13　学校为开展管理活动购买资产或支付在建工程款时的账务处理

业务与事项	财务会计处理	预算会计处理
按照实际支付或应付的价款	借：库存物品 / 固定资产 / 无形资产 / 在建工程等 　贷：财政拨款收入 / 零余额账户用款额度 / 银行存款 / 应付账款等	借：事业支出［按照实际支付价款］ 　贷：财政拨款预算收入 / 资金结存

3. 案例分析

【**例 6-14**】某学校购入不需要安装的设备一台，用于管理活动，设备价格为 900 000 元，运输费及保险费为 100 000 元，全部价款使用财政直接支付方式进行支付。该学校的会计处理如下。

财务会计：

借：固定资产　　1 000 000

　　贷：财政拨款收入　　1 000 000

预算会计：

借：事业支出　　1 000 000

　　贷：财政拨款预算收入——基本支出——日常公用经费　　1 000 000

6.3.5　管理活动中所用的固定资产、无形资产计提的折旧（摊销）

1. 业务概述

与管理活动相关的固定资产、无形资产，其计提的累计折旧（摊销）应计入管理费用。

2. 账务处理

在财务会计中，按照计提的折旧、摊销额，借记“单位管理费用”科目，贷记“固定资产累计折旧”“无形资产累计摊销”科目。由于没有实际现金流出，不做预算会计账务处理。

学校管理活动中所用的固定资产、无形资产计提的折旧、摊销的账务处理可参照表6-14。

表6-14　学校管理活动中所用的固定资产、无形资产计提的折旧、摊销的账务处理

业务与事项	财务会计处理	预算会计处理
按照计提的折旧、摊销额	借：单位管理费用 　　贷：固定资产累计折旧/无形资产累计摊销	—

3. 案例分析

【例6-15】某学校的设备A专门用于管理活动。该设备采用直线法计提折旧。该设备原价为60 000元，预计使用年限为5年，预计净残值为零。截至2×19年3月31日，该设备已计提折旧30 000元，则2×19年4月30日，计提折旧的会计处理如下。

每月折旧金额=60 000÷5÷12=1 000（元）

财务会计：

借：单位管理费用——固定资产折旧费　　1 000

　　贷：固定资产累计折旧——设备A　　1 000

无预算会计处理。

6.3.6　为开展管理活动在内部领用库存物品

1. 业务概述

该业务仅针对学校为开展管理活动在内部领用的库存物品，不包括按照规定自主出售发出或加工发出的库存物品。

2. 账务处理

在财务会计中，为开展管理活动在内部领用库存物品时，按照领用的库存物品的成本，借记“单位管理费用”科目，贷记“库存物品”科目。由于没有实际现金流出，不做预算会计账务处理。

学校为开展管理活动在内部领用库存物品时的账务处理可参照表 6-15。

表 6-15　　学校为开展管理活动在内部领用库存物品时的账务处理

业务与事项	财务会计处理	预算会计处理
按照库存物品的成本	借：单位管理费用 　　贷：库存物品	—

3. 案例分析

【例 6-16】2×19年5月，某学校的后勤部门领用库存物品，其成本为5 000元，相关会计分录如下。

财务会计：

借：单位管理费用——商品和服务费用　　5 000

　　贷：库存物品　　5 000

无预算会计处理。

6.3.7　为开展管理活动发生应负担的税金及附加

1. 业务概述

为开展管理活动发生应负担的税金及附加主要有城市维护建设税、教育费附加、地方教育费附加、车船税、房产税、城镇土地使用税等。

2. 账务处理

在财务会计中：确认其他应交税费时，按照计算确定的金额，借记“单位管理费用”科目，贷记“其他应交税费”科目；实际缴纳时，借记“其他应交税费”科目，贷记“银行存款”等科目。

在预算会计中：在确认其他应交税费时，不做账务处理；实际缴纳时，借记“事业支出”科目，贷记“资金结存”等科目。

学校为开展管理活动发生应负担的税金及附加的账务处理可参照表6-16。

表6-16　学校为开展管理活动发生应负担的税金及附加的账务处理

业务与事项	财务会计处理	预算会计处理
确认应缴纳的税费	借：单位管理费用 　贷：其他应交税费	—
实际缴纳税费时	借：其他应交税费 　贷：银行存款等	借：事业支出 　贷：资金结存等

3. 案例分析

【例6-17】2×19年，某学校的管理用车发生车船税500元。该学校已用银行存款支付该款项，相关会计分录如下。

（1）确认其他应交税费时。

财务会计：

借：单位管理费用——商品和服务费用　500

　贷：其他应交税费——车船税　500

无预算会计处理。

（2）缴纳税款时。

财务会计：

借：其他应交税费——车船税　500

　贷：银行存款　500

预算会计：

借：事业支出　500

　贷：资金结存——货币资金　500

6.3.8　购货退回等

1. 业务概述

在财务会计中，发生当年购货退回等业务时，如果已领用并计入单位管理费用，则应冲减单位管理费用；如果还未领用，则应减少相应的库存物品，同时按照收回或应收的方式增加相应的收入或资产。

2. 账务处理

在财务会计中，发生当年购货退回等业务时，对于已计入本年单位管理费用的，按照收回或应收的金额，借记“财政拨款收入”“零余额账户用款额度”“银行存款”“应收账款”等科目，贷记“单位管理费用”“库存物品”等科目。

在预算会计中，因购货退回等发生款项退回或者发生差错更正的，并属于当年支出收回的，按照收回或更正金额，借记“财政拨款预算收入”“资金结存”等科目，贷记“事业支出”科目。

学校发生购货退回时的账务处理可参照表 6-17。

表 6-17　学校发生购货退回时的账务处理

业务与事项	财务会计处理	预算会计处理
当年发生的	借：财政拨款收入 / 零余额账户用款额度 / 银行存款 / 应收账款等 贷：库存物品 / 单位管理费用等	借：财政拨款预算收入 / 资金结存等 贷：事业支出

3. 案例分析

【例 6-18】某学校已领用的部分库存物品存在质量问题，价值 3 000 元，系当年用财政授权支付方式购入的存货。该存货被领用时计入单位管理费用。目前，该学校已对该批物品做了退回处理，收到来自供应商的退款。该学校的会计处理如下。

财务会计：

借：零余额账户用款额度　　3 000

　　贷：单位管理费用——商品和服务费用　　3 000

预算会计：

借：资金结存——零余额账户用款额度　　3 000

　　贷：事业支出　　3 000

6.3.9　发生的其他与管理活动相关的各项费用

1. 业务概述

除上述业务之外，为开展管理活动发生的其他各项费用，也应计入单位管理费用。

2. 账务处理

在财务会计中，按照费用确认金额，借记“单位管理费用”科目，贷记“财政拨款收入”“零余额账户用款额度”“银行存款”“应付账款”等科目。同时，在预算会计中，按照实际支付的金额，借记“事业支出”科目，贷记“财政拨款预算收入”“资金结存”等科目。

学校发生其他与管理活动相关的费用时的账务处理可参照表 6-18。

表 6-18　学校发生其他与管理活动相关的费用时的账务处理

业务与事项	财务会计处理	预算会计处理
发生其他与管理活动相关的各项费用	借：单位管理费用 贷：财政拨款收入 / 零余额账户用款额度 / 银行存款 / 应付账款等	借：事业支出［按照实际支付的金额］ 贷：财政拨款预算收入 / 资金结存等

3. 案例分析

【例 6-19】某学校管理用固定资产发生日常维修费用 6 000 元。该费用不计入固定资产成本，用财政授权支付方式进行支付。相关会计分录如下。

财务会计：

借：单位管理费用——商品和服务费用　　6 000

　　贷：零余额账户用款额度　　6 000

预算会计：

借：事业支出　　6 000

　　贷：资金结存——零余额账户用款额度　　6 000

6.3.10　期末 / 年末结转

1. 业务概述

期末，“单位管理费用”科目的本期发生额应转入本期盈余，期末无余额；年末，“事业支出”科目本年发生额应分类结转至相应科目，年末无余额。

2. 账务处理

在财务会计中，期末，“单位管理费用”科目的本期发生额转入本期盈余，借记“本期盈余”科目，贷记“单位管理费用”科目。

在预算会计中，年末：将“事业支出”科目的本年发生额中的财政拨款支出转入财政拨款结转，借记“财政拨款结转——本年收支结转”科目，贷记“事业支出”科目下各财政拨款支出明细科目；将“事业支出”科目本年发生额中的非财政专项资金支出转入非财政拨款结转，借记“非财政拨款结转——本年收支结转”科目，贷记“事业支出”科目下各非财政专项资金支出明细科目；

将“事业支出”科目本年发生额中的其他资金支出（非财政、非专项资金支出）转入其他结余，借记“其他结余”科目，贷记“事业支出”科目下其他资金支出明细科目。

具体账务处理如表 6-19 所示。

表 6–19　　学校期末 / 年末结转“单位管理费用”科目时的账务处理

业务与事项	财务会计处理	预算会计处理
期末 / 年末结转	借：本期盈余 　　贷：单位管理费用	借：财政拨款结转——本年收支结转［财政拨款支出］ 　　非财政拨款结转——本年收支结转［非财政专项资金支出］ 　　其他结余［非财政、非专项资金支出］ 　　贷：事业支出

3. 案例分析

【例 6–20】 2×19 年 1 月 30 日，某学校的“业务活动费用”科目的借方余额为 5 000 元，“单位管理费用”科目的借方余额为 2 000 元，“经营费用”科目的借方余额为 2 000 元，“资产处置费用”科目的借方余额为 1 000 元，“所得税费用”科目的借方余额为 5 000 元，“其他费用”科目的借方余额为 5 000 元。

其期末结转分录如下。

借：本期盈余　　20 000

　　贷：业务活动费用　　5 000

　　　　单位管理费用　　2 000

　　　　经营费用　　2 000

　　　　资产处置费用　　1 000

　　　　所得税费用　　5 000

　　　　其他费用　　5 000

6.4　经营费用与经营支出

6.4.1　科目简介

学校应当通过“经营费用”科目来核算其在专业业务活动及其辅助活动之外开展非独立核算的经营活动时发生的各项费用。“经营费用”科目应当按照经营活动类别、项目、支付对象等进行明细核算。为了满足成本核算需要，“经营费用”科目下还可按照“工资福利费用”“商品和服务费用”“对个人和家庭的补助费用”“固定资产折旧费”“无形资产摊销费”等成本项目设置明细科目，归集能够直接计入单位经营活动或采用一定方法计算后计入学校经营活动的费用。“经营费用”科目期末结转后无余额。

学校应当通过“经营支出”科目来核算其在专业业务活动及其辅助活动之外开展非独立核算经营活动时实际发生的各项现金流出。“经营支出”科目应当按照经营活动类别、项目、《2019 年政府收支分类科目》中的“支出功能分类科目”的项级科目和“部门预算支出经济分类科目”的款级科目等进行明细核算。“经营支出”科目年末结转后无余额。

6.4.2 向经营活动人员支付薪酬

1. 业务概述

各类学校向开展专业业务活动及其辅助活动的人员支付的薪酬以及劳务费计入业务活动费用，而向开展非独立核算经营活动的人员支付的薪酬计入经营费用。

2. 账务处理

（1）计提工资时。

在财务会计中，为开展经营活动的职工以及外部人员计提薪酬时，按照计算的金额，借记“经营费用”科目，贷记“应付职工薪酬”或“其他应付款”科目。计提时没有实际的现金流出，因此不做预算会计的账务处理。

（2）实际支付给职工并代扣个人所得税时。

在财务会计中：实际支付时，按照代扣代缴个人所得税的金额，贷记“其他应交税费——应交个人所得税”科目；按照扣税后应付或实际支付的金额，贷记“银行存款”“财政拨款收入”“零余额账户用款额度”等科目，借记“应付职工薪酬”科目。

在预算会计中，按照实际支付给个人的金额，借记“经营支出”科目，贷记“资金结存”科目。

（3）实际缴纳税款时。

在财务会计中，实际缴纳税款时，按实际缴纳的金额，借记“其他应交税费——应交个人所得税”科目，贷记“银行存款”等科目。

同时，在预算会计中，按照实际缴纳额，借记“经营支出”科目，贷记“资金结存——货币资金”等科目。

具体账务处理如表 6-20 所示。

表 6-20　　学校为经营活动人员支付薪酬的账务处理

业务与事项	财务会计处理	预算会计处理
计提时，按照计算的金额	借：经营费用 　贷：应付职工薪酬 / 其他应付款	—
实际支付给职工时	借：应付职工薪酬 　贷：财政拨款收入 / 零余额账户用款额度 / 银行存款等 　　其他应交税费——应交个人所得税	借：经营支出［按照支付给个人部分］ 　贷：资金结存——货币资金
实际缴纳税款时	借：其他应交税费——应交个人所得税 　贷：银行存款等	借：经营支出［按照实际缴纳额］ 　贷：资金结存——货币资金等

3．案例分析

【例 6-21】某学校开展经营活动，于 2×19 年 4 月发生经营活动人员的薪酬总额为 70 000 元，代扣代缴个人所得税 3 000 元。该学校使用银行存款支付职工薪酬和代扣代缴个人所得税。账务处理如下。

（1）计提工资时。

财务会计：

借：经营费用——工资福利费用　　70 000

　贷：应付职工薪酬——工资　　70 000

无预算会计处理。

（2）实际支付给职工薪酬并代扣个人所得税时。

财务会计：

借：应付职工薪酬——工资　　70 000

　贷：银行存款　　67 000

　　其他应交税费——应交个人所得税　　3 000

预算会计：

借：经营支出——工资福利支出　　67 000

　贷：资金结存——货币资金　　67 000

（3）实际缴纳税款时。

财务会计：

借：其他应缴税费——应交个人所得税　　3 000

　　贷：银行存款　　3 000

预算会计：

借：经营支出　　3 000

　　贷：资金结存——货币资金　　3 000

6.4.3 为开展经营活动购买资产或支付在建工程款

1. 业务概述

为开展经营活动购买存货、固定资产、无形资产等，以及支付在建工程款项时，其初始成本不应直接计入经营费用：在财务会计中，应在未来期间内通过计提折旧或摊销的方式计入经营费用；在预算会计中，应按实际支付的金额直接计入经营支出，在未来期间计提折旧或摊销时不做预算会计账务处理。

2. 账务处理

为开展经营活动购买资产或支付在建工程款时，在财务会计中，应按照实际支付或应付的价款，借记“库存物品”“固定资产”“无形资产”“在建工程”等科目，贷记“银行存款”“应付账款”等科目。

同时，在预算会计中，按照实际支付价款，借记“经营支出”科目，贷记“资金结存——货币资金”科目。

具体账务处理如表 6-21 所示。

表 6-21　学校为开展经营活动购买资产或支付在建工程款时的账务处理

业务与事项	财务会计处理	预算会计处理
按照实际支付或应付的价款	借：库存物品 / 固定资产 / 无形资产 / 在建工程等 　贷：银行存款 / 应付账款等	借：经营支出 　贷：资金结存——货币资金［按照实际支付金额］

3. 案例分析

【例 6-22】2×19 年 5 月，某学校购买一项专利权，价值 240 000 元，用于开展经营活动。该学校使用银行存款支付全部价款，相关会计分录如下。

财务会计：

借：无形资产　　240 000

贷：银行存款 240 000

预算会计：

借：经营支出——资本性支出 240 000

贷：资金结存——货币资金 240 000

6.4.4 与经营活动相关的固定资产、无形资产的折旧、摊销

1. 业务概述

与经营活动相关的固定资产、无形资产，其计提的累计折旧、摊销应计入经营费用。

2. 账务处理

在财务会计中，按照计提的折旧、摊销额，借记“经营费用”科目，贷记“固定资产累计折旧”“无形资产累计摊销”科目。由于没有实际现金流出，不做预算会计账务处理。

具体账务处理如表 6-22 所示。

表 6-22 学校对与经营活动相关的固定资产、无形资产的折旧、摊销的账务处理

业务与事项	财务会计处理	预算会计处理
按照计提的折旧、摊销额	借：经营费用 贷：固定资产累计折旧 / 无形资产累计摊销	—

3. 案例分析

【例 6-23】沿用【例 6-22】。假如该项专利权摊销年限为 10 年，则 2×19 年 5 月计提无形资产摊销的会计分录如下。

无形资产每月摊销金额 =240 000÷10÷12=2 000（元）

财务会计：

借：经营费用——无形资产摊销费 2 000

贷：无形资产累计摊销 2 000

无预算会计处理。

6.4.5 为开展经营活动在内部领用材料或出售发出物品

1. 业务概述

为开展经营活动在内部领用材料或出售发出物品时，应按相关材料或物品的成本计算经营费用。这类材料或物品的成本在最初购买时已记入预算支出类

科目，因此在领用或发出时不需再做预算会计处理。

2. 账务处理

为开展经营活动在内部领用或出售库存物品时，在财务会计中，按照领用的库存物品的成本，借记“经营费用”科目，贷记“库存物品”科目，无预算会计处理。

具体账务处理如表6-23所示。

表6-23　学校为开展经营活动在内部领用材料或出售发出物品时的账务处理

业务与事项	财务会计处理	预算会计处理
按照实际成本	借：经营费用 　贷：库存物品	—

3. 案例分析

【例6-24】某学校开展经营活动，于2×19年4月出售一批库存物品，已发出，该批物品的成本为50 000元，其会计处理如下。

财务会计：

借：经营费用——商品和服务费用　　50 000

　贷：库存物品　　50 000

无预算会计处理。

6.4.6 开展经营活动时发生的预付款项

1. 业务概述

对于与经营活动相关的预付款项，可通过在“经营费用”科目下设置“待处理”明细科目进行明细核算，待确认具体支出项目后再转入“经营费用”科目下相关明细科目。年末结账前，应将“经营费用”科目下的“待处理”明细科目的余额全部转入“经营费用”科目下的相关明细科目。

2. 账务处理

（1）预付时。

在财务会计中，按照预付的金额，借记“预付账款”科目，贷记“银行存款”等科目；在预算会计中，按照预付金额，借记“经营支出”科目，贷记“资金结存——货币资金”科目。

（2）结算时。

在财务会计中，按照最终结算金额借记“经营费用”科目，按照相关预付账款的账面余额贷记“预付账款”科目，并按照实际补付的金额贷记“银行存款”等科目；在预算会计中，按照补付金额，借记“经营支出”科目，贷记“资金结存——货币资金”科目。

具体账务处理如表 6-24 所示。

表 6-24　　学校为开展经营活动发生预付款项时的账务处理

业务与事项	财务会计处理	预算会计处理
预付时，按照预付的金额	借：预付账款 　贷：银行存款等	借：经营支出 　贷：资金结存——货币资金
结算时	借：经营费用 　贷：预付账款 　　银行存款等［补付金额］	借：经营支出 　贷：资金结存——货币资金［补付金额］

3. 案例分析

【例 6-25】某学校开展经营活动，拟向 A 公司购入某种商品，价值 100 000 元。2×19 年 7 月 17 日，该学校用银行存款向 A 公司预付 30% 的款项，并于 7 月 28 日收到货物，验货后向 A 公司支付余下 70% 的款项。该学校的会计处理如下。

（1）预付 30% 价款时。

财务会计：

借：预付账款——A 公司　　30 000

　贷：银行存款　　30 000

预算会计：

借：经营支出——商品和服务费用　　30 000

　贷：资金结存——货币资金　　30 000

（2）验货后支付剩余 70% 价款时。

财务会计：

借：经营费用——待处理　　100 000

　贷：预付账款——A 公司　　30 000

　　银行存款　　70 000

预算会计：

借：经营支出——商品和服务费用　　70 000

　贷：资金结存——货币资金　　70 000

6.4.7　为开展经营活动发生应负担的税金及附加

1. 业务概述

为开展经营活动发生应负担的税金及附加主要有城市维护建设税、教育费附加、地方教育附加、车船税、房产税、城镇土地使用税等。

2. 账务处理

在财务会计中：确认其他应交税费时，按照计算确定的金额，借记“经营费用”科目，贷记“其他应交税费”科目；实际缴纳时，借记“其他应交税费”科目，贷记“银行存款”等科目。

在预算会计中：在确认其他应交税费时，不做账务处理；实际缴纳时，借记“经营支出”科目，贷记“资金结存——货币资金”等科目。

具体账务处理如表 6-25 所示。

表 6-25　　学校为开展经营活动发生应负担的税金及附加时的账务处理

业务与事项	财务会计处理	预算会计处理
按照计算确定缴纳金额时	借：经营费用 　　贷：其他应交税费	—
实际缴纳时	借：其他应交税费 　　贷：银行存款等	借：经营支出 　　贷：资金结存——货币资金等

3. 案例分析

【例 6-26】某学校开展经营活动，于 2×19 年 1 月出售库存物品，取得收入 20 000 元，增值税销项税额为 2 600 元，城市维护建设税税率为 7%，教育费附加征收率为 3%。其计提并缴纳城市维护建设税以及教育费附加的会计分录如下。

应缴城市维护建设税＝2 600×7%=182（元）

教育费附加＝2 600×3%=78（元）

（1）计算应交税费时。

财务会计：

借：经营费用——商品和服务费用　　　　260

　　贷：其他应交税费——城市维护建设税　　　　182

　　　　　　　　　　——教育费附加　　　　78

无预算会计处理。

（2）支付税费时。

财务会计：

借：其他应交税费——城市维护建设税　　182

　　　　　　　　——教育费附加　　78

　　贷：银行存款　　260

预算会计：

借：经营支出——商品和服务费用　　260

　　贷：资金结存——货币资金　　260

6.4.8 计提专用基金

根据有关规定从经营收入中提取专用基金并计入费用的，在财务会计中，按照计算提取的金额，借记“经营费用”科目，贷记“专用基金”科目，无预算会计处理。

具体账务处理如表 6-26 所示。

表 6-26　　学校从经营收入中计提专用基金的账务处理

业务与事项	财务会计处理	预算会计处理
按照预算收入的一定比例计提并列入费用	借：经营费用 　贷：专用基金	—

【例 6-27】2×19 年，某学校按照规定从经营收入中提取 80 000 元作为修购基金，相关会计分录如下。

借：经营费用——计提专用基金　　80 000

　　贷：专用基金——修购基金　　80 000

6.4.9 购货退回等

1. 业务概述

学校发生当年购货退回等业务，如果已领用或发出并计入经营费用，应冲减经营费用；如果还未领用，应减少相应的库存物品，同时按照收回或应收的方式增加相应的收入或资产。

2. 账务处理

在财务会计中，发生当年购货退回等业务时，对于已计入本年经营费用的，按照收回或应收的金额，借记“银行存款”“应收账款”等科目，贷记“经营费用”“库存物品”等科目。

在预算会计中，开展经营活动时因购货退回等发生款项退回，或者发生差错更正，并属于当年支出收回的，按照收回或更正金额，借记“资金结存——货币资金”科目，贷记“经营支出”科目。

具体账务处理如表 6-27 所示。

表 6-27　　学校对购货退回的账务处理

业务与事项	财务会计处理	预算会计处理
当年发生的	借：银行存款 / 应收账款等 贷：库存物品 / 经营费用等	借：资金结存——货币资金［按照实际收到的金额］ 贷：经营支出

3. 案例分析

【例 6-28】某学校经营部门已发出的部分库存物品存在质量问题，价值 2 000 元，系当年用银行存款支付方式购入的存货，领用时被计入经营费用，目前已收回并做退货处理，收到来自供应商的退款。该学校编制的会计分录如下。

财务会计：

借：银行存款　　2 000

　　贷：经营费用——商品和服务费用　　2 000

预算会计：

借：资金结存——货币资金　　2 000

　　贷：经营支出——商品和服务支出　　2 000

6.4.10　开展经营活动时发生的其他各项费用

1. 业务概述

除上述业务之外，为开展经营活动发生的其他各项费用，应按照费用确认金额并计入经营费用。

2. 账务处理

在财务会计中，按照费用确认金额，借记“经营费用”科目，贷记“银行存款”“应付账款”等科目。同时，在预算会计中，按照实际支付的金额，借记“经营支出”科目，贷记“资金结存——货币资金”等科目。

具体账务处理如表 6-28 所示。

表 6-28　　学校为开展经营活动发生其他费用时的账务处理

业务与事项	财务会计处理	预算会计处理
当年发生的	借：经营费用 　贷：银行存款 / 应付账款等	借：经营支出［按照实际支付的金额］ 　贷：资金结存——货币资金等

3. 案例分析

【例 6-29】 2×19 年 5 月，某学校发生经营部门退职人员生活补贴 3 000 元，已用银行存款支付，相关会计分录如下。

财务会计：

借：经营费用——对个人和家庭的补助费用　　3 000

　贷：银行存款　　3 000

预算会计：

借：经营支出——对个人和家庭的补助费用　　3 000

　贷：资金结存——货币资金　　3 000

6.4.11　期末 / 年末结转

1. 业务概述

期末，“经营费用”科目的本期发生额应转入本期盈余，期末无余额；“经营支出”科目的本年发生额应结转至经营结余，年末无余额。

2. 账务处理

在财务会计中，期末，“经营费用”科目的本期发生额应转入本期盈余，借记“本期盈余”科目，贷记“经营费用”科目。

在预算会计中，年末，“经营支出”科目的本年发生额应转入经营结余，借记“经营结余”科目，贷记“经营支出”科目。

具体账务处理如表 6-29 所示。

表 6-29　　学校对“经营费用”“经营支出”科目期末 / 年末结转时的账务处理

业务与事项	财务会计处理	预算会计处理
期末 / 年末结转	借：本期盈余 　贷：经营费用	借：经营结余 　贷：经营支出

3. 案例分析

【例 6-30】 2×19 年 12 月，某学校开展经营活动产生的经营费用为 60 000 元。

相关结转会计分录如下。

借：本期盈余　　60 000

　　贷：经营费用　　60 000

【例 6-31】2×19 年年末，某学校“经营支出”科目的借方余额为 250 000 元。相关结转会计分录如下。

借：经营结余　　250 000

　　贷：经营支出　　250 000

6.5 资产处置费用

6.5.1 科目简介

资产处置的形式按照规定包括无偿调拨、出售、出让、转让、置换、对外捐赠、报废、损毁以及货币性资产损失核销等。学校应当通过“资产处置费用”科目来核算其经批准处置资产时发生的费用，包括转销的被处置资产价值，以及在处置过程中发生的相关费用或者处置收入小于相关费用形成的净支出。本科目应当按照处置资产的类别、资产处置的形式等进行明细核算。本科目期末结转后无余额。

存货、固定资产、无形资产、公共基础设施、文化文物资产、保障性住房、政府储备物资等资产的处置应通过本科目核算；应收款项、短期投资、长期股权投资、长期债券投资等资产的处置不通过本科目核算。

6.5.2 不通过“待处理财产损溢”科目核算的资产处置

1. 业务概述

通过无偿调拨、出售、出让、转让、置换、对外捐赠等方式处置的固定资产、无形资产、公共基础设施、保障性住房等资产不通过“待处理财产损溢”科目核算，而是直接通过“资产处置费用”科目核算。

2. 账务处理

（1）转销被处置的资产的账面价值。

在财务会计中：按照被处置的资产的账面价值，借记“资产处置费用”科目［处置固定资产、无形资产、公共基础设施、保障性住房的，还应借记“固定资产累计折旧”“无形资产累计摊销”“公共基础设施累计折旧（摊销）”“保障性住房累计折旧”科目］；按照被处置的资产的账面余额，贷记“库存物品”“固定资产”“无形资产”“公共基础设施”“政府储备物资”“文物文化资产”“保障性住房”“在建工程”等科目。由于没有实际现金流入或流出，所以不做预算会计账务处理。

（2）处置资产过程中仅发生了费用。

在财务会计中，处置资产过程中仅发生相关费用的，按照实际发生金额，借记“资产处置费用”科目，贷记“银行存款”“库存现金”等科目。

同时，在预算会计中，按照实际发生金额，借记“其他支出”科目，贷记“资金结存”科目。

（3）处置资产过程中取得了收入。

在财务会计中，处置资产过程中取得收入的：按照取得的价款，借记“库存现金”“银行存款”等科目；按照支付的费用，贷记“银行存款”“库存现金”等科目；如果差额在贷方，则借记“资产处置费用”；如果差额在借方，则贷记“应缴财政款”科目。无预算会计处理。

具体账务处理如表 6-30 所示。

表 6-30　学校处置不通过“待处理财产损溢”科目核算的资产时的账务处理

业务与事项	财务会计处理	预算会计处理
转销被处置资产账面价值	借：资产处置费用 固定资产累计折旧 / 无形资产累计摊销 / 公共基础设施累计折旧（摊销）/ 保障性住房累计折旧 贷：库存物品 / 固定资产 / 无形资产 / 公共基础设施 / 政府储备物资 / 文物文化资产 / 保障性住房 / 在建工程等［账面余额］	—
处置资产过程中仅发生相关费用的	借：资产处置费用 贷：银行存款 / 库存现金等	借：其他支出 贷：资金结存
处置资产过程中取得收入的	若差额在贷方： 借：库存现金 / 银行存款等［取得的价款］ 资产处置费用 贷：银行存款 / 库存现金等［支付的相关费用］ 若差额在借方： 借：库存现金 / 银行存款等［取得的价款］ 贷：银行存款 / 库存现金等［支付的相关费用］ 应缴财政款	—

3. 案例分析

【例 6-32】某学校经批准无偿调出一项专利权。该项专利权的原价为 500 000 元。该学校对该专利权计提摊销 300 000 元。调出过程中发生的 10 000 元的费用已通过银行存款支付。相关会计分录如下。

财务会计：

借：资产处置费用	200 000	
无形资产累计摊销	300 000	
贷：无形资产		500 000
借：资产处置费用	10 000	
贷：银行存款		10 000

预算会计：

借：其他支出	10 000	
贷：资金结存——货币资金		10 000

6.5.3 通过“待处理财产损溢”科目核算的资产处置

1. 业务概述

学校在资产清查中查明的资产盘亏、毁损以及资产报废等，应当先通过“待处理财产损溢”科目进行核算，再将处理资产价值和处理净支出记入“资产处置费用”科目。

2. 账务处理

学校在账款核对中发现的现金短缺，属于无法查明原因的，报经批准核销时，在财务会计中，借记“资产处置费用”科目，贷记“待处理财产损溢”科目。此时无须做预算会计账务处理。

学校在资产清查过程中盘亏或者毁损、报废的存货、固定资产、无形资产、公共基础设施、政府储备物资、文物文化资产、保障性住房等，报经批准处理时，在财务会计中，按照处理资产价值，借记“资产处置费用”科目，贷记“待处理财产损溢——待处理财产价值”科目。无预算会计处理。

处理收支结清时，处理过程中所取得收入小于所发生的相关费用的，在财务会计中，按照相关费用减去处理收入后的净支出，借记“资产处置费用”科目，贷记“待处理财产损溢——处理净收入”科目。同时，在预算会计中，按照净支出金额，借记“其他支出”科目，贷记“资金结存”科目。

具体账务处理如表 6-31 所示。

表 6-31　学校处置通过“待处理财产损溢”科目核算的资产时的账务处理

<table>
<tr><th colspan="2">业务与事项</th><th>财务会计处理</th><th>预算会计处理</th></tr>
<tr><td colspan="2">账款核对中发现的现金短缺，无法查明原因的，报经批准核销时</td><td>借：资产处置费用
贷：待处理财产损溢</td><td>—</td></tr>
<tr><td rowspan="2">盘亏、毁损、报废的资产</td><td>经批准处理时</td><td>借：资产处置费用
贷：待处理财产损溢——待处理财产价值</td><td>—</td></tr>
<tr><td>处理过程中所发生的费用大于所取得收入的</td><td>借：资产处置费用
贷：待处理财产损溢——处理净收入</td><td>借：其他支出［净支出］
贷：资金结存</td></tr>
</table>

3．案例分析

【例 6-33】某学校在资产清查过程中发现用于开展业务活动的设备 A 已老化，无法继续正常使用，应报废。该设备原价为 300 000 元，已计提折旧 280 000 元。报经批准后，学校将设备 A 做报废处理。该学校的会计处理如下。

借：待处理财产损溢——待处理财产价值	20 000	
固定资产累计折旧	280 000	
贷：固定资产		300 000
借：资产处置费用	20 000	
贷：待处理财产损溢——待处理财产价值		20 000

6.5.4　期末结转

1．业务概述

“资产处置费用”科目期末结转后无余额。

2．账务处理

期末，“资产处置费用”科目的本期发生额应转入本期盈余，借记“本期盈余”科目，贷记“资产处置费用”科目。

具体账务处理如表 6-32 所示。

表 6-32　学校期末 / 年末结转“资产处置费用”科目时的账务处理

业务与事项	财务会计处理	预算会计处理
期末 / 年末结转	借：本期盈余 　贷：资产处置费用	—

3. 案例分析

【例 6-34】2×19 年 11 月 30 日，某学校的“业务活动费用”科目的借方余额为 5 000 元，“单位管理费用”科目的借方余额为 2 000 元，“经营费用”科目的借方余额为 2 000 元，“资产处置费用”科目的借方余额为 1 000 元，“所得税费用”科目的借方余额为 5 000 元，“其他费用”科目的借方余额为 5 000 元。

其期末结转分录如下。

借：本期盈余　20 000
　贷：业务活动费用　5 000
　　单位管理费用　2 000
　　经营费用　2 000
　　资产处置费用　1 000
　　所得税费用　5 000
　　其他费用　5 000

6.6 投资支出

6.6.1 科目简介

“投资支出”科目用于核算学校以货币资金对外投资发生的现金流出。本科目应当按照投资类型、投资对象、《2019 年政府收支分类科目》中的“支出功能分类科目”的项级科目和“部门预算支出经济分类科目”的款级科目等进行明细核算。本科目年末结转后无余额。

6.6.2 以货币资金对外投资

1. 业务概述

各类学校以货币资金对外投资的方式主要有短期投资、长期股权投资以及长期债券投资。

2. 账务处理

在财务会计中，以货币资金对外投资时，按照确定的投资成本，借记“短期投资”“长期股权投资”“长期债券投资”等科目，贷记“银行存款”科目。

在预算会计中，按照确定的投资成本，借记“投资支出”科目，贷记“资金结存——货币资金”科目。

具体账务处理如表 6-33 所示。

表 6-33　　学校以货币资金对外投放的账务处理

业务与事项	财务会计处理	预算会计处理
以货币资金对外投资时	借：短期投资 / 长期股权投资 / 长期债券投资等 　贷：银行存款	借：投资支出 　贷：资金结存——货币资金

3. 案例分析

【例 6-35】2×19 年 3 月 1 日，某学校以银行存款购买 50 000 元的有价债券，准备 9 个月之内出售。相关账务处理如下。

财务会计：

借：短期投资　　50 000

　　贷：银行存款　　50 000

预算会计：

借：投资支出　　50 000

　　贷：资金结存——货币资金　　50 000

6.6.3　出售、对外转让或到期收回本年度以货币资金取得的对外投资

1. 业务概述

出售、对外转让或到期收回本年度以货币资金取得的对外投资，如果按规定将投资收益纳入单位预算，则确认投资预算收益；如果按规定将投资收益上缴财政，则不确认投资预算收益。

2. 账务处理

若实际取得价款大于投资成本的，财务会计中，按实际取得或收回的金额

借记“银行存款”等科目，按账面余额贷记“短期投资”或“长期债券投资”等科目、“应收利息”科目和“投资收益”科目；预算会计中，借记“资金结存——货币资金”科目，贷记“投资支出”科目、“投资预算收益”科目。

若实际取得价款小于投资成本的，财务会计中，按实际取得或收回的金额借记“银行存款”等科目、“投资收益”科目，贷记“短期投资”或“长期债券投资”等科目、“应收利息”科目；预算会计中，借记“资金结存——货币资金”科目、“投资预算收益”科目，贷记“投资支出”科目。

具体账务处理如表 6-34 所示。

表 6-34　学校出售、对外转让以货币资金取得的对外投资时的账务处理

序号	业务与事项	财务会计处理	预算会计处理
（1）	实际取得价款大于投资成本的	借：银行存款等［实际取得或收回的金额］ 贷：短期投资/长期债券投资等［账面余额］ 应收利息［账面余额］ 投资收益	借：资金结存——货币资金 贷：投资支出［投资成本］ 投资预算收益
（2）	实际取得价款小于投资成本的	借：银行存款等［实际取得或收回的金额］ 投资收益 贷：短期投资/长期债券投资等［账面余额］ 应收利息［账面余额］	借：资金结存——货币资金 投资预算收益 贷：投资支出［投资成本］

3. 案例分析

【例 6-36】沿用【例 6-35】。12 月 1 日，该学校出售该债券，收到 50 500 元，并收到持有期间的其他利息 1 500 元。相关账务处理如下。

财务会计：

借：银行存款　　52 000

　贷：短期投资　　50 000

　　投资收益　　2 000

预算会计：

借：资金结存——货币资金　　52 000

　贷：投资支出　　50 000

　　投资预算收益　　2 000

6.6.4 年末结转

1. 业务概述

年末，将“投资支出”科目的本年发生额转入其他结余，年末该科目无余额。

2. 账务处理

在预算会计中，按照“投资支出”科目的本年发生额，借记“其他结余”科目，贷记“投资支出”科目。无财务会计处理。

具体账务处理如表 6-35 所示。

表 6-35　　学校年末结转“投资支出”科目时的账务处理

业务与事项	财务会计处理	预算会计处理
年末结转	—	借：其他结余 　贷：投资支出

3. 案例分析

【例 6-37】 2×19 年，某学校“投资支出”科目的本年发生额为 20 000 元，则其年末结转时的会计处理如下。

借：其他结余　　20 000

　贷：投资支出　　20 000

6.7 上缴上级费用与上缴上级支出

6.7.1 科目简介

“上缴上级费用”科目用于核算各类学校按照财政部门和主管部门的规定上缴上级单位款项发生的费用。“上缴上级费用”科目应当按照收缴款项单位、缴款项目等进行明细核算。“上缴上级费用”科目期末结转后无余额。

“上缴上级支出”科目用于核算各类学校按照财政部门和主管部门的规定上缴上级单位款项发生的现金流出。“上缴上级支出”科目应当按照收缴款项单位、缴款项目、《2019 年政府收支分类科目》中的“支出功能分类科目”的项级科目和“部门预算支出经济分类科目”的款级科目等进行明细核算。“上缴上级支出”科目年末结转后无余额。

实行收入上缴办法的事业支出按规定的定额或者比例上缴上级单位。但各类学校向上级单位返还在其事业支出中垫支的工资、水电费、房租、住房公积金和福利费等各种费用时，应将这些费用计入相应支出，而不能作为上缴上级支出处理。

6.7.2 账务处理

（1）学校发生上缴上级支出。

在财务会计中，按照实际上缴的金额或者按照规定应当上缴上级单位的金额，借记“上缴上级费用”科目，贷记“银行存款”“其他应付款”等科目。计入“其他应付款”科目的上缴上级支出，应在实际支付时，借记“其他应付款”科目，贷记“银行存款”等科目。

在预算会计中，实际缴纳上缴上级支出时，借记“上缴上级支出”科目，贷记“资金结存——货币资金”科目。

（2）期末/年末结转。

期末，在财务会计中，将“上缴上级费用”科目的本期发生额转入本期盈余，借记“本期盈余”科目，贷记“上缴上级费用”科目。

年末，在预算会计中，将“上缴上级支出”年末发生额转入“其他结余”科目，借记“其他结余”科目，贷记“上缴上级支出”科目。

具体账务处理如表6-36所示。

表6-36　学校上缴上级费用与上缴上级支出时的账务处理

<table>
<tr><th>序号</th><th>业务与事项</th><th>财务会计处理</th><th>预算会计处理</th></tr>
<tr><td rowspan="2">（1）</td><td>按照实际上缴的金额或者按照规定计算出应当上缴的金额</td><td>借：上缴上级费用
贷：银行存款/其他应付款等</td><td rowspan="2">借：上缴上级支出［实际上缴的金额］
贷：资金结存——货币资金</td></tr>
<tr><td>计入“其他应付款”的上缴上级支出，在实际支付时</td><td>借：其他应付款
贷：银行存款等</td></tr>
<tr><td>（2）</td><td>期末/年末结转</td><td>借：本期盈余
贷：上缴上级费用</td><td>借：其他结余
贷：上缴上级支出</td></tr>
</table>

6.7.3　案例分析

【例 6-38】2×19 年 12 月，某学校根据安排和本年事业收入的数额，经过计算，本年应上缴上级单位的款项为 100 000 元。该学校通过银行转账上缴了款项。该学校的会计分录如下。

财务会计：

借：上缴上级费用　　100 000

　　贷：银行存款　　100 000

预算会计：

借：上缴上级支出　　100 000

　　贷：资金结存——货币资金　　100 000

【例 6-39】沿用【例 6-38】。假如该学校在 2×19 年没有发生其他上缴上级支出事项，则期末和年末的结转分录如下。

财务会计：

借：本期盈余　　100 000

　　贷：上缴上级费用　　100 000

预算会计：

借：其他结余　　100 000

　　贷：上缴上级支出　　100 000

6.8　对附属单位补助费用与对附属单位补助支出

6.8.1　科目简介

各类学校应当通过“对附属单位补助费用”科目来核算其用财政拨款收入之外的收入对附属单位补助发生的费用。“对附属单位补助费用”科目应当按照接受补助单位、补助项目等进行明细核算。“对附属单位补助费用”科目期末结转后无余额。

各类学校应当通过“对附属单位补助支出”科目来核算其用财政拨款预算收入之外的收入对附属单位补助发生的现金流出。“对附属单位补助支出”科目应当按照接受补助单位、补助项目、《2019 年政府收支分类科目》中的“支出功能分类科目”的项级科目和“部门预算支出经济分类科目”的款级科目等进行明细核算。“对附属单位补助支出”科目年末结转后无余额。

对附属单位的补助支出为国家预算以外的资金，其资金来源主要是收入较多的附属单位上缴的款项以及各类学校获得的除财政补助收入以外的其他资金。

6.8.2 账务处理

（1）对附属单位进行补助。

在财务会计中，按照实际补助的金额或者按照规定计算出的应当对附属单位补助的金额，借记“对附属单位补助费用”科目，贷记“银行存款”“其他应付款”等科目。计入其他应付款的，在实际支付时，借记“其他应付款”科目，贷记“银行存款”等科目。

在预算会计中，实际支付补助费用时，借记“对附属单位补助支出”科目，贷记“资金结存——货币资金”科目。

（2）期末 / 年末结转。

期末，在财务会计中，将“对附属单位补助费用”科目的本期发生额转入本期盈余，借记“本期盈余”科目，贷记“对附属单位补助费用”科目。

年末，在预算会计中，将“对附属单位补助支出”科目的发生额转入其他结余，借记“其他结余”科目，贷记“对附属单位补助支出”科目。

具体账务处理如表 6-37 所示。

表 6-37 学校对附属单位补助费用与对附属单位补助支出的账务处理

序号	业务与事项	财务会计处理	预算会计处理
（1）	按照实际补助的金额或者按照规定计算出应当补助的金额	借：对附属单位补助费用 贷：银行存款 / 其他应付款等	借：对附属单位补助支出［实际补助的金额］ 贷：资金结存——货币资金
（2）	计入其他应付款的，在实际支付时	借：其他应付款 贷：银行存款等	
（3）	期末 / 年末结转	借：本期盈余 贷：对附属单位补助费用	借：其他结余 贷：对附属单位补助支出

6.8.3　案例分析

【例 6-40】2×19 年 12 月，某学校以自有经费对下属独立核算的杂志社补助 10 000 元，以银行存款支付。该学校的会计分录如下。

财务会计：

借：对附属单位补助费用	10 000	
贷：银行存款		10 000

预算会计：

借：对附属单位补助支出	10 000	
贷：资金结存——货币资金		10 000

【例 6-41】沿用【例 6-40】。假如该学校在 2×19 年没有发生其他对附属单位的补助支出事项，则期末和年末的结转分录如下。

财务会计：

借：本期盈余	100 000	
贷：对附属单位补助费用		100 000

预算会计：

借：其他结余	100 000	
贷：对附属单位补助支出		100 000

6.9　所得税费用

6.9.1　科目简介

各类学校应当通过“所得税费用”科目来核算按规定缴纳企业所得税形成的费用。本科目年末结转后无余额。

各类学校在取得的生产、经营所得以及其他应税所得时，应缴纳所得税，应纳税的各类学校以实行独立经济核算的单位为纳税人。

6.9.2　账务处理

（1）发生企业所得税纳税义务。

在财务会计中：发生企业所得税纳税义务的，按照应交税金数额，借记“所得税费用”科目，贷记“其他应交税费——单位应交所得税”科目；实际缴纳时，按照缴纳金额，借记“其他应交税费——单位应交所得税”科目，贷记“银行存款”等科目。

在预算会计中：计算应交税金数额时不做会计处理；实际缴纳时，按照实际缴纳的金额，借记“非财政拨款结余——累计结余”科目，贷记“资金结存——货币资金”科目。

（2）年末结转。

年末，将“所得税费用”科目的本年发生额转入本期盈余，借记“本期盈余”科目，贷记“所得税费用”科目。

具体账务处理如表6-38所示。

表6-38　　　　学校年末结转所得税费用时的账务处理

序号	业务和事项		财务会计处理	预算会计处理
（1）	发生企业所得税纳税义务	按照税法规定计算应交税金数额	借：所得税费用 贷：其他应交税费——单位应交所得税	—
		实际缴纳时	借：其他应交税费——单位应交所得税 贷：银行存款等	借：非财政拨款结余——累计结余 贷：资金结存——货币资金
（2）	年末结转		借：本期盈余 贷：所得税费用	—

6.9.3　案例分析

【例6-42】2×19年，按照税法规定，某学校应交所得税2 500元，已用银行存款支付。该学校的会计分录如下。

（1）计算并支付所得税费用。

财务会计：

借：所得税费用　　2 500

　　贷：其他应交税费——单位应交所得税　　2 500

借：其他应交税费——单位应交所得税　　2 500

　　贷：银行存款　　2 500

预算会计：

借：非财政拨款结余——累计结余　　2 500

　　贷：资金结存——货币资金　　2 500

（2）年末结转。

财务会计：

借：本期盈余　　2 500

　　贷：所得税费用　　2 500

6.10　其他费用与其他支出

6.10.1　科目简介

学校应当通过“其他费用”科目来核算其发生的除业务活动费用、单位管理费用、经营费用、资产处置费用、上缴上级费用、附属单位补助费用、所得税费用以外的各项费用，包括利息费用、对外捐赠现金资产、坏账损失、罚没支出以及其他相关税费、运输费等。“其他费用”科目应当按照其他费用的类别等进行明细核算。“其他费用”科目期末结转后无余额。

学校应当通过“其他支出”科目来核算其除事业支出、经营支出、上缴上级支出、对附属单位补助支出、投资支出、债务还本支出以外的各项现金流出，包括利息支出、对外捐赠现金支出、现金盘亏损失、接受捐赠（调入）和对外捐赠（调出）非现金资产发生的税费支出、资产置换过程中发生的相关税费支出、罚没支出等。“其他支出”科目应当按照“财政拨款支出”“非财政专项资金支出”“其他资金支出”，以及《2019 年政府收支分类科目》中的“支出功能分类科目”的项级科目和“部门预算支出经济分类科目”的款级科目等进行明细核算。该科目年末结转后无余额。

6.10.2　利息费用

1．业务概述

为建造固定资产、公共基础设施等借入的专门借款在建设期间发生的利息应计入在建工程，而其他借款的利息费用应计入其他费用。发生利息费用较多的学校，可以单独设置“利息费用”“利息支出”科目。

2. 账务处理

（1）计算确定借款利息费用时。

在财务会计中，为建造固定资产、公共基础设施等借入的专门借款的利息，属于建设期间发生的，按期计提利息费用时：按照计算确定的金额，借记“在建工程”科目，贷记“应付利息”科目；不属于建设期间发生的，按期计提利息费用时，按照计算确定的金额，借记“其他费用”科目，贷记“应付利息”科目；对于其他借款，按期计提利息费用时，按照计算确定的金额，借记“其他费用”科目，贷记“应付利息”科目。此时，无预算会计处理。

（2）实际支付利息时。

在财务会计中，实际支付利息费用时，借记“应付利息”等科目，贷记“银行存款”等科目。同时，在预算会计中，借记“其他支出”科目，贷记“资金结存——货币资金”科目。

具体账务处理如表 6-39 所示。

表 6-39　　学校利息费用的账务处理

业务与事项	财务会计处理	预算会计处理
计算确定借款利息费用时	借：其他费用 / 在建工程 　贷：应付利息	—
实际支付利息时	借：应付利息等 　贷：银行存款等	借：其他支出 　贷：资金结存——货币资金

3. 案例分析

【例 6-43】某学校将借入 5 年期到期还本、每年付息的长期借款 5 000 000 元，合同约定年利率为 3.5%。该学校的会计分录如下。

（1）计算确定利息费用时。

学校每年支付的利息 =5 000 000×3.5%=175 000（元）

财务会计：

借：其他费用——利息费用　　175 000

　贷：应付利息　　175 000

无预算会计处理。

（2）实际支付利息时。

财务会计：

借：应付利息　　175 000

　　贷：银行存款　　175 000

预算会计：

借：其他支出——利息支出　　175 000

　　贷：资金结存——货币资金　　175 000

6.10.3　对外捐赠现金资产

1．业务概述

通常来说，学校的捐赠行为不是经常性行为，因此作为其他费用处理。少数发生捐赠支出金额较大或业务较多的学校，可单独设置“7903 捐赠支出”科目。

2．账务处理

在财务会计中，按照实际捐赠的金额，借记“其他费用”科目，贷记“银行存款”“库存现金”等科目。同时，在预算会计中，借记“其他支出”，贷记“资金结存——货币资金”科目。

具体账务处理如表 6-40 所示。

表 6-40　　学校对外捐赠现金资产时的账务处理

业务与事项	财务会计处理	预算会计处理
按照实际捐赠的金额	借：其他费用 　贷：银行存款 / 库存现金等	借：其他支出 　贷：资金结存——货币资金

3．案例分析

【例 6-44】某学校为促进社会公益事业的发展，向某慈善机构捐赠现款 100 000 元。相关账务处理如下。

财务会计：

借：其他费用——捐赠费用　　100 000

　　贷：银行存款　　100 000

预算会计：

借：其他支出——其他资金支出　　100 000

　　贷：资金结存——货币资金　　100 000

6.10.4 坏账损失

1. 业务概述

各类学校应当于每年年末，对收回后不需上缴财政的应收账款和其他应收款进行全面检查，如发现不能收回的迹象，应当计提坏账准备。

2. 账务处理

期末，对应收账款和其他应收款计提的坏账准备金额大于“坏账损失”科目的期末贷方余额时，当期计提坏账准备，借记“其他费用”科目，贷记“坏账准备”科目。期末，对应收账款和其他应收款计提的坏账准备金额小于“坏账损失”科目的期末贷方余额时，当期冲减坏账准备，借记“坏账准备”科目，贷记“其他费用”科目。无预算会计处理。

具体账务处理如表 6-41 所示。

表 6-41　　学校坏账损失的账务处理

业务与事项	财务会计处理	预算会计处理
按照规定对应收账款和其他应收款计提坏账准备	借：其他费用 贷：坏账准备	—
冲减多提的坏账准备时	借：坏账准备 贷：其他费用	—

3. 案例分析

【例 6-45】2×19 年，某学校根据应收款项余额百分比法计算出的本年应计提的坏账准备金额为 25 000 元。若“坏账准备”科目的期末贷方余额为 20 000 元，则计提坏账准备的会计分录如下。

当期应补提的坏账准备 =25 000-20 000=5 000（元）

财务会计：

借：其他费用——坏账损失　　5 000

　　贷：坏账准备　　5 000

【例 6-46】2×19 年，某学校根据应收款项余额百分比法计算出的本年应计提的坏账准备金额为 25 000 元。若“坏账准备”科目的期末贷方余额为 30 000 元，则冲减坏账准备的会计分录如下。

当期应冲减的坏账准备 =30 000-25 000=5 000（元）

财务会计：

借：坏账准备　　5 000

　　贷：其他费用——坏账损失　　5 000

6.10.5　罚没支出

1．业务概述

在学校会计实务中，罚没支出是指违规违法的学校在接受行政处罚时发生的支出，如税收滞纳金等。该项费用应计入其他费用。

2．账务处理

在财务会计中，按照实际发生金额，借记“其他费用”科目，贷记“银行存款”“库存现金”“其他应付款”等科目。

在预算会计中，实际缴纳罚没支出时，借记“其他支出”科目，贷记“资金结存——货币资金”科目。

具体账务处理如表 6-42 所示。

表 6-42　　学校发生罚没支出时的账务处理

业务与事项	财务会计处理	预算会计处理
按照实际发生金额	借：其他费用 　　贷：银行存款 / 库存现金 / 其他应付款等	借：其他支出 　　贷：资金结存——货币资金

3．案例分析

【例 6-47】某学校因未按时缴纳税金，发生税收滞纳金 2 000 元，已用银行存款支付，相关会计分录如下。

财务会计：

借：其他费用——罚没支出　　2 000

　　贷：银行存款　　2 000

预算会计：

借：其他支出——其他资金支出　　2 000

　　贷：资金结存——货币资金　　2 000

6.10.6 其他相关税费、运输费等

1. 业务概述

“其他相关税费、运输费等”包括接受捐赠（或无偿调入）如下资产时发生的税费、运输费等：以名义金额计量的存货、固定资产、无形资产，成本无法可靠取得的公共基础设施、文物文化资产等，以及受托代理资产。

2. 账务处理

在财务会计中，按照实际发生金额，借记“其他费用”，贷记“银行存款”“库存现金”“其他应付款”“零余额账户用款额度”等科目。

同时，在预算会计中，按照实际支付金额，借记“其他支出”科目，贷记“资金结存——货币资金”科目。

具体账务处理如表 6-43 所示。

表 6-43　　学校发生其他相关税费、运输费时的账务处理

业务与事项	财务会计处理	预算会计处理
发生其他相关税费、运输费等	借：其他费用 　贷：库存现金 / 其他应付款 / 零余额账户用款额度 / 银行存款等	借：其他支出 　贷：资金结存——货币资金

3. 案例分析

【例 6-48】 某学校接受了一项固定资产的捐赠，发生相关税费以及运输费共计 5 000 元，已用银行存款支付，其会计分录如下。

财务会计：

借：其他费用　　5 000

　贷：银行存款　　5 000

预算会计：

借：其他支出——其他资金支出　　5 000

　贷：资金结存——货币资金　　5 000

6.10.7 出资成立非企业法人单位

根据《关于高等学校执行〈政府会计制度——行政事业单位会计科目和报表〉的补充规定》，在财务会计中，高等学校经批准出资成立非企业法人单位（如教育基金会、研究院等）时，在财务会计中，应当借记“其他费用”科目，贷

记“银行存款”科目；同时，在预算会计中，借记“其他支出”科目，贷记“资金结存——货币资金”科目。具体账务处理如表 6-44 所示。

表 6-44　　　　高等学校出资成立非企业法人单位的账务处理

业务与事项	财务会计处理	预算会计处理
高等学校经批准出资成立非企业法人单位时	借：其他费用 　贷：银行存款	借：其他支出 　贷：资金结存——货币资金

【例 6-49】 A 大学出资 20 万元成立了一个教育基金会，用于资助贫困学生，应进行如下账务处理。

财务会计：

借：其他费用　　　　200 000

　贷：银行存款　　　　200 000

预算会计：

借：其他支出　　　　200 000

　贷：资金结存——货币资金　　　　200 000

6.10.8　期末 / 年末结转

1．业务概述

“其他费用”科目的余额应在期末结转至本期盈余；“其他支出”科目的余额应在年末根据支出方式分别结转至“其他结余”“非财政拨款结转——本年收支结转”“财政拨款结转——本年收支结转”等科目。

2．账务处理

期末，在财务会计中，结转“其他费用”科目时，借记“本期盈余”科目，贷记“其他费用”科目。

年末，在预算会计中：将“其他支出”科目的本年发生额中的财政拨款支出转入财政拨款结转，借记“财政拨款结转——本年收支结转”科目，贷记“其他支出”科目下各财政拨款支出明细科目；将“其他支出”科目的本年发生额中的非财政专项资金支出转入非财政拨款结转，借记“非财政拨款结转——本年收支结转”科目，贷记“其他支出”科目下各非财政专项资金支出明细科目；将“其他支出”科目的本年发生额中的其他资金支出（非财政、非专项资金支出）转入其他结余，借记“其他结余”科目，贷记“其他支出”科目下各其他资金支出明细科目。

具体账务处理如表 6-45 所示。

表 6-45　　学校期末 / 年末结转其他费用与其他支出时的账务处理

业务与事项	财务会计处理	预算会计处理
期末 / 年末结转	借：本期盈余 　贷：其他费用	借：其他结余［非财政、非专项资金支出］ 　非财政拨款结转——本年收支结转［非财政专项资金支出］ 　财政拨款结转——本年收支结转［财政专项资金支出］ 　贷：其他支出

3. 案例分析

【例 6-50】2×19 年 12 月，某学校发生其他费用共计 15 000 元，期末结转时的会计分录如下。

财务会计：

借：本期盈余　　15 000

　贷：其他费用　　15 000

无预算会计处理。

【例 6-51】2×19 年，某学校发生其他支出共计 50 000 元，其中财政拨款支出 20 000 元、非财政拨款支出 20 000 元、其他资金支出 10 000 元，年末的结转分录如下。

预算会计：

借：财政拨款结转——本年收支结转　　20 000

　非财政拨款结转——本年收支结转　　20 000

　其他结余　　10 000

　贷：其他支出　　50 000

无财务会计处理。

第 7 章
预算结余

7.1　预算结余概述

7.1.1　预算结余的概念及分类

预算结余是指政府会计主体预算年度内预算收入扣除预算支出后的资金余额，以及历年滚存的资金余额。

预算结余包括结余资金和结转资金。

7.1.2　预算结余的确认

预算结余应每年结算一次。

结余资金是指年度预算执行终了，预算收入实际完成数扣除预算支出和结转资金后剩余的资金。

结转资金是指预算安排项目的支出年终尚未执行完毕或者因故未执行，且下年需要按原用途继续使用的资金。

7.2　资金结存

7.2.1　科目简介

在学校会计实务中，“资金结存”科目用于核算学校纳入部门预算管理的资金流入、流出、调整和滚存等情况。“资金结存”科目应当设置以下明细科目。

（1）“零余额账户用款额度”：该明细科目用于核算实行国库集中支付

的学校根据财政部门批复的用款计划收到和支用的零余额账户用款额度。年末结账后，该明细科目应无余额。

（2）“货币资金”：该明细科目用于核算以库存现金、银行存款、其他货币资金形态存在的资金。该明细科目年末借方余额，反映学校尚未使用的货币资金。

（3）“财政应返还额度”：该明细科目用于核算实行国库集中支付的各类学校可以使用的以前年度财政直接支付资金额度和财政应返还的财政授权支付资金额度。该明细科目下可设置“财政直接支付”“财政授权支付”两个明细科目进行明细核算。该明细科目年末借方余额，反映学校应收财政返还的资金额度。

7.2.2 账务处理及案例分析

1. 取得预算收入和从零余额账户提取现金

（1）业务概述。

根据有关财政部门的相关规定，各类学校每年会获得一部分财政划转资金，该部分资金为学校获得的预算收入。学校应该在实际取得预算收入时，根据实际情况确认相关的预算收入。各类学校可以通过相应预算渠道从零余额账户提取现金，如从办公费预算中提取用于办公费开支的现金。学校应根据使用范围慎重提现，减少现金结算，且所提取现金应尽快形成支出。

（2）账务处理。

学校取得预算收入时，在财政授权支付方式下，财务会计中，借记“零余额账户用款额度”科目，贷记“财政拨款收入”科目；预算会计中，借记“资金结存——零余额账户用款额度”科目，贷记“财政拨款预算收入”科目。在国库集中支付以外的其他支付方式下，财务会计中，借记“银行存款”科目，贷记“财政拨款收入”“事业收入”或“经营收入”等科目；预算会计中，借记“资金结存——货币资金”科目，贷记“财政拨款预算收入”“事业预算收入”或“经营预算收入”等科目。

从零余额账户提取现金时，财务会计中，借记“库存现金”科目，贷记“零余额账户用款额度”科目；预算会计中，借记“资金结存——货币资金”科目，贷记“资金结存——零余额账户用款额度”科目。

学校取得预算收入和从零余额账户提取现金时的账务处理如表7-1所示。

表 7-1　　学校取得预算收入和从零余额账户提取现金时的账务处理

业务和事项		财务会计处理	预算会计处理
取得预算收入	财政授权支付方式下	借：零余额账户用款额度 贷：财政拨款收入	借：资金结存——零余额账户用款额度 贷：财政拨款预算收入
	国库集中支付以外的其他支付方式下	借：银行存款 贷：财政拨款收入 / 事业收入 / 经营收入等	借：资金结存——货币资金 贷：财政拨款预算收入 / 事业预算收入 / 经营预算收入等
从零余额账户提取现金		借：库存现金 贷：零余额账户用款额度	借：资金结存——货币资金 贷：资金结存——零余额账户用款额度

2．发生预算支出

（1）业务概述。

根据有关财政部门的相关规定，各类学校每年会将财政划转资金用于与其发展及经营相关的项目，即发生相应的支出。这类支出为预算支出。学校应该在实际发生预算支出时，根据实际情况确认相关的预算支出。

（2）账务处理。

发生预算支出时，在财政授权支付方式下，财务会计中借记“业务活动费用”“单位管理费用”“库存物品”“固定资产”等科目，贷记“零余额账户用款额度”科目；预算会计中，借记“事业支出”等科目，贷记“资金结存——零余额账户用款额度”科目。

在使用以前年度财政直接支付额度时，财务会计中，借记“业务活动费用”“单位管理费用”“库存物品”“固定资产”等科目，贷记“财政应返还额度”科目；预算会计中，借记“事业支出”等科目，贷记“资金结存——财政应返还额度”科目。

在国库集中支付以外的其他方式下，财务会计中，借记“业务活动费用”“单位管理费用”“库存物品”“固定资产”等科目，贷记“银行存款”“库存现金”等科目；预算会计中，借记“事业支出”“经营支出”等科目，贷记“资金结存——货币资金”科目。

学校发生预算支出时的账务处理如表 7-2 所示。

表 7-2　　学校发生预算支出时的账务处理

业务和事项内容		财务会计处理	预算会计处理
发生预算支出	财政授权支付方式下	借：业务活动费用 / 单位管理费用 / 库存物品 / 固定资产等 贷：零余额账户用款额度	借：事业支出等 贷：资金结存——零余额账户用款额度
	使用以前年度财政直接支付额度	借：业务活动费用 / 单位管理费用 / 库存物品 / 固定资产等 贷：财政应返还额度	借：事业支出等 贷：资金结存——财政应返还额度
	国库集中支付以外的其他方式下	借：业务活动费用 / 单位管理费用 / 库存物品 / 固定资产等 贷：银行存款 / 库存现金等	借：事业支出 / 经营支出等 贷：资金结存——货币资金

（3）案例分析。

【例 7-1】A 中学使用本年度财政支付额度支付管理费用 200 000 元，相应的分录如下。

财务会计：

借：单位管理费用　　200 000

　　贷：零余额账户用款额度　　200 000

预算会计：

借：事业支出　　200 000

　　贷：资金结存——零余额账户用款额度　　200 000

3. 预算结转结余调整

（1）业务概述。

学校应当严格区分财政拨款结转结余和非财政拨款结转结余。财政拨款结转结余不参与事业单位的结余分配，单独设置“财政拨款结转”和“财政拨款结余”科目核算。非财政拨款结转结余通过设置“非财政拨款结转”“非财政拨款结余”“专用结余”“经营结余”“非财政拨款结余分配”等科目核算。

（2）账务处理。

具体的，按照规定上缴财政拨款结转结余资金或注销财政拨款结转结余资金额度的，财务会计中，借记“累计盈余”科目，贷记“财政应返还额度”“零余额账户用款额度”“银行存款”等科目；预算会计中，借记“财政拨款结转——归集上缴”“财政拨款结余——归集上缴”等科目，贷记“资金结存——财政应返还额度”“零余额账户用款额度”“货币资金”等科目。

按照规定缴回非财政拨款结转资金的，财务会计中，借记“累计盈余”科目，贷记“银行存款”科目；预算会计中，借记“非财政拨款结转——缴回资金”科目，贷记“资金结存——货币资金”科目。

收到调入的财政拨款结转资金的，财务会计中，借记“财政应返还额度”“零余额账户用款额度”“银行存款”等科目，贷记“累计盈余”科目；预算会计中，借记“资金结存——财政应返还额度”“零余额账户用款额度”“货币资金”等科目，贷记“财政拨款结转——归集调入”科目。

学校进行预算结转结余调整时的账务处理如表 7-3 所示。

表 7-3　学校进行预算结转结余调整时的账务处理

业务和事项内容		财务会计处理	预算会计处理
预算结转结余调整	按照规定上缴财政拨款结转结余资金或注销财政拨款结转结余资金额度的	借：累计盈余 贷：财政应返还额度 / 零余额账户用款额度 / 银行存款	借：财政拨款结转——归集上缴 / 财政拨款结余——归集上缴 贷：资金结存——财政应返还额度 / 零余额账户用款额度 / 货币资金
	按照规定缴回非财政拨款结转资金的	借：累计盈余 贷：银行存款	借：非财政拨款结转——缴回资金 贷：资金结存——货币资金
	收到调入的财政拨款结转资金的	借：财政应返还额度 / 零余额账户用款额度 / 银行存款 贷：累计盈余	借：资金结存——财政应返还额度 / 零余额账户用款额度 / 货币资金 贷：财政拨款结转——归集调入

（3）案例分析。

【例 7-2】A 学校本年度按照规定上缴财政拨款结余资金 200 000 元，相应的会计分录如下。

财务会计：

借：累计盈余　　200 000

　　贷：零余额账户用款额度　　200 000

预算会计：

借：财政拨款结余——归集上缴　　200 000

　　贷：资金结存——零余额账户用款额度　　200 000

4．使用专用基金

（1）业务概述。

专用基金是科学事业单位按照规定提取或者设置的具有专门用途的金钱。包括修购基金、职工福利基金、医疗基金、科技成果转化基金和其他基金。

（2）账务处理。

财务会计中，一般情况下借记本科目，贷记“银行存款”等科目；购买固定资产、无形资产等，借记“固定资产”“无形资产”等科目，贷记“银行存款”等科目，或者借记本科目，贷记“累计盈余”科目。

预算会计中，使用从非财政拨款结余或经营结余中计提的专用基金，借记“专用结余”科目，贷记“资金结存——货币资金”科目；使用从收入中计提并计入费用的专用基金时，借记“事业支出”等科目，贷记“资金结存——货币资金”科目。

学校使用专用基金时的账务处理如表 7-4 所示。

表 7–4　　学校使用专用基金时的账务处理

序号	业务和事项内容	财务会计处理	预算会计处理
（1）	一般情况下	借：专用基金 贷：银行存款等	使用从非财政拨款结余或经营结余中计提的专用基金 借：专用结余 贷：资金结存——货币资金 使用从收入中计提并计入费用的专用基金 借：事业支出等 贷：资金结存——货币资金
（2）	购买固定资产、无形资产等	借：固定资产 / 无形资产等 贷：银行存款等 借：专用基金 贷：累计盈余	

（3）案例分析。

【例 7–3】A 大学使用从非财政拨款结余中提取的专用基金购置了价值为 1 000 000 元的固定资产，相应的分录如下。

财务会计：

借：固定资产　　1 000 000

　　贷：银行存款　　1 000 000

预算会计：

借：专用结余　　1 000 000

　　贷：资金结存——货币资金　　1 000 000

5．会计差错更正、购货退回的会计更正

（1）业务概述。

各类学校因发生会计差错更正、购货退回等退回国库直接支付、授权支付款项，或者收回货币资金时，需要进行相应的会计处理。

（2）账务处理。

学校发生会计差错更正、购货退回的会计更正时的账务处理如表 7-5 所示。

表 7-5　　学校发生会计差错更正、购货退回的会计更正时的账务处理

业务和事项内容		财务会计处理	预算会计处理
因购货退回、发生差错更正等退回国库直接支付、授权支付款项，或者收回货币资金的	属于本年度的	借：财政拨款收入 / 零余额账户用款额度 / 银行存款等 贷：业务活动费用 / 库存物品等	借：财政拨款预算收入 / 资金结存——零余额账户用款额度、货币资金 贷：事业支出等
	属于以前年度的	借：财政应返还额度 / 零余额账户用款额度 / 银行存款等 贷：以前年度盈余调整	借：资金结存——财政应返还额度 / 零余额账户用款额度 / 货币资金 贷：财政拨款结转 / 财政拨款结余 / 非财政拨款结转 / 非财政拨款结余（年初余额调整）

（3）案例分析。

【例 7-4】A 学校本年度因购货退回而收回货币资金 2 000 000 元，相应的会计分录如下。

财务会计：

借：银行存款　　2 000 000

　　贷：库存物品　　2 000 000

预算会计：

借：资金结存——货币资金　　2 000 000

　　贷：事业支出　　2 000 000

6．缴纳企业所得税

（1）业务概述。

《企业所得税法》规定，在中华人民共和国境内，企业和其他取得收入的组织为企业所得税的纳税人，依照本法的规定缴纳企业所得税，包括依照中国法律、行政法规在中国境内成立的企业、事业单位、社会团体及其他取得收入的组织。

（2）账务处理。

又企业所得税缴纳义务的各类学校实际缴纳企业所得税时，财务会计中，借记“其他应交税费——单位应交所得税”科目，贷记“银行存款”等科目；预算会计中，借记“非财政拨款结余——累计结余”科目，贷记“资金结存——货币资金”科目。

学校缴纳企业所得税时的账务处理如表 7-6 所示。

表 7-6　　　　学校缴纳企业所得税时的账务处理

业务和事项内容	财务会计处理	预算会计处理
有企业所得税缴纳义务的各类学校实际缴纳企业所得税时	借：其他应交税费——单位应交所得税 贷：银行存款等	借：非财政拨款结余——累计结余 贷：资金结存——货币资金

（3）案例分析。

【例 7-5】A 学校本年应缴纳的企业所得税为 600 000 元，相应的会计分录如下。

财务会计：

借：其他应交税费——单位应交所得税　　600 000

　贷：银行存款　　600 000

预算会计：

借：非财政拨款结余——累计结余　　600 000

　贷：资金结存——货币资金　　600 000

7. 年末确认未下达财政用款额度

年末，各类学校应根据本年度财政直接支付预算指标数与当年财政直接支付实际支出数的差额，进行表 7-7 所示的账务处理。

表 7-7　　　　学校年末确认未下达财政用款额度时的账务处理

<table>
<tr><th colspan="2">业务和事项内容</th><th>财务会计处理</th><th>预算会计处理</th></tr>
<tr><td rowspan="2">年末确认未下达的财政用款额度</td><td>财政直接支付方式</td><td>借：财政应返还额度——财政直接支付
贷：财政拨款收入</td><td rowspan="2">借：资金结存——财政应返还额度
贷：财政拨款预算收入</td></tr>
<tr><td>财政授权支付方式</td><td>借：财政应返还额度——财政授权支付
贷：财政拨款收入</td></tr>
</table>

8. 年末注销及恢复零余额账户用款额度

（1）业务概述。

零余额账户用款额度仅适用于授权支付时，预算单位的零余额账户只是财政国库与代理银行清算的过渡性账户，它每日的余额是为零的，在预算单位是以额度来体现，并不是真正的资金。因此，年末要进行清算，自然需要将其注销归零处理。

（2）账务处理。

年末，各类学校依据代理银行提供的对账单做注销额度的相关账务处理：在财务会计中，借记“财政应返还额度——财政授权支付”科目，贷记“零余额账户用款额度”科目；本年度财政授权支付预算指标数大于零余额账户用款额度下达数的，根据未下达的用款额度，借记“财政应返还额度——财政授权支付”科目，贷记“财政拨款预算收入”科目。

下月月初，各类学校依据代理银行提供的额度恢复到账通知书进行恢复额度的相关账务处理：在财务会计中，借记“零余额账户用款额度”科目，贷记“财政应返还额度”科目。各类学校收到财政部门批复的上年末未下达零余额账户用款额度时，在财务会计中，借记“零余额账户用款额度”科目，贷记“财政应返还额度——财政授权支付”科目。

在预算会计中，年末注销零余额账户用款额度时，借记“资金结存——财政应返还额度”，贷记“资金结存——零余额账户用款额度”科目。下月初，恢复零余额账户用款额度或收到上年年末未下达的零余额账户用款额度时，做相反会计分录。

学校年末注销及恢复零余额账户用款额度时的账务处理如表 7-8 所示。

表 7-8　　学校年末注销及恢复零余额账户用款额度时的账务处理

序号	业务和事项内容	财务会计处理	预算会计处理
（1）	年末注销零余额账户用款额度	借：财政应返还额度——财政授权支付 贷：零余额账户用款额度 / 财政拨款预算收入	借：资金结存——财政应返还额度 贷：资金结存——零余额账户用款额度
（2）	下年年初，恢复零余额账户用款额度或收到上年末未下达的零余额账户用款额度的	借：零余额账户用款额度 贷：财政应返还额度——财政授权支付	借：资金结存——零余额账户用款额度 贷：资金结存——财政应返还额度

（3）案例分析。

【例 7-6】A 学校本年末注销零余额账户用款额度 700 000 元，相应的会计分录如下。

财务会计：

借：财政应返还额度——财政授权支付　　700 000

　　贷：零余额账户用款额度　　700 000

预算会计：

借：资金结存——财政应返还额度　　700 000

　　贷：资金结存——零余额账户用款额度　　700 000

7.3 财政拨款结转与结余

财政拨款是指各类学校直接从财政部门取得的和通过主管部门从财政部门取得的各类事业经费，包括正常经费和专项资金。在我国传统的预算体制和各类学校预算会计制度下，该资金称为经费，属于预算资金的一部分。

过去，我国财政拨款收入的划拨方式分为两种，即划拨资金和限额拨款。划拨资金方式也称实拨资金方式，其特点是上级单位按预算向用款单位拨给资金，用款单位收到所拨资金后即可使用。限额拨款方式的特点是用款单位可在拨给的经费限额内支用款项，但预算资金仍保留在财政金库中，月末才根据限额支出数从财政金库中拨出。由于在限额拨款方式下，各单位的用款平时有银行垫付，月末根据限额支出数统一结算，如果财政存款不足，有可能占用信贷资金，所以我国取消了这种拨款方式。目前，财政补助收入的领拨一律采用划拨资金方式。

7.3.1 财政拨款结转

7.3.1.1 科目简介

“财政拨款结转”科目用于核算学校取得的同级财政拨款结转资金的调整、结转和滚存情况。本科目年末贷方余额反映学校滚存的财政拨款结转资金数额。

在学校会计实务中，本科目应该根据实际情况设置以下明细科目。

1. 与会计差错更正、以前年度支出收回相关的明细科目

“年初余额调整”：本明细科目用于核算因发生会计差错更正、以前年度支出收回等事项，而需要调整的财政拨款结转的金额。年末结账后，本明细科目应无余额。

2. 与财政拨款调拨业务相关的明细科目

（1）“归集调入”：本明细科目用于核算按照规定从其他单位调入财政拨款结转资金时，实际调增的额度或调入的资金。年末结账后，本明细科目应无余额。

（2）“归集调出”：本明细科目用于核算按照规定向其他单位调出财政拨款结转资金时，实际调减的额度或调出的资金。年末结账后，本明细科目应无余额。

（3）“归集上缴”：本明细科目用于核算按照规定上缴财政拨款结转资金时，实际核销的额度或上缴的资金。年末结账后，本明细科目应无余额。

（4）“单位内部调剂”：本明细科目用于核算经财政部门批准对财政拨款结余资金改变用途，调整用于本学校其他未完成项目等的调整金额。年末结账后，本明细科目应无余额。

3. 与年末财政拨款结转业务相关的明细科目

（1）“本年收支结转”：本明细科目用于核算学校本年度财政拨款收支相抵后的余额。年末结账后，本明细科目应无余额。

（2）“累计结转”：本明细科目用于核算学校滚存的财政拨款结转资金。本明细科目年末贷方余额反映学校财政拨款滚存的结转资金数额。

本科目还应当设置“基本支出结转”“项目支出结转”两个明细科目，并在“基本支出结转”明细科目下按照“人员经费”“日常公用经费”进行明细核算，在“项目支出结转”明细科目下按照具体项目进行明细核算；同时，本科目还应按照《2019 年政府收支分类科目》中“支出功能分类科目”的相关科目进行明细核算。

有一般公共预算财政拨款、政府性基金预算财政拨款等两种或两种以上财政拨款的学校，还应当在“财政拨款结转”科目下按照财政拨款的种类进行明细核算。

7.3.1.2　账务处理及案例分析

1. 会计差错更正、购货退回的会计更正

（1）业务概述。

各类学校因发生会计差错更正或者购货退回等退回以前年度国库直接支付、授权支付款项或财政性货币资金，或者因发生会计差错更正增加以前年度国库直接支付、授权支付支出或财政性货币资金支出，属于以前年度财政拨款结转资金的，需要进行相应的财政拨款结转资金的会计处理。

（2）账务处理。

在预算会计中，因发生会计差错更正而退回以前年度国库直接支付、授权支付款项或财政性货币资金，或者因发生会计差错更正增加以前年度国库直接支付、授权支付款项或财政性货币资金，属于以前年度财政拨款结转资金的，借记或贷记“资金结存——财政应返还额度、零余额账户用款额度、货币资金”等科目，贷记或借记“财政拨款结转——年初余额调整”科目。因购货退回、预付款项收回等发生以前年度支出又收回国库直接支付、授权支付款项或收回财政性货币资金，属于以前年度财政拨款结转资金的，借记“资金结存——财政应返还额度、零余额账户用款额度、货币资金”科目，贷记“财政拨款结转——年初余额调整”科目。

具体账务处理如表 7-9 所示。

表 7-9　学校发生会计差错更正、购货退回的会计更正时的账务处理

业务和事项内容		财务会计处理	预算会计处理
因会计差错更正、购货退回、预付款项收回等发生以前年度调整事项	调整增加相关资产	借：零余额账户用款额度/银行存款等 贷：以前年度盈余调整	借：资金结存——财政应返还额度/零余额账户用款额度/货币资金等 贷：财政拨款结转——年初余额调整
	因会计差错更正调整减少相关资产	借：以前年度盈余调整 贷：零余额账户用款额度/银行存款等	借：财政拨款结转——年初余额调整 贷：资金结存——财政应返还额度/零余额账户用款额度/货币资金等

（3）案例分析。

【例 7-7】A 学校于 2×19 年初发生了 1 000 000 元的预售账款退回，该款项已退回至银行账户，且该款项属于以前年度结转资金。相应的会计分录如下。

财务会计：

借：以前年度盈余调整　　　　1 000 000

　　贷：银行存款　　　　　　　　1 000 000

预算会计：

借：财政拨款结转——年初余额调整　　　　1 000 000

　　贷：资金结存——货币资金　　　　　　　　1 000 000

2. 与其他学校发生的财政拨款结转资金的调入、调出

（1）业务概述。

《政府会计准则制度》规定，与财政拨款调拨业务相关的明细科目包括“归集调入”“归集调出”“归集上缴”“单位内部调剂”等。其中按照规定从其他单位调入财政拨款结转资金时，按照实际调增的额度数额或调入的资金数额用“归集调入”科目核算；按照规定向其他单位调出财政拨款结转资金时，按实际调减的额度数额或调出的资金数额用“归集调出”科目核算。

（2）账务处理。

在预算会计中，按照规定从其他学校调入财政拨款结转资金的，按照实际调增的额度数额或调入的资金数额，借记“资金结存——财政应返还额度、零余额账户用款额度、货币资金”科目，贷记“财政拨款结转——归集调入”科目。按照规定向其他学校调出财政拨款结转资金的，按照实际调减的额度数额或调出的资金数额，借记“财政拨款结转——归集调出”科目，贷记“资金结存——财政应返还额度、零余额账户用款额度、货币资金”科目。

学校与其他学校发生财政拨款结转资金的调入、调出时的账务处理如表7-10 所示。

表 7–10　学校与其他学校发生财政拨款结转资金的调入、调出时的账务处理

序号	业务和事项内容		财务会计处理	预算会计处理
（1）	从其他学校调入财政拨款结转资金	按照实际调增的额度数额或调入的资金数额	借：财政应返款额度 / 零余额账户用款额度 / 银行存款 贷：累计盈余	借：资金结存——财政应返还额度 / 零余额账户用款额度 / 货币资金 贷：财政拨款结转——归集调入
（2）	向其他学校调出财政拨款结转资金	按照实际调减的额度数额或调出的资金数额	借：累计盈余 贷：财政应返还额度 / 零余额账户用款额度 / 银行存款	借：财政拨款结转——归集调出 贷：资金结存——财政应返还额度 / 零余额账户用款额度 / 货币资金

（3）案例分析。

【例 7–8】A 中学本年向其子弟学校 B 高中调出财政授权内拨款结转资金 5 000 000 元，相应的会计分录如下。

财务会计：

借：累计盈余　5 000 000

　贷：零余额账户用款额度　5 000 000

预算会计：

借：财政拨款结转——归集调出　5 000 000

　贷：资金结存——零余额账户用款额度　5 000 000

3．上缴或注销财政拨款结转资金或额度

（1）业务描述。

各类学校在根据需要对自身的结转资金进行上缴或注销财政拨款结转资金额度时，需要对财政拨款结转进行调整。

（2）账务处理。

在预算会计中，按照规定上缴财政拨款结转资金或注销财政拨款结转资金额度的，按照实际上缴资金数额或注销的资金额度数额，借记“财政拨款结转——归集上缴”科目，贷记“资金结存——财政应返还额度、零余额账户用款额度、货币资金”科目。

学校上缴或注销财政拨款结转资金或额度时的账务处理如表 7-11 所示。

表 7-11　学校上缴或注销财政拨款结转资金或额度时的账务处理

业务和事项内容		财务会计处理	预算会计处理
按照规定上缴财政拨款结转资金或注销财政拨款结转资金额度	按照实际上缴的资金数额或注销的资金额度	借：累计盈余 贷：财政应返还额度 / 零余额账户用款额度 / 银行存款	借：财政拨款结转——归集上缴 贷：资金结存——财政应返还额度 / 零余额账户用款额度 / 货币资金

（3）案例分析。

【例 7-9】 A 学校本年度按照规定上缴财政拨款结转资金 300 000 元。该款项通过银行缴纳，相应的会计分录如下。

财务会计：

借：累计盈余　300 000

　贷：银行存款　300 000

预算会计：

借：财政拨款结余——归集上缴　300 000

　贷：资金结存——货币资金　300 000

4. 在单位内部调剂财政拨款结转资金

（1）业务概述。

根据财政部门的批准，各类学校在需要对自身的结转资金改变用途（调整用于学校基本支出或其他未完成项目支出）时，应对财政拨款结转进行调整。

（2）账务处理。

在预算会计中，经财政部门批准对财政拨款结转资金改变用途，调整用于学校基本支出或其他未完成项目支出的，按照批准调剂的金额，借记“财政拨款结余——单位内部调剂”科目，贷记“财政拨款结转——单位内部调剂”科目，无财务会计账务处理。

学校在其内部调剂财政拨款结转资金时的账务处理如表 7-12 所示。

表 7-12　　学校在其内部调剂财政拨款结转资金时的账务处理

业务和事项内容		财务会计处理	预算会计处理
在学校内部调剂财政拨款结转资金	按照调整的金额	—	借：财政拨款结余——单位内部调剂 贷：财政拨款结转——单位内部调剂

（3）案例分析。

【例 7-10】经财政部门批准，A 学校将本年度 1 000 000 元的财政拨款结转资金的用途由办公经费支出改为购买固定资产，相应的会计分录如下。

借：财政拨款结余——单位内部调剂　　1 000 000

　　贷：财政拨款结转——单位内部调剂　　1 000 000

5. 年末的财政拨款结转冲销和结余

（1）业务概述。

在每年年末进行账务处理时，各类学校需要对本年度发生的全部收入、费用科目进行相应的结转。同时，根据“财政拨款结余”科目的特征，年末只有“累计结转”明细科目下有相应的余额，所以各类学校需要对其他明细科目下发生的业务进行相应的科目内结转。

（2）账务处理。

相应的账务处理体现在预算会计中，无财务会计账务处理，具体如下。

①年末，将财政拨款预算收入的本年发生额转入本科目，借记“财政拨款预算收入”科目，贷记“财政拨款结转——本年收支结转”科目；将各项支出中的财政拨款支出的本年发生额转入本科目，借记“财政拨款结转——本年收支结转”科目，贷记“事业支出”等科目。

②年末冲销有关明细科目余额。将“财政拨款结转——本年收支结转、年初余额调整、归集调入、归集调出、归集上缴、单位内部调剂”科目余额转入“财政拨款结转——累计结转”科目。结转后，“财政拨款结转”科目除“累计结转”明细科目外，其他明细科目应无余额。

③年末完成上述结转后，应当对“财政拨款结转”科目各明细科目的执行情况进行分析，并按照有关规定将符合财政拨款结余性质的项目余额转入财政拨款结余，借记“财政拨款结转——累计结转”科目，贷记“财政拨款结余——结转转入”科目。

学校年末进行财政拨款结转冲销和结余时的账务处理如表 7-13 所示。

表 7-13　　学校年末进行财政拨款结转冲销和结余时的账务处理

<table>
<tr><th>序号</th><th colspan="2">业务和事项内容</th><th>财务会计处理</th><th>预算会计处理</th></tr>
<tr><td rowspan="2">（1）</td><td rowspan="2">年末结转</td><td>结转财政拨款预算收入</td><td>—</td><td>借：财政拨款预算收入
　贷：财政拨款结转——本年收支结转</td></tr>
<tr><td>结转财政拨款预算支出</td><td>—</td><td>借：财政拨款结转——本年收支结转
　贷：事业支出等［财政拨款支出部分］</td></tr>
<tr><td>（2）</td><td colspan="2">年末冲销本科目有关明细科目余额</td><td>—</td><td>借：财政拨款结转——年初余额调整［该明细科目为贷方余额时］/ 归集调入 / 单位调剂 / 本年收支结转［该明细科目为贷方余额时］
　贷：财政拨款结转——累计结转
借：财政拨款结转——累计结转
　贷：财政拨款结转——归集上缴 / 年初余额调整［该明细科目为借方余额时］/ 归集调出 / 本年收支结转［该明细科目为借方余额时］</td></tr>
<tr><td>（3）</td><td>转入财政拨款结余</td><td>按照有关规定将符合财政拨款结余性质的项目余额转入财政拨款结余</td><td>—</td><td>借：财政拨款结转——累计结转
　贷：财政拨款结余——结转转入</td></tr>
</table>

（3）案例分析。

【例 7-11】A 学校本年度发生预算收入 1 000 000 元，发生事业支出 500 000 元，相应的会计分录如下。

借：财政拨款预算收入　　1 000 000

　　贷：财政拨款结转——本年收支结转　　1 000 000

借：财政拨款结转——本年收支结转　　500 000

　　贷：事业支出　　500 000

借：财政拨款结转——本年收支结转　　500 000

　　贷：财政拨款结转——累计结转　　500 000

7.3.2 财政拨款结余

7.3.2.1 科目简介

在学校会计实务中，“财政拨款结余”科目用于核算学校取得的同级财政拨款项目支出结余资金的调整、结转和滚存情况。在学校会计实务中，本科目年末贷方余额反映学校滚存的财政拨款结余资金。

在学校会计实务中，本科目应该根据实际情况设置以下明细科目。

1．与会计差错更正、以前年度支出收回相关的明细科目

“年初余额调整”：本明细科目用于核算因发生会计差错更正、以前年度支出收回等事项，需要调整财政拨款结余的金额。年末结账后，本明细科目应无余额。

2．与财政拨款结余资金调整业务相关的明细科目

（1）“归集上缴”：本明细科目用于核算按照规定上缴财政拨款结余资金时，实际核销的额度或上缴的资金。年末结账后，本明细科目应无余额。

（2）“单位调剂”：本明细科目用于核算经财政部门批准对财政拨款结余资金改变用途，调整用于各类学校其他未完成项目等的调整金额。年末结账后，本明细科目应无余额。

3．与年末财政拨款结余业务相关的明细科目

（1）“结转转入”：本明细科目用于核算各类学校按照规定转入财政拨款结余的财政拨款结转资金。年末结账后，本明细科目应无余额。

（2）“累计结余”：本明细科目用于核算学校滚存的财政拨款结余资金。本明细科目年末贷方余额反映学校财政拨款滚存的结余资金。本科目还应当按照具体项目、《2019 年政府收支分类科目》中的“支出功能分类科目”的相关科目等进行明细核算。

有一般公共预算财政拨款、政府性基金预算财政拨款等两种或两种以上财政拨款的，还应当在“财政拨款结余”科目下按照财政拨款的种类进行明细核算。

7.3.2.2 主要账务处理

1. 会计差错更正、购货退回和预付款项收回的会计更正

（1）业务概述。

各类学校因发生以前年度或本年度的会计差错更正退回或者相应的购货退回预付款项收回等事项而涉及以前年度国库直接支付、授权支付款项或财政性货币资金的，或者因发生会计差错更正增加以前年度国库直接支付、授权支付支出或财政性货币资金支出，属于以前年度财政拨款结余资金的，需要进行相应的财政拨款结余资金的会计处理。

（2）账务处理。

财务会计中，因会计差错更正、购货退回、预付款项收回等发生以前年度调整事项，调整增加相关资产时，借记“零余额账户用款额度”“银行存款”等科目，贷记“以前年度盈余调整”科目；因会计差错更正调整减少相关资产时，借记“以前年度盈余调整”科目，贷记“零余额账户用款额度”“银行存款”等科目。

在预算会计中，因发生会计差错更正退回以前年度国库直接支付、授权支付款项或财政性货币资金，或者因发生会计差错更正增加以前年度国库直接支付、授权支付支出或财政性货币资金支出，属于以前年度财政拨款结余资金的，借记或贷记“资金结存——财政应返还额度、零余额账户用款额度、货币资金”等科目，贷记或借记“财政拨款结余——年初余额调整”科目。

因购货退回、预付款项收回等发生以前年度支出又收回国库直接支付、授权支付款项或收回财政性货币资金，属于以前年度财政拨款结余资金的，借记“资金结存——财政应返还额度、零余额账户用款额度、货币资金”等科目，贷记“财政拨款结余——年初余额调整”科目。

具体账务处理如表 7-14 所示。

表 7–14　学校发生会计差错更正、购货退回和预付款项收回的会计更正时的账务处理

业务和事项内容		财务会计处理	预算会计处理
因会计差错更正、购货退回、预付款项收回等发生以前年度调整事项	调整增加相关资产	借：零余额账户用款额度 / 银行存款等 贷：以前年度盈余调整	借：资金结存——财政应返还额度 / 零余额账户用款额度 / 货币资金等 贷：财政拨款结余——年初余额调整
	因会计差错更正调整减少相关资产	借：以前年度盈余调整 贷：零余额账户用款额度 / 银行存款等	借：财政拨款结余——年初余额调整 贷：资金结存——财政应返还额度 / 零余额账户用款额度 / 货币资金等

（3）案例分析。

【例 7–12】A 学校于 2×19 年年初发生了 100 000 元的购货退回收回国库直接支付额度，相应的会计分录如下。

财务会计：

借：零余额账户用款额度　　100 000

　　贷：以前年度盈余调整　　100 000

预算会计：

借：资金结存——零余额账户用款额度　　100 000

　　贷：财政拨款结余——年初余额调整　　100 000

2. 上缴或注销财政拨款结余资金或额度

（1）业务概述。

各类学校根据相关规定，需要对自身的结余资金进行上缴或注销财政拨款结余资金额度的，应对财政拨款结余进行调整。

（2）账务处理。

在财务会计中，按照规定上缴财政拨款结余资金或注销财政拨款结余资金额度的，按照实际上缴资金数额或注销的资金数额，借记“累计盈余”科目，贷记“财政应返还额度”“零余额账户用款额度”“银行存款”科目。

在预算会计中，按照规定上缴财政拨款结余资金或注销财政拨款结余资金额度的，按照实际上缴资金数额或注销的资金额度，借记“财政拨款结余——归集上缴”科目，贷记“资金结存——财政应返还额度、零余额账户用款额度、货币资金”科目。

学校上缴或注销财政拨款结转资金或额度时的账务处理如表 7-15 所示。

表 7-15　学校上缴或注销财政拨款结转资金或额度时的账务处理

业务和事项内容		财务会计处理	预算会计处理
按照规定上缴财政拨款结余资金或注销财政拨款结余资金额度	按照实际上缴资金数额或注销的资金额度	借：累计盈余 贷：财政应返还额度 / 零余额账户用款额度 / 银行存款	借：财政拨款结余——归集上缴 贷：资金结存——财政应返还额度 / 零余额账户用款额度 / 货币资金

（3）案例分析。

【例 7-13】A学校本年上缴财政拨款（财政授权内拨款）结余资金 5 000 000 元，相应的会计分录如下。

财务会计：

借：累计盈余　　5 000 000

　　贷：零余额账户用款额度　　5 000 000

预算会计：

借：财政拨款结余——归集上缴　　5 000 000

　　贷：资金结存——零余额账户用款额度　　5 000 000

3. 内部调剂财政拨款结余资金

（1）业务概述。

经财政部门的批准，各类学校在需要对自身的结余资金改变用途，调整用于学校基本支出或其他未完成项目支出时，应对财政拨款结余进行调整。

（2）账务处理。

在预算会计中，经财政部门批准，各类学校对财政拨款结余资金改变用途，调整用于学校基本支出或其他未完成项目支出的，按照批准调剂的金额，借记“财政拨款结余——单位内部调剂”科目，贷记“财政拨款结转——单位内部调剂”科目。无财务会计账务处理。

学校在内部调剂财政拨款结余资金时的账务处理如表 7-16 所示。

表 7-16　学校在内部调剂财政拨款结余资金时的账务处理

业务和事项内容		财务会计处理	预算会计处理
各类学校内部调剂财政拨款结余资金	按照调整的金额	—	借：财政拨款结余——单位内部调剂 贷：财政拨款结转——单位内部调剂

4．年末的财政拨款结转和冲销

（1）业务概述。

各类学校在每年年末进行账务处理时，需要将本年度发生的符合财政拨款结余性质的项目余额转入财政拨款结余。同时，根据“财政拨款结余”科目的特征，年末只有“累计结余”明细科目下有相应的余额，所以需要对年度其他明细科目下发生的业务进行相应的科目内结转。

（2）账务处理。

相应账务处理主要体现在预算会计中，具体如下。

年末，对财政拨款结转各明细项目执行情况进行分析，按照有关规定将符合财政拨款结余性质的项目余额转入财政拨款结余，借记“财政拨款结转——累计结转”科目，贷记“财政拨款结余——结转转入”科目。

年末，冲销有关明细科目的余额。将“财政拨款结余——年初余额调整、归集上缴、单位内部调剂、结转转入”科目的余额转入“财政拨款结余——累计结余”科目。结转后，“财政拨款结余”科目下除“累计结余”明细科目外，其他明细科目应无余额。

无财务会计账务处理。

学校年末进行财政拨款结转和冲销业务时的账务处理如表 7-17 所示。

表 7-17　　学校年末进行财政拨款结转和冲销时的账务处理

序号	业务和事项内容		财务会计处理	预算会计处理
（1）	年末，转入财政拨款结余	按照有关规定，将符合财政拨款结余性质的项目余额转入财政拨款结余	—	借：财政拨款结转——累计结转 贷：财政拨款结余——结转转入
（2）	年末，冲销有关明细科目余额		—	借：财政拨款结余——年初余额调整［该明细科目为贷方余额时］ 贷：财政拨款结余——累计结余 借：财政拨款结余——累计结余 贷：财政拨款结余——年初余额调整［该明细科目为借方余额时］/ 归集上缴 / 单位内部调剂 借：财政拨款结余——结转转入 贷：财政拨款结余——累计结余

（3）案例分析。

【例 7–14】按照有关规定，A 学校将结转本年度内符合财政拨款结余性质的项目余额 300 000 元，相应的会计分录如下。

借：财政拨款结转——累计结转　　300 000
　　贷：财政拨款结余——结转转入　　300 000
借：财政拨款结余——结转转入　　300 000
　　贷：财政拨款结余——累计结余　　300 000

7.4 非财政拨款结转与结余

在学校会计实务中，非财政拨款结转、结余是指学校除财政拨款收支、经营收支以外的各项收入与各项支出相抵后的余额。

7.4.1 非财政拨款结转

7.4.1.1 科目简介

在学校会计实务中，“非财政拨款结转”科目用于核算学校除财政拨款收支、经营收支以外的各非同级财政拨款专项资金的调整、结转和滚存情况。本科目年末贷方余额反映学校滚存的非同级财政拨款专项结转资金。

在学校会计实务中，本科目应该根据实际情况设置以下明细科目。

（1）“项目间接费用或管理费”：本明细科目用于核算学校取得的科研项目预算收入中，按照规定计提的项目间接费用或管理费的数额。年末结账后，本明细科目应无余额。

（2）“年初余额调整”：本明细科目用于核算因发生会计差错更正、以前年度支出收回等事项而需要调整的非财政拨款结转的资金。年末结账后，本明细科目应无余额。

（3）“缴回资金”：本明细科目用于核算按照规定缴回非财政拨款结转资金时，实际缴回的资金数额。年末结账后，本明细科目应无余额。

（4）“本年收支结转”：本明细科目用于核算学校本年度非同级财政拨款专项收支相抵后的余额。年末结账后，本明细科目应无余额。

（5）“累计结转”：本明细科目用于核算学校滚存的非同级财政拨款专项结转资金。本明细科目年末贷方余额反映学校非同级财政拨款滚存的专项结转资金。

7.4.1.2　账务处理及案例分析

1．提取项目管理费或间接费用

（1）业务概述。

根据相关财政部门的规定，学校每年可能会从“非财政拨款结转”科目的余额中提取一定的项目管理费或间接费用，用于项目接下来的运转。

（2）账务处理。

按照规定从科研项目预算收入中提取项目管理费或间接费用时，按照提取金额，在财务会计中，借记“单位管理费用”科目，贷记“预提费用——项目间接费用或管理费”科目。在预算会计中，借记“非财政拨款结转——项目间接费用”或“非财政拨款结转——管理费”科目，贷记“非财政拨款结余——项目间接费用”“非财政拨款结余——管理费”科目。

学校提取项目管理费或间接费用时的账务处理如表 7-18 所示。

表 7-18　　学校提取项目管理费或间接费用时的账务处理

业务和事项内容	财务会计处理	预算会计处理
按照规定从科研项目预算收入中提取项目管理费或间接费用	借：单位管理费用 　贷：预提费用——项目间接费用或管理费	借：非财政拨款结转——项目间接费用或管理费 　贷：非财政拨款结余——项目间接费用或管理费

（3）案例分析。

【例 7-15】A 学校从本学校的科研项目预算收入中提取项目管理费 100 000 元，相应的会计分录如下。

财务会计：

借：单位管理费用　　100 000

　贷：预提费用——管理费　　100 000

预算会计：

借：非财政拨款结转——管理费　　100 000

　贷：非财政拨款结余——管理费　　100 000

2. 会计差错更正、购货退回的会计更正

（1）业务概述。

各类学校因发生以前年度或本年度的会计差错更正或者相应的购货退回事项而退回非同级财政拨款货币资金的，或者因发生会计差错更正而增加非同级财政拨款货币资金，属于非财政拨款结转资金的，需要进行相应的非财政拨款结转资金的会计处理。

（2）账务处理。

在财务会计中，因会计差错、购货退回等发生以前年度调整事项，调整增加相关资产的，借记“银行存款”等科目，贷记“以前年度盈余调整”科目；若调整减少相关资产，则做相反会计分录。

在预算会计中，因会计差错更正收到或支出非同级财政拨款货币资金，属于非财政拨款结转资金的，按照收到或支出的金额，借记或贷记“资金结存——货币资金”等科目，贷记或借记“非财政拨款结转——年初余额调整”科目。因购货退回收回以前年度支出等非同级财政拨款货币资金中含有非财政拨款结转资金的，按照相应的金额，借记“资金结存——货币资金”等科目，贷记“非财政拨款结转——年初余额调整”科目。

具体账务处理如表 7-19 所示。

表 7-19　学校发生会计差错更正、购货退回的会计更正时的账务处理

业务和事项内容		财务会计处理	预算会计处理
因会计差错更正、购货退回等发生以前年度调整事项	调整增加相关资产	借：银行存款等 贷：以前年度盈余调整	借：资金结存——货币资金等 贷：非财政拨款结转——年初余额调整
	调整减少相关资产	借：以前年度盈余调整 贷：银行存款等	借：非财政拨款结转——年初余额调整 贷：资金结存——货币资金等

（3）案例分析。

【例 7-16】 A 学校发生销售退回时涉及以前年度收入的金额为 300 000 元，相应的会计分录如下。

财务会计：

借：以前年度盈余调整　　300 000

　　贷：应收账款　　300 000

预算会计：

借：非财政拨款结转——年初余额调整　　300 000

　　贷：资金结存——货币资金　　300 000

3．缴回非财政拨款结转资金

（1）业务概述。

学校根据相关规定，需要对自身的非财政拨款结转资金进行上缴的，应对非财政拨款结转资金进行调整。

（2）账务处理。

按照规定缴回非财政拨款结转资金，按照实际缴回资金，在财务会计中，借记“累计盈余”科目，贷记“银行存款”等科目；在预算会计中，借记“非财政拨款——缴回资金”科目，贷记“资金结存——货币资金”科目。

学校缴回非财政拨款结转资金时的账务处理如表 7-20 所示。

表 7-20　学校缴回非财政拨款结转资金时的账务处理

业务和事项内容		财务会计处理	预算会计处理
按照规定缴回非财政拨款结转资金	按照实际缴回资金	借：累计盈余 　贷：银行存款等	借：非财政拨款结转——缴回资金 　贷：资金结存——货币资金

（3）案例分析。

【例 7-17】A 学校按照规定缴回非财政拨款结转资金 300 000 元，相应的会计分录如下。

财务会计：

借：累计盈余　　300 000

　　贷：银行存款　　300 000

预算会计：

借：非财政拨款结转——缴回资金　　300 000

　　贷：资金结存——货币资金　　300 000

4．年末的非财政拨款结转和冲销

（1）业务概述。

各类学校在每年年末进行账务处理时，需要对本年度发生的全部收入、费用科目进行相应的结转。同时，根据“非财政拨款结转”科目的特征，年末只有“累计结转”明细科目下有相应的余额，所以需要对年度其他明细科目下发生的业务进行相应的科目内结转。

（2）账务处理。

账务处理主要体现在预算会计中，无财务会计处理，具体如下。

年末，将事业预算收入、上级补助预算收入、附属单位上缴预算收入、非同级财政拨款预算收入、债务预算收入、其他预算收入本年发生额中的专项资金收入转入“非财政拨款结转”科目，借记“事业预算收入”“上级补助预算收入”“附属单位上缴预算收入”“非同级财政拨款预算收入”“债务预算收入”“其他预算收入”科目下各专项资金收入明细科目，贷记“非财政拨款结转——本年收支结转”科目；将事业支出、其他支出本年发生额中的非财政拨款专项资金支出转入“非财政拨款结转”科目，借记“非财政拨款结转——本年收支结转”科目，贷记“事业支出”“其他支出”科目下各非财政拨款专项资金支出明细科目。

年末冲销有关明细科目余额时，将“非财政拨款结转——年初余额调整、项目间接费用或管理费、缴回资金、本年收支结转”科目的余额转入“非财政拨款结转——累计结转”科目。结转后，本科目除“累计结转”明细科目外，其他明细科目应无余额。

学校年末进行非财政拨款结转和冲销时的账务处理如表 7-21 所示。

表 7-21　　学校年末进行非财政拨款结转和冲销时的账务处理

<table>
<tr><th>序号</th><th colspan="2">业务和事项内容</th><th>财务会计处理</th><th>预算会计处理</th></tr>
<tr><td rowspan="2">（1）</td><td rowspan="2">年末结转</td><td>结转非财政拨款专项收入</td><td>—</td><td>借：事业预算收入 / 上级补助预算收入 / 附属单位上缴预算收入 / 非同级财政拨款预算收入 / 债务预算收入 / 其他预算收入
贷：非财政拨款结转——本年收支结转</td></tr>
<tr><td>结转非财政拨款专项支出</td><td>—</td><td>借：非财政拨款结转——本年收支结转
贷：事业支出 / 其他支出</td></tr>
</table>

续表

序号	业务和事项内容	财务会计处理	预算会计处理
（2）	年末冲销有关明细科目余额	—	借：非财政拨款结转——年初余额调整［该明细科目为贷方余额时］ ——本年收支结转［该明细科目为贷方余额时］ 贷：非财政拨款结转——累计结转 借：非财政拨款结转——累计结转 贷：非财政拨款结转——年初余额调整［该明细科目为借方余额时］ ——缴回资金 ——项目间接费用或管理费 ——本年收支结转［该明细科目为借方余额时］

（3）案例分析。

【例 7-18】某学校年末“非财政拨款结转”科目下的明细科目情况如下：“年初余额调整”贷方余额为 100 000 元，“管理费”借方余额为 70 000 元，“本年收支结转”贷方余额为 200 000 元。该学校年末的结转分录如下。

预算会计：

借：非财政拨款结转——年初余额调整	100 000	
——本年收支结转	200 000	
贷：非财政拨款结转——累计结转		300 000
借：非财政拨款结转——累计结转	70 000	
贷：非财政拨款结转——管理费		70 000

5．划转非财政拨款专项剩余资金

在预算会计中，年末完成上述结转后，应当对各项目情况进行分析，将留归本学校使用的非财政拨款专项（项目已完成）剩余资金转入非财政拨款结余，借记“非财政拨款结转——累计结转”科目，贷记“非财政拨款结余——结转转入”科目。无财务会计账务处理。

学校划转非财政拨款专项剩余资金时的账务处理如表 7-22 所示。

表 7-22　　学校划转非财政拨款专项剩余资金时的账务处理

业务和事项内容	财务会计处理	预算会计处理
将留归本学校使用的非财政拨款专项剩余资金转入非财政拨款结余	—	借：非财政拨款结转——累计结转 贷：非财政拨款结余——结转转入

7.4.2 非财政拨款结余

7.4.2.1 科目简介

在学校会计实务中，“非财政拨款结余”科目用于核算学校历年滚存的非限定用途的非同级财政拨款结余资金，主要为非财政拨款结余扣除结余分配后滚存的金额。

在学校会计实务中，本科目应该根据实际情况设置以下明细科目。

（1）“项目间接费用或管理费”：本明细科目用于核算学校取得的科研项目预算收入中，按照规定计提的项目间接费用或管理费。年末结账后，本明细科目应无余额。

（2）“年初余额调整”：本明细科目用于核算因发生会计差错更正、以前年度支出收回等事项而需要调整的非财政拨款结余的资金。年末结账后，本明细科目应无余额。

（3）“结转转入”：本明细科目用于核算按照规定留归学校使用，由学校统筹调配，纳入学校非财政拨款结余的非同级财政拨款专项剩余资金。年末结账后，本明细科目应无余额。

（4）“累计结余”：本明细科目用于核算学校历年滚存的非同级财政拨款、非专项结余资金。本明细科目年末贷方余额反映学校非同级财政拨款滚存的非专项结余资金。

7.4.2.2 账务处理及案例分析

本科目应当按照非财政专项资金的具体项目进行明细核算。

1. 提取项目管理费或间接费用

（1）业务概述。

根据财政部门的相关规定，学校每年可能会从“非财政拨款结转”科目的余额中提取一定的项目管理费或间接费用，用于项目接下来的运转。

（2）账务处理。

按照规定从科研项目预算收入中提取项目管理费或间接费用时，在财务会计中，借记“单位管理费用”科目，贷记“预提费用——项目间接费用或管理费”科目；在预算会计中，借记“非财政拨款结转——项目间接费用或管理费”科目，贷记“非财政拨款结余——项目间接费用或管理费”科目。

学校提取项目管理费或间接费用时的账务处理如表 7-23 所示。

表 7-23　　学校提取项目管理费或间接费用时的账务处理

业务和事项内容	财务会计处理	预算会计处理
按照规定从科研项目预算收入中提取项目管理费或间接费用	借：单位管理费用 贷：预提费用——项目间接费用或管理费	借：非财政拨款结转——项目间接费用或管理费 贷：非财政拨款结余——项目间接费用或管理费

（3）案例分析。

【例 7-19】 A学校按照规定从科研项目预算收入中提取项目管理费200 000元，相应的会计分录如下。

财务会计：

借：单位管理费用　　200 000

　　贷：预提费用——项目管理费　　200 000

预算会计：

借：非财政拨款结转——项目管理费　　200 000

　　贷：非财政拨款结余——项目管理费　　200 000

2．实际缴纳企业所得税

（1）业务概述及账务处理。

有企业所得税缴纳义务的学校实际缴纳企业所得税时，按照缴纳金额：在财务会计中，借记“其他应交税费——应交所得税”科目，贷记“银行存款”等科目；在预算会计中，借记“非财政拨款结余——累计结余”科目，贷记“资金结存——货币资金”科目。

学校实际缴纳企业所得税时的账务处理如表 7-24 所示。

表 7-24　　学校实际缴纳企业所得税时的账务处理

业务和事项内容	财务会计处理	预算会计处理
实际缴纳企业所得税	借：其他应交税费——应交所得税 贷：银行存款等	借：非财政拨款结余——累计结余 贷：资金结存——货币资金

（2）案例分析。

【例 7-20】 A学校本年实际缴纳企业所得税300 000元，相应的会计分录如下。

财务会计：

借：其他应交税费——应交所得税　　300 000

贷：银行存款　　300 000

预算会计：

借：非财政拨款结余——累计结余　　300 000

贷：资金结存——货币资金　　300 000

3. 会计差错更正、购货退回的会计更正

（1）业务概述。

各类学校因发生以前年度或本年度的会计差错更正或者相应的购货退回事项而退回非同级财政拨款货币资金的，或者因发生会计差错更正而增加非同级财政拨款货币资金，属于非财政拨款结余资金的，需要进行相应的非财政拨款结余资金的会计处理。

（2）账务处理。

因会计差错更正而收到或支出的非同级财政拨款货币资金中含有非财政拨款结余资金的，在财务会计中，调整增加相关资产时，借记“银行存款”等科目，贷记“以前年度盈余调整”科目，调整减少相关资产时做相反会计分录。在预算会计中，按照收到或支出的金额，借记或贷记“资金结存——货币资金”等科目，贷记或借记“非财政拨款结余——年初余额调整”科目。因购货退回收回以前年度而支出等收到的非同级财政拨款货币资金中含有非财政拨款结余资金的，按照收到的金额，借记“资金结存——货币资金”等科目，贷记“非财政拨款结余——年初余额调整”科目。

具体账务处理如表 7-25 所示。

表 7-25　　学校发生会计差错更正、购货退回时的账务处理

业务和事项内容		财务会计处理	预算会计处理
因会计差错更正、购货退回等发生以前年度调整事项	调整增加相关资产	借：银行存款等 贷：以前年度盈余调整	借：资金结存——货币资金等 贷：非财政拨款结余——年初余额调整
	调整减少相关资产	借：以前年度盈余调整 贷：银行存款等	借：非财政拨款结余——年初余额调整 贷：资金结存——货币资金等

4. 年末的非财政拨款结转和冲销

（1）业务概述。

各类学校在每年年末进行账务处理时，需要将本年度发生的符合非财政拨款结余性质项目的余额转入非财政拨款结余。同时，根据“非财政拨款结余”科目的特征，年末只有“累计结余”明细科目下有相应的余额，所以需要对年度其他明细科目下发生的业务进行相应的科目内结转。

（2）账务处理。

账务处理主要体现在预算会计中，无财务会计账务处理，具体如下。

年末，学校需将“非财政拨款结余分配”科目的余额转入非财政拨款结余。“非财政拨款结余分配”科目为借方余额的，借记“非财政拨款结余——累计结余”科目，贷记“非财政拨款结余分配”科目；“非财政拨款结余分配”科目为贷方余额的，借记“非财政拨款结余分配”科目，贷记“非财政拨款结余——累计结余”科目。

年末冲销有关明细科目余额时，将“非财政拨款结余——年初余额调整、项目间接费用或管理费、结转转入”科目的余额结转入“非财政拨款结余——累计结余”科目。结转后，本科目除“累计结余”明细科目外，其他明细科目应无余额。

学校年末进行非财政拨款结转和冲销时的账务处理如表 7-26 所示。

表 7-26　　学校年末进行非财政拨款结转和冲销时的账务处理

<table>
<tr><th>序号</th><th colspan="2">业务和事项内容</th><th>财务会计处理</th><th>预算会计处理</th></tr>
<tr><td rowspan="2">（1）</td><td rowspan="2">年末结转</td><td>“非财政拨款结余分配”科目为贷方余额</td><td>—</td><td>借：非财政拨款结余分配
贷：非财政拨款结余——累计结余</td></tr>
<tr><td>“非财政拨款结余分配”科目为借方余额</td><td>—</td><td>借：非财政拨款结余——累计结余
贷：非财政拨款结余分配</td></tr>
<tr><td>（2）</td><td colspan="2">年末冲销有关明细科目余额</td><td>—</td><td>借：非财政拨款结余——年初余额调整［该明细科目为贷方余额时］
——项目间接费用或管理费
——结转转入
贷：非财政拨款结余——累计结余
借：非财政拨款结余——累计结余
贷：非财政拨款结余——年初余额调整［该明细科目为借方余额时］
——缴回资金</td></tr>
</table>

（3）案例分析。

【例 7-21】年末，A 学校“非财政拨款结余”科目的明细科目情况如下：“年初余额调整”贷方余额为 700 000 元，“项目间接费用”借方余额为 400 000 元。A 学校在冲销明细科目余额时的会计处理如下。

预算会计：

借：非财政拨款结余——年初余额调整　　700 000

　贷：非财政拨款结余——累计结余　　700 000

借：非财政拨款结余——累计结余　　400 000

　贷：非财政拨款结余——项目间接费用　　400 000

5. 划转非财政拨款专项剩余资金

年末，将留归各类学校使用的非财政拨款专项（项目已完成）剩余资金转入非财政拨款结余，在预算会计中，借记“非财政拨款结转——累计结转”科目，贷记“非财政拨款结余——结转转入”科目，无财务会计处理。

学校划转非财政拨款专项剩余资金时的账务处理如表 7-27 所示。

表 7-27　学校划转非财政拨款专项剩余资金时的账务处理

业务和事项内容	财务会计处理	预算会计处理
将留归各类学校使用的非财政拨款专项剩余资金转入非财政拨款结余	—	借：非财政拨款结转——累计结转 贷：非财政拨款结余——结转转入

7.5 专用结余

7.5.1 科目简介

在学校会计实务中，“专用结余”科目用于核算学校按照规定从非财政拨款结余中提取的具有专门用途的资金的变动和滚存情况。在学校会计实务中，本科目年末贷方余额反映学校从非同级财政拨款结余中提取的专用基金的累计滚存数额。本科目应当按照专用结余的类别进行明细核算。

7.5.2　账务处理及案例分析

1. 提取专用基金

（1）业务概述。

学校会按照相关规定从非财政拨款结余中提取具有专门用途的资金作为专项基金用于以后的发展，因此需要对专用结余进行相应的账务处理。

（2）账务处理。

从预算收入中按照一定比例提取基金并计入费用时，在财务会计中，借记“业务活动费用”等科目，贷记“专用基金”科目，不做预算会计处理。

从本年度非财政拨款结余或经营结余中提取基金时，在财务会计中，借记“本年盈余分配”科目，贷记“专用基金”科目；在预算会计中，借记“非财政拨款结余分配”科目，贷记“专用结余”科目。

根据有关规定设置的其他专用基金，在财务会计中借记“银行存款”等科目，贷记“专用基金”科目，不做预算会计处理。

学校根据有关规定提取专用基金时的账务处理如表 7-28 所示。

表 7-28　　学校根据有关规定提取专用基金时的账务处理

业务和事项内容		财务会计处理	预算会计处理
计提专用基金	从预算收入中按照一定比例提取基金并计入费用	借：业务活动费用等 贷：专用基金	—
	从本年度非财政拨款结余或经营结余中提取基金	借：本年盈余分配 贷：专用基金	借：非财政拨款结余分配 贷：专用结余
	根据有关规定设置的其他专用基金	借：银行存款等 贷：专用基金	—

（3）案例分析。

【例 7-22】 A 学校从本年度的经营结余中提取专用基金 200 000 元，相应的会计分录如下。

财务会计：

借：本年盈余分配　　200 000

　　贷：专用基金　　200 000

预算会计：

借：非财政拨款结余分配　　200 000

　　贷：专用结余　　200 000

2. 使用专用基金

（1）业务概述。

各类学校每年根据自身发展的需要，从本年度非财政拨款结余或经营结余中提取专用基金，用于购买固定资产、无形资产，以保证学校日后的正常运转，需要在使用专用基金时进行相应的账务处理。

（2）账务处理。

在财务会计中，按照规定使用提取的专用基金时，借记“固定资产”或“无形资产”科目，贷记“银行存款”等科目，同时借记“专用基金”科目，贷记“累计盈余”科目。

在预算会计中，使用从非财政拨款结余或经营结余中提取的基金时，借记“专用结余”科目，贷记“资金结存——货币资金”科目；使用从预算收入中提取并计入费用的基金时，借记“事业支出”等科目，贷记“资金结存——货币资金”科目。

学校使用专用基金时的账务处理如表7-29所示。

表7-29　　学校使用专用基金时的账务处理

业务和事项内容	财务会计处理	预算会计处理
按照规定使用提取的专用基金	借：专用基金 　　贷：银行存款等 使用专用基金购置固定资产、无形资产的 借：固定资产 / 无形资产 　　贷：银行存款等 借：专用基金 　　贷：累计盈余	使用从非财政拨款结余或经营结余中提取的基金 借：专用结余 　　贷：资金结存——货币资金 使用从预算收入中提取并计入费用的基金 借：事业支出等 　　贷：资金结存——货币资金

（3）案例分析。

【例7-23】 A学校利用从经营结余中提取的专用基金，购买了一台价值200 000元的机器设备，相应的会计分录如下。

财务会计：

借：固定资产　　200 000

　　贷：银行存款　　200 000

借：专用基金　　200 000

　　贷：累计盈余　　200 000

预算会计：

借：专用结余　　200 000

　　贷：资金结存——货币资金　　200 000

7.6　经营结余

7.6.1　科目简介

在学校会计实务中，“经营结余”科目用于核算学校一定期间内各项经营收支相抵后且弥补以前年度经营亏损后的余额。

有非独立核算经营收入的各类学校，实行经营收支配比原则。各类学校的经营支出与经营收入，应当根据它们的内在关系进行配比，以便正确计算各个会计期间的经营结余。

经营结余反映了各类学校开展经营活动的结果，计算公式为：

经营结余 = 经营收入 –（经营支出 + 经营业务负担的销售税金）

7.6.2　账务处理及案例分析

1．年末经营收支结转

（1）业务概述。

学校在每年年末进行账务处理时，需要对本年度发生的全部经营预算收入、支出科目进行相应的结转，以反映其本年度的经营结余的实际情况。

（2）账务处理。

学校在年末经营收支结转时，在预算会计中，借记“经营预算收入”科目，贷记“经营结余”科目，同时借记“经营结余”科目，贷记“经营收支”科目，不做财务会计处理。

学校年末进行经营收支结转时的账务处理如表 7-30 所示。

表 7-30　　学校年末进行经营收支结转时的账务处理

业务和事项内容	财务会计处理	预算会计处理
年末经营收支结转	—	借：经营预算收入 　贷：经营结余 借：经营结余 　贷：经营支出

（3）案例分析。

【例 7-24】A 学校本年度发生经营预算收入 200 000 元，发生经营支出 150 000 元，年末结转的会计分录如下。

借：经营预算收入　　200 000
　贷：经营结余　　200 000
借：经营结余　　150 000
　贷：经营支出　　150 000

2. 年末转入结余分配

（1）业务概述及账务处理。

完成上述年末经营收支结转后，如“经营结余”科目为贷方余额，则将本科目贷方余额转入“非财政拨款结余分配”科目，借记“经营结余”科目，贷记“非财政拨款结余分配”科目；如“经营结余”科目为借方余额，为经营亏损，不予结转。无财务会计处理。

学校年末转入结余分配时的账务处理如表 7-31 所示。

表 7-31　　学校年末转入结余分配时的账务处理

业务和事项内容	财务会计处理	预算会计处理
年末转入结余分配	—	借：经营结余 　贷：非财政拨款结余分配 年末结余在借方，则不予结转

（2）案例分析。

【例 7-25】接【例 7-24】。A 学校在完成上述结转后还需要编制如下分录。

借：经营结余　　50 000
　贷：非财政拨款结余分配　　50 000

7.7　其他结余

7.7.1　科目简介

在学校会计实务中，“其他结余”科目核算学校本年度除财政拨款收支、非同级财政专项资金收支和经营收支以外的各项收支相抵后的余额。年末结账后，本科目应无余额。

7.7.2　账务处理及案例分析

1．年末结转预算收入及支出

（1）业务概述。

学校在每年年末进行账务处理时，需要对本年度发生的全部符合其他结余核算条件的收入、支出科目进行相应的结转，以反映其本年度的其他结余的实际情况。

（2）账务处理。

年末，在预算会计中，将事业预算收入、上级补助预算收入、附属单位上缴预算收入、非同级财政拨款预算收入、债务预算收入、其他预算收入的本年发生额中的非专项资金收入以及投资预算收益本年发生额转入本科目：借记“事业预算收入”“上级补助预算收入”“附属单位上缴预算收入”“非同级财政拨款预算收入”“债务预算收入”“其他预算收入”科目下的各非专项资金收入明细科目和“投资预算收益”科目，贷记本科目（“投资预算收益”科目的本年发生额为借方净额时，借记本科目，贷记“投资预算收益”科目）；将事业支出、其他支出的本年发生额中的非同级财政、非专项资金支出，以及上缴上级支出、对附属单位补助支出、投资支出、债务还本支出的本年发生额转入本科目，借记本科目，贷记“事业支出”及“其他支出”科目下的各非同级财政、非专项资金支出明细科目和“上缴上级支出”“对附属单位补助支出”“投资支出”“债务还本支出”科目。无财务会计账务处理。

学校年末结转预算收入及支出时的账务处理如表 7-32 所示。

表 7-32　　学校年末结转预算收入及支出时的账务处理

序号	业务和事项内容	财务会计处理	预算会计处理
（1）	年末结转预算收入（除财政拨款收入、非同级财政专项收入、经营收入以外）	—	借：事业预算收入 / 上级补助预算收入 / 附属单位上缴预算收入 / 非同级财政拨款预算收入 / 债务预算收入 / 其他预算收入［非专项资金收入部分］ 投资预算收益［为贷方余额时］ 贷：其他结余 借：其他结余 贷：投资预算收益［为借方余额时］
（2）	年末结转预算支出（除同级财政拨款支出、非同级财政专项支出、经营支出以外）	—	借：其他结余 贷：事业支出 / 其他支出［非财政、非专项资金支出部分］ 上缴上级支出 / 对附属单位补助支出 / 投资支出 / 债务还本支出

2．其他结余的年末转出

（1）业务概述及账务处理。

年末，学校应将其他结余科目的余额转入“非财政拨款结余分配”科目。在预算会计中：当本科目为贷方余额时，借记本科目，贷记“非财政拨款结余分配”科目；当本科目为借方余额时，借记“非财政拨款结余分配”科目，贷记本科目。无财务会计账务处理。

学校年末将其他结余转出时的账务处理如表 7-33 所示。

表 7-33　　学校年末将其他结余转出时的账务处理

业务和事项内容	财务会计处理	预算会计处理
“其他结余”科目为贷方余额	—	借：其他结余 贷：非财政拨款结余分配
“其他结余”科目为借方余额	—	借：非财政拨款结余分配 贷：其他结余

（2）案例分析。

【例 7-26】 2×19 年年末，A 学校发生其他预算收入 690 000 元（其中，捐赠收入 100 000 元、利息收入 80 000 元、租金收入 500 000 元、其他收入 10 000 元）、投资预算收益 300 000 元、其他支出 13 000 元（其中，资产处置费用 8 000 元、其他费用 5 000 元）。年末，该学校进行其他预算收支结转及其他结余分配。该学校编制的有关会计分录如下。

借：其他预算收入——捐赠收入　　100 000
　　其他预算收入——利息收入　　80 000
　　其他预算收入——租金收入　　500 000
　　其他预算收入——其他收入　　10 000
　　投资预算收益　　300 000
　　贷：其他结余　　990 000
借：其他结余　　13 000
　　贷：其他支出——资产处置费用　　8 000
　　　　其他支出——其他费用　　5 000
借：其他结余　　977 000
　　贷：非财政拨款结余分配　　977 000

7.8 非财政拨款结余分配

7.8.1 科目简介

在学校会计实务中，“非财政拨款结余分配”科目用于核算学校本年度非财政拨款结余分配的情况和结果。

7.8.2 账务处理及案例分析

1. 年末结余转入

年末，将“其他结余”科目的余额转入本科目。在预算会计中：当“其他结余”科目为贷方余额时，借记“其他结余”科目，贷记本科目；当“其他结余”科目为借方余额时，借记本科目，贷记“其他结余”科目。年末，在预算会计中，将“经营结余”科目贷方余额转入本科目，借记“经营结余”科目，贷记本科目。

无财务会计账务处理。

学校年末进行其他结余转入时的账务处理如表 7-34 所示。

表 7-34　学校年末进行其他结余转入时的账务处理

业务和事项内容		财务会计处理	预算会计处理
年末，其他结余转入	“其他结余”科目为贷方余额	—	借：其他结余 贷：非财政拨款结余分配
	“其他结余”科目为借方余额	—	借：非财政拨款结余分配 贷：其他结余
	“经营结余”科目为贷方余额	—	借：经营结余 贷：非财政拨款结余分配

2. 计提专用基金

（1）业务概述及账务处理。

各类学校可以按照规定正确提取、形成各项专项基金，包括修购基金、职工福利基金、学生奖贷基金、勤工助学基金、住房基金、留本基金、发展基金、其他专用基金。

各类学校根据自身发展的需要，在有关规定允许的范围内，从非财政拨款结余中提取专用基金的，按照提取的金额，在预算会计中，借记本科目，贷记“专用结余”科目。无财务会计账务处理。

具体账务处理如表 7-35 所示。

表 7-35　学校从非财政拨款结余中计提专用基金的账务处理

业务和事项内容		财务会计处理	预算会计处理
计提专用基金	从非财政拨款结余中提取专用基金	—	借：非财政拨款结余分配 贷：专用结余

（2）案例分析。

【例 7-27】某学校从本年度非财政拨款结余中提取专用基金 150 000 元，相应的会计分录如下。

借：非财政拨款结余分配　　150 000

　贷：专用结余　　150 000

3. 转入非财政拨款结余

年末，按照规定完成上述结转处理后，将本科目余额转入非财政拨款结余。在预算会计中：当本科目为借方余额时，借记“非财政拨款结余——累计结余”科目，贷记本科目；当本科目为贷方余额时，借记本科目，贷记“非财政拨款结余——累计结余”科目。无财务会计账务处理。

学校转入非财政拨款结余时的账务处理如表 7-36 所示。

表 7-36　　学校转入非财政拨款结余时的账务处理

业务和事项内容		财务会计处理	预算会计处理
各类学校转入非财政拨款结余	"非财政拨款结余分配"科目为贷方余额	—	借：非财政拨款结余分配 贷：非财政拨款结余——累计结余
	"非财政拨款结余分配"科目为借方余额	—	借：非财政拨款结余——累计结余 贷：非财政拨款结余分配

第 8 章 学校附属食堂的会计核算

《关于中小学校执行〈政府会计制度——行政事业单位会计科目和报表〉的补充规定》和《关于高等学校执行〈政府会计制度——行政事业单位会计科目和报表〉的补充规定》对食堂等具有后勤保障职能的校内独立核算单位的有关业务的会计核算做出了规定，现以学校附属食堂为例，对两则规定中的相关内容进行分析。

8.1 学校食堂资产类核心业务核算

8.1.1 资产类核心业务概述

在学校食堂会计中，资产类核心业务核算的会计科目包括库存现金、银行存款、应收账款、预付账款、其他应收款、原材料和低值易耗品。上述科目的名称与科目编码如表 8-1 所示。

表 8-1 学校食堂资产类科目的科目编码与科目名称

序号	科目编码	科目名称
（1）	1001	库存现金
（2）	1002	银行存款
（3）	1101	应收账款
（4）	1102	预付账款
（5）	1103	其他应收款
（6）	1201	原材料
（7）	1202	低值易耗品

8.1.2　账务处理及案例分析

1. 库存现金

（1）业务概述。

“库存现金”科目用于对学校食堂的库存现金的流转情况进行核算。

（2）账务处理。

食堂收到现金时，借记“库存现金”科目，贷记相关科目；支出现金时，做相反会计分录。

学校食堂的“库存现金”科目的相关账务处理如表 8-2 所示。

表 8-2　　学校食堂的“库存现金”科目的相关账务处理

序号	业务和事项	账务处理
（1）	收到现金	借：库存现金 　　贷：应收账款等
（2）	支出现金	借：银行存款等 　　贷：库存现金

（3）案例分析。

【例 8-1】A学校食堂于2×19年3月5日向300名学生收取60 000元的伙食费。相关账务处理如下。

借：库存现金　　60 000

　　贷：其他应付款——学生伙食费　　60 000

2. 银行存款

（1）业务概述。

“银行存款”科目用于对学校食堂在银行开设账户中存入的各种款项进行核算。学校食堂只能在银行开设一个账户。

（2）账务处理。

款项存入银行时，借记“银行存款”科目，贷记有关科目；提取或支出存款时，借记有关科目，贷记“银行存款”科目。“银行存款”科目借方余额，反映食堂的银行存款结存数。

学校食堂的“银行存款”科目的相关账务处理如表 8-3 所示。

表 8-3　　学校食堂的“银行存款”科目的相关账务处理

序号	业务和事项	账务处理
（1）	存入银行时	借：银行存款 　　贷：库存现金
（2）	提取或支出存款时	借：库存现金 　　贷：银行存款

（3）案例分析。

【例 8-2】接【例 8-1】。A 学校于 3 月 10 日将收取的 60 000 元的学生伙食费存入银行。相关账务处理如下。

借：银行存款　　60 000

　　贷：库存现金　　60 000

3. 应收账款

（1）业务概述。

“应收账款”科目用于核算学校食堂在正常的经营过程中因发生销售剩饭剩菜等业务，应向购买单位收取的款项。

（2）账务处理。

学校发生应收账款时，借记“应收账款”科目，贷记“其他收入”等科目；收到款项时，借记“银行存款”科目，贷记“应收账款”科目。本科目贷方余额，反映食堂尚未收回的应收账款。

本科目按不同债务人进行明细核算。

学校食堂的“应收账款”科目的相关账务处理如表 8-4 所示。

表 8-4　　学校食堂的“应收账款”科目的相关账务处理

序号	业务和事项	账务处理
（1）	发生应收账款时	借：应收账款 　　贷：其他收入等
（2）	收到款项时	借：银行存款 　　贷：应收账款

（3）案例分析。

【例 8-3】A 中学食堂 2×19 年发生的应收账款事项及编制的会计分录如下。

①5 月 15 日，A 中学食堂将剩饭剩菜出售给某养鸡场，共计 1 500 元，款项暂

未收取，做如下会计分录。

借：应收账款　　1 500

　　贷：其他收入　　1 500

②12 月 7 日下午，A 中学食堂收到养鸡场偿还款项 1 500 元，食堂记账员根据银行回单，做如下会计分录。

借：银行存款　　1 500

　　贷：应收账款　　1 500

4．预付账款

（1）业务概述。

"预付账款"科目用于核算食堂因购买蔬菜、大米等原材料而预付给蔬菜配送中心的款项。

（2）账务处理。

预付款项时，借记"预付账款"科目，贷记"银行存款"等科目；收到蔬菜、大米等原材料时，借记"原材料"科目，贷记"预付账款"科目。本科目借方余额，反映食堂预付给蔬菜配送中心的款项。

学校食堂的"预付账款"科目的相关账务处理如表 8-5 所示。

表 8-5　　学校食堂的"预付账款"科目的相关账务处理

序号	业务和事项	账务处理
（1）	预付款项时	借：预付账款 　　贷：银行存款等
（2）	收到原材料时	借：原材料 　　贷：预付账款

（3）案例分析。

【例 8-4】A 中学食堂 2×19 年发生的预付账款事项及编制的会计分录如下。

①6 月 12 日，A 中学食堂为购买大米和面粉向蔬菜配送中心用库存现金预付部分价款（共计 800 元），做如下会计分录。

借：预付账款　　800

　　贷：库存现金　　800

②12 月 12 日，A 中学食堂收到大米 3 500 千克（价值 5 800 元）、面粉 500 千克（价值 1 000 元），大米和面粉已验收入库。A 中学用库存现金支付剩余款项，做如下会计分录。

借：原材料——大米　　5 800

　　原材料——面粉　　1 000

　　贷：预付账款　　800

　　　　库存现金　　6 000

5. 其他应收款

（1）业务概述。

“其他应收款”科目用于核算食堂发生的暂付款、备用金、应向职工收取的各种垫付款项，以及为学校行政部门代办的客饭费用等。

（2）账务处理。

发生暂付款时，借记“其他应收款”科目，贷记“库存现金”等科目；收回或结算暂付款时，借记有关科目，贷记“其他应收款”科目。“其他应收款”科目借方余额，反映各种应收款的总额。

“其他应收款”科目按照不同项目和债务人进行明细核算。

学校食堂的“其他应收款”科目的相关账务处理如表 8-6 所示。

表 8-6　学校食堂的“其他应收款”科目的相关账务处理

序号	业务和事项	账务处理
（1）	发生暂付款时	借：其他应收款 　贷：库存现金等
（2）	收回或结算暂付款时	借：库存现金 　贷：其他应收款

（3）案例分析。

【例 8-5】 20×9 年 6 月 5 日，A 中学新购 IC 饭卡 2 000 张，每张成本 5 元，用现金支付。食堂记账员根据领导签字的发票做如下会计分录。

借：其他应收款——饭卡工本费　　10 000

　　贷：库存现金　　10 000

6. 原材料

（1）业务概述。

“原材料”科目用于核算食堂各种主、副食品及燃料等一次购买、分批分期使用的各种原材料。

（2）账务处理。

将购入原材料时实际支付的价格及运费等实际成本记入“原材料”科目。

购入的原材料经验收入库后，借记“原材料”科目，贷记“银行存款”“库存现金”等科目。领用时，平时只填制出库单，登记库存物资明细账或明细表（数量），月末汇总时按当前价格计价，将盘点出的物资差价计收入或支出，借记“伙食支出”科目，贷记“原材料”科目。

“原材料”科目按原材料类别、品种和规格进行明细核算，并根据物品入库凭证和出库凭证逐笔进行登记，月末结出余额。学校食堂应定期或不定期地对原材料进行清查盘点，保证账实相符。发生盘盈、盘亏等情况，属于正常的溢出或损耗的，按照实际成本，进行增加或减少物资处理，应冲减或增加“伙食支出”科目余额。

对于随购随用的物资，也可不通过“原材料”科目核算，而是直接借记“伙食支出”科目，贷记“库存现金”“银行存款”等科目。对于批量采购、分批领用消耗的物资，可按以下八大类别进行明细核算：粮食、蔬菜、调料、肉食品、水产品、蛋奶类、燃料、其他材料。

学校食堂的“原材料”科目的相关账务处理如表 8-7 所示。

表 8-7　　学校食堂的“原材料”科目的相关账务处理

序号	业务和事项	账务处理
（1）	购入原材料时	借：原材料 　贷：库存现金 / 银行存款等
（2）	月末汇总耗用的原材料时	借：伙食支出 　贷：原材料

（3）案例分析。

【例 8-6】 20×9 年 9 月 26 日，A 高中食堂采购猪肉 15 千克，每千克 10 元；采购豆腐 5 千克，单价 4 元；采购青菜 10 千克，单价 3 元。上述食材直接交付食堂使用。A 高中食堂应做如下会计分录。

借：原材料——肉食品支出　　150
　　　　——（豆）制品支出　　20
　　　　——果蔬支出　　30
　贷：库存现金　　200

7. 低值易耗品

（1）业务概述。

“低值易耗品”科目用于核算由食堂购置的菜刀、锅铲、铁勺等小件低值易耗品。

（2）账务处理。

食堂购进低值易耗品时，借记“低值易耗品”科目，贷记“银行存款”“库存现金”科目。该科目的期末余额反映库存低值易耗品在库未用的实际成本。

食堂可根据具体情况，对低值易耗品采用一次或者分次的方法摊销。摊销时，借记“伙食支出”科目，贷记“低值易耗品”科目。

学校食堂的“低值易耗品”科目的相关账务处理如表 8-8 所示。

表 8-8　学校食堂的“低值易耗品”科目的相关账务处理

序号	业务和事项	账务处理
（1）	购入低值易耗品时	借：低值易耗品 　贷：库存现金 / 银行存款
（2）	摊销时	借：伙食支出 　贷：低值易耗品

（3）案例分析。

【例 8-7】 A 高中食堂 2×19 年发生的与低值易耗品相关的业务及编制的会计分录如下。

①9月15日，A高中食堂购入一批锅铲，共花费1 400元，款项已用银行存款支付。A高中应做如下会计分录。

借：低值易耗品　　1 400

　贷：银行存款　　1 400

②9月30日，A高中食堂9月低值易耗品摊销共计380元，做如下会计分录。

借：伙食支出　　380

　贷：低值易耗品　　380

8.2　学校食堂负债类核心业务的核算

8.2.1　负债类核心业务概述

学校食堂会计核算的负债类科目包括应付账款、预收账款和其他应付款。这些科目的名称与科目编码如表 8-9 所示。

表 8-9　　学校食堂会计核算的负债类科目的科目编码与科目名称

序号	科目编码	科目名称
（1）	2001	应付账款
（2）	2002	预收账款
（3）	2003	其他应付款

8.2.2　账务处理及案例分析

1．应付账款

（1）业务概述。

“应付账款”科目主要用于核算学校食堂应付而未付的各种货款，如采购物资应付给供货单位或个人的货款。

（2）账务处理。

当购入货物已验收入库，货款未付时，借记“原材料”科目，贷记“应付账款”科目；以现金、银行存款偿还款项时，借记“应付账款”科目，贷记“库存现金”“银行存款”科目。“应付账款”科目应按照供应单位设置明细账。

学校食堂的“应付账款”科目的相关账务处理如表 8-10 所示。

表 8-10　　学校食堂的“应付账款”科目的相关账务处理

序号	业务和事项	账务处理
（1）	发生应付账款时	借：原材料 　　贷：应付账款
（2）	支付款项时	借：应付账款 　　贷：银行存款 / 库存现金

（3）案例分析。

【例 8-8】 9 月 15 日，A 学校食堂采购了一批伙食材料。这些材料由 ×× 商场送货上门，货款未付，材料已验收入库。记账员根据发货清单（猪肉 100 千克，价值 1 200 元；色拉油 100 千克，价值 1 000 元）和入库单做如下会计分录。

借：原材料——食用油　　1 000

　　　　　——肉类　　1 200

　贷：应付账款——×× 商场　　2 200

2. 预收账款

（1）业务概述。

“预收账款”科目主要用于核算通过IC卡充值的资金和支付的费用，以及预收的各类伙食费等。

（2）账务处理。

收到IC卡充值的资金时，借记“库存现金”科目，贷记“预收账款”科目；收到通过IC卡支付的就餐费时，借记“预收账款”科目，贷记“伙食收入”。

学校食堂的“预收账款”科目的相关账务处理如表8-11所示。

表8-11　　学校食堂的“预收账款”科目的相关账务处理

序号	业务和事项	账务处理
（1）	收到IC卡充值的资金时	借：库存现金 　贷：预收账款
（2）	收到通过IC卡支付的就餐费时	借：预收账款 　贷：伙食收入

（3）案例分析。

【例8-9】10月3日，A中学食堂根据微机记录，打印出上月学生消费刷卡明细表。明细表显示学生消费合计9 000元。食堂记账员在将明细表金额与食堂核对一致后，做如下会计分录。

借：预收账款　　9 000

　贷：伙食收入　　9 000

3. 其他应付款

（1）业务概述。

“其他应付款”科目用于核算学校食堂应付、暂收其他单位或个人的款项，如存入保证金等。

（2）账务处理。

发生其他应付款时，借记“银行存款”等科目，贷记“其他应付款”科目；支付时，借记“其他应付款”科目，贷记“银行存款”等科目。

“其他应付款”科目应按应付、暂收款项的类别或单位、个人设置明细账。

学校食堂的“其他应付款”科目的相关账务处理如表8-12所示。

表 8-12　　　　　学校食堂的“其他应付款”科目的相关账务处理

序号	业务和事项	账务处理
（1）	发生其他应付款时	借：银行存款等 　　贷：其他应付款
（2）	支付时	借：其他应付款 　　贷：银行存款等

（3）案例分析。

【例 8-10】10 月 15 日，A 中学食堂收到学生的购卡、充卡交费 50 000 元，做如下账务处理。

借：库存现金　　　　　　　　　　　　　　　　　　50 000

　　贷：其他应付款——预收充值费　　　　　　　　　　50 000

8.3　学校食堂收入类核心业务的核算

8.3.1　收入类核心业务概述

在学校食堂会计中，收入类科目包括补助收入、伙食收入和其他收入，各科目名称与科目编码如表 8-13 所示。

表 8-13　　　　　学校食堂的各收入类科目的科目编码与科目名称

序号	科目编码	科目名称
（1）	3001	补助收入
（2）	3002	伙食收入
（3）	3003	其他收入

8.3.2　账务处理及案例分析

1. 补助收入

（1）业务概述。

“补助收入”科目用于核算学校食堂根据有关规定从上级部门或学校取得的用于提高学校食堂饭菜质量、改善用餐环境等的各种补贴资金。

（2）账务处理。

①实际收到补助资金时，借记“库存现金”“银行存款”等科目，贷记“补助收入”科目。

②期末结转时，借记“补助收入”科目，贷记“本期盈余”科目。

③期末结转后，“补助收入”科目无余额。

学校食堂的“补助收入”科目的相关账务处理如表 8-14 所示。

表 8-14　　学校食堂的“补助收入”科目的相关账务处理

序号	业务和事项	账务处理
（1）	实际收到补助资金时	借：库存现金 / 银行存款等 　　贷：补助收入
（2）	期末结转	借：补助收入 　　贷：本期盈余

（3）案例分析。

【例 8-11】2×19 年，A 中学食堂发生的与食堂补助收入相关的业务及编制的会计分录如下。

①A 中学食堂于 2×19 年 11 月收到上级下拨的营养餐计划的各种补贴资金 150 000 元，已存入银行，应做如下会计分录。

借：银行存款　　　　150 000

　　贷：补助收入　　　　150 000

②2×19 年 11 月 30 日，A 中学食堂收到补助收入 150 000 元，应做的会计分录如下。

借：银行存款　　　　150 000

　　贷：补助收入　　　　150 000

2. 伙食收入

（1）业务概述。

“伙食收入”科目用于核算食堂在向师生提供膳食服务等时收取的伙食费收入、炊事员就餐收入以及客饭费收入。该科目应当按照收取伙食费的类别进行明细核算。明细账至少包括学生伙食收入、教师伙食收入和其他伙食收入。

（2）账务处理。

①学校食堂按月收取伙食费，按照实际收到的金额，借记“库存现金”“银行存款”等科目，贷记“伙食收入”科目。

②学校食堂按学期收取伙食费，或者采用饭票结算、IC 卡结算的，收取的伙食费记入“预收账款”科目，借记“库存现金”“银行存款”科目，贷记“预收账款”科目。

③学校食堂每月按实际结算金额确认伙食收入时，借记“预收账款”科目，贷记“伙食收入”科目。

④期末结转时，借记“伙食收入”科目，贷记“本期盈余”科目。

⑤期末结转后，“伙食收入”科目应无余额。

学校食堂的“伙食收入”科目的相关账务处理如表 8-15 所示。

表 8-15　学校食堂的“伙食收入”科目的相关账务处理

序号	业务和事项	账务处理
（1）	食堂按月收取伙食费	借：库存现金 / 银行存款等 贷：伙食收入
（2）	按学期收取伙食费，或者采用饭票结算、IC 卡结算	借：库存现金 / 银行存款 贷：预收账款
（3）	按实际结算金额确认伙食收入	借：预收账款 贷：伙食收入
（4）	期末结转	借：伙食收入 贷：本期盈余

（3）案例分析。

【例 8-12】A 中学食堂 2×19 年发生的与食堂伙食收入相关的业务及编制的会计分录如下。

①A 中学食堂于 2×19 年 3 月以自营的方式收取 3 月份伙食费 15 000 元，款项并未存入银行，应做的会计分录如下。

借：库存现金　　15 000

　贷：伙食收入　　15 000

②2×19 年 3 月 28 日，A 中学食堂按学期收取伙食费 45 000 元，款项存入银行，应做的会计分录如下。

借：银行存款　　45 000

　贷：预收账款　　45 000

③2×19 年 3 月 31 日，A 中学食堂确认伙食费收入 15 000 元，应做的会计分录如下。

借：预收账款　　15 000

　贷：伙食收入　　15 000

3．其他收入

（1）业务概述。

“其他收入”科目用于核算除上述收入以外的与食堂业务相关的收入收入，如利息收入、包装物收入和饭菜下脚料处理收入等。

（2）账务处理。

①取得其他收入时，借记“库存现金”“银行存款”等科目，贷记“其他收入”科目。

②期末结转时，借记“其他收入”科目，贷记“本期盈余”科目。

③期末结转后，“其他收入”科目无余额。

学校食堂的“其他收入”科目的相关账务处理如表8-16所示。

表8-16　　学校食堂的“其他收入”科目的相关账务处理

序号	业务和事项	账务处理
（1）	实际收到其他收入时	借：库存现金/银行存款等 　贷：其他收入
（2）	期末结转	借：其他收入 　贷：本期盈余

（3）案例分析。

【例8-13】A高中食堂2×19年发生的与其他收入相关的业务及编制的会计分录如下。

①A高中食堂于2×19年1月收到因出售饭菜下脚料而获得的收入150 000元，目前已将款项存入银行，应做的会计分录如下。

借：银行存款　　150 000

　贷：其他收入　　150 000

②2×19年3月31日，A高中食堂收到其他收入10 000元，目前已将款项存入银行，应做的会计分录如下。

借：银行存款　　10 000

　贷：其他收入　　10 000

8.4 学校食堂支出类核心业务的核算

8.4.1 支出类核心业务概述

学校食堂的各支出类科目包括伙食支出、用具购置及维修支出、其他支出。各科目编码与科目名称如表 8-17 所示。

表 8-17　　学校食堂的各支出类科目的科目编码与科目名称

序号	科目编码	科目名称
（1）	4001	伙食支出
（2）	4002	用具购置及维修支出
（3）	4003	其他支出

8.4.2 账务处理及案例分析

1. 伙食支出

（1）业务概述。

“伙食支出”科目用于核算食堂为学生和教师提供伙食服务时发生的伙食支出。本科目应按原材料成本、燃料动力、人工成本进行明细核算，并在原材料成本下按粮食类、肉禽蛋类、蔬菜瓜果类、油盐辅料类等设置二级明细科目进行核算。

（2）账务处理。

①各类学校食堂按月购买的食材，按照实际支付的金额，按粮食类、肉禽蛋类、蔬菜瓜果类、油盐辅料类二级明细科目，借记“原材料”科目，贷记“库存现金”或“银行存款”科目。

②各类学校食堂按月发生的伙食支出，按照实际支付的金额，按照粮食类、肉禽蛋类、蔬菜瓜果类、油盐辅料类二级明细科目，借记“伙食支出”科目，贷记“原材料”科目。

③期末结转时，借记“本期盈余”科目，贷记“伙食支出”科目。

④期末结转后，“伙食支出”科目无余额。

学校食堂的“伙食支出”科目的相关账务处理如表 8-18 所示。

表 8-18　　学校食堂的“伙食支出”科目的相关账务处理

序号	业务和事项	账务处理
（1）	食堂发生采购食材	借：原材料 　贷：库存现金 / 银行存款
（2）	食堂发生消耗食材	借：伙食支出 　贷：原材料
（3）	期末结转	借：本期盈余 　贷：伙食支出

（3）案例分析。

【例 8-14】A 中学食堂于 2×19 年 9 月发生的与伙食支出相关的业务及编制的会计分录如下。

①2×19 年 9 月，A 中学食堂由蔬菜配送中心供应 15 000 元的肉禽蛋类原材料、5 000 元的蔬菜瓜果类原材料、10 000 元的粮食类原材料。A 中学食堂共计支出 30 000 元，用银行存款付款，其应做的会计分录如下。

借：原材料——肉禽蛋类　15 000
　　　　——蔬菜瓜果类　5 000
　　　　——粮食类　10 000
　贷：银行存款　30 000

②2×19 年 9 月 30 日，A 中学食堂用于学生餐饮发生的食材消耗为肉禽蛋类 12 000 元、蔬菜瓜果类 2 000 元、粮食类 3 000 元，共计 17 000 元。A 中学食堂应做的会计分录如下。

借：伙食支出——肉禽蛋类　12 000
　　　　　——蔬菜瓜果类　2 000
　　　　　——粮食类　3 000
　贷：原材料——肉禽蛋类　12 000
　　　　　——蔬菜瓜果类　2 000
　　　　　——粮食类　3 000

2. 用具购置及维修支出

（1）业务概述。

“用具购置及维修支出”科目用于核算维持学校食堂正常经营运转和管理所需购置用具、设备维护支出。“用具购置及维修支出”科目可按用具购置支出、维修支出进行明细核算。

（2）账务处理。

①用具购置及维修支出发生时，借记“用具购置及维修支出”科目，贷记“库存现金”“银行存款”科目。

②期末结转时，借记“本期盈余”科目，贷记“用具购置及维修支出”科目。

③期末结转后，本科目无余额。

具体账务处理如表 8-19 所示。

表 8-19　　学校食堂的“用具购置及维修支出”科目的账务处理

序号	业务和事项	账务处理
（1）	食堂发生用具购置及维修支出时	借：用具购置及维修支出 　贷：库存现金 / 银行存款
（2）	期末结转	借：本期盈余 　贷：用具购置及维修支出

（3）案例分析。

【例 8-15】 A 中学食堂 2×19 年发生的与用具购置及维修支出相关的业务及编制的会计分录如下。

① 2×19 年 9 月，A 中学食堂因购置用具而支出 20 000 元，用银行存款支付款项，应做的会计分录如下。

借：用具购置及维修支出——用具购置支出　　20 000

　贷：银行存款　　20 000

② 2×19 年 9 月 28 日，A 中学食堂用银行存款支付维修支出 8 000 元，应做的会计分录如下。

借：用具购置及维修支出——维修支出　　8 000

　贷：银行存款　　8 000

3．其他支出

（1）业务概述。

“其他支出”科目用于核算除上述支出以外的与食堂业务相关的支出，如托管费、盘亏净损失等。

（2）账务处理。

①发生其他支出时，借记“其他支出”科目，贷记“库存现金”“银行存

款”等科目。

②期末结转时，将“其他支出”发生额结转入结余，借记“本期盈余”科目，贷记“其他支出”科目。

③期末结转后，“其他支出”科目无余额。

具体账务处理如表 8-20 所示。

表 8-20　　　　学校食堂的“其他支出”科目的相关账务处理

序号	业务和事项	账务处理
（1）	发生其他支出时	借：其他支出 　　贷：库存现金 / 银行存款等
（2）	期末结转	借：本期盈余 　　贷：其他支出

（3）案例分析。

【例 8-16】2×19 年 10 月 31 日，A 中学食堂用银行存款支付托管费 10 000 元，A 中学应做的会计分录如下。

借：其他支出　　　　10 000

　　贷：银行存款　　　　10 000

8.5　学校食堂期末结转核心业务的核算

1. 业务概述

在学校食堂会计实务中，结余项目反映食堂本期收入扣除本期支出后的净额。“本期盈余”科目期末如为贷方余额，反映学校食堂自年初至当期期末累计实现的盈余；如为借方余额，反映为亏损。

2. 账务处理

（1）期末结转时，将各类收入科目的本期发生额转入结余，借记“补助收入”“伙食收入”“其他收入”科目，贷记“本期盈余”科目。

（2）期末结转时，将各类费用科目的本期发生额转入结余，借记“本期盈余”科目，贷记“伙食支出”“用具购置及维修支出”“其他支出”科目。

账务处理如表 8-21 所示。

表 8-21　　学校期末结转时的账务处理

序号	业务和事项	账务处理
(1)	期末结转时	借：补助收入 　　伙食收入 　　其他收入 　　贷：本期盈余
(2)	期末转结	借：本期盈余 　　贷：伙食支出 　　　　用具购置及维修支出 　　　　其他支出

3. 案例分析

【例 8-17】 接上述【例 8-11】至【例 8-16】2×19 年 12 月 31 日，A 中学食堂结转本期发生的收入和支出，应做的会计分录如下。

借：补助收入　300 000
　　伙食收入　39 000
　　其他收入　252 000
　　贷：本期盈余　591 000
借：本期盈余　41 380
　　贷：伙食支出　3 380
　　　　用具购置及维修支出　28 000
　　　　其他支出　10 000

8.6 学校食堂财务报表编制实务操作指南

8.6.1 学校食堂财务报表编制操作概述

学校食堂财务报表以权责发生制为基础，具体包括资产负债表、收入支出表。

8.6.2 编制内容

1. 资产负债表编制操作指南

资产负债表为月度和年度报表，反映学校食堂在某一特定日期全部资产、负债和净资产的情况。

本表“年初余额”栏内的各项数字，应当根据年初从学校转入食堂的各个资产、负债及结余项目填列。

本表中的“资产总计”项目的期末（年初）余额应当与“负债和净资产总计”项目的期末（年初）余额相等。

本表“年初余额”及“期末余额”栏各项目的内容和填列方法如下。

（1）资产类项目。

“库存现金”“银行存款”“应收账款”“预付账款”“其他应付款”“原材料”与“低值易耗品”项目应当分别根据学校食堂的“库存现金”“银行存款”“应收账款”“预付账款”“其他应付款”“原材料”“低值易耗品”科目的期末余额填列。

（2）负债类项目。

“应付账款”“预收账款”“其他应付款”项目应当分别根据学校食堂的“应付账款”“预收账款”“其他应付款”科目的期末余额填列。

（3）结余项目。

学校食堂的结余项目反映学校食堂期末资产总额与负债总额的差额。

【例 8-18】承接上述【例 8-1】至【例 8-17】根据 2×19 年 A 中学食堂的账务处理，编制 A 中学食堂 2×19 年资产负债表，如表 8-22 所示。

表 8-22　　　　资产负债表

编制单位：A 中学食堂　　　　2×19 年 12 月 31 日　　　　单位：元

资产	期末余额	年初余额	负债和净资产	期末余额	年初余额
库存现金	7 000	2 200	应付账款		
银行存款	805 400	300 000	预收账款	61 000	40 000
应收账款	20 000	20 000	其他应付款		39 400
预付账款			负债合计	61 000	79 400
其他应付款			本期盈余	803 900	254 280
原材料	31 000	11 000			
低值易耗品	1 500	480			
资产总计	864 900	333 680	负债和净资产总计	864 900	333 680

2. 食堂资产负债表附注

在学校食堂会计中，财务人员必须按照“量入为出、保证质量、收支平衡、略有结余（结余不超过 5%）”的原则进行独立核算，自负盈亏。食堂账只核算与食堂相关的收支事项，非伙食收支事项不得进入食堂账核算。

食堂的资产负债表要加盖公章，并经食堂负责人与主管后勤的副校长签字，一式三份：一份作为学校年末大财务记账的原始凭证、一份作为食堂年末结转账务处理的原始凭证，一份放到学校财务报表附注里。

（1）关于资产负债表项目的重要说明。

①库存现金。

期末与学校并账时，食堂将持有的现金上交学校财务部门。

②银行存款。

对于银行存款，食堂不需要将全部金额转入学校的银行存款账户，只需将食堂的账户纳入合并范围即可。

③低值易耗品。

食堂的低值易耗品主要为餐具，包括汤勺、碗筷、菜刀、砧板等。低值易耗品在购进后 24 个月内摊销。期末并账时，将低值易耗品纳入食堂库存物品。

④固定资产。

食堂不设“固定资产”科目，食堂使用的房屋、家具以及购买大物件等均计入学校固定资产，并由学校进行折旧处理。食堂发生的超过 10 000 元的维修费用计入学校维修费用。

（2）食堂采购招投标方式。

食堂获得的资金属于非财政拨款资金，招投标采取竞争性谈判方式。

由学校所属区教育局组织，学校食堂采购以县、区为单位，统一组织，采取竞争性谈判的方式确定一家蔬菜配送中心，为该县、区内所有学校配送食材。县、区教育局每四年开展一次招投标。每家蔬菜配送中心中标次数不得超过两次。

确定采购价格的方式：学校与蔬菜配送中心签订合同，县、区中每个中学轮流值班一周，每周三下午 4 点在县、区内最大的农贸市场询问价格，记录所有菜品价格，食堂采购各种菜品的价格为当月询问的四个价格平均价的 80%。

（3）不允许学校食堂出现“白条抵库”行为。

不允许学校老师私自带领学生采购食材，并用自制的采购清单作为记账凭证；不允许食堂相关工作人员私自前往超市进行采购。

3. 收入支出表编制实务操作指南

收入支出表可分为月度和年度报表，反映食堂在某一会计期间发生的收入、费用及当期结余情况。

收入支出表“本年数”栏目反映各项目的本年实际发生数。

收入支出表“上年数”栏目根据上年年度收入支出表中“本年数”栏内所列数字填列。

（1）收入项目。

①收入项目，反映学校食堂校本期收入总额，根据“补助收入”“伙食收入”“其他收入”项目金额的合计数填列。

②“补助收入”项目根据“补助收入”科目的本期发生额填列。

③“伙食收入”项目根据“伙食收入”科目的本期发生额填列。

④“其他收入”项目根据“其他收入”科目的本期发生额填列。

（2）支出项目。

①食堂的支出项目反映食堂本期支出总额，包括“伙食支出”“用具购置及维修支出”“其他支出”项目。

②“伙食支出”项目根据“伙食支出”科目的本期发生额填列。

③“用具购置及维修支出”项目，根据“用具购置及维修支出”科目的本期发生额填列。

④“其他支出”项目根据“其他支出”科目的本期发生额填列。

（3）结余项目。

食堂的结余项目反映食堂本期收入扣除本期支出后的净额。结余项目根据收入支出表中收入项目的金额减去支出项目的金额后的余额填列；如为负数，以“-”号填列。

【例 8-19】承接上述【例 8-17】根据 A 中学食堂 2×19 年的账务处理，编制 A 中学食堂 2×19 年的收入支出表，如表 8-23 所示。

表 8-23　　A 中学食堂 2×19 年的收入支出表

编制单位：A 中学食堂　　2×19 年 12 月　　单位：元

项目	本年数	上年数
一、收入	591 000	
补助收入	300 000	

续表

项目	本年数	上年数
其中：营养改善资金	300 000	
伙食收入	39 000	
其中：学生伙食收入	24 000	
教师伙食收入		
其他收入	252 000	
其中：残值收入		
二、支出	41 380	
伙食支出	3 380	
其中：原材料		
燃料动力		
人工成本		
用具购置及维修支出	28 000	
其中：用具购置支出	20 000	
设备维护支出	8 000	
其他支出	10 000	
其中：托管费		
盘亏净损失（盘盈净收益为“–”）		
三、本期盈余	549 620	

负责人：　　　　　　　　　　　　　　制表人：

8.7　学校食堂年终并账业务的核算

8.7.1　学校食堂年终并账业务概述

在对学校食堂实行单独核算时，需将食堂的财务数据并入学校财务会计“大账”。

8.7.2　账务处理及案例分析

1. 年终结转

（1）账务处理。

每年年末，抵销食堂与学校的内部收入和费用后，进行结转账务处理：按照食堂账中相关资产科目的余额，贷记资产科目；按照食堂账中相关负债科目的余额，借记负债科目；按照食堂年末结账前收支净额，借记“本期盈余”科目。

下年年初，做相反会计分录。

具体账务处理如表 8-24 所示。

表 8-24　　学校食堂进行年终结转时的账务处理

序号	业务和事项	账务处理
（1）	食堂各项收入结转	借：补助收入 / 伙食收入 / 其他收入 　贷：本期盈余
（2）	食堂各项支出结转	借：本期盈余 　贷：伙食支出 / 用具购置及维修支出 / 其他支出

（2）案例分析。

【例 8-20】承接【例 8-1】至【例 8-19】2×19 年 12 月 31 日，A 中学食堂进行年终结转，相关分录如下。

借：预收账款　　61 000
　　本期盈余　　803 900
　贷：库存现金　　7 000
　　　银行存款　　805 400
　　　应收账款　　20 000
　　　原材料　　31 000
　　　低值易耗品　　1 500

2. 年终并账

（1）账务处理。

在财务会计中，年末并账时，在财务会计中，学校应当在抵销学校与本校食堂内部收入和费用后，将食堂净收入记入“其他收入——食堂净收入”科目，并按照食堂收入与费用相抵后的净额，借记“银行存款”等科目，贷记“其他收入——食堂净收入”科目；如果食堂净收入为负数，则按照食堂收入与费用相抵后的净额，借记“其他收入——食堂净收入”科目，贷记“银行存款”等科目。

在预算会计中，年末并账时，学校应当在抵销学校与本校食堂内部预算收支后，将食堂净预算收入记入“其他预算收入——食堂净预算收入”科目，并按照食堂预算收入与支出相抵后的净额，借记“资金结存——货币资金”科目，贷记“其他预算收入——食堂净预算收入”科目；如果食堂净预算收入为负数，则按照食堂预算收入与支出相抵后的净额，借记“其他预算收入——食堂净预算收入”科目，贷记“资金结存——货币资金”科目。

具体账务处理如表 8-25 所示。

表 8-25　　学校进行期末并账时的账务处理

业务和事项	财务会计处理	预算会计处理
抵销学校与食堂内部收入和费用后，进行年末并账	借：银行存款 / 库存现金 / 原材料 / 应收账款等 贷：预收账款 其他收入——食堂净收入 或做相反分录	借：资金结存——货币资金 贷：其他预算收入——食堂净预算收入 或做相反分录

（2）案例分析。

【例 8-21】承接【例 8-1】至【例 8-20】2×19 年 12 月 31 日，A 中学在与其食堂进行并账时的账务处理如下。

财务会计：

借：库存现金　　7 000

　　银行存款　　805 400

　　应收账款　　20 000

　　原材料　　31 000

　　低值易耗品　　1 500

　　贷：预收账款　　61 000

　　　　其他收入——食堂净收入　　803 900

预算会计：

借：资金结存——货币资金　　812 400

　　贷：其他预算收入——食堂净预算收入　　812 400

第9章
学校财务报告和决算报告

9.1　年终清理结算和结账

年终清理结算和结账，是学校编报年度决算的一个重要环节，也是保证学校年度决算报表数字准确、真实、完整的一项基础工作。各类学校在年度终了前，应根据财政部门或上级主管部门的决算编报要求，对各项收支项目、往来款项、货币资金及财产物资进行全面的年终清理结算，并在此基础上进行年度结算、编报决算。

9.1.1　年终清理

年终清理是指对学校全年预算资金收支、其他资金收支活动进行全面的清查、核对、整理和结算的工作。对任何一个学校来说，年终清理都包括对本学校财产的全面清理及会计、财务活动的总清理。

年终清理主要包括以下几方面。

1. 清理、核对年度预算收支数字和预算领拨款数字

年终前，财政机关、上级单位和所属各单位之间，应当认真清理、核对全年预算数。同时，要逐笔清理核对上、下级之间预算拨款和预算缴款数字，按核定的预算或调整的预算，拨付该拨付的，缴回该缴回的，保证上、下级之间的年度预算数、领拨款经费数和上缴、下拨数一致。

为了保证会计年度按公历年制划分期间，凡属本年的应拨、应缴款项，必须在12月31日前汇达对方。各类学校对所属各单位的预算拨款，截至12月25日，逾期一般不再下拨。凡是预拨下年度的款项，应注明款项所属年度，以免造成跨年错账。

2. 清理、核对各项收支款项

凡属本年的各项收入，都要及时入账。本年的各项应缴预算收入和应上缴上级的款项，要在年终前全部上缴。属于本年的各项支出，要按规定的支出渠道如实列报。年度单位支出决算，一律以基层用款单位截至 12 月 31 日的本年实际支出数为准，不得将年终前预拨下一年的预算拨款列入本年的支出，也不得以上级会计单位的拨款数代替基层会计单位的实际支出数。

3. 清理各项往来款项

对于学校的各种暂存、暂付等往来款项，要按照“严格控制，及时结算”的原则，分类清理。对各项应收款和应付款，原则上不宜跨年度挂账；对外委托单位代办业务，凡托办业务已结束的，要及时向委托单位清算结报，委托单位不得以拨代支，受托单位不得以领代报。应转为各项收入和应列支出的往来款项，要及时转入有关收支账户，编入本年决算。对没有合法手续的各种往来款项，要查明原因并采取措施，该追回的追回，该退还的退还。

4. 清查货币资金和财产物资

年终，要及时同开户银行进行对账。银行存款的账面余额要同银行对账单的余额核对相符；现金的账面余额要同库存现金核对相符；有价证券的账面数字要同实存的有价证券核对相符。各种财产物资年终都必须全部入账，各类学校应配备专人对全部财产物资进行全面清查、盘点。固定资产和材料的盘点结果和账面数如有差异，应在年终结账前查明原因，并按规定进行处理，调整账务，做到账账、账实相符。

5. 清理、结算上下级之间的往来调剂资金

有些学校在事业活动过程中存在资金不足的情况，上级主管部门可以将集中的下级收入和自行组织的收入安排补贴给资金不足的学校。这形成系统内部上下级之间的一种资金往来。年终时，要清理、核对上下级往来调剂资金。

9.1.2　年终结账

各类学校要在年终清理的基础上进行年终结账。各个科目核对无误后，先处理 12 月的月结工作，结出各科目的本月合计数和全年累计数，再以此为基础进行年终结账。年终结账工作包括年终转账、结清旧账和计入新账。

1. 年终转账

各类学校在确认全年发生的所有经济业务已经全部登记入账，并经核对无误后，应首先计算出各科目的借方、贷方的 12 月发生额和全年累计数，结出 12 月末余额。然后，编制结账前的资产负债表。试算平衡后，学校应结转各收支科目年终余额，根据各收支科目 12 月 31 日的余额填制记账凭证，按年终冲转办法办理冲转结账。

2. 结清旧账

结清旧账是指将上述处理年终转账业务的凭证内容记入各有关科目后，结出各科目借方和贷方的全年累计数及其余额，以结清旧账。

3. 计入新账

根据年终结账后各科目的余额，编制年终决算的资产负债表和有关明细科目余额表，将表内各科目的余额数直接记入下一会计年度有关会计账簿的第一行余额栏内，并在摘要栏注明"上年结账"字样。

9.2 资产负债表

9.2.1 概述

在学校会计实务中，资产负债表是反映学校某一特定日期财务状况的报表，体现了学校在某一特定日期的全部资产、负债和净资产的情况。

各类学校应当定期编制资产负债表，披露学校在会计期末的财务状况。资产负债表是会计报表体系中的主要报表，它能反映学校在某一时点占有或使用的经济资源和负担的债务情况，以及各类学校的偿债能力和发展前景。

学校的资产负债表由表首标题和报表主体构成。报表主体部分包括编报项目、栏目以及金额。

1. 表首标题

资产负债表的表首标题包括报表名称、编号（会政财 01 表）、编制单位、编表时间和金额单位等内容。资产负债表反映学校在某一时点的财务状况，属于静态报表，需要注明是某年某月某日的报表。按编报的时间不同，资产负债表分为资产负债表（月报）和资产负债表（年报）。

2. 报表主体

（1）编报项目。

资产负债表的编报项目包括资产、负债和净资产三个会计要素，按资产（左侧）和负债与净资产（右侧）排列，资产等于负债加净资产。资产项目按流动资产、非流动资产排列；负债项目按流动负债、非流动负债排列；净资产项目按基金净资产、结转（余）净资产排列。

（2）栏目及金额。

资产负债表包括“期末余额”和“年初余额”两栏。“期末余额”栏的数字根据本期各科目的期末余额直接填列，或经过分析、计算后填列；“年初余额”栏的数字根据上年年末资产负债表中的“期末余额”栏内的数字填列。

9.2.2　项目内容及填列方式

资产负债表的“年初余额”栏内的各项数字，应当根据上年年末资产负债表“期末余额”栏内的数字填列。如果本年度资产负债表规定的各个项目的名称和内容同上年度不一致，应当对上年年末资产负债表项目的名称和数字按照本年度的规定进行调整，填入资产负债表的“年初余额”栏内。如果本年度发生了因前期差错更正、会计政策变更等调整以前年度盈余的事项，还应当对“年初余额”栏中的有关项目金额进行相应调整。资产负债表中的“资产总计”项目的期末（年初）余额应当与“负债和净资产总计”项目的期末（年初）余额相等。

1. 资产类项目“期末余额”的内容和填列方法

资产类项目反映学校占用或者使用资产的情况，一般根据会计账簿中资产类科目的期末借方余额直接填列、合并填列、分析填列。

“货币资金”项目，反映学校期末库存现金、银行存款、零余额账户用款额度、其他货币资金的合计数。本项目应当根据“库存现金”“银行存款”“零余额账户用款额度”“其他货币资金”科目的期末余额的合计数填列；若学校存在通过“库存现金”“银行存款”科目核算的受托代理资产，则还应当按照前述合计数扣减“库存现金”“银行存款”科目下“受托代理资产”明细科目的期末余额后的数额填列。

“短期投资”项目，反映学校期末持有的短期投资账面余额。本项目应当根据“短期投资”科目的期末余额填列。

“财政应返还额度”项目，反映学校期末财政应返还额度的金额。本项目应当根据“财政应返还额度”科目的期末余额填列。

“应收票据”项目，反映学校期末持有的应收票据的票面金额。本项目应当根据“应收票据”科目的期末余额填列。

“应收账款净额”项目，反映学校期末尚未收回的应收账款减去已计提的坏账准备后的净额。本项目应当根据“应收账款”科目的期末余额，减去“坏账准备”科目中对应收账款计提的坏账准备的期末余额后的金额填列。

“预付账款”项目，反映学校期末预付给商品或者劳务供应单位的款项。本项目应当根据“预付账款”科目的期末余额填列。

“应收股利”项目，反映学校期末因股权投资而应收取的现金股利或应当分得的利润。本项目应当根据“应收股利”科目的期末余额填列。

“应收利息”项目，反映学校期末因债券投资等而应收取的利息。学校购入的到期一次还本付息的长期债券投资持有期间应收的利息，不包括在本项目内。本项目应当根据“应收利息”科目的期末余额填列。

“其他应收款净额”项目，反映学校期末尚未收回的其他应收款减去已计提的坏账准备后的净额。本项目应当根据“其他应收款”科目的期末余额减去“坏账准备”科目中对其他应收款计提的坏账准备的期末余额后的金额填列。

“存货”项目，反映学校期末存储的存货的实际成本。本项目应当根据“在途物品”“库存物品”“加工物品”科目的期末余额的合计数填列。

“待摊费用”项目，反映学校期末已经支出，但应当由本期和以后各期负担的分摊期在 1 年以内（含 1 年）的各项费用。本项目应当根据“待摊费用”科目的期末余额填列。

“一年内到期的非流动资产”项目，反映学校期末非流动资产项目中将在 1 年内（含 1 年）到期的金额，如学校将在 1 年内（含 1 年）到期的长期债券投资金额。本项目应当根据“长期债券投资”等科目的明细科目的期末余额分析填列。

“其他流动资产”项目，反映学校期末除本表中上述各项之外的其他流动资产，如将在 1 年内（含 1 年）到期的长期债券投资。本项目应当根据“长期投资”等科目的期末余额分析填列。

“流动资产合计”项目，反映学校期末流动资产的合计数。本项目应当根据资产负债表中“货币资金”“短期投资”“财政应返还额度”“应收票据”“应收账款净额”“预付账款”“应收股利”“应收利息”“其他应收款净额”“存货”“待摊费用”“一年内到期的非流动资产”“其他流动资产”项目金额的合计数填列。

“长期股权投资”项目，反映学校期末持有的长期股权投资的账面余额。本项目应当根据“长期股权投资”科目的期末余额填列。

“长期债券投资”项目，反映学校期末持有的长期债券投资的账面余额。本项目应当根据“长期债券投资”科目的期末余额减去其中将于 1 年内（含 1 年）到期的长期债券投资余额后的金额填列。

“固定资产原值”项目，反映学校期末固定资产的原值。本项目应当根据“固定资产”科目的期末余额填列。“固定资产累计折旧”项目，反映学校期末固定资产已计提的累计折旧金额。本项目应当根据“固定资产累计折旧”科目的期末余额填列。

“固定资产净值”项目，反映学校期末固定资产的账面价值。本项目应当根据“固定资产”科目期末余额减去“固定资产累计折旧”科目期末余额后的金额填列。

“工程物资”项目，反映学校期末为在建工程准备的各种物资的实际成本。本项目应当根据“工程物资”科目的期末余额填列。

“在建工程”项目，反映学校期末所有的建设项目工程的实际成本。本项目应当根据“在建工程”科目的期末余额填列。

“无形资产原值”项目，反映学校期末无形资产的原值。本项目应当根据“无形资产”科目的期末余额填列。

“无形资产累计摊销”项目，反映学校期末无形资产已计提的累计摊销金额。本项目应当根据“无形资产累计摊销”科目的期末余额填列。

“无形资产净值”项目，反映学校期末无形资产的账面价值。本项目应当根据“无形资产”科目的期末余额减去“无形资产累计摊销”科目的期末余额后的金额填列。

“研发支出”项目，反映学校期末正在进行的无形资产开发项目开发阶段发生的累计支出数。本项目应当根据“研发支出”科目的期末余额填列。

“公共基础设施原值”项目，反映学校期末控制的公共基础设施的原值。本项目应当根据“公共基础设施”科目的期末余额填列。

“公共基础设施累计折旧（摊销）”项目，反映学校期末控制的公共基础设施已计提的累计折旧和累计摊销金额。本项目应当根据“公共基础设施累计折旧（摊销）”科目的期末余额填列。

“公共基础设施净值”项目，反映学校期末控制的公共基础设施的账面价值。本项目应当根据“公共基础设施”科目期末余额减去“公共基础设施累计折旧（摊销）”科目期末余额后的金额填列。

“政府储备物资”项目，反映学校期末控制的政府储备物资的实际成本。本项目应当根据“政府储备物资”科目的期末余额填列。

“文物文化资产”项目，反映学校期末控制的文物文化资产的成本。本项目应当根据“文物文化资产”科目的期末余额填列。

“保障性住房原值”项目，反映学校期末控制的保障性住房的原值。本项目应当根据“保障性住房”科目的期末余额填列。

“保障性住房累计折旧”项目，反映学校期末控制的保障性住房已计提的累计折旧金额。本项目应当根据“保障性住房累计折旧”科目的期末余额填列。

“保障性住房净值”项目，反映学校期末控制的保障性住房的账面价值。本项目应当根据“保障性住房”科目期末余额减去“保障性住房累计折旧”科目期末余额后的金额填列。

“长期待摊费用”项目，反映学校期末已经支出，但应由本期和以后各期负担的分摊期限在 1 年以上（不含 1 年）的各项费用。本项目应当根据“长期待摊费用”科目的期末余额填列。

“待处理财产损溢”项目，反映学校期末尚未处理完毕的各种资产的净损失或净溢余。本项目应当根据“待处理财产损溢”科目的期末借方余额填列；如“待处理财产损溢”科目期末为贷方余额，以“-”号填列。

“其他非流动资产”项目，反映学校期末除上述各项之外的其他非流动资产的合计数。本项目应当根据有关科目的期末余额合计数填列。

“非流动资产合计”项目，反映学校期末非流动资产的合计数。本项目应当根据资产负债表中“长期股权投资”“长期债券投资”“固定资产净值”“工程物资”“在建工程”“无形资产净值”“研发支出”“公共基础设施净值”“政府储备物资”“文物文化资产”“保障性住房净值”“长期待摊费用”“待处理财产损溢”“其他非流动资产”项目金额的合计数填列。

“受托代理资产”项目，反映学校期末受托代理资产的价值。本项目应当根据“受托代理资产”科目的期末余额与“库存现金”“银行存款”科目下“受托代理资产”明细科目的期末余额的合计数填列。

“资产总计”项目，反映学校期末资产的合计数。本项目应当根据资产负债表中“流动资产合计”“非流动资产合计”“受托代理资产”项目金额的合计数填列。

2. 负债类项目“期末余额”的内容和填列方法

负债类项目反映学校承担债务的情况，一般根据会计账簿中负债类科目的期末贷方余额直接填列，或分析债务的偿还期后填列。

“短期借款”项目，反映学校期末短期借款的余额。本项目应当根据“短期借款”科目的期末余额填列。

“应交增值税”项目，反映学校期末应缴未缴的增值税税额。本项目应当根据“应交增值税”科目的期末余额填列；如“应交增值税”科目期末为借方余额，则以“-”号填列。

“其他应交税费”项目，反映学校期末应缴未缴的除增值税以外的税费金额。本项目应当根据“其他应交税费”科目的期末余额填列；如“其他应交税费”科目期末为借方余额，则以“-”号填列。

“应缴财政款”项目，反映学校期末应当上缴财政但尚未缴纳的款项。本项目应当根据“应缴财政款”科目的期末余额填列。

“应付职工薪酬”项目，反映学校期末按有关规定应付给职工及为职工支付的各种薪酬。本项目应当根据“应付职工薪酬”科目的期末余额填列。

“应付票据”项目，反映学校期末应付票据的金额。本项目应当根据“应付票据”科目的期末余额填列。

“应付账款”项目，反映学校期末应当支付但尚未支付的偿还期限在 1 年以内（含 1 年）的应付账款的金额。本项目应当根据“应付账款”科目的期末余额填列。

“应付利息”项目，反映学校期末按照合同约定应支付的借款利息。学校到期一次还本付息的长期借款利息不包括在本项目内。本项目应当根据“应付利息”科目的期末余额填列。

“预收账款”项目，反映学校期末预先收取但尚未确认收入和实际结算的款项余额。本项目应当根据“预收账款”科目的期末余额填列。

“其他应付款”项目，反映学校期末其他各项偿还期限在 1 年内（含 1 年）的应付及暂收款项余额。本项目应当根据“其他应付款”科目的期末余额填列。

“预提费用”项目，反映学校期末已预先提取的已经发生但尚未支付的各项费用。本项目应当根据“预提费用”科目的期末余额填列。

“一年内到期的非流动负债”项目，反映学校期末将于 1 年内（含 1 年）

偿还的非流动负债的余额。本项目应当根据“长期应付款”“长期借款”等科目的明细科目的期末余额分析填列。

“其他流动负债”项目，反映学校期末除上述各项之外的其他流动负债的合计数。本项目应当根据有关科目的期末余额的合计数填列。

“流动负债合计”项目，反映学校期末流动负债合计数。本项目应当根据资产负债表中的“短期借款”“应交增值税”“其他应交税费”“应缴财政款”“应付职工薪酬”“应付票据”“应付账款”“应付利息”“预收账款”“其他应付款”“预提费用”“一年内到期的非流动负债”“其他流动负债”项目金额的合计数填列。

“长期借款”项目，反映学校期末长期借款的余额。本项目应当根据“长期借款”科目的期末余额减去其中将于1年内（含1年）到期的长期借款余额后的金额填列。

“长期应付款”项目，反映学校期末长期应付款的余额。本项目应当根据“长期应付款”科目的期末余额减去其中将于1年内（含1年）到期的长期应付款余额后的金额填列。

“预计负债”项目，反映学校期末已确认但尚未偿付的预计负债的余额。本项目应当根据“预计负债”科目的期末余额填列。

“其他非流动负债”项目，反映学校期末除上述各项之外的其他非流动负债的合计数。本项目应当根据有关科目的期末余额合计数填列。

“非流动负债合计”项目，反映学校期末非流动负债合计数。本项目应当根据资产负债表中的“长期借款”“长期应付款”“预计负债”“其他非流动负债”项目金额的合计数填列。

“受托代理负债”项目，反映学校期末受托代理负债的金额。本项目应当根据“受托代理负债”科目的期末余额填列。

“负债合计”项目，反映学校期末负债的合计数。本项目应当根据资产负债表中的“流动负债合计”“非流动负债合计”“受托代理负债”项目金额的合计数填列。

3. 净资产类项目“期末余额”的内容和填列方法

净资产类项目反映学校净资产的情况，一般根据会计账簿中净资产类科目的期末贷方余额直接填列。

“累计盈余”项目，反映学校期末未分配盈余（或未弥补亏损）以及无偿调拨净资产变动的累计数。本项目应当根据“累计盈余”科目的期末余额填列。

“专用基金”项目，反映学校期末累计提取或设置但尚未使用的专用基金余额。本项目应当根据“专用基金”科目的期末余额填列。

“权益法调整”项目，反映学校期末在被投资单位除净损益和利润分配以外的所有者权益变动中累积享有的份额。本项目应当根据“权益法调整”科目的期末余额填列。如“权益法调整”科目期末为借方余额，则以“-”号填列。

“无偿调拨净资产”项目，反映学校本年度截至报告期期末无偿调入的非现金资产价值扣减无偿调出的非现金资产价值后的净值。本项目仅在月度报表中列示，年度报表中不列示。月度报表中本项目应当根据“无偿调拨净资产”科目的期末余额填列；“无偿调拨净资产”科目期末为借方余额时，以“-”号填列。

“本期盈余”项目，反映学校本年度截至报告期期末实现的累计盈余或亏损。本项目仅在月度报表中列示，年度报表中不列示。月度报表中本项目应当根据“本期盈余”科目的期末余额填列；“本期盈余”科目期末为借方余额时，以“-”号填列。

“净资产合计”项目，反映学校期末净资产合计数。本项目应当根据本表中“累计盈余”“专用基金”“权益法调整”“无偿调拨净资产”[月度报表]、“本期盈余”[月度报表]项目金额的合计数填列。

“负债和净资产总计”项目，应当按照资产负债表中“负债合计”“净资产合计”项目金额的合计数填列。

9.2.3　案例分析

【例 9-1】某学校 2×19 年 12 月 31 日结账后资产、负债和净资产类科目的余额如表 9-1 所示。据此编制该学校的资产负债表。

表 9-1　某学校资产、负债和净资产类科目的余额

2×19 年 12 月 31 日　单位：元

资产	借方余额	负债和净资产	贷方余额
库存现金	3 500	短期借款	120 000
银行存款	161 500	应交增值税	0
零余额账户用款额度	0	其他应交税费	0

续表

资产	借方余额	负债和净资产	贷方余额
短期投资	22 500	应缴财政款	0
财政应返还额度	36 000	应付职工薪酬	0
应收票据	12 000	应付票据	0
应收账款	40 000	应付账款	8 000
预付账款	13 000	预收账款	1 000
其他应收款	4 500	其他应付款	2 000
存货	331 000	长期借款	320 000
长期股权投资	161 000	长期应付款	0
固定资产	1 957 500	累计盈余	1 106 000
固定资产累计折旧	−507 500	专用基金	1 000 000
在建工程	86 000	权益法调整	28 000
无形资产	266 000		
无形资产累计摊销	−53 000		
待处理财产损溢	51 000		
合计	2 585 000	合计	2 585 000

2×19 年 12 月 31 日编制的资产负债表为年末资产负债表，“年初余额”栏内各项数字，应当根据上年年末资产负债表“期末余额”栏内数字填列。“期末余额”栏内各项数字根据各科目的期末余额直接填列、合并填列或分析填列。主要项目的填列说明如下。

（1）“货币资金”项目。

货币资金的数额为库存现金、银行存款和零余额账户用款额度的合计数。

货币资金 =3 500+161 500+0=165 000（元）

（2）“固定资产净值”“无形资产净值”项目。

固定资产净值、无形资产净值按扣除累计折旧、累计摊销后的数额填列。

固定资产净值 =1 957 500−507 500=1 450 000（元）

无形资产净值 =266 000−53 000=213 000（元）

（3）“长期借款”项目。

长期借款中，将于 1 年内（含 1 年）偿还的借款为 85 000 元，应列入“其他流动负债”项目。

长期借款 =320 000-85 000=235 000（元）

其他流动负债 =85 000 元

（4）其他项目。

其他各项目均可根据各科目的期末余额直接填列。“资产总计”“负债合计”“净资产合计”等项目的数字按其内容汇总后填列。编制完成的 2×19 年度资产负债表见表 9-2。

表 9-2　　　　资产负债表

会政财 01 表

编制单位：×× 学校　　　　2×19 年 12 月 31 日　　　　单位：元

资产	期末余额	年初余额	负债和净资产	期末余额	年初余额
流动资产：			流动负债：		
货币资金	165 000	142 000	短期借款	120 000	100 000
短期投资	22 500	19 500	应交增值税	0	0
财政应返还额度	36 000	21 000	其他应交税费	0	0
应收票据	12 000	10 000	应缴财政款	0	0
应收账款净额	40 000	60 000	应付职工薪酬	0	0
预付账款	13 000	6 000	应付票据	0	1 000
应收股利	0	0	应付账款	8 000	5 000
应收利息	0	0	应付政府补贴款	0	0
其他应收款净额	4 500	3 000	应付利息	0	0
存货	331 000	323 500	预收账款	1 000	0
待摊费用	0	0	其他应付款	2 000	3 000
一年内到期的非流动资产	0	0	预提费用	0	0
其他流动资产	0	0	一年内到期的非流动负债	0	0
流动资产合计	624 000	585 000	其他流动负债	85 000	0
非流动资产：			流动负债合计	216 000	109 000
长期股权投资	161 000	100 000	非流动负债：		

续表

资产	期末余额	年初余额	负债和净资产	期末余额	年初余额
长期债券投资	0	0	长期借款	235 000	270 000
固定资产原值	1 957 500	1 512 000	长期应付款	0	0
减：固定资产累计折旧	507 500	392 000	预计负债	0	0
固定资产净值	1 450 000	1 120 000	其他非流动负债	0	0
工程物资	0	0	非流动负债合计	235 000	270 000
在建工程	86 000	150 000	受托代理负债	0	0
无形资产原值	266 000	287 500	负债合计	451 000	379 000
减：无形资产累计摊销	53 000	57 500			
无形资产净值	213 000	230 000			
研发支出	0	0			
公共基础设施原值	0	0			
减：公共基础设施累计折旧（摊销）	0	0			
公共基础设施产净值	0	0			
政府储备物资	0	0			
文物文化资产	0	0			
保障性住房原值	0	0			
减：保障性住房累计折旧	0	0	净资产：		
保障性住房净值	0	0	累计盈余	1 106 000	1 000 000
长期待摊费用	0	0	专用基金	1 000 000	800 000
待处理财产损溢	51 000	0	权益法调整	28 000	6 000
其他非流动资产	0	0	无偿调拨净资产		—
非流动资产合计	1 961 000	1 600 000	本期盈余		—
受托代理资产	0	0	净资产合计	2 134 000	1 806 000
资产总计	2 585 000	2 185 000	负债和净资产总计	2 585 000	2 185 000

9.3　收入费用表

9.3.1　概述

收入费用表是反映学校在一定会计期间的事业成果及其分配情况的会计报表，反映学校在某一会计期间内发生的各项收入、费用和当期盈余情况。

收入费用表是学校会计报表的重要组成部分，可以提供一定时期学校收入总额及构成情况、费用总额及构成情况，以及盈余及其分配内容的会计信息。学校应当定期编制收入费用表，披露其在一定会计期间的业务活动成果。

学校的收入费用表由表首标题和报表主体构成。报表主体部分包括编报项目、栏目及金额。

1. 表首标题

收入费用表的表首标题包括报表名称、编号（会政财 02 表）、编制单位、编表时间和金额单位等内容。由于收入费用表反映学校在某一时期的事业成果，属于动态报表，因此需要注明报表所属的期间，如 ×××× 年 ×× 月、×××× 年度。按编报时间的不同，收入费用表分为收入费用表（月报）和收入费用表（年报）。

2. 报表主体

（1）编报项目。

收入费用表应当按照收入、费用的构成和盈余分配情况分别列示，按本期收入、本期费用和本期盈余等项目分层次排列。

（2）栏目及金额。

收入费用表（月报）包括“本月数”和“本年累计数”两栏；收入费用表（年报）包括“上年数”和“本年数”两栏。收入费用表的各栏数字，应当根据相关收支科目的“本月合计数”和“本年累计数”的发生额填列，或经过计算、分析后填列。

9.3.2　项目内容及填列方式

本表反映学校在某一会计期间内发生的收入、费用及当期盈余情况。

本表中的“本月数”栏反映各项目的本月实际发生数。编制年度收入费用表时，应当将本栏改为“本年数”，反映本年度各项目的实际发生数。

本表“本年累计数”栏反映各项目自年初至报告期期末的累计实际发生数。编制年度收入费用表时，应当将本栏改为“上年数”，反映上年度各项目的实际发生数，“上年数”栏应当根据上年年度收入费用表中“本年数”栏内所列数字填列。

如果本年度收入费用表规定的项目的名称和内容同上年度不一致，应当对上年度收入费用表项目的名称和数字按照本年度的规定进行调整，将调整后的金额填入本年度收入费用表的“上年数”栏内。

如果本年度学校发生了因前期差错更正、会计政策变更等调整以前年度盈余的事项，还应当对年度收入费用表中“上年数”栏中的有关项目金额进行相应调整。

1. 本期收入

“本期收入”项目，反映学校本期收入总额。本项目应当根据本表中的“财政拨款收入”“事业收入”“上级补助收入”“附属单位上缴收入”“经营收入”“非同级财政拨款收入”“投资收益”“捐赠收入”“利息收入”“租金收入”“其他收入”项目金额的合计数填列。

“财政拨款收入”项目，反映学校本期从同级政府财政部门取得的各类财政拨款。本项目应当根据“财政拨款收入”科目的本期发生额填列。

“政府性基金收入”项目，反映学校本期取得的财政拨款收入中属于政府性基金预算拨款的金额。本项目应当根据“财政拨款收入”相关明细科目的本期发生额填列。

“事业收入”项目，反映学校本期开展专业业务活动及其辅助活动实现的收入。本项目应当根据“事业收入”科目的本期发生额填列。

“上级补助收入”项目，反映学校本期从主管部门和上级单位收到或应收的非财政拨款收入。本项目应当根据“上级补助收入”科目的本期发生额填列。

“附属单位上缴收入”项目，反映学校本期收到或应收的独立核算的附属单位按照有关规定上缴的收入。本项目应当根据“附属单位上缴收入”科目的本期发生额填列。

“经营收入”项目，反映学校本期在专业业务活动及其辅助活动之外开展非独立核算经营活动实现的收入。本项目应当根据“经营收入”科目的本期发生额填列。

“非同级财政拨款收入”项目，反映学校本期从非同级政府财政部门取得的财政拨款，不包括学校因开展科研及其辅助活动从非同级财政部门取得的经费拨款。本项目应当根据“非同级财政拨款收入”科目的本期发生额填列。

“投资收益”项目，反映学校本期股权投资和债券投资所实现的收益或发生的损失。本项目应当根据“投资收益”科目的本期发生额填列；如为投资净损失，则以“-”号填列。

“捐赠收入”项目，反映学校本期接受捐赠取得的收入。本项目应当根据“捐赠收入”科目的本期发生额填列。

“利息收入”项目，反映学校本期取得的银行存款利息收入。本项目应当根据“利息收入”科目的本期发生额填列。

“租金收入”项目，反映学校本期经批准利用国有资产出租取得并按规定纳入本学校预算管理的租金收入。本项目应当根据“租金收入”科目的本期发生额填列。

“其他收入”项目，反映学校本期取得的除以上收入项目外的其他收入的总额。本项目应当根据“其他收入”科目的本期发生额填列。根据《关于中小学校执行〈政府会计制度——行政事业单位会计科目和报表〉的补充规定》，中小学校应当在收入费用表的“（十一）其他收入”项目下增加“其中：食堂净收入”项目。

2．本期费用

“本期费用”项目，反映学校本期费用总额。本项目应当根据本表中的“业务活动费用”“单位管理费用”“经营费用”“资产处置费用”“上缴上级费用”“对附属单位补助费用”“所得税费用”“其他费用”项目金额的合计数填列。

“业务活动费用”项目，反映学校本期为实现其职能目标，依法履职或开展专业业务活动及其辅助活动所发生的各项费用。本项目应当根据“业务活动费用”科目的本期发生额填列。

“单位管理费用”项目，反映学校本期本级行政及后勤管理部门开展管理活动发生的各项费用，以及由学校统一负担的离退休人员经费、工会经费、诉讼费、中介费等。本项目应当根据“单位管理费用”科目的本期发生额填列。

“经营费用”项目，反映学校本期在专业业务活动及其辅助活动之外开展非独立核算经营活动发生的各项费用。本项目应当根据“经营费用”科目的本期发生额填列。

“资产处置费用”项目，反映学校本期经批准处置资产时转销的资产价值以及在处置过程中发生的相关费用或者处置收入小于处置费用形成的净支出。

本项目应当根据“资产处置费用”科目的本期发生额填列。

“上缴上级费用”项目，反映学校按照规定上缴上级单位款项发生的费用。本项目应当根据“上缴上级费用”科目的本期发生额填列。

“对附属单位补助费用”项目，反映学校用财政拨款收入之外的收入对附属单位补助发生的费用。本项目应当根据“对附属单位补助费用”科目的本期发生额填列。

“所得税费用”项目，反映有企业所得税缴纳义务的学校本期计算应缴纳的企业所得税。本项目应当根据“所得税费用”科目的本期发生额填列。

“其他费用”项目，反映学校本期发生的除以上费用项目外的其他费用的总额。本项目应当根据“其他费用”科目的本期发生额填列。

3. 本期盈余

“本期盈余”项目，反映学校本期收入扣除本期费用后的净额。本项目应当根据本表中“本期收入”项目金额减去“本期费用”项目金额后的金额填列；如为负数，以“-”号填列。

9.3.3 补充规定

《关于高等学校执行〈政府会计制度——行政事业单位会计科目和报表〉的补充规定》的相关规定如下。

1. 新增项目

高等学校应当在收入费用表的“（二）事业收入”项目下增加“其中：教育事业收入”“科研事业收入”项目，在“（十一）其他收入”项目下增加“其中：后勤保障单位净收入”项目，在“（一）业务活动费用”项目下增加“其中：教育费用”“科研费用”项目，在“（二）单位管理费用”项目下增加“其中：行政管理费用”“后勤保障费用”“离退休费用”“单位统一负担的其他管理费用”项目。详见表9-3。

2. 新增项目的内容和填列方法

（1）“其中：教育事业收入”项目，反映高等学校本期开展教学活动及其辅助活动实现的收入。本项目应当根据“事业收入——教育事业收入”科目的本期发生额填列。

（2）“科研事业收入”项目，反映高等学校本期开展科研活动及其辅助活动实现的收入。本项目应当根据“事业收入——科研事业收入”科目的本期发生额填列。

（3）“其中：后勤保障单位净收入”项目的内容及填列方法详见本书“9.10 关于校内独立核算单位报表编制的规定”的内容。

（4）“其中：教育费用”项目，反映高等学校本期开展教学及其辅助活动、学生事务等活动所发生的各项费用。本项目应当根据“业务活动费用——教育费用”科目的本期发生额填列。

（5）“科研费用”项目，反映高等学校本期开展科研及其辅助活动所发生的各项费用。本项目应当根据“业务活动费用——科研费用”科目的本期发生额填列。

（6）“其中：行政管理费用”项目，反映高等学校本期开展单位的行政管理活动所发生的各项费用。本项目应当根据“单位管理费用——行政管理费用”科目的本期发生额填列。

（7）“后勤保障费用”项目，反映高等学校本期统一负担的开展后勤保障活动所发生的各项费用。本项目应当根据“单位管理费用——后勤保障费用”科目的本期发生额填列。

（8）“离退休费用”项目，反映高等学校本期统一负担的离退休人员工资、补助、活动经费等各项费用。本项目应当根据“单位管理费用——离退休费用”科目的本期发生额填列。

（9）“单位统一负担的其他管理费用”项目，反映本期由高等学校统一负担的除行政管理费用、后勤保障费用、离退休费用之外的各项管理费用。本项目应当根据“单位管理费用——单位统一负担的其他管理费用”科目的本期发生额填列。

收入费用表的格式如表 9-3 所示。

表 9-3　　　　　　　　收入费用表

会政财 02 表

编制单位：　　　　　　　　　　年　月　　　　　　　　　　单位：元

项　目	本月数	本年累计数
一、本期收入		
（一）财政拨款收入		
其中：政府性基金收入		
（二）事业收入		
其中：教育事业收入		

续表

项 目	本月数	本年累计数
科研事业收入		
（三）上级补助收入		
（四）附属单位上缴收入		
（五）经营收入		
（六）非同级财政拨款收入		
（七）投资收益		
（八）捐赠收入		
（九）利息收入		
（十）租金收入		
（十一）其他收入		
其中：后勤保障单位净收入		
二、本期费用		
（一）业务活动费用		
其中：教育费用		
科研费用		
（二）单位管理费用		
其中：行政管理费用		
后勤保障费用		
离退休费用		
单位统一负担的其他管理费用		
（三）经营费用		
（四）资产处置费用		
（五）上缴上级费用		
（六）对附属单位补助费用		
（七）所得税费用		
（八）其他费用		
三、本期盈余		

9.3.4　案例分析

【例 9-2】某学校 2×19 年收入、费用类科目的发生额见表 9-4。

该学校无企业所得税缴纳义务，据此编制该学校 2×19 年度的收入费用表。

表 9-4　某学校收入、费用类科目的发生额

2×19 年度　单位：元

费用类	本年累计数	收入类	本年累计数
业务活动费用	11 000 000	财政拨款收入	10 000 000
单位管理费用	200 000	其中：公共预算性收入	8 500 000
经营费用	156 000	政府性基金收入	1 500 000
资产处置费用	280 000	事业收入	6 180 000
上缴上级费用	5 320 000	上级补助收入	1 824 000
对附属单位补助费用	1 512 000	附属单位上缴收入	300 000
所得税费用	0	经营收入	252 000
其他费用	60 000	非同级财政拨款收入	200 000
		投资收益	10 000
		捐赠收入	75 000
		利息收入	20 000
		租金收入	20 000
		其他收入	144 000
费用合计	18 528 000	收入合计	19 025 000

编制该学校 2×19 年的收入费用表时，省略了“上年数”栏。“本年数”栏主要项目的填列说明如下。

1. 本期收入

本期收入 =10 000 000+1 824 000+6 180 000+300 000+252 000+200 000+10 000+75 000+20 000+20 000+144 000=19 025 000（元）

2. 本期费用

本期费用 =11 000 000+200 000+156 000+280 000+5 320 000+1 512 000+60 000=18 528 000（元）

3. 本期盈余

本期盈余 = 19 025 000 − 18 528 000 =497 000（元）

编制完成的该学校 2×19 年度收入费用表见表 9-5。

表 9-5　　收入费用表

会政财 02 表

编制单位：×× 学校　　2×19 年度　　单位：元

项目	上年数（略）	本年数
一、本期收入		19 025 000
（一）财政拨款收入		10 000 000
其中：政府性基金收入		1 500 000
（二）事业收入		6 180 000
其中：教育事业收入		
科研事业收入		
（三）上级补助收入		1 824 000
（四）附属单位上缴收入		300 000
（五）经营收入		252 000
（六）非同级财政拨款收入		200 000
（七）投资收益		10 000
（八）捐赠收入		75 000
（九）利息收入		20 000
（十）租金收入		20 000
（十一）其他收入		144 000
其中：后期保障单位净收入		
二、本期费用		18 528 000
（一）业务活动费用		11 000 000
其中：教育费用		
科研费用		
（二）单位管理费用		200 000
其中：行政管理费用		

续表

项目	上年数（略）	本年数
后勤保障费用		
离退休费用		
单位统一负担的其他管理费用		
（三）经营费用		156 000
（四）资产处置费用		280 000
（五）上缴上级费用		5 320 000
（六）对附属单位补助费用		1 512 000
（七）所得税费用		0
（八）其他费用		60 000
三、本期盈余		**497 000**

9.4　净资产变动表

9.4.1　概述

净资产变动表是反映学校在某一会计年度内净资产项目变动情况的报表。

净资产变动表是学校会计报表的重要组成部分，可以提供一定时期内学校净资产各个组成项目的金额的变动情况。学校应当定期编制净资产变动表，披露自身在一定会计期间的资产结存状况。

学校的净资产变动表由表首标题和报表主体构成。报表主体部分包括编报项目、栏目及金额。

1．表首标题

净资产变动表的表首标题包括报表名称、编号（会政财 03 表）、编制单位、编表时间和金额单位等内容。由于净资产变动表反映的是学校在某一时期的资产情况，属于动态报表，因此需要注明报表所属的期间，如 ×××× 年度。

2．报表主体

（1）编报项目。

净资产变动表应当按本年数、上年数分项列示，按上年年末余额、以前年度盈余调整、本年年初余额、本年变动金额、本年年末余额等项目分层次排列。

（2）栏目及金额。

年度净资产变动表包括“本年数”和“上年数”两栏。净资产变动表的各栏数字，应当根据相关科目的“上年数”和“本年数”的发生额填列，或经过计算、分析后填列。

9.4.2 项目内容及填列方式

净资产变动表中的“本年数”栏反映本年度各项目的实际变动数。本表“上年数”栏反映上年度各项目的实际变动数，应当根据上年度净资产变动表中“本年数”栏内所列数字填列。如果上年度净资产变动表规定的项目的名称和内容与本年度不一致，则应对上年度净资产变动表项目的名称和数字按照本年度的规定进行调整，将调整后金额填入本年度净资产变动表“上年数”栏内。

“上年年末余额”行，反映学校净资产各项目上年年末的余额。本行各项目应当根据“累计盈余”“专用基金”“权益法调整”科目的上年年末余额填列。

“以前年度盈余调整”行，反映学校本年度调整以前年度盈余的事项对累计盈余进行调整的金额。本行“累计盈余”项目应当根据本年度“以前年度盈余调整”科目转入“累计盈余”科目的金额填列；如调整减少累计盈余，则以“-”号填列。

“本年年初余额”行，反映经过以前年度盈余调整后，学校净资产各项目的本年年初余额。本行“累计盈余”“专用基金”“权益法调整”项目应当根据其各自在“上年年末余额”和“以前年度盈余调整”行对应项目金额的合计数填列。

“本年变动金额”行，反映学校净资产各项目本年变动总金额。本行“累计盈余”“专用基金”“权益法调整”项目应当根据其各自在“本年盈余”“无偿调拨净资产”“归集调整预算结转结余”“提取或设置专用基金”“使用专用基金”“权益法调整”行对应项目金额的合计数填列。

“本年盈余”行，反映学校本年发生的收入、费用对净资产的影响。本行“累计盈余”项目应当根据年末由“本期盈余”科目转入“本年盈余分配”科目的金额填列；如转入时借记“本年盈余分配”科目，则以“-”号填列。

“无偿调拨净资产”行，反映学校本年无偿调入、调出非现金资产事项对净资产的影响。本行“累计盈余”项目应当根据年末由“无偿调拨净资产”科目转入“累计盈余”科目的金额填列；如转入时借记“累计盈余”科目，则以“-”号填列。

“归集调整预算结转结余”行，反映学校本年财政拨款结转结余资金归集调入、归集上缴或调出，以及非财政拨款结转资金缴回对净资产的影响。本行“累计盈余”项目应当根据“累计盈余”科目明细账记录分析填列；如归集调整减少预算结转结余，则以“-”号填列。

“提取或设置专用基金”行，反映学校本年提取或设置专用基金对净资产的影响。本行“累计盈余”项目应当根据“从预算结余中提取”行“累计盈余”项目的金额填列。本行“专用基金”项目应当根据“从预算收入中提取”“从预算结余中提取”“设置的专用基金”行“专用基金”项目金额的合计数填列。

“从预算收入中提取”行，反映学校本年从预算收入中提取专用基金对净资产的影响。本行“专用基金”项目应当通过对“专用基金”科目明细账记录的分析，根据本年按有关规定从预算收入中提取基金的金额填列。

“从预算结余中提取”行，反映学校本年根据有关规定从本年度非财政拨款结余或经营结余中提取专用基金对净资产的影响。本行“累计盈余”“专用基金”项目应当通过对“专用基金”科目明细账记录的分析，根据本年按有关规定从本年度非财政拨款结余或经营结余中提取专用基金的金额填列；本行“累计盈余”项目以“-”号填列。

“设置的专用基金”行，反映学校本年根据有关规定设置的其他专用基金对净资产的影响。本行“专用基金”项目应当通过对“专用基金”科目明细账记录的分析，根据本年按有关规定设置的其他专用基金的金额填列。

“使用专用基金”行，反映学校本年按规定使用专用基金对净资产的影响。本行“累计盈余”“专用基金”项目应当通过对“专用基金”科目明细账记录的分析，根据本年按规定使用专用基金的金额填列；本行“专用基金”项目以“-”号填列。

“权益法调整”行，反映学校本年按照被投资单位除净损益和利润分配以外的所有者权益变动份额而调整长期股权投资账面余额对净资产的影响。本行“权益法调整”项目应当根据“权益法调整”科目本年发生额填列；若本年净发生额为借方时，以“-”号填列。

“本年年末余额”行，反映学校本年各净资产项目的年末余额。本行“累计盈余”“专用基金”“权益法调整”项目应当根据其各自在“本年年初余额”“本年变动金额”行对应项目金额的合计数填列。

本表各行“净资产合计”项目，应当根据所在行“累计盈余”“专用基金”“权益法调整”项目金额的合计数填列。

9.4.3 案例分析

【例 9-3】2×18 年 12 月 31 日，某学校本年运营增加的累计盈余为 106 000 元，其中本年盈余 100 000 元，无偿调拨净资产 60 000 元；政府下拨的专用基金为 200 000 元，因参加的长期股权投资除净损益和利润分配以外的所有者权益变动而调整长期股权投资的账面余额 22 000 元。据此编制该学校的净资产变动表，如表 9-6 所示。

表 9-6　　净资产变动表

会政财 03 表

编制单位：××学校　　2×18 年　　单位：元

项目	本年数				上年数			
	累计盈余	专用基金	权益法调整	净资产合计	累计盈余	专用基金	权益法调整	净资产合计
一、上年年末余额	1 000 000	800 000	6 000	1 806 000				
二、以前年度盈余调整（减少以“-”号填列）	0	—	—	0		—	—	
三、本年年初余额	1 000 000	800 000	6 000	1 806 000				
四、本年变动金额（减少以“-”号填列）	106 000	200 000	22 000	328 000				
（一）本年盈余	100 000	—	—	100 000		—	—	
（二）无偿调拨净资产	60 000	—	—	60 000		—	—	
（三）归集调整预算结转结余	0	—	—	0		—	—	
（四）提取或设置专用基金	0	200 000	—	200 000			—	
其中：从预算收入中提取	—	0	—	0	—		—	
从预算结余中提取	0	0	—	0			—	
设置的专用基金	—	200 000	—	200 000	—		—	

续表

项 目	本年数				上年数			
	累计盈余	专用基金	权益法调整	净资产合计	累计盈余	专用基金	权益法调整	净资产合计
（五）使用专用基金	0	0	—	0			—	
（六）权益法调整	—	—	22 000	22 000	—	—		
五、本年年末余额	1 106 000	1 000 000	28 000	2 134 000				

9.5　现金流量表

9.5.1　概述

现金流量表是反映学校在某一会计年度内现金流入和流出情况的报表。

现金流量表是学校会计报表的重要组成部分，可以提供一定时期内学校的现金流入、流出情况的会计信息。学校应当定期编制现金流量表，披露学校在一定会计期间的现金流入、流出情况。

学校的现金流量表由表首标题和报表主体构成。报表主体部分包括编报项目、栏目及金额。

1. 表首标题

现金流量表的表首标题包括报表名称、编号（会政财 04 表）、编制单位、编表时间和金额单位等内容。由于现金流量表反映的是学校在某一时期的现金流入、流出情况，属于动态报表，因此需要注明报表所属的期间，如 ×××× 年度。

2. 报表主体

（1）编报项目。

现金流量表应当按照本年日常活动、投资活动和筹资活动情况分别列示，按日常活动产生的现金流量、投资活动产生的现金流量和筹资活动产生的现金流量等项目分层次排列。

（2）栏目及金额。

现金流量表包括“本年金额”和“上年金额”两栏。现金流量表的各栏数字应当根据相关科目的“上年金额”和“本年金额”的发生额填列，或经过计算、分析后填列。

9.5.2 项目内容及填列方式

本表反映学校在某一会计年度内现金流入和流出的信息。

本表所指的现金，是指学校的库存现金以及其他可以随时用于支付的款项，包括库存现金、可以随时用于支付的银行存款、其他货币资金、零余额账户用款额度、财政应返还额度，以及通过财政直接支付方式支付的款项。

现金流量表应当按照日常活动、投资活动、筹资活动的现金流量分别反映。本表所指的现金流量，是指现金的流入和流出。

本表的“本年金额”栏反映各项目的本年实际发生数。本表的“上年金额”栏反映各项目的上年实际发生数，应当根据上年现金流量表中的“本年金额”栏内所列的数字填列。

学校应当采用直接法编制现金流量表。

1. 日常活动产生的现金流量

“财政基本支出拨款收到的现金”项目，反映学校本年接受财政基本支出拨款取得的现金。本项目应当根据“零余额账户用款额度”“财政拨款收入”“银行存款”等科目及其所属明细科目的记录分析填列。

“财政非资本性项目拨款收到的现金”项目，反映学校本年接受除用于购建固定资产、无形资产、公共基础设施等资本性项目以外的财政项目拨款取得的现金。本项目应当根据“银行存款”“零余额账户用款额度”“财政拨款收入”等科目及其所属明细科目的记录分析填列。

“事业活动收到的除财政拨款以外的现金”项目，反映学校本年开展专业业务活动及其辅助活动取得的除财政拨款以外的现金。本项目应当根据“库存现金”“银行存款”“其他货币资金”“应收账款”“应收票据”“预收账款”“事业收入”等科目及其所属明细科目的记录分析填列。

“收到的其他与日常活动有关的现金”项目，反映学校本年收到的除以上项目之外的与日常活动有关的现金。本项目应当根据“库存现金”“银行存款”“其他货币资金”“上级补助收入”“附属单位上缴收入”“经营收入”“非同级财政拨款收入”“捐赠收入”“利息收入”“租金收入”“其他收入”等科目及其所属明细科目的记录分析填列。

“日常活动的现金流入小计”项目，反映学校本年日常活动产生的现金流入的合计数。本项目应当根据本表中“财政基本支出拨款收到的现金”“财政非资本性项目拨款收到的现金”“事业活动收到的除财政拨款以外的现金”“收到的其他与日常活动有关的现金”项目金额的合计数填列。

“购买商品、接受劳务支付的现金”项目，反映学校本年在日常活动中用于购买商品、接受劳务支付的现金。本项目应当根据“库存现金”“银行存款”“财政拨款收入”“零余额账户用款额度”“预付账款”“在途物品”“库存物品”“应付账款”“应付票据”“业务活动费用”“单位管理费用”“经营费用”等科目及其所属明细科目的记录分析填列。

“支付给职工以及为职工支付的现金”项目，反映学校本年支付给职工以及为职工支付的现金。本项目应当根据“库存现金”“银行存款”“零余额账户用款额度”“财政拨款收入”“应付职工薪酬”“业务活动费用”“单位管理费用”“经营费用”等科目及其所属明细科目的记录分析填列。

“支付的各项税费”项目，反映学校本年用于缴纳日常活动相关税费而支付的现金。本项目应当根据“库存现金”“银行存款”“零余额账户用款额度”“应交增值税”“其他应交税费”“业务活动费用”“单位管理费用”“经营费用”“所得税费用”等科目及其所属明细科目的记录分析填列。

“支付的其他与日常活动有关的现金”项目，反映学校本年支付的除上述项目之外与日常活动有关的现金。本项目应当根据“库存现金”“银行存款”“零余额账户用款额度”“财政拨款收入”“其他应付款”“业务活动费用”“单位管理费用”“经营费用”“其他费用”等科目及其所属明细科目的记录分析填列。

“日常活动的现金流出小计”项目，反映学校本年日常活动产生的现金流出的合计数。本项目应当根据本表中“购买商品、接受劳务支付的现金”“支付给职工以及为职工支付的现金”“支付的各项税费”“支付的其他与日常活动有关的现金”项目金额的合计数填列。

“日常活动产生的现金流量净额”项目，应当按照本表中的“日常活动的现金流入小计”项目金额减去“日常活动的现金流出小计”项目金额后的金额填列；如为负数，则以“-”号填列。

2. 投资活动产生的现金流量

“收回投资收到的现金”项目，反映学校本年出售、转让或者收回投资收到的现金。本项目应该根据“库存现金”“银行存款”“短期投资”“长期股权投资”“长期债券投资”等科目的记录分析填列。

“取得投资收益收到的现金”项目，反映学校本年因对外投资而收到被投资单位分配的股利或利润，以及收到投资利息而取得的现金。本项目应当根据“库存现金”“银行存款”“应收股利”“应收利息”“投资收益”等科目的记录分析填列。

“处置固定资产、无形资产、公共基础设施等收回的现金净额”项目，反映学校本年处置固定资产、无形资产、公共基础设施等非流动资产所取得的现金，减去为处置这些资产而支付的有关费用之后的净额。自然灾害所造成的固定资产等长期资产损失而收到的保险赔款收入，也在本项目反映。本项目应当根据“库存现金”“银行存款”“待处理财产损溢”等科目的记录分析填列。

“收到的其他与投资活动有关的现金”项目，反映学校本年收到的除上述项目之外与投资活动有关的现金。对于金额较大的现金流入，应当单列项目反映。本项目应当根据“库存现金”“银行存款”等有关科目的记录分析填列。

“投资活动的现金流入小计”项目，反映学校本年投资活动产生的现金流入的合计数。本项目应当根据本表中“收回投资收到的现金”“取得投资收益收到的现金”“处置固定资产、无形资产、公共基础设施等收回的现金净额”“收到的其他与投资活动有关的现金”项目金额的合计数填列。

“购建固定资产、无形资产、公共基础设施等支付的现金”项目，反映学校本年购买和建造固定资产、无形资产、公共基础设施等非流动资产所支付的现金；融资租入固定资产支付的租赁费不在本项目反映，在筹资活动的现金流量中反映。本项目应当根据“库存现金”“银行存款”“固定资产”“工程物资”“在建工程”“无形资产”“研发支出”“公共基础设施”“保障性住房”等科目的记录分析填列。

“对外投资支付的现金”项目，反映学校本年为取得短期投资、长期股权投资、长期债券投资而支付的现金。本项目应当根据“库存现金”“银行存款”“短期投资”“长期股权投资”“长期债券投资”等科目的记录分析填列。

“上缴处置固定资产、无形资产、公共基础设施等净收入支付的现金”项目，反映本年学校将处置固定资产、无形资产、公共基础设施等非流动资产所收回的现金净额予以上缴财政所支付的现金。本项目应当根据“库存现金”“银行存款”“应缴财政款”等科目的记录分析填列。

“支付的其他与投资活动有关的现金”项目，反映学校本年支付的除上述项目之外与投资活动有关的现金。对于金额较大的现金流出，应当单列项目反映。本项目应当根据“库存现金”“银行存款”等有关科目的记录分析填列。

“投资活动的现金流出小计”项目，反映学校本年投资活动产生的现金流出的合计数。本项目应当根据本表中“购建固定资产、无形资产、公共基础设施等支付的现金”“对外投资支付的现金”“上缴处置固定资产、无形资产、公共基础设施等净收入支付的现金”“支付的其他与投资活动有关的现金”项目金额的合计数填列。

“投资活动产生的现金流量净额”项目，应当按照本表中“投资活动的现金流入小计”项目金额减去“投资活动的现金流出小计”项目金额后的金额填列；如为负数，以“-”号填列。

3．筹资活动产生的现金流量

“财政资本性项目拨款收到的现金”项目，反映学校本年接受用于购建固定资产、无形资产、公共基础设施等资本性项目的财政项目拨款取得的现金。本项目应当根据“银行存款”“零余额账户用款额度”“财政拨款收入”等科目及其所属明细科目的记录分析填列。

“取得借款收到的现金”项目，反映学校本年举借短期、长期借款所收到的现金。本项目应当根据“库存现金”“银行存款”“短期借款”“长期借款”等科目记录分析填列。

“收到的其他与筹资活动有关的现金”项目，反映学校本年收到的除上述项目之外与筹资活动有关的现金。对于金额较大的现金流入，应当单列项目反映。本项目应当根据“库存现金”“银行存款”等有关科目的记录分析填列。

“筹资活动的现金流入小计”项目，反映学校本年筹资活动产生的现金流入的合计数。本项目应当根据本表中“财政资本性项目拨款收到的现金”“取得借款收到的现金”“收到的其他与筹资活动有关的现金”项目金额的合计数填列。

“偿还借款支付的现金”项目，反映学校本年偿还借款本金所支付的现金。本项目应当根据“库存现金”“银行存款”“短期借款”“长期借款”等科目的记录分析填列。

“偿付利息支付的现金”项目，反映学校本年支付的借款利息等。本项目应当根据“库存现金”“银行存款”“应付利息”“长期借款”等科目的记录分析填列。

“支付的其他与筹资活动有关的现金”项目，反映学校本年支付的除上述项目之外与筹资活动有关的现金，如融资租入固定资产所支付的租赁费。本项目应当根据“库存现金”“银行存款”“长期应付款”等科目的记录分析填列。

“筹资活动的现金流出小计”项目，反映学校本年筹资活动产生的现金流出的合计数。本项目应当根据本表中“偿还借款支付的现金”“偿付利息支付的现金”“支付的其他与筹资活动有关的现金”项目金额的合计数填列。

“筹资活动产生的现金流量净额”项目，应当按照本表中“筹资活动的现金流入小计”项目金额减去“筹资活动的现金流出小计”项目金额后的金额填列；如为负数，则以“-”号填列。

4.“汇率变动对现金的影响额”项目

“汇率变动对现金的影响额”项目反映学校本年外币现金流量折算为人民币时，所采用的现金流量发生日的汇率折算的人民币金额与外币现金流量净额按期末汇率折算的人民币金额之间的差额。

5.“现金净增加额”项目

“现金净增加额”项目反映学校本年现金变动的净额。本项目应当根据本表中“日常活动产生的现金流量净额”“投资活动产生的现金流量净额”“筹资活动产生的现金流量净额”“汇率变动对现金的影响额”项目金额的合计数填列；如为负数，则以“-”号填列。

9.5.3 案例分析

【例 9-4】某学校 2×20 年发生的与现金流量相关的事项的发生额如表 9-7 所示。

该学校无所得税缴纳义务，无汇率变动影响。据此编制该学校 2×20 年的现金流量表。

表 9-7　　某学校与现金流量相关的事项的发生额

2×19 年　　单位：元

日期	摘要	借	贷	现金流入	现金流出
2月1日	支付工资		11 000		支付给职工以及为职工支付的现金
2月3日	提现		800		

续表

日期	摘要	借	贷	现金流入	现金流出
3 月 4 日	财政基本拨款	100 000		财政基本支出拨款收到的现金	
3 月 4 日	购买固定资产		3 000		购建固定资产、无形资产、公共基础设施等支付的现金
3 月 7 日	财政非资本性项目拨款	200 000		财政非资本性项目拨款收到的现金	
3 月 10 日	购买商品		10 600		购买商品、接受劳务支付的现金
4 月 1 日	支付工资		11 000		支付给职工以及为职工支付的现金
4 月 3 日	事业活动收到现金	3 000		事业活动收到的除财政拨款以外的现金	
4 月 5 日	收到 3 月应收款项	1 030		收到的其他与日常活动有关的现金	
4 月 6 日	支付税金		420		支付的各项税费
4 月 8 日	进行公共基础设施投资		5 000		购建固定资产、无形资产、公共基础设施等支付的现金
4 月 10 日	取得投资收益	120		取得投资收益收到的现金	
4 月 30 日	收回投资	22 000		收回投资收到的现金	
5 月 1 日	支付工资		11 000		支付给职工以及为职工支付的现金
5 月 2 日	为职工购买计算机		2 600		支付给职工以及为职工支付的现金
5 月 3 日	处置专利权	30 000		处置固定资产、无形资产、公共基础设施等收回的现金净额	
5 月 5 日	投资股票		1 000		对外投资支付的现金

续表

日期	摘要	借	贷	现金流入	现金流出
5月10日	上缴处置专利权净收入		3 000		上缴处置固定资产、无形资产、公共基础设施等净收入支付的现金
5月15日	收到财政资本性项目拨款	10 000		财政资本性项目拨款收到的现金	
5月18日	取得借款	2 000		取得借款收到的现金	
5月28日	偿还借款		1 000		偿还借款支付的现金
5月28日	偿还利息		120		偿还利息支付的现金

编制该学校2×20年度现金流量表时，省略了“上年金额”栏数字。“本年金额”栏的主要项目的填列说明如下。

（1）日常活动产生的现金流入小计。

本年日常活动的现金流入=100 000+200 000+3 000+1 030=304 030（元）

（2）日常活动产生的现金流出小计。

本年日常活动的现金流出=11 000+10 600+11 000+420+11 000+2 600=46 620（元）

（3）日常活动产生的现金流量净额。

本年日常活动产生的现金流量净额=304 030−46 620=257 410（元）

（4）投资活动产生的现金流入小计。

本年投资活动的现金流入=120+22 000+30 000=52 120（元）

（5）投资活动的现金流出小计。

本年投资活动的现金流出=3 000+5 000+1 000+3 000=12 000（元）

（6）投资活动产生的现金流量净额。

本年投资活动产生的现金流量净额=52 120−12 000=40 120（元）

（7）筹资活动产生的现金流入小计。

本年筹资活动的现金流入=10 000+2 000=12 000（元）

（8）筹资活动的现金流出小计。

本年筹资活动的现金流出=1 000+120=1 120（元）

（9）筹资活动产生的现金流量净额。

本年筹资活动产生的现金流量净额=12 000−1 120=10 880（元）

编制完成的该学校 2×20 年度现金流量表见表 9–8。

表 9–8　　现金流量表

会政财 04 表

编制单位：× × 学校　　2 × 20 年度　　单位：元

项目	本年金额	上年金额
一、日常活动产生的现金流量：		
财政基本支出拨款收到的现金	100 000	
财政非资本性项目拨款收到的现金	200 000	
事业活动收到的除财政拨款以外的现金	3 000	
收到的其他与日常活动有关的现金	1 030	
日常活动的现金流入小计	304 030	
购买商品、接受劳务支付的现金	10 600	
支付给职工以及为职工支付的现金	35 600	
支付的各项税费	420	
支付的其他与日常活动有关的现金	0	
日常活动的现金流出小计	46 620	
日常活动产生的现金流量净额	257 410	
二、投资活动产生的现金流量：		
收回投资收到的现金	22 000	
取得投资收益收到的现金	120	
处置固定资产、无形资产、公共基础设施等收回的现金净额	30 000	
收到的其他与投资活动有关的现金	0	
投资活动的现金流入小计	52 120	
购建固定资产、无形资产、公共基础设施等支付的现金	8 000	
对外投资支付的现金	1 000	
上缴处置固定资产、无形资产、公共基础设施等净收入支付的现金	3 000	
支付的其他与投资活动有关的现金	0	
投资活动的现金流出小计	12 000	

续表

项目	本年金额	上年金额
投资活动产生的现金流量净额	40 120	
三、筹资活动产生的现金流量：		
财政资本性项目拨款收到的现金	10 000	
取得借款收到的现金	2 000	
收到的其他与筹资活动有关的现金	0	
筹资活动的现金流入小计	12 000	
偿还借款支付的现金	1 000	
偿还利息支付的现金	120	
支付的其他与筹资活动有关的现金	0	
筹资活动的现金流出小计	1 120	
筹资活动产生的现金流量净额	10 880	
四、汇率变动对现金的影响额	0	
五、现金净增加额	308 410	

9.6 附注

9.6.1 概述

附注是对在会计报表中列示的项目的进一步说明，以及对未能在会计报表中列示项目的说明。附注是财务报表的重要组成部分。凡对报表使用者的决策有重要影响的会计信息，不论《政府会计制度》是否有明确规定，学校均应当充分披露。

附注主要包括下列内容。

1. 学校的基本情况。

学校应当简要披露其基本情况，包括主要职能、主要业务活动、所在地、预算管理关系等。

2. 会计报表编制基础。

（1）财务报表的编制主要以权责发生制为基础，以单位财务会 计核算生成的数据为准；预算会计报表的编制主要以收付实现制为基 础，以单位预算会计核算生成的数据为准。

（2）财务报表由会计报表及其附注构成。会计报表一般包括资 产负债表、收入费用表和净资产变动表。

（3）预算会计报表至少包括预算收入支出表、预算结转结余变 动表和财政拨款预算收入支出表。

（4）单位至少按照年度编制财务报表和预算会计报表。

（5）单位根据本制度规定编制真实、完整的财务报表和预算会计报表，不违反本制度规定随意改变财务报表和预算会计报表的编制基础、编制依据、编制原则和方法，不随意改变本制度规定的财务报表和预算会计报表有关数据的会计口径。

（6）财务报表和预算会计报表根据登记完整、核对无误的 账簿记录和其他有关资料编制，做到数字真实、计算准确、内容完整、 编报及时。

（7）财务报表和预算会计报表由单位负责人和主管会计工 作的负责人、会计机构负责人（会计主管人员）签名并盖章。

3. 遵循政府会计准则、制度的声明。

比如：

遵循企业会计准则的声明

单位编制的财务报表符合财政部 2018 年颁布的《政府会计准则制度》的要求，真实、完整地反映了单位的财务状况、经营成果和现金流量等有关信息。

4. 重要会计政策和会计估计。

学校应当采用与其业务特点相适应的具体会计政策，并充分披露报告期内采用的重要会计政策和会计估计。主要包括以下内容。

（1）会计期间。

（2）记账本位币，外币折算汇率。

（3）坏账准备的计提方法。

（4）存货类别、发出存货的计价方法、存货的盘存制度，以及低值易耗品和包装物的摊销方法。

（5）长期股权投资的核算方法。

（6）固定资产分类、折旧方法、折旧年限和年折旧率，融资租入固定资产的计价和折旧方法。

（7）无形资产的计价方法；使用寿命有限的无形资产，其使用寿命估计情况；使用寿命不确定的无形资产，其使用寿命不确定的判断依据；学校内部研究开发项目划分研究阶段和开发阶段的具体标准。

（8）公共基础设施的分类、折旧（摊销）方法、折旧（摊销）年限，以及其确定依据。

（9）政府储备物资分类，以及确定其发出成本所采用的方法。

（10）保障性住房的分类、折旧方法、折旧年限。

（11）其他重要的会计政策和会计估计。

（12）本期发生重要会计政策和会计估计变更的，变更的内容和原因、受其重要影响的报表项目名称和金额、相关审批程序，以及会计估计变更开始适用的时点。

9.6.2 会计报表重要项目的说明

学校应当按照资产负债表和收入费用表项目的列示顺序，采用文字和数据描述相结合的方式披露重要项目的明细信息。报表重要项目的明细金额合计，应当与报表项目金额相衔接。报表重要项目说明应包括但不限于下列内容。

（1）货币资金。

货币资金的披露格式如表 9-9 所示。

表 9-9　　货币资金的披露格式

项目	期末余额	年初余额
库存现金		
银行存款		
其他货币资金		
合计		

（2）应收账款。

应收账款按照债务人类别披露的格式如表 9-10 所示。

表 9-10　　应收账款按债务人类别的披露格式

债务人类别	期末余额	年初余额
政府会计主体：		
部门内部单位		

续表

债务人类别	期末余额	年初余额
单位 1		
……		
部门外部单位		
单位 1		
……		
其他：		
单位 1		
……		
合计		

注 1：“部门内部单位”是指纳入学校所属部门财务报告合并范围的单位（下同）。

注 2：有应收票据、预付账款、其他应收款的，可比照应收账款进行披露。

（3）存货。

存货的披露格式如表 9-11 所示。

表 9-11　　存货的披露格式

存货种类	期末余额	年初余额
1.		
……		
合计		

（4）其他流动资产。

其他流动资产的披露格式如表 9-12 所示。

表 9-12　　其他流动资产的披露格式

项目	期末余额	年初余额
1.		
……		
合计		

注：有长期待摊费用、其他非流动资产的，可比照其他流动资产进行披露。

（5）长期投资。

①长期债券投资的披露格式如表 9-13 所示。

表 9-13　　长期债券投资的披露格式

债券发行主体	年初余额	本期增加额	本期减少额	期末余额
1.				
……				
合计				

注：有短期投资的，可比照长期债券投资进行披露。

②长期股权投资的披露格式如表 9-14 所示。

表 9-14　　长期股权投资的披露格式

被投资单位	核算方法	年初余额	本期增加额	本期减少额	期末余额
1.					
……					
合计					

③当期发生的重大投资净损益项目、金额及原因。

（6）固定资产。

固定资产披露时，遵守以下规则。

①固定资产的披露格式如表 9-15 所示。

表 9-15　　固定资产的披露格式

项目	年初余额	本期增加额	本期减少额	期末余额
一、原值合计				
其中：房屋及构筑物				
通用设备				
专用设备				
文物和陈列品				
图书、档案				
家具、用具、装具及动植物				

续表

项目	年初余额	本期增加额	本期减少额	期末余额
二、累计折旧合计				
其中：房屋及构筑物				
通用设备				
专用设备				
家具、用具、装具				
三、账面价值合计				
其中：房屋及构筑物				
通用设备				
专用设备				
文物和陈列品				
图书、档案				
家具、用具、装具及动植物				

②已提足折旧的固定资产名称、数量等情况。

③出租、出借固定资产以及固定资产对外投资等情况。

（7）在建工程。

在建工程的披露格式如表 9-16 所示。

表 9-16　　在建工程的披露格式

项目	年初余额	本期增加额	本期减少额	期末余额
1.				
……				
合计				

（8）无形资产。

披露无形资产时，遵守以下规则。

①各类无形资产的披露格式如表 9-17 所示。

表 9-17　　无形资产的披露格式

项目	年初余额	本期增加额	本期减少额	期末余额
一、原值合计				
1.				
……				
二、累计摊销合计				
1.				
……				
三、账面价值合计				
1.				
……				

②计入当期损益的研发支出金额、确认为无形资产的研发支出金额。

③无形资产出售、对外投资等处置情况。

（9）公共基础设施。

公共基础设施披露时，遵守以下规则。

①公共基础设施的披露格式如表 9-18 所示。

表 9-18　　公共基础设施的披露格式

项目	年初余额	本期增加额	本期减少额	期末余额
一、原值合计				
市政基础设施				
1.				
……				
交通基础设施				
1.				
……				
水利基础设施				
1.				
……				
其他				

续表

项目	年初余额	本期增加额	本期减少额	期末余额
……				
二、累计折旧合计				
市政基础设施				
1.				
……				
交通基础设施				
1.				
……				
水利基础设施				
1.				
……				
其他				
……				
三、账面价值合计				
市政基础设施				
1.				
……				
交通基础设施				
1.				
……				
水利基础设施				
1.				
……				
其他				
……				

②确认为公共基础设施的单独计价入账的土地使用权的账面余额、累计摊销额及变动情况。

③已提取折旧继续使用的公共基础设施的名称、数量等。

（10）政府储备物资。

政府储备物资的披露格式如表 9-19 所示。

表 9-19 政府储备物资的披露格式

物资类别	年初余额	本期增加额	本期减少额	期末余额
1.				
……				
合计				

注：如学校有因动用而发出需要收回或者预期可能收回，但期末尚未收回的政府储备物资，应当单独披露其期末账面余额。

（11）受托代理资产。

受托代理资产的披露格式如表 9-20 所示。

表 9-20 受托代理资产的披露格式

资产类别	年初余额	本期增加额	本期减少额	期末余额
货币资金				
受托转赠物资				
受托储存保管物资				
罚没物资				
其他				
合计				

（12）应付账款。

应付账款按照债权人类别披露的格式如表 9-21 所示。

表 9-21 应付账款按债权人类别的披露格式

债权人类别	期末余额	年初余额
政府会计主体：		
部门内部单位		
单位 1		
……		

续表

债权人类别	期末余额	年初余额
部门外部单位		
单位 1		
……		
其他：		
单位 1		
……		
合计		

注：有应付票据、预收账款、其他应付款、长期应付款的，可比照应付账款进行披露。

（13）其他流动负债。

其他流动负债的披露格式如表 9-22 所示。

表 9-22　　其他流动负债的披露格式

项目	期末余额	年初余额
1.		
……		
合计		

注：有预计负债、其他非流动负债的，可以比照其他流动负债进行披露。

（14）长期借款。

长期借款披露时，应遵守以下规则。

①长期借款按照债权人类别披露的格式如表 9-23 所示。

表 9-23　　长期借款按债权人类别的披露格式

债权人	期末余额	年初余额
1.		
……		
合计		

注：有短期借款的，可比照长期借款进行披露。

②学校有基建借款的，应当分基建项目披露长期借款年初数、本年变动数、

年末数及到期期限。

（15）事业收入。

事业收入按照收入来源的披露格式如表 9-24 所示。

表 9-24　事业收入的披露格式

收入来源	本期发生额	上期发生额
来自财政专户管理资金		
本部门内部单位		
单位 1		
……		
本部门以外同级政府单位		
单位 1		
……		
其他		
单位 1		
……		
合计		

（16）非同级财政拨款收入。

非同级财政拨款收入按收入来源的披露格式如表 9-25 所示。

表 9-25　非同级财政拨款收入的披露格式

收入来源	本期发生额	上期发生额
本部门以外同级政府单位		
单位 1		
……		
本部门以外非同政府单位		
单位 1		
……		
合计		

（17）其他收入。

其他收入按照收入来源的披露格式如表 9-26 所示。

表 9-26　　其他收入的披露格式

收入来源	本期发生额	上期发生额
本部门内部单位		
单位 1		
……		
本部门以外同级政府单位		
单位 1		
……		
本部门以外非同级政府单位		
单位 1		
……		
其他		
单位 1		
……		
合计		

（18）业务活动费用。

业务活动费用披露时，应遵守如下规则。

①按经济分类的披露格式如表 9-27 所示。

表 9-27　　业务活动费用按经济分类的披露格式

项目	本期发生额	上期发生额
工资福利费用		
商品和服务费用		
对个人和家庭的补助费用		
对企业补助费用		
固定资产折旧费		
无形资产摊销费		
公共基础设施折旧（摊销）费		
保障性住房折旧费		

续表

项目	本期发生额	上期发生额
计提专用基金		
……		
合计		

注：有单位管理费用、经营费用的，可比照此表进行披露。

②按支付对象的披露格式如表 9-28 所示。

表 9-28　　业务活动费用按支付对象的披露格式

支付对象	本期发生额	上期发生额
本部门内部单位		
单位 1		
……		
本部门以外同级政府单位		
单位 1		
……		
本部门以外非同级政府单位		
单位 1		
……		
其他		
单位 1		
……		
合计		

注：有单位管理费用、经营费用的，可比照此表进行披露。

（19）其他费用。

其他费用按照类别披露的格式如表 9-29 所示。

表 9-29　　其他费用的披露格式

费用类别	本期发生额	上期发生额
利息费用		

续表

费用类别	本期发生额	上期发生额
坏账损失		
罚没支出		
……		
合计		

（20）本期费用。

本期费用按照经济分类的披露格式如表 9-30 所示。

表 9-30　　本期费用的披露格式

项目	本期发生额	上期发生额
工资福利费用		
商品和服务费用		
对个人和家庭的补助费用		
对企业补助费用		
固定资产折旧费		
无形资产摊销费		
公共基础设施折旧（摊销）费		
保障性住房折旧费		
计提专用基金		
所得税费用		
资产处置费用		
上缴上级费用		
对附属单位补助费用		
其他费用		
本期费用合计		

注：学校在按照规定编制收入费用表的基础上，可以根据需要按照此表披露的内容编制收入费用表。

（21）根据《关于中小学校执行〈政府会计制度——行政事业单位会计科目和报表〉的补充规定》，中小学校应当在财务报表附注中按照表 9-31 的格式披露事业支出的基本情况。

表 9-31　　　　中小学校事业支出明细表

项目	事业支出（按照经费来源划分）												
	合计	同级财政拨款			事业收入			非同级财政拨款			其他资金		
		小计	基本支出	项目支出	小计	基本支出	项目支出	小计	基本支出	项目支出	小计	基本支出	项目支出
一、工资福利支出													
基本工资													
津贴补贴													
奖金													
伙食补助费													
绩效工资													
基本养老保险缴费													
职业年金缴费													
基本医疗保险缴费													
其他社会保障缴费													
住房公积金													
医疗费													
外聘教职工工资													
外聘教职工社会保障缴费													
其他工资福利支出													
二、商品和服务支出													
办公费													
印刷费													
咨询费													

续表

项目	事业支出（按照经费来源划分）												
	合计	同级财政拨款			事业收入			非同级财政拨款			其他资金		
		小计	基本支出	项目支出	小计	基本支出	项目支出	小计	基本支出	项目支出	小计	基本支出	项目支出
手续费													
水费													
电费													
邮电费													
取暖费													
学校安保费													
校园保洁费													
校园绿化费													
其他物业管理费													
市内差旅费													
国内差旅费													
教师出国（境）培训费													
其他教职工出国（境）培训费													
教职工出国（境）考察费													
仪器设备维修（护）费													
信息系统维修（护）费													
房屋建筑物维修（护）费													
其他维修（护）费													
租赁费													

续表

项目	合计	事业支出（按照经费来源划分）											
		同级财政拨款			事业收入			非同级财政拨款			其他资金		
		小计	基本支出	项目支出	小计	基本支出	项目支出	小计	基本支出	项目支出	小计	基本支出	项目支出
会议费													
教师培训费													
其他培训费													
公务接待费													
实验耗材费													
体育耗材费													
其他材料费													
劳务费													
委托业务费													
工会经费													
福利费													
校车运行维护费													
公务用车运行维护费													
其他交通费													
学生活动费													
学生出国（境）活动费													
教师工会和党团活动													
学校财产和责任保险费用													
税费和附加费													
财务及审计费													

续表

项目	事业支出（按照经费来源划分）												
	合计	同级财政拨款			事业收入			非同级财政拨款			其他资金		
		小计	基本支出	项目支出	小计	基本支出	项目支出	小计	基本支出	项目支出	小计	基本支出	项目支出
诉讼费													
其他商品和服务支出													
三、对个人和家庭补助支出													
离休费													
退休费													
退职费													
抚恤金													
生活补助													
医疗费补助													
其中：（1）学生医疗费													
（2）教职工医疗费													
助学金													
其中：（1）助学金													
（2）奖学金													
（3）书本费													
（4）伙食补贴													
（5）学生校外践习津贴													
奖励金													
其他对个人和家庭补助支出													
四、资本性支出													

续表

项目	事业支出（按照经费来源划分）												
	合计	同级财政拨款			事业收入			非同级财政拨款			其他资金		
		小计	基本支出	项目支出	小计	基本支出	项目支出	小计	基本支出	项目支出	小计	基本支出	项目支出
房屋建筑物购建													
办公设备购置													
专用设备购置													
仪器设备大型修缮													
房屋建筑物大型修缮													
信息网络及软件购置更新													
文物和陈列品购置													
图书购置													
无形资产购置													
其他资本性支出													
合计													

9.6.3 本年盈余与预算结余的差异情况说明

为了反映学校财务会计和预算会计因核算基础和核算范围不同所产生的本年盈余数与本年预算结余数之间的差异，学校应当按照重要性原则，对本年度发生的各类影响收入（预算收入）和费用（预算支出）的业务进行适度归并和分析，披露将年度预算收入支出表中“本年预算收支差额”调节为年度收入费用表中“本期盈余”的信息。有关披露格式如表 9-32 所示。

表 9-32　　本年预算结余调节表

项目	金额
一、本年预算结余（本年预算收支差额）	
二、差异调节	

续表

项目	金额
（一）重要事项的差异	
加：1. 当期确认为收入但没有确认为预算收入	
（1）应收款项、预收账款确认的收入	
（2）接受非货币性资产捐赠确认的收入	
2. 当期确认为预算支出但没有确认为费用	
（1）支付应付款项、预付账款的支出	
（2）为取得存货、政府储备物资等计入物资成本的支出	
（3）为购建固定资产等的资本性支出	
（4）偿还借款本息支出	
减：1. 当期确认为预算收入但没有确认为收入	
（1）收到应收款项、预收账款确认的预算收入	
（2）取得借款确认的预算收入	
2. 当期确认为费用但没有确认为预算支出	
（1）发出存货、政府储备物资等确认的费用	
（2）计提的折旧费用和摊销费用	
（3）确认的资产处置费用（处置资产价值）	
（4）应付款项、预付账款确认的费用	
（二）其他事项差异	
三、本年盈余（本年收入与费用的差额）	

9.6.4　其他重要事项说明

（1）资产负债表日存在的重要或有事项说明。没有重要或有事项的，也应说明。

（2）以名义金额计量的资产名称、数量等情况，以及以名义金额计量理由的说明。

（3）通过债务资金形成的固定资产、公共基础设施、保障性住房等资产的账面价值、使用情况、收益情况及与此相关的债务偿还情况等的说明。

（4）重要资产置换、无偿调入（出）、捐入（出）、报废、重大毁损等情况的说明。

（5）学校将学校内部独立核算单位的会计信息纳入本学校财务报表情况的说明。

（6）政府会计具体准则中要求附注披露的其他内容。

（7）有助于理解和分析学校财务报表需要说明的其他事项。

9.7 预算收入支出表

9.7.1 概述

预算收入支出表反映学校在某一会计年度内的各项预算收入、预算支出和预算收支差额的情况。

预算收入支出表是学校会计报表的重要组成部分，可以提供一定时期预算收入总额及构成情况、预算支出总额及构成情况，以及预算收支差额的数额等会计信息。学校应当定期编制预算收入支出表，披露其在一定会计期间的预算情况。

学校的预算收入支出表由表首标题和报表主体构成。报表主体部分包括编报项目、栏目及金额。

1. 表首标题

预算收入支出表的表首标题包括报表名称、编号（会政预01表）、编制单位、编表时间和金额单位等内容。由于预算收入支出表反映学校在某一时期的预算收支情况，属于动态报表，因此需要注明报表所属的期间，如××××年度。

2. 报表主体

（1）编报项目。

预算收入支出表应当按照本年预算收入、本年预算支出的构成和本年预算收支差额情况分项列示，按本年预算收入、本年预算支出和本年预算收支差额等项目分层次排列。

（2）栏目及金额。

年度预算收入支出表包括“本年数”和“上年数”两栏。预算收入支出表的各栏数字应当根据相关收支科目的“上年预算数”和“本年预算数”的发生额填列，或经过计算、分析后填列。

9.7.2 项目内容及填列方式

本表“本年数”栏反映各项目的本年实际发生数。本表“上年数”栏反映各项目上年度的实际发生数，应当根据上年度预算收入支出表中“本年数”栏内所列数字填列。 如果本年度预算收入支出表规定的项目名称和内容同上年度不一致，应当对上年度预算收入支出表项目的名称和数字按照本年度的规定进行调整，将调整后金额填入本年度预算收入支出表的“上年数”栏。

1. 本年预算收入

“本年预算收入”项目，反映学校本年预算收入总额。本项目应当根据本表中“财政拨款预算收入”“事业预算收入”“上级补助预算收入”“附属单位上缴预算收入”“经营预算收入”“债务预算收入”“非同级财政拨款预算收入”“投资预算收益”“其他预算收入”项目金额的合计数填列。

“财政拨款预算收入”项目，反映学校本年从同级政府财政部门取得的各类财政拨款。本项目应当根据“财政拨款预算收入”科目的本年发生额填列。

“政府性基金收入”项目，反映学校本年取得的财政拨款收入中属于政府性基金预算拨款的金额。本项目应当根据“财政拨款预算收入”相关明细科目的本年发生额填列。

“事业预算收入”项目，反映学校本年开展专业业务活动及其辅助活动取得的预算收入。本项目应当根据“事业预算收入”科目的本年发生额填列。

“上级补助预算收入”项目，反映学校本年从主管部门和上级单位取得的非财政补助预算收入。本项目应当根据“上级补助预算收入”科目的本年发生额填列。

“附属单位上缴预算收入”项目，反映学校本年收到的独立核算的附属单位按照有关规定上缴的预算收入。本项目应当根据“附属单位上缴预算收入”科目的本年发生额填列。

“经营预算收入”项目，反映学校本年在专业业务活动及其辅助活动之外开展非独立核算经营活动取得的预算收入。本项目应当根据“经营预算收入”科目的本年发生额填列。

“债务预算收入”项目，反映学校本年按照规定从金融机构等借入的、纳入部门预算管理的债务预算收入。本项目应当根据“债务预算收入”的本年发生额填列。

“非同级财政拨款预算收入”项目，反映学校本年从非同级政府财政部门取得的财政拨款。本项目应当根据“非同级财政拨款预算收入”科目的本年发生额填列。

“投资预算收益”项目，反映学校本年取得的按规定纳入学校预算管理的投资收益。本项目应当根据“投资预算收益”科目的本年发生额填列。

“其他预算收入”项目，反映学校本年取得的除上述收入以外的纳入学校预算管理的各项预算收入。本项目应当根据“其他预算收入”科目的本年发生额填列。根据《关于中小学校执行〈政府会计制度——行政事业单位会计科目和报表〉的补充规定》，中小学校应当在预算收入支出表的“（九）其他预算收入”项目下设置“其中：”后所列项目中增加“食堂净预算收入”项目。“其中：食堂净收入”和“食堂净预算收入”两个项目的内容及填列方法详见本书第 8 章。

“利息预算收入”项目，反映学校本年取得的利息预算收入。本项目应当根据“其他预算收入”科目的明细记录分析填列。学校单设“利息预算收入”科目的，应当根据“利息预算收入”科目的本年发生额填列。

“捐赠预算收入”项目，反映学校本年取得的捐赠预算收入。本项目应当根据“其他预算收入”科目明细账记录分析填列。学校单设“捐赠预算收入”科目的，应当根据“捐赠预算收入”科目的本年发生额填列。

“租金预算收入”项目，反映学校本年取得的租金预算收入。本项目应当根据“其他预算收入”科目明细账记录分析填列。学校单设“租金预算收入”科目的，应当根据“租金预算收入”科目的本年发生额填列。

2. 本年预算支出

“本年预算支出”项目，反映学校本年预算支出总额。本项目应当根据本表中的“事业支出”“经营支出”“上缴上级支出”“对附属单位补助支出”“投资支出”“债务还本支出”和“其他支出”项目金额的合计数填列。

“事业支出”项目，反映学校本年开展专业业务活动及其辅助活动发生的支出。本项目应当根据“事业支出”科目的本年发生额填列。

“经营支出”项目，反映学校本年在专业业务活动及其辅助活动之外开展非独立核算经营活动发生的支出。本项目应当根据“经营支出”科目的本年发生额填列。

“上缴上级支出”项目，反映学校本年按照财政部门和主管部门的规定上缴上级单位的支出。本项目应当根据“上缴上级支出”科目的本年发生额填列。

“对附属单位补助支出”项目，反映学校本年用财政拨款收入之外的收入对附属单位补助发生的支出。本项目应当根据“对附属单位补助支出”科目的本年发生额填列。

“投资支出”项目，反映学校本年以货币资金对外投资发生的支出。本项目应当根据“投资支出”科目的本年发生额填列。

“债务还本支出”项目，反映学校本年偿还自身承担的纳入预算管理的从金融机构举借的债务本金的支出。本项目应当根据“债务还本支出”科目的本年发生额填列。

“其他支出”项目，反映学校本年除以上支出以外的各项支出。本项目应当根据“其他支出”科目的本年发生额填列。

“利息支出”项目，反映学校本年发生的利息支出。本项目应当根据“其他支出”科目明细账记录分析填列。学校单设“利息支出”科目的，应当根据“利息支出”科目的本年发生额填列。

“捐赠支出”项目，反映学校本年发生的捐赠支出。本项目应当根据“其他支出”科目明细账记录分析填列。学校单设“捐赠支出”科目的，应当根据“捐赠支出”科目的本年发生额填列。

3. 本年预算收支差额

“本年预算收支差额”项目，反映学校本年各项预算收支相抵后的差额。本项目应当根据本表中“本期预算收入”项目金额减去“本期预算支出”项目金额后的金额填列；如相减后金额为负数，以“-”号填列。

9.7.3　补充规定

《关于高等学校执行〈政府会计制度——行政事业单位会计科目和报表〉的补充规定》的相关内容如下。

1. 新增项目

高等学校应当在预算收入支出表的“（二）事业预算收入”项目下增加“其中：教育事业预算收入”“科研事业预算收入”项目，在“（九）其他预算收入”项目下的“其中：”后所列项目中增加“后勤保障单位净预算收入”项目，在

“（二）事业支出”项目下增加“其中：教育支出”“科研支出”“行政管理支出”“后勤保障支出”“离退休支出”“其他事业支出”项目，详见表9-33。

2. 新增项目的内容和填列方法

“其中：教育事业预算收入”项目，反映高等学校本期开展教学及其辅助活动取得现金流入。本项目应当根据“事业预算收入——教育事业预算收入”科目的本年发生额填列。

“科研事业预算收入”项目，反映高等学校本年开展科研及其辅助活动取得现金流入。本项目应当根据“事业预算收入——科研事业预算收入”科目的本年发生额填列。

“后勤保障单位净预算收入”项目，详见本书“9.10 关于校内独立核算单位报表编制的规定”。

“其中：教育支出”项目，反映高等学校本年开展教学及其辅助活动、学生事务等活动实际发生的各项现金流出。本项目应当根据“事业支出——教育支出”科目的本年发生额填列。

“科研支出”项目，反映高等学校本年开展科研及其辅助活动实际发生的各项现金流出。本项目应当根据“事业支出——科研支出”科目的本年发生额填列。

“行政管理支出”项目，反映高等学校本年开展单位的行政管理活动实际发生的各项现金流出。本项目应当根据“事业支出——行政管理支出”科目的本年发生额填列。

“后勤保障支出”项目，反映高等学校本年开展后勤保障活动实际发生的各项现金流出。本项目应当根据“事业支出——后勤保障支出”科目的本年发生额填列。

“离退休支出”项目，反映高等学校本年实际发生的用于离退休人员的各项现金流出。本项目应当根据“事业支出——离退休支出”科目的本年发生额填列。

“其他事业支出”项目，反映高等学校本年支付的除教学、科研、后勤保障、行政管理、离退休支出之外的其他各项事业支出。本项目应当根据“事业支出——其他事业支出”科目的本年发生额填列。

学校预算收入支出表如表9-33所示。

表 9–33　　**预算收入支出表**

会政预 01 表

编制单位：　　年　　单位：元

项　目	本年数	上年数
一、本年预算收入		
（一）财政拨款预算收入		
其中：政府性基金收入		
（二）事业预算收入		
其中：教育事业预算收入		
科研事业预算收入		
（三）上级补助预算收入		
（四）附属单位上缴预算收入		
（五）经营预算收入		
（六）债务预算收入		
（七）非同级财政拨款预算收入		
（八）投资预算收益		
（九）其他预算收入		
其中：利息预算收入		
捐赠预算收入		
租金预算收入		
后勤保障单位净预算收入		
二、本年预算支出		
（一）行政支出		
（二）事业支出		
其中：教育支出		
科研支出		
行政管理支出		
后勤保障支出		
离退休支出		

续表

项 目	本年数	上年数
（三）经营支出		
（四）上缴上级支出		
（五）对附属单位补助支出		
（六）投资支出		
（七）债务还本支出		
（八）其他支出		
其中：利息支出		
捐赠支出		
三、本年预算收支差额		

9.7.4 案例分析

【例 9-5】某学校 2×19 年的预算收入、支出类科目的发生额见表 9-34。该学校无所得税缴纳义务。据此编制该学校 2×19 年度的预算收入支出表。

表 9-34　　预算收入、支出类科目的发生额

2×19 年　　单位：元

支出类	本年数	收入类	本年数
事业支出	1 500 000	财政拨款预算收入	10 000 000
经营支出	200 000	其中：政府性基金收入	1 500 000
上缴上级支出	1 000 000	事业预算收入	6 000 000
对附属单位补助支出	1 000 000	上级补助预算收入	1 000 000
投资支出	50 000	附属单位上缴预算收入	300 000
债务还本支出	60 000	经营预算收入	250 000
其他支出	30 000	债务预算收入	200 000
其中：利息支出	13 000	非同级财政拨款预算收入	70 000
捐赠支出	17 000	投资预算收益	65 000
		其他预算收入	70 000

续表

支出类	本年数	收入类	本年数
		其中：利息预算收入	20 000
		捐赠预算收入	30 000
		租金预算收入	20 000
支出合计	3 840 000	收入合计	17 955 000

编制该学校的 2×19 年预算收入支出表时，省略了“上年数”栏数字。“本年数”栏主要项目的填列说明如下。

（1）本年预算收入。

本年预算收入 =10 000 000+6 000 000+1 000 000+300 000+250 000+200 000+70 000+65 000+70 000=17 955 000（元）

（2）本年预算支出。

本年预算支出 =1 500 000+200 000+1 000 000+1 000 000+50 000+60 000+30 000 =3 840 000（元）

（3）本年预算收支差额。

本年预算收支差额 = 17 955 000- 3 840 000 =14 115 000（元）

该学校 2×19 年度预算收入支出表见表 9-35。

表 9-35　　预算收入支出表

会政预 01 表

编制单位：××学校　　2×19 年度　　单位：元

项目	本年数	上年数
一、本年预算收入	17 955 000	
（一）财政拨款预算收入	10 000 000	
其中：政府性基金收入	1 500 000	
（二）事业预算收入	6 000 000	
其中：教育事业预算收入		
科研事业预算收入		
（三）上级补助预算收入	1 000 000	
（四）附属单位上缴预算收入	300 000	

续表

项目	本年数	上年数
（五）经营预算收入	250 000	
（六）债务预算收入	200 000	
（七）非同级财政拨款预算收入	70 000	
（八）投资预算收益	65 000	
（九）其他预算收入	70 000	
其中：利息预算收入	20 000	
捐赠预算收入	30 000	
租金预算收入	20 000	
后勤保障单位净预算收入		
二、本年预算支出	3 840 000	
（一）行政支出		
（二）事业支出	1 500 000	
其中：教育支出		
科研支出		
行政管理支出		
后勤保障支出		
离退休支出		
（三）经营支出	200 000	
（四）上缴上级支出	1 000 000	
（五）对附属单位补助支出	1 000 000	
（六）投资支出	50 000	
（七）债务还本支出	60 000	
（八）其他支出	30 000	
其中：利息支出	13 000	
捐赠支出	17 000	
三、本年预算收支差额	14 115 000	

9.8　预算结转结余变动表

9.8.1　概述

预算结转结余变动表是反映学校在某一会计年度内预算结转结余的变动情况的报表。

预算结转结余变动表是学校会计报表的重要组成部分，可以提供一定时期内学校预算结转结余各个组成项目金额的变动情况。学校应当定期编制预算结转结余变动表，披露学校在一定会计期间的预算结转结余状况。

学校的预算结转结余变动表由表首标题和报表主体构成。报表主体部分包括编报项目、栏目及金额。

1. 表首标题

预算结转结余变动表的表首标题包括报表名称、编号（会政预 02 表）、编制单位、编表时间和金额单位等内容。由于预算结转结余变动表反映单位在某一时期的资产情况，属于动态报表，因此需要注明报表所属的期间，如××××年度。

2. 报表主体

（1）编报项目。

预算结转结余变动表应当按本年数、上年数等情况分项列示，按年初预算结转结余、年初余额调整、本年变动金额、年末预算结转结余等项目分层次排列。

（2）栏目及金额。

预算结转结余变动表包括“本年数”和“上年数”两栏。预算结转结余变动表的各栏数字应当根据相关科目的“上年数”和“本年数”的发生额填列，或经过计算、分析后填列。

9.8.2　项目内容及填列方式

本表“本年数”栏反映各项目的本年实际发生数。本表“上年数”栏反映各项目的上年实际发生数，应当根据上年度预算结转结余变动表中的“本年数”栏内所列的数字填列。

如果本年度预算结转结余变动表规定的项目的名称和内容同上年度不一致，应当对上年度预算结转结余变动表项目的名称和数字按照本年度的规定进行调整，将调整后金额填入本年度预算结转结余变动表的“上年数”栏。本表中的“年末预算结转结余”项目的金额等于“年初预算结转结余”“年初余额调整”“本年变动金额”三个项目的金额的合计数。

（1）“年初预算结转结余”项目，反映学校本年预算结转结余的年初余额。本项目应当根据本项目下“财政拨款结转结余”“其他资金结转结余”项目金额的合计数填列。其下各项目的内容及填列方式如下。

①“财政拨款结转结余”项目，反映学校本年财政拨款结转结余资金的年初余额。本项目应当根据“财政拨款结转”“财政拨款结余”科目本年年初余额合计数填列。

②“其他资金结转结余”项目，反映学校本年其他资金结转结余的年初余额。本项目应当根据“非财政拨款结转”“非财政拨款结余”“专用结余”“经营结余”科目本年年初余额的合计数填列。

（2）“年初余额调整”项目，反映学校本年预算结转结余年初余额调整的金额。本项目应当根据本项目下的“财政拨款结转结余”“其他资金结转结余”项目金额的合计数填列。其下各项目的内容及填列方式如下。

①“财政拨款结转结余”项目，反映学校本年财政拨款结转结余资金的年初余额调整金额。本项目应当根据“财政拨款结转”“财政拨款结余”科目下的“年初余额调整”明细科目的本年发生额的合计数填列；如调整减少年初财政拨款结转结余，则以“-”号填列。

②“其他资金结转结余”项目，反映学校本年其他资金结转结余的年初余额调整金额。本项目应当根据“非财政拨款结转”“非财政拨款结余”科目下的“年初余额调整”明细科目的本年发生额的合计数填列；如调整减少年初其他资金结转结余，则以“-”号填列。

（3）“本年变动金额”项目，反映学校本年预算结转结余变动的金额。本项目应当根据本项目下的“财政拨款结转结余”“其他资金结转结余”项目金额的合计数填列。其下各项目的内容及填列方式如下。

①“财政拨款结转结余”项目，反映学校本年财政拨款结转结余资金的变动。本项目应当根据本项目下的“本年收支差额”“归集调入”“归集上缴或调出”项目金额的合计数填列。

a.“本年收支差额”项目，反映学校本年财政拨款资金收支相抵后的差额。本项目应当根据“财政拨款结转”科目下的“本年收支结转”明细科目本年转入的预算收入与预算支出的差额填列；差额为负数的，以“-”号填列。

b.“归集调入”项目，反映学校本年按照规定从其他单位归集调入的财政拨款结转资金。本项目应当根据“财政拨款结转”科目下的“归集调入”明细科目的本年发生额填列。

c.“归集上缴或调出”项目，反映学校本年按照规定上缴的财政拨款结转结余资金及按照规定向其他单位调出的财政拨款结转资金。本项目应当根据“财政拨款结转”“财政拨款结余”科目下的“归集上缴”明细科目，以及“财政拨款结转”科目下的“归集调出”明细科目本年发生额的合计数填列，以“-”号填列。

②“其他资金结转结余”项目，反映学校本年其他资金结转结余的变动。本项目应当根据本项目下的“本年收支差额”“缴回资金”“使用专用结余”“支付所得税”项目金额的合计数填列。

a.“本年收支差额”项目，反映学校本年除财政拨款外的其他资金收支相抵后的差额。本项目应当根据“非财政拨款结转”科目下的“本年收支结转”明细科目、“其他结余”科目、“经营结余”科目本年转入的预算收入与预算支出的差额的合计数填列；如为负数，以“-”号填列。

b.“缴回资金”项目，反映学校本年按照规定缴回的非财政拨款结转资金。本项目应当根据“非财政拨款结转”科目下的“缴回资金”明细科目本年发生额的合计数填列，以“-”号填列。

c.“使用专用结余”项目，反映本年学校根据规定使用从非财政拨款结余或经营结余中提取的专用基金的金额。本项目应当根据“专用结余”科目明细账中本年使用专用结余业务的发生额填列，以“-”号填列。

d.“支付所得税”项目，反映有企业所得税缴纳义务的学校本年实际缴纳的企业所得税金额。本项目应当根据“非财政拨款结余”明细账中本年实际缴纳企业所得税业务的发生额填列，以“-”号填列。

（4）“年末预算结转结余”项目，反映学校本年预算结转结余的年末余额。本项目应当根据本项目下的“财政拨款结转结余”“其他资金结转结余”项目金额的合计数填列。其下各项目的内容及填列方法如下。

①“财政拨款结转结余”项目，反映学校本年财政拨款结转结余的年末余额。本项目应当根据本项目下的“财政拨款结转”“财政拨款结余”项目金额的合计数填列。本项目下“财政拨款结转”“财政拨款结余”项目，应当分别

根据“财政拨款结转”“财政拨款结余”科目的本年年末余额填列。

②“其他资金结转结余”项目，反映学校本年其他资金结转结余的年末余额。本项目应当根据本项目下的“非财政拨款结转”“非财政拨款结余”“专用结余”“经营结余”项目金额的合计数填列。本项目下“非财政拨款结转”“非财政拨款结余”“专用结余”“经营结余”项目，应当分别根据“非财政拨款结转”“非财政拨款结余”“专用结余”“经营结余”科目的本年年末余额填列。

9.8.3 案例分析

【例 9-6】2×19 年 12 月 31 日，某学校结账后的资产、负债和净资产类科目的余额如表 9-36 所示。据此编制该学校的预算结转结余变动表。

表 9-36　　某学校资产、负债和净资产类科目的余额

2×19 年 12 月 31 日　　单位：元

会计科目	年初数	年末数	本年变动数（依据本年明细科目发生数）
财政拨款结转	600 000	1 100 000	500 000
——年初余额调整	0	0	0
——归集调入	0	0	550 000
——归集调出	0	0	20 000
——归集上缴	0	0	30 000
——单位内部调剂	0	0	0
——本年收支结转	0	0	0
——累计结转	600 000	1 100 000	500 000
财政拨款结余	800 000	1 000 000	200 000
——年初余额调整	0	0	200 000
——归集上缴	0	0	0
——单位内部调剂	0	0	0
——结转转入	0	0	0
——累计结转	800 000	1 000 000	200 000
非财政拨款结转	100 000	150 000	50 000

续表

会计科目	年初数	年末数	本年变动数 （依据本年明细科目发生数）
——年初余额调整	0	0	10 000
——缴回资金	0	0	10 000
——项目间接费用或管理费	0	0	0
——本年收支结转	0	0	50 000
——累计结转	100 000	150 000	50 000
非财政拨款结余	250 000	380 000	130 000
——年初余额调整	0	0	130 000
——项目间接费用或管理费	0	0	0
——结转转入	0	0	0
——累计结转	250 000	380 000	130 000
专用结余	110 000	120 000	10 000
经营结余	400 000	200 000	200 000
其他结余	100 000	110 000	10 000

表 9-36 中“专用结余”“经营结余”“其他结余”科目的本年变动额均未涉及转入预算收入与预算支出的差额，各项目均可根据各科目的期末余额、发生分析填列。编制完成的该学校 2×19 年度预算结转结余变动表见表 9-37。

表 9-37　　　　　　　预算结转结余变动表

会政预 02 表

编制单位：××学校　　　　　　2×19 年　　　　　　单位：元

项目	本年数	上年数
一、年初预算结转结余	1 750 000	—
（一）财政拨款结转结余	1 400 000	—
（二）其他资金结转结余	350 000	—
二、年初余额调整（减少以“–”号填列）	340 000	—
（一）财政拨款结转结余	200 000	—
（二）其他资金结转结余	140 000	—

续表

项目	本年数	上年数
三、本年变动金额（减少以“-”号填列）	540 000	—
（一）财政拨款结转结余	500 000	—
1. 本年收支差额	0	—
2. 归集调入	550 000	—
3. 归集上缴或调出	-50 000	—
（二）其他资金结转结余	40 000	—
1. 本年收支差额	50 000	—
2. 缴回资金	-10 000	—
3. 使用专用结余	0	—
4. 支付所得税	0	—
四、年末预算结转结余	2 630 000	—
（一）财政拨款结转结余	2 100 000	—
1. 财政拨款结转	1 100 000	—
2. 财政拨款结余	1 000 000	—
（二）其他资金结转结余	530 000	—
1. 非财政拨款结转	150 000	—
2. 非财政拨款结余	380 000	—
3. 专用结余	0	—
4. 经营结余（如有余额，以“-”号填列）	0	—

9.9 财政拨款预算收入支出表

9.9.1 概述

财政拨款预算收入支出表是反映学校本年财政拨款预算资金收入、支出及相关变动情况的报表。

财政拨款预算收入支出表是学校会计报表的重要组成部分。学校应当定期编制财政拨款预算收入支出表。

学校的财政拨款预算收入支出表由表首标题和报表主体构成。报表主体部分包括编报项目、栏目及金额。

1. 表首标题

财政拨款预算收入支出表的表首标题包括报表名称、编号(会政预03表)、编制单位、编表时间和金额单位等内容。由于财政拨款预算收入支出表反映学校在某一时期的资产情况，属于动态报表，因此需要注明报表所属的期间，如××××年度。

2. 报表主体

（1）编报项目。

财政拨款预算收入支出表应按当年年初财政拨款结转结余、本年归集调入等情况分项列示，按一般公共预算财政拨款、政府性基金预算财政拨款等项目分层次排列。

（2）栏目及金额。

财政拨款预算收入支出表的各栏数字应当根据相关科目的“上年数”和“本年数”的发生额填列，或经过计算、分析后填列。

9.9.2　项目内容及填列方式

财政拨款预算收入支出表中“项目”栏内的各项目，应当根据学校取得的财政拨款种类分项设置。其中“项目支出”项目下，根据每个项目设置；学校取得除一般公共财政预算拨款和政府性基金预算拨款以外的其他财政拨款的，应当按照财政拨款种类增加相应的资金项目及其明细项目。

（1）“年初财政拨款结转结余”栏中各项目，反映学校年初各项财政拨款结转、结余的金额。各项目应当根据“财政拨款结转”“财政拨款结余”及其明细科目的年初余额填列。本栏中各项目的数额应当与上年度财政拨款预算收入支出表中“年末财政拨款结转结余”栏中各项目的数额相等。

（2）“调整年初财政拨款结转结余”栏中各项目，反映学校对年初财政拨款结转、结余的调整金额。各项目应当根据“财政拨款结转”“财政拨款结余”科目下的“年初余额调整”明细科目及其所属明细科目的本年发生额填列；如调整减少年初财政拨款结转结余，以“-”号填列。

（3）“本年归集调入”栏中各项目，反映学校本年按规定从其他单位调入的财政拨款结转资金金额。各项目应当根据“财政拨款结转”科目下的“归集调入”明细科目及其所属明细科目的本年发生额填列。

（4）“本年归集上缴或调出”栏中各项目，反映学校本年按规定实际上缴的财政拨款结转结余资金，及按照规定向其他单位调出的财政拨款结转资金金额。各项目应当根据“财政拨款结转”“财政拨款结余”科目下的“归集上缴”科目和“财政拨款结转”科目下的“归集调出”明细科目，及其所属明细科目的本年发生额填列，以“-”号填列。

（5）“单位内部调剂”栏中各项目，反映学校本年财政拨款结转结余资金在单位内部不同项目等之间的调剂金额。各项目应当根据“财政拨款结转”和“财政拨款结余”科目下的“单位内部调剂”明细科目及其所属明细科目的本年发生额填列；对学校内部调剂减少的财政拨款结余金额，以“-”号填列。

（6）“本年财政拨款收入”栏中各项目，反映学校本年从同级财政部门取得的各类财政预算拨款金额。各项目应当根据“财政拨款预算收入”科目及其所属明细科目的本年发生额填列。

（7）“本年财政拨款支出”栏中各项目，反映学校本年发生的财政拨款支出金额。各项目应当根据“事业支出”等科目及其所属明细科目本年发生额中的财政拨款支出数的合计数填列。

（8）“年末财政拨款结转结余”栏中各项目，反映学校年末财政拨款结转结余的金额。各项目应当根据“财政拨款结转”“财政拨款结余”科目及其所属明细科目的年末余额填列。

9.9.3　案例分析

【例 9-7】2×19 年 1 月 1 日，某学校部分净资产科目的余额如表 9-38 所示，2×19 年度财政拨款收支科目的发生额如表 9-39 所示，2×19 年该学校归集调入资金 41 650 元，并将公共财政预算资金中用于 B 项目的结余调入 A 项目。根据以上资料，编制的 2×19 年年度财政拨款收入支出表如表 9-40 所示。

表 9–38　　　2×19 年 1 月 1 日某学校部分净资产科目的余额

单位：元

科目名称	科目余额
财政拨款结转——基本支出（日常公用经费）——公共财政预算资金	300 000
财政拨款结转——项目支出（A 项目）——公共财政预算资金	64 500
财政拨款结余——基本支出（日常公用经费）——公共财政预算资金	136 300
财政拨款结余——项目支出（B 项目）——公共财政预算资金	56 200

表 9–39　　　2×19 年度某学校财政拨款收支科目的发生额

科目名称	科目余额
财政拨款收入——基本支出拨款（人员经费）——公共财政预算资金	180 000
财政拨款收入——基本支出拨款（日常公用经费）——公共财政预算资金	268 960
财政拨款收入——项目支出拨款（D 项目）——政府性基金预算资金	500 000
经费支出——基本支出（人员经费）——公共财政预算资金	180 000
经费支出——基本支出（日常公用经费）——公共财政预算资金	242 910
经费支出——项目支出（A 项目）——公共财政预算资金	120 700
经费支出——项目支出（D 项目）——政府性基金预算资金	500 000

表 9–40

财政拨款预算收入支出表

会政预 03 表

编制单位：× × 学校　　　　2×19 年　　　　单位：元

项目	年初财政拨款结转结余		调整年初财政拨款结转结余	本年归集调入	本年归集上缴或调出	单位内部调剂		本年财政拨款收入	本年财政拨款支出	年末财政拨款结转结余	
	结转	结余				结转	结余			结转	结余
一、一般公共预算财政拨款	364 500	192 500	—	41 650	—	56 200	–56 200	448 960	543 610	315 600	188 400
（一）基本支出	300 000	136 300	—	41 650	—	—	—	448 960	422 910	315 600	188 400
1. 人员经费	—	—	—	—	—	—	—	180 000	180 000	—	—
2. 日常公用经费	300 000	136 300	—	41 650	—	—	—	268 960	242 910	315 600	188 400
（二）项目支出	64 500	56 200	—	—	—	56 200	–56 200	—	120 700	—	—
1. A 项目	64 500	—	—	—	—	56 200	—	—	120 700	—	—
2. B 项目	—	56 200	—	—	—	—	–56 200	—	0	—	—
二、政府性基金预算财政拨款	—	—	—	—	—	—	—	500 000	500 000	—	—
（一）基本支出	—	—	—	—	—	—	—	—	—	—	—
1. 人员经费	—	—	—	—	—	—	—	—	—	—	—
2. 日常公用经费	—	—	—	—	—	—	—	—	—	—	—
（二）项目支出	—	—	—	—	—	—	—	500 000	500 000	—	—
D 项目	—	—	—	—	—	—	—	500 000	500 000	—	—
总计	364 500	192 500	—	41 650	—	56 200	–56 200	948 960	1 043 610	315 600	188 400

9.10　关于校内独立核算单位报表编制的规定

根据《关于高等学校执行〈政府会计制度——行政事业单位会计科目和报表〉的补充规定》，校内独立核算单位报表编制的相关内容如下。

1. 关于高等学校报表编制的范围

由高等学校及其所属单位举办的校内独立核算单位，如研究院、分校、后勤部门等，应当按照规定开展本单位的会计核算和报表编制工作。

高等学校在编制年度报表时，应当将校内独立核算单位纳入高等学校报表编制范围。

2. 关于将校内独立核算单位会计信息纳入高等学校报表的总原则

将校内独立核算单位的会计信息纳入高等学校报表时，总的原则是将校内独立核算单位的报表信息并入学校相关报表的相应项目，并抵销学校内部业务或事项对学校报表的影响。

3. 关于具有后勤保障职能的校内独立核算单位有关业务的特殊规定

（1）高等学校编制包含校内独立核算单位的收入费用表时，具有后勤保障职能的校内独立核算单位，应当将其本年收入（不含从学校取得的补贴经费）、费用（不含使用学校补贴经费发生的费用）相抵后的净额计入本表中的“其他收入”项目金额，并单独填列于该项目下的“后勤保障单位净收入”项目。如果具有后勤保障职能的全部校内独立核算单位本年收入（不含从学校取得的补贴经费）、费用（不含使用学校补贴经费发生的费用）相抵后的净额合计数为负数，则以“-”号填列于“后勤保障单位净收入”项目。

（2）高等学校编制包含校内独立核算单位的预算收入支出表时，具有后勤保障职能的校内独立核算单位，应当将其本年收入（不含从学校取得的补贴经费）、支出（不含使用学校补贴经费发生的支出）相抵后的净额计入本表中的“其他预算收入”项目金额，并单独填列于该项目下的“后勤保障单位净预算收入”项目。如果具有后勤保障职能的全部校内独立核算单位本年收入（不含从学校取得的补贴经费）、支出（不含使用学校补贴经费发生的支出）相抵后的净额合计数为负数，则以“-”号填列于“后勤保障单位净预算收入”项目。

4. 关于将校内独立核算单位会计信息纳入高等学校财务报表情况的披露

高等学校应当在年度财务报表附注中提供将校内独立核算单位财务会计信息纳入学校财务报表情况的说明，包括将校内独立核算单位资产、负债和净资产并入学校资产负债表时对内部业务或事项抵销处理的情况，具有后勤保障职能的各校内独立核算单位本年收入、费用情况，将不具有后勤保障职能的其他校内独立核算单位的收入、费用并入学校收入费用表时对内部业务或事项抵销处理的情况。

高等学校在编制年度预算会计报表时，可参照上述规定，以适当形式提供将校内独立核算单位预算会计信息纳入高等学校预算会计报表的说明。

9.11 关于中小学校食堂业务的会计处理

根据《关于中小学校执行〈政府会计制度——行政事业单位会计科目和报表〉的补充规定》，中小学校食堂业务的会计处理的有关规定如下。

（1）中小学校食堂实行独立核算或对食堂收支等主要业务实行独立核算的，年末应当将食堂的报表信息并入学校相关报表的相应项目，并抵销中小学校与食堂的内部业务或事项对中小学校报表的影响。

（2）中小学校在编制收入费用表时，应当将食堂本年收入和费用相抵后的净额并入本表中的“其他收入”项目金额，并单独填列于该项目下的“食堂净收入”项目。如果食堂收入和费用相抵后的净额为负数，则以“-”号填列。中小学校在编制预算收入支出表时，应当将食堂本年预算收支相抵后的净额并入本表中的“其他预算收入”项目金额，并单独填列于该项目下的“食堂净预算收入”项目。如果食堂预算收入和支出相抵后的净额为负数，则以“-”号填列。

（3）中小学校应当在年度财务报表附注中提供将食堂财务会计信息纳入学校财务报表情况的说明，包括内部业务或事项抵销处理的情况，以及食堂本年收入、费用情况。